人工智能核心课程数智融合精品教材

生成式视觉模型原理与实践

主　编　丁　鑫

副主编　许祖衡　陈　哲　丁正龙　綦小龙

電子工業出版社

Publishing House of Electronics Industry

北京 · BEIJING

内 容 简 介

本书详尽地探讨了变分自编码器、生成对抗网络、标准化流模型和扩散模型这四大主流生成式视觉模型。本书不仅深入解析了这些模型背后的复杂数学原理、训练及采样算法，还提供了详细的代码实现指南。秉承“理论与实践并重”的理念，本书进一步探索了生成式视觉模型在不同场景中的应用实例，并精选了4个具有代表性的实战案例进行深度剖析。这些案例紧密贴合实际业务需求与面临的技术挑战，旨在引导读者掌握利用生成式视觉模型解决现实问题的方法论，同时通过动手实践增强其编程技能与技术优化能力。

本书适合具有大学本科数学基础（包括微积分、线性代数、概率统计）及机器学习、深度学习等知识，并熟悉 Python 及 PyTorch 编程的本科生、研究生，或者相关领域的研究人员阅读与学习。

图书在版编目（CIP）数据

生成式视觉模型原理与实践 / 丁鑫主编. -- 北京 :
电子工业出版社, 2025. 6. -- ISBN 978-7-121-50704-5

Ⅰ. TP302.7

中国国家版本馆 CIP 数据核字第 20255V725E 号

责任编辑：杜　军
印　　刷：北京七彩京通数码快印有限公司
装　　订：北京七彩京通数码快印有限公司
出版发行：电子工业出版社
　　　　　北京市海淀区万寿路 173 信箱　　邮编：100036
开　　本：787×1092　1/16　印张：13.75　字数：361 千字
版　　次：2025 年 6 月第 1 版
印　　次：2025 年 6 月第 1 次印刷
定　　价：48.00 元

凡所购买电子工业出版社图书有缺损问题，请向购买书店调换。若书店售缺，请与本社发行部联系，联系及邮购电话：（010）88254888，88258888。

质量投诉请发邮件至 zlts@phei.com.cn，盗版侵权举报请发邮件至 dbqq@phei.com.cn。

本书咨询联系方式：dujun@phei.com.cn。

前 言

为促进生成式人工智能的健康发展与规范应用，普及生成模型知识、培养高质量专业人才至关重要。本书坚持“理论结合实践”的宗旨，系统阐述生成式视觉模型的基础理论，重点强化实践技能培养，旨在为读者提供坚实的学术与职业发展支撑。我们期待通过本书推动生成式视觉模型在各行业的创新应用，助力技术革新与产业升级。

本书系统梳理了生成式人工智能的发展脉络：首先，对生成式建模进行了严谨的数学定义，并详细阐述了主流生成模型的性能评估体系；其次，重点解析了变分自编码器、生成对抗网络、标准化流模型和扩散模型这四大核心生成模型，从数学原理、架构设计到训练推理算法都进行了深入探讨，并辅以丰富的应用实例分析，使之成为该领域最具系统性的技术指南之一；最后，书中还全面总结了生成模型的应用前景，通过四个典型实战案例直观展现了其在视觉任务中的实际应用价值与效果。

本书共 7 章，结构如下：第 1 章概述了生成式人工智能的发展历程、重要意义及未来趋势。第 2 章对生成式建模进行了严谨的数学定义，并总结了四种典型的生成模型及相应的评价指标。第 3 章全面而深入地讲解了变分自编码器的预备知识、核心数学理论，以及训练与采样算法，并提供了配套代码。第 4 章全面介绍了生成对抗网络的前置知识、基础数学原理、训练与采样算法、经典模型及其变体，同时提供了相应的实现代码。第 5 章深刻剖析了标准化流模型的基础理论框架、训练与采样方法，并列举了一系列具有代表性的标准化流模型案例。第 6 章详尽阐述了扩散模型的数学原理、训练与采样机制，以及一系列典型模型，并随附了实践代码。第 7 章系统梳理了生成模型的广泛应用场景，并通过四个具体案例生动展示了生成模型在各类下游任务中的实际运用。建议读者首先研读第 1 章和第 2 章以奠定基础，之后可根据个人需求灵活调整剩余章节的阅读顺序。

本书由丁鑫担任主编，全书编写工作具体分工如下：陈哲负责第 1 章的编写工作；丁鑫负责第 2 章、第 3 章、第 4 章和第 6 章的编写工作，以及全书的润色与审校工作；许祖衡负责第 5 章的编写工作；丁正龙与綦小龙共同负责第 7 章的编写工作。

由于编者水平有限，书中难免存在疏漏及不足之处，恳请读者批评指正。

目录

第 1 章

生成式人工智能概述

1.1 生成式人工智能：引领生产力的飞跃

生成式人工智能正以其强大的创造力和智能化水平，引领着生产力的飞跃。其中，ChatGPT 和 Sora 作为这一领域的杰出代表，充分展现了生成式人工智能的巨大潜力。ChatGPT 以其自然语言处理能力，实现了与人类的无障碍交流，不仅能提供个性化的聊天体验，还能辅助完成论文撰写、邮件回复等复杂任务，极大地提升了工作效率。而 Sora 则以其逼真的视频生成能力，为用户创造了一个全新的视觉世界，对电影制作、广告创意等领域来说具有革命性的意义。展望未来，生成式人工智能将在更多领域大放异彩，推动社会生产力的显著提升，为我们的生活带来更多便利与创新。

1.1.1 ChatGPT

数字化时代，人工智能技术的进步不断推动着社会的发展。其中，ChatGPT 作为一种先进的自然语言处理模型，其产生不仅代表了技术的巨大飞跃，更是对人类社会交流方式的一次革新。

ChatGPT 的提出背景与人工智能技术的蓬勃发展密不可分。随着深度学习、神经网络等技术的日益成熟，人们开始探索更加智能化的交流方式。自然语言处理技术作为人工智能技术的重要分支，旨在让计算机更好地理解和运用人类语言，而 ChatGPT 便是这一领域的重要成果。

在算法层面，ChatGPT 采用了先进的 Transformer 架构，这是一种基于自注意力机制的神经网络架构，能够高效地处理序列数据，捕捉文本中的上下文信息。通过 Transformer 架构，ChatGPT 实现了对自然语言文本的深度理解和生成，为用户提供了更加自然、流畅的交流体验。

然而，ChatGPT 的强大功能并非一蹴而就，其背后是巨大的训练成本和数据量支撑。为了构建这样一个功能强大的语言模型，需要大量的计算资源和时间进行模型训练。同时，训练数据至关重要。ChatGPT 的训练数据源于广泛的互联网文本资料，这使模型能够学习到丰富的语言知识和表达方式，从而更加准确地理解和生成自然语言。

正是基于这样的背景、算法和数据支持，ChatGPT 展现出了强大的功能。它不仅能够进行智能对话，还能完成文本创作、摘要生成等多种任务。这些功能使 ChatGPT 在多个领域都具有广泛的应用前景，如智能客服、教育辅导、新闻撰写等。

ChatGPT 的产生不仅推动了自然语言处理技术的发展，还对人类社会产生了深远的影响。它改变了人们与计算机的交互方式，使人机交流更加自然、便捷。同时，ChatGPT 为各个行业带来了创新机遇，推动了智能化时代的到来。

1.1.2 Sora

2024 年 2 月，随着人工智能技术的不断发展，在生成式人工智能领域，人类又迎来了一个新的里程碑——Sora。Sora 的出现，不仅标志着人工智能在视频生成领域的重大突破，还预示着未来视频制作和消费方式的深刻变革。

在数字化和互联网时代，视频内容已成为信息传播和娱乐的重要方式。然而，传统的视频制作方式往往耗时耗力，且成本高昂。为了满足日益增长的视频内容需求，并降低制作成本，人工智能技术在视频生成领域的应用逐渐受到关注。Sora 便在这样的背景下应运而生，由 OpenAI 发布，旨在通过人工智能技术自动生成高质量的视频内容。

Sora 的基础算法结合了深度学习和概率模型。它先将视频数据编码到低维流形，然后通过扩散过程在隐空间中操作这些视频数据，最终解码生成视频。这种方法在技术上具有新颖性，因为它以一种全新的方式处理视频数据，结合了深度学习和概率模型的优势。

训练 Sora 所需的成本和数据量是巨大的。据报道，训练 Sora 所需的算力相当于 14739 张英伟达 H100“跑满”一个月，成本高达 4.4 亿美元。同时，为了训练出如此强大的模型，需要大量的视频数据进行学习。这些视频数据涵盖了各种场景、动作和角色，以确保模型能够生成多样化且逼真的视频内容。

Sora 的功能令人瞩目。它能够根据用户提供的文本描述生成长达 60 秒的视频，这些视频不仅保持了高视觉品质，还能准确还原用户的提示语。此外，Sora 还能生成包含多个角色、特定运动类型及精确主题、复杂背景细节的场景。它创造出的视频具有高度的逼真性和叙事效果，为用户提供了全新的视觉体验。

Sora 的出现将对多个领域产生深远影响。在内容创作与媒体领域，Sora 有望极大地改变视频制作的方式，提高工作效率并降低成本。在广告、电影预告片和短视频等领域，Sora 可能带来颠覆性的创新。在教育领域，Sora 可以用于创建生动、互动的教学视频，提升学生的学习体验。然而，随着人工智能生成内容的真实性越来越强，如何区分真实视频和人工智能生成视频，以及确保内容的真实性和透明度成为新的挑战。

1.1.3 应用前景与意义

在科技日新月异的今天，以 ChatGPT 和 Sora 为代表的生成式人工智能（Generative AI）正逐渐成为引领数字化转型的新动力。这种技术不仅展示了令人惊叹的创造力，更在潜移默化中改变着我们的生活方式和工作模式。

生成式人工智能以其独特的生成能力，正在为各行各业带来革命性的变革。在内容创作领域，生成式人工智能可以根据用户需求，快速生成高质量的文本、图像、音频甚至视频，极大地提高了创作效率。在教育领域，生成式人工智能可以辅助教师制作丰富多样的教学材料，提升学生的学习兴趣和效果。在医疗领域，生成式人工智能可以帮助医生快速分析病历数据，生成个性化的治疗方案，从而提升医疗服务的质量和效率。

对于人类生活，生成式人工智能的意义不仅在于提升生活品质，还在于解放人们的创造力和想象力。想象一下，在未来的家居设计中，你可以通过简单的描述或选择，让生成式人工智能为你打造出独具匠心的家居环境。在娱乐领域，生成式人工智能可以创作出更加丰富多彩的影视作品、音乐和游戏，让我们的生活多姿多彩。

在工作方面，生成式人工智能同样展现出了巨大的潜力。它可以协助我们处理烦琐的数据分析工作，提供有价值的洞察和建议，从而让我们更加专注于创新和策略性思考。在市场营销领域，生成式人工智能可以帮助我们快速生成吸引人的广告文案和设计，提升品牌影响力和市场竞争力。

然而，生成式人工智能的广泛应用也带来了一系列挑战和问题。例如，如何确保生成内容的真实性和准确性？如何平衡技术创新与伦理道德的关系？这些问题需要我们共同思考和解决。

总的来说，生成式人工智能正以其强大的创造力和智能化水平，深刻影响着我们的生活方式和工作模式。它为我们带来了前所未有的便捷和创新空间，同时对我们提出了新的挑战。面对这一技术变革，我们应积极拥抱并探索其潜在价值，共同塑造一个更加美好的未来。

1.2　生成式人工智能的发展历程

1.2.1　从统计学习到深度学习前夕

生成式人工智能的核心基础是生成模型。作为当今科技领域的热点，生成式人工智能的发展历程波澜壮阔。在深度学习崛起之前，生成式人工智能主要经历了统计学习（Statistical Learning）与传统的机器学习（Machine Learning）时代，这一时期见证了众多具有里程碑意义的生成模型的涌现。

1. 统计学习时代的生成模型

在统计学习时代，研究者主要利用统计学原理来构建生成模型。其中，最具代表性的是隐马尔可夫模型（Hidden Markov Models，HMMs）。HMMs 是一种统计模型，它假设系统是一个马尔可夫过程，其状态是不能被直接观察到的，而是需要通过一些观测变量来间接推断的。HMMs 在语音识别、自然语言处理等领域有着广泛的应用，能够生成具有一定时序依赖性的数据序列。

2. 机器学习时代的早期生成模型

随着机器学习的兴起，研究者开始探索更加复杂的生成模型。其中，高斯混合模型（Gaussian Mixture Models，GMMs）是这一时期的重要代表。GMMs 是一种概率模型，它假设数据是由多个高斯分布混合而成的。通过调整不同高斯分布的参数和混合权重，GMMs 能够灵活地拟合各种复杂的数据分布，并生成新的数据样本。

除了 GMMs，还有基于核方法的生成模型，如核密度估计（Kernel Density Estimation，KDE），其通过核函数对数据分布进行平滑估计，能够处理多维数据和复杂的分布形态，但是无法应用于高维场景。

3．面向更复杂数据的生成模型

随着数据类型的丰富和复杂化，研究者开始探索能够处理图像、文本等多媒体数据的生成模型。基于概率图模型的生成方法，如潜在狄利克雷分布（Latent Dirichlet Allocation，LDA）被广泛应用于文本数据的主题建模和内容生成。LDA 能够从大量文本中挖掘出潜在的主题结构，并生成具有相似主题的新文本。此外，还有基于概率上下文无关文法（Probabilistic Context-Free Grammars，PCFGs）的生成模型，其能够生成符合特定语法规则的句子和文本，对于自然语言生成和理解具有重要意义。

总之，在深度学习出现之前，生成式人工智能经历了统计学习和传统的机器学习时代。这一时期，研究者构建了一系列生成模型，如 HMMs、GMMs、KDE、LDA 等。这些模型在各自擅长的领域发挥了重要作用，为后来的深度学习时代奠定了坚实的基础。随着技术的不断进步，我们可以期待生成式人工智能在未来展现出更加广阔的应用前景和创新能力。

1.2.2　深度学习时代

随着深度学习的快速发展，生成式人工智能进入了一个新的时代。在大模型技术广泛兴起之前，深度学习时代的生成模型已经展现出强大的生成能力，在这一时期，深度置信网络、变分自编码器、标准化流模型、生成对抗网络和扩散模型等模型陆续出现，极大地推动了生成式人工智能的进步。这些模型通过不同的方式学习数据的分布，并能够生成与原始数据相似的新样本。它们的成功为后续大模型技术的兴起提供了重要的基础，也为我们带来了更多关于生成式人工智能可能性的想象。

1．深度置信网络

深度置信网络（Deep Belief Network，DBN）是深度学习时代早期的代表性模型之一。它是一种生成模型，通过堆叠多个受限玻尔兹曼机（Restricted Boltzmann Machines，RBMs）来构建深层次的神经网络。DBN 能够从无标签的数据中学习特征表示，并通过逐层训练的方式进行有效的学习，其在图像识别和生成方面取得了显著的成果，为后续更复杂的生成模型提供了灵感。

2．变分自编码器

变分自编码器（Variational Autoencoder，VAE）是深度学习时代生成模型的重要突破之一。与传统的自编码器（Autoencoder，AE）不同，VAE 在编码过程中引入了一个潜在变量，使模型能够学习到数据的潜在分布。通过优化潜在变量的变分下界，VAE 能够生成与原始数据分布相似的新样本。VAE 在图像生成、文本生成和语音合成方面取得了显著的成果。

3．标准化流模型

标准化流模型（Normalizing Flow，NF）是一种生成模型，其原理在于通过一系列可逆且光滑的变量变换，将简单的概率分布（如高斯分布）逐步转换为与真实数据相匹配的复杂分布。这些变换需要满足其雅可比行列式易于计算的条件，以便进行高效的概率密度估计。著名的 NF 模型包括 RealNVP、Glow 等，它们通过特定的网络结构和变换技巧实现了高效的概率建模。NF 模型具有强大的生成能力，可以生成与训练数据相似的高质量样本，并且由于其具有可逆性，还支持从复杂分布中精确采样。此外，NF 模型还能提供显式的概率密度表达式，有助于理解数据的内在结构和进行各种概率推理任务。

4．生成对抗网络

生成对抗网络（Generative Adversarial Network，GAN）是深度学习时代最具影响力的生成模型之一，其由两个神经网络组成：一个生成器和一个判别器。生成器的目标是生成尽可能真实的数据样本，而判别器的目标是区分生成数据和真实数据。通过这两个神经网络的对抗训练，GAN 能够生成高质量的数据样本，如逼真的图像、音频和视频。GAN 在艺术创作、风格迁移和图像修复等领域展现出了惊人的能力。

5．扩散模型

扩散模型（Diffusion Model，DM）是一类生成式人工智能模型，其原理是通过模拟物质的扩散过程来生成数据。在 DM 中，数据逐步被添加噪声，然后通过一个逆向过程逐步去噪，以恢复原始数据或生成新的数据实例。著名的 DM 包括 DDPM、GLIDE、DALL·E、LDM 和 Stable Diffusion 等。这些模型具有出色的生成能力，可以生成高质量、现实感强的图像、文本和音频等多种数据类型。此外，DM 还展示了在药物发现、时间序列预测等领域的多功能性，并通过逐步生成过程为用户提供了更大的控制权。

图 1-1 展示了自深度学习兴起以来，生成式视觉模型的发展历程。

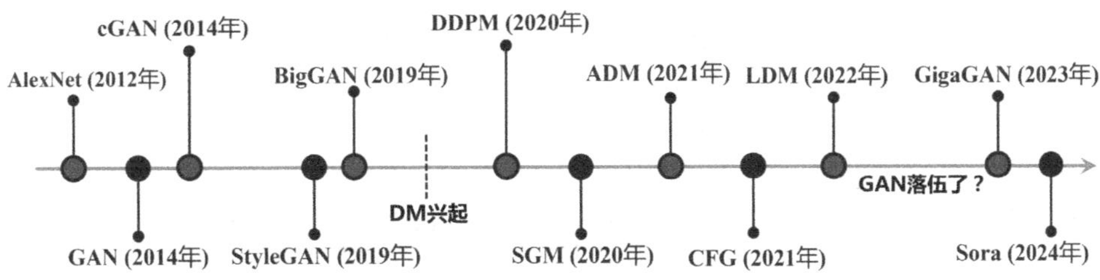

图 1-1　生成式视觉模型的发展历程

1.2.3　大模型时代

随着深度学习的不断进步，生成式人工智能进入了一个全新的时代——大模型时代。在大模型时代，模型的规模和复杂度急剧增加，使生成式人工智能的能力得到了前所未有的提升。从 Transformer 架构的崛起，到大型语言模型的发展和图像生成模型的进步，再到多模态生成模型的兴起，这些技术不断推动着生成式人工智能向更高层次、更广泛领域发展。随着技术的不断进步和数据的日益丰富，我们有理由相信生成式人工智能将在更多领域展现其强大的生成与创新能力，为人类的生活带来更多便利与惊喜。

1．Transformer 架构的崛起

在大模型时代，Transformer 架构成为生成式人工智能的明星架构。Transformer 架构通过

自注意力机制（Self-Attention）和多头注意力机制（Multi-Head Attention）等创新设计，实现了对序列数据的高效建模。Transformer 架构在自然语言处理领域取得了巨大成功，为后续的大型语言模型（Large Language Model，LLM）奠定了基础。

2. 大型语言模型的发展

基于 Transformer 架构，大型语言模型迅速崛起，其具有庞大的参数规模和强大的生成能力，能够生成流畅、连贯的文本内容。著名的大型语言模型包括 GPT 系列（如 GPT-3、GPT-4）、T5、PaLM 等。它们通过在大规模文本数据上进行预训练，学习到丰富的语言知识和推理能力，可以生成各种风格的文本，包括新闻报道、科技论文、小说故事等。

3. 图像生成模型的进步

大模型时代的图像生成模型也取得了显著进步。其中，最具代表性的是 DALL·E 和 Stable Diffusion 等模型。这些模型结合了 Transformer 架构和 DM 的思想，能够根据文本描述生成高质量的图像。例如，用户可以通过输入“一只可爱的卡通小猫在草地上玩耍”等描述，生成符合要求的图像。这种文本到图像的生成能力为创意设计、广告营销等领域带来了极大的便利。

4. 多模态生成模型的兴起

随着多媒体数据的日益丰富，多模态生成模型逐渐兴起。该模型能够同时处理并融合多种不同类型的数据（如文本、图像、音频和视频等），并捕捉多种数据之间的复杂关系，提高模型的准确性和效率。多模态生成模型不仅能够处理单一模态的信息，还能够实现跨模态的融合与生成，使人工智能在理解和处理多样化信息方面取得了重大突破。这种能力使多模态生成模型在自然语言处理、图像生成、情感分析、智能问答等领域具有广泛的应用前景和潜力。

1.3 生成式人工智能的发展方向

生成式人工智能已成为科技领域的焦点，其借助深度学习展现出的逼真文本、图像、音频等内容的生成能力，已引起社会的广泛关注。然而，生成式人工智能在充满无限可能性的同时，面临着诸多挑战。

目前，生成式人工智能的应用主要集中在文本和图像生成领域。展望未来，多模态生成将成为其重要的发展方向。未来的模型有望同时处理文本、图像、音频、视频等多种数据类型，为用户带来更加丰富多彩的内容生成体验。不仅如此，随着大数据技术的不断进步和算法的持续优化，生成式人工智能有望进一步理解每个人的独特偏好和需求，从而实现个性化内容的生成，如为每个人量身定制的新闻、音乐和电影等。更重要的是，未来的生成式人工智能有望更加注重与用户的实时交互，使用户能够亲身参与到生成过程中，实时调整生成的内容和风格，享受更加灵活与个性化的创作过程。

尽管前景广阔，但生成式人工智能仍然面临着一系列挑战。其依赖的大数据往往带有偏见，导致生成的内容可能存在不公平或歧视性。同时，数据收集和使用过程中的隐私问题需要引起关注。此外，生成式人工智能在创造性方面存在局限，其生成的内容可能引发复杂的版权问题，如何合理界定和保护知识产权成为一个亟待解决的问题。再者，随着生成技术的不断进步，虚假信息的生成风险随之增加，如何确保生成内容的真实性和安全性，防止其被恶意利用，也是一个需要重视的问题。

为了解决上述问题并推动生成式人工智能的健康发展，我们需要从多个方面入手。首先，通过更为严格的数据清洗和预处理来减少数据中的偏见，并开发先进的算法来检测和纠正生成内容中的不公平现象。其次，建立完善的版权保护机制以明确生成内容的版权归属，确保在遵守版权法的前提下进行创作。再者，研发更为先进的鉴别技术来区分真实内容和生成内容，并加强对生成式人工智能的监管，防止其被滥用于制造和传播虚假信息。最后，通过教育和引导来提升用户对生成式人工智能的认知和理解，帮助用户更好地辨别和使用生成内容。同时，倡导负责任地使用生成式人工智能，以免滥用和误导。通过这些努力，我们可以共同推动生成式人工智能朝着更加公平、安全、创新和负责任的方向发展。

1.4　生成式人工智能的伦理问题

生成式人工智能作为当今科技发展的前沿领域，以其强大的文本、图像、音频等内容生成能力，为人们的生活带来了前所未有的便利和惊喜。然而，随着技术的飞速发展，生成式人工智能引发的伦理问题也日益凸显，亟待社会各方面共同关注和解决。

生成式人工智能可能导致信息真实性的失衡。由于生成式人工智能具有出色的内容生成能力，因此虚假信息的产生变得更加容易，这在一定程度上削弱了人们对信息的辨别能力。例如，通过生成式人工智能制作的“深度伪造”视频，可能会误导公众，造成不良的社会影响。这种信息真实性的失衡，不仅损害了人们的知情权，还可能引发信任危机。

生成式人工智能可能加剧隐私泄露的风险。在大数据的驱动下，生成式人工智能需要大量数据进行训练和学习。然而，这些数据往往涉及个人隐私，如何在保护个人隐私的前提下合理利用数据，成为一个亟待解决的问题。一旦隐私数据被滥用或泄露，将对个人权益造成严重侵害。

生成式人工智能还可能引发版权和知识产权的纠纷。生成式人工智能可以轻松地复制和改编现有作品，这在一定程度上侵犯了原创者的权益。例如，某生成式人工智能平台曾因未经授权使用艺术家的作品而引发版权争议，这不仅损害了艺术家的利益，还打击了人们的创作积极性。

针对以上伦理问题，我们可以从以下几个方面寻求解决方案。

一是加强技术研发，提高生成内容的真实性和可辨识度。为实现这一目标，需要不断开发和应用先进的鉴别技术，这些技术能够有效识别出生成内容，尤其是那些可能误导公众或传播虚假信息的内容。通过技术手段的提升，可以更准确地分辨出哪些是真实的信息，哪些是由人工智能生成的信息，从而降低虚假信息在社会中的传播风险。在这个过程中，技术研发机构和企业扮演着至关重要的角色，他们不仅需要关注技术的前沿发展，还应积极承担社会责任，加强自律。这意味着在研发和应用生成式人工智能技术时，必须遵循一定的道德和法律标准，确保技术的合理、公正和透明使用。为实现这一点，技术研发机构和企业可以制定内部规范和指导原则，明确生成式人工智能技术的使用范围和限制，同时可以与政府机构、学术界和公众合作，共同建立一个监管框架，以确保技术的健康发展和社会福祉的最大化。此外，教育和培训也是不可或缺的，技术研发人员需要了解生成式人工智能技术的潜在风险和责任，并学会如何在实际应用中避免这些问题，公众也需要接受相关的教育，以便识别和评估生成内容的真实性，从而做出明智的决策。总之，加强技术研发并提高生成内容的真实性和可辨识度需要技术研发机构、企业、政府机构、学术界和公众共同努力，通过合作和自律，可以确保生成式人工智能技术在为社会带来便利的同时，维护信息的真实性和公众的信任。

二是建立完善的数据保护机制。在收集和使用数据时，必须严格遵守相关的法律法规，确保个人隐私安全不受侵犯。这意味着数据的收集、存储、处理和使用每个环节都需要有明确的法律规范和操作标准，以防数据被滥用或泄露。为了实现这一目标，推动数据加密和匿名化技术的发展显得尤为重要。数据加密技术可以有效地保护数据的机密性，确保未经授权的人员无法读取或理解数据内容；而匿名化技术能在不损害数据价值的前提下，去除或替换掉数据中的个人标识信息，从而降低泄露的风险。除了技术手段的应用，还需要加强数据保护意识的培养，无论是数据收集者还是使用者，都应充分认识到保护个人隐私的重要性，并时刻牢记自己的法律责任和社会责任。同时，政府和相关监管机构应发挥积极作用，制定和完善与数据保护相关的法律法规，并加强对数据使用行为的监管和处罚力度。只有这样，才能构建一个安全、可信的数据环境，让人们在享受信息化带来的便利的同时，充分保护自己的个人隐私。

三是加强版权保护力度。这需要建立完善的版权登记、审查和维权机制，为原创者提供全面、有效的保护。版权登记是保护原创者权益的基础，通过建立一个便捷、高效的版权登记系统，可以确保原创者的作品得到及时、准确的登记，为后续维权提供有力的证据支持，同时帮助原创者更好地管理和维护自己的作品，防止他人恶意侵权。版权审查是防止侵权行为的重要环节，需要加强对各类作品版权的审查力度，确保在市场上流通的作品都拥有合法的版权来源，对于侵犯版权的行为，应依法予以严惩，以维护良好的创作环境和社会秩序。维权机制的建立也是必不可少的，当原创者权益受到侵犯时，他们需要有一个便捷、有效的途径来维护自己的权益，因此需要建立一个完善的维权机制，包括提供法律咨询、协助调查取证、提起诉讼等，为原创者提供全方位的维权支持。总之，加强版权保护力度是一个长期而艰巨的任务，需要从多个方面入手，建立完善的版权登记、审查和维权机制，确保原创者权益得到有效保护，同时加强对侵权行为的打击力度，维护良好的创作环境和社会秩序，以激发更多人的创作热情，推动文化创新和社会进步。

四是加强公众教育和引导。通过举办讲座、研讨会等活动，向公众普及生成式人工智能的基本概念、核心原理、发展历程及广泛的应用场景，如文本生成、图像创作、语音合成等，使公众对这一前沿技术有一个全面而深入的了解。更重要的是，这些活动还能够揭示生成式人工智能潜在的伦理问题，如隐私侵犯、版权争议、信息误导等，帮助公众更好地理解和评估这一技术的社会影响，从而引发社会对这些问题的广泛关注和深入讨论。同时，积极引导公众正确使用生成式人工智能技术至关重要。这需要教育公众如何辨别生成内容的真实性和可信度，如何识别可能存在的偏见和误导，以及如何在日常生活中合理、负责任地使用这些技术。通过这样的教育和引导工作，不仅可以提升公众的技术素养和伦理意识，还有助于构建一个更加理性、负责任的社会环境。在这样的环境中，生成式人工智能技术的健康发展将得到有力保障，其积极作用也将得到最大限度的发挥，为社会进步和发展带来更大的价值。

生成式人工智能的伦理问题是一个复杂而严峻的挑战，需要社会各界共同努力来寻求解决方案。通过加强技术研发、建立完善的数据保护机制、加强版权保护力度及加强公众教育和引导等措施，可以推动生成式人工智能技术的健康发展，为人类社会带来更多的福祉。

1.5 习　　题

1. 请简述生成式人工智能的发展历程，包括其起源、关键发展时代，以及每个时代的里程碑或突破。同时，讨论这些发展对当今社会和技术领域产生了哪些重要影响。

2. 在生成式人工智能的发展历程中，选取一个你认为最为重要的时代或里程碑进行深入论述。分析该时代或里程碑的技术创新点、对后续发展的影响，以及它如何改变了我们理解或应用生成式人工智能的方式。请结合具体实例进行阐述，并提出你的个人见解。

3. 你觉得针对语言的生成式建模与针对图像的生成式建模有哪些相同和不同之处？

1.6 参考文献

[1] 朱永新，杨帆. ChatGPT/生成式人工智能与教育创新：机遇，挑战以及未来[J]. 华东师范大学学报（教育科学版），2023，41（7）：1.

[2] 林懿伦，戴星原，李力，等. 人工智能研究的新前线：生成式对抗网络[J]. 自动化学报，2018，44（5）：775-792.

[3] ACHIAM J, ADLER S, AGARWAL S, et al. GPT-4 technical report[J]. arXiv preprint arXiv:2303.08774, 2023.

[4] LIU Y, ZHANG K, LI Y, et al. Sora: A review on background, technology, limitations, and opportunities of large vision models[J]. arXiv preprint arXiv:2402.17177, 2024.

[5] MURPHY K P. Probabilistic machine learning: Advanced topics[M]. Cambridge: MIT press, 2023.

第2章

生成式建模与评价指标

首先，我们将深入探讨生成式建模的本质，阐述如何通过生成模型来逼近数据的真实概率分布，并进一步阐述如何从这样的模型中有效地进行采样，以生成新的数据实例。接着，我们将对生成模型进行系统的分类，介绍各类生成模型的特点及其优势与局限，以帮助读者全面理解生成式建模的多样性和灵活性。最后，我们将聚焦于生成模型的评价指标，探讨如何量化评价生成模型的性能，通过介绍一系列常用的评价指标，读者可以掌握如何客观地比较不同生成模型的效果，从而在实际应用中做出更为明智的选择。

2.1 根本任务

生成式建模（Generative Modeling）的根本任务主要包括以下两个方面（见图 2-1）。

- **分布估计：对数据的未知概率分布进行精准的估计**。简单来说，我们将采集的数据视为某个随机变量或随机向量的观测值。分布估计的过程可以看作对这个随机变量或随机向量可能的取值范围的探索，并对每个取值的可能性进行估计。
- **样本生成：从已估计的分布中有效地进行采样**。基于对数据概率分布的估计，我们能够运用采样方法从所估计的分布中随机生成任意数量的样本。此过程中有可能产生新的、在原始数据中未曾观测到的数据，这正是生成式建模的核心意义。

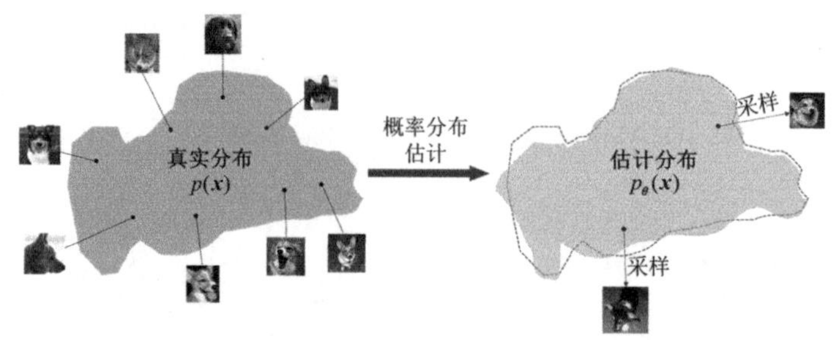

图 2-1　生成式建模示意图

概率生成模型（Probabilistic Generative Model）简称**生成模型**（Generative Model），其是为实现生成式建模任务而设计的模型。其中，基于深度神经网络的生成模型被称为**深度生成**

模型（Deep Generative Model，DGM）。值得注意的是，许多下游应用问题都可以被抽象地表示成生成式建模任务，并通过构建和使用生成模型找到解决方案。关于这一点，我们将在 2.4 节与 7.1 节中做更详细的探讨。

本节将对生成式建模的两个根本任务，即分布估计与样本生成进行详细讲解。

2.1.1 分布估计

假设在一个高维空间 $\mathcal{X}$ 中，存在一个随机向量 $\boldsymbol{X}$，其服从一个未知的概率分布 p，且对 $\boldsymbol{X}$ 有 N 个观测样本 $\{\boldsymbol{x}_i \mid i=1,\cdots,N, \boldsymbol{x}_i \in \mathcal{X}\}$，则生成式建模的首要目的便是基于这些观测样本，准确地对概率分布 p 进行估计。

若 $\boldsymbol{X}$ 是连续的（本节主要考虑该情形），且概率分布 p 有概率密度函数（Probability Density Function，PDF） $p(\boldsymbol{x})$，其中 $\boldsymbol{x} \in \mathcal{X}$，则对 $\boldsymbol{X}$ 的生成式建模等价于对 $p(\boldsymbol{x})$ 进行估计，即统计学中的**概率密度估计**（Probability Density Estimation，PDE）。需要注意的是，若 $\boldsymbol{X}$ 的维度为 1，则 $\boldsymbol{X}$ 退化为一个随机变量，对 $\boldsymbol{X}$ 的生成式建模也就等价于一个一维概率密度估计问题，其示意图如图 2-2 所示。

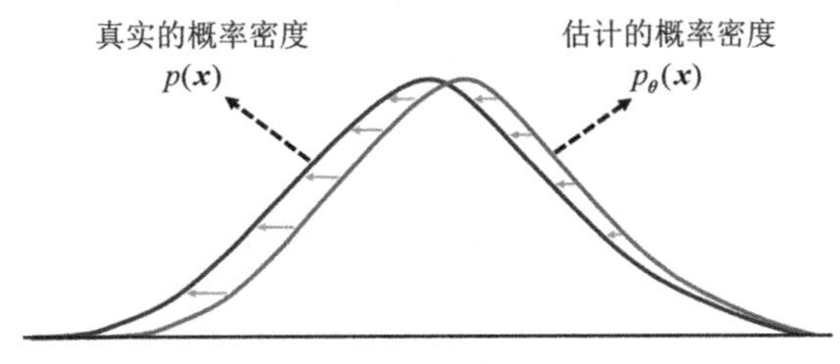

图 2-2　一维概率密度估计示意图

概率密度估计的方法多种多样，且存在多种分类方式。在本节中，我们将概率密度估计方法分为两大类：**显式法**和**隐式法**。

显式法能够对未知的概率密度函数进行明确的建模，并最终给出估计分布的概率密度函数的具体表达式。具体来说，显式法可进一步细分为参数法和非参数法。参数法的核心是先假设待估计的分布属于某一已知分布类型，从而将概率密度估计问题转化为对该已知分布中未知参数的估计问题。这一过程通常通过**极大似然估计**（Maximum Likelihood Estimation，MLE）来实现。例如，在图 2-2 所示的一维场景中，观测值的分布可能表明该数据遵循高斯分布 $\mathcal{N}(\mu,\sigma^2)$。在此情况下，我们可以基于收集的样本构建关于均值 μ 和方差 σ^2 的似然函数，并利用 MLE 求解均值和方差的估计值。与参数法不同，非参数法不依赖特定的分布假设，而是直接根据样本数据来估计概率密度函数，提供了更为灵活和广泛的适用性。针对概率密度估计的典型非参数法包括直方图法与 KDE。尽管显式法可以给出估计分布的概率密度函数的具体表达式，但是该方法在处理高维数据时往往表现不佳。

一般而言，针对图像、视频、点云等高维数据，我们常使用隐式法。隐式法主要利用深度神经网络的强大表达能力，通过学习一个参数化的模型 $p_{\boldsymbol{\theta}}(\boldsymbol{x})$ 来隐式地逼近未知的概率密度函数 $p(\boldsymbol{x})$，其中 $\boldsymbol{\theta}$ 为可学习的参数。我们通过最小化某种散度 $\mathrm{div}(p(\boldsymbol{x}), p_{\boldsymbol{\theta}}(\boldsymbol{x}))$ 或最大化似然函数 $\mathcal{L}(\boldsymbol{\theta})$ 来学习最优的参数。

另外，我们还常常需要在某些条件 $\boldsymbol{Y}=\boldsymbol{y}$ 下对 $\boldsymbol{X}$ 进行生成式建模，即**条件生成式建模**

（Conditional Generative Modeling），相应的生成模型被称为**条件生成模型**（Conditional Generative Model，CGM）。在这种场景中，我们需要对条件概率密度函数 $p(\boldsymbol{x} \mid \boldsymbol{Y}=\boldsymbol{y})$ 进行估计，其中 $\boldsymbol{Y}$ 是条件随机向量，可以代表类别标签、连续属性、图像等不同类型或维度的条件信息，$\boldsymbol{y}$ 是 $\boldsymbol{Y}$ 的观测值。请注意，在后文中我们一般将 $p(\boldsymbol{x} \mid \boldsymbol{Y}=\boldsymbol{y})$ 简写为 $p(\boldsymbol{x} \mid \boldsymbol{y})$。另外，此处的条件 $\boldsymbol{y}$ 被标记为一个向量，这是因为即便是类别标签或连续标量，当它们作为条件时，仍然需要被标记为向量后才能输入生成模型。当前备受瞩目的 Stable Diffusion 和 Sora 都属于条件生成模型，它们将文字描述视为条件，根据文字描述对图像或视频的概率分布进行估计，并且能够基于文字描述生成与之匹配的图像或视频。

2.1.2 样本生成

样本生成即从估计的概率分布 $p_{\theta}(\boldsymbol{x})$ 中生成服从这个分布的样本，这一过程也被称为采样。不同的生成模型会采用不同的采样策略和方法。本节将简要概述几种典型生成模型的采样过程，为后续章节的详细介绍奠定基础。

GAN 包含生成器和判别器两部分。在训练过程中，生成器尝试生成尽可能接近真实数据的假数据，而判别器则尝试区分生成的数据和真实数据。采样时，仅使用训练好的生成器。输入一个随机噪声向量到生成器中，生成器会输出一个与真实数据分布相似的样本。

VAE 由编码器和解码器组成。编码器的作用是将输入数据映射到潜在空间中的一个分布上，通常是高斯分布上，并输出该分布的均值和方差。在采样过程中，VAE 会从编码器输出的潜在分布中随机采样一个隐向量，将这个隐向量输入解码器，解码器会将其映射回原始数据空间，从而生成一个新的样本。

NF 模型通过构建一个可逆且可微的变换链，将简单分布（如高斯分布）映射到复杂的数据分布上。在采样过程中，首先从简单分布中随机采样一个样本，然后通过变换链的逆变换，生成服从目标分布的样本。

DM 首先定义一个将数据逐步转化为随机噪声的过程，这通常通过多次步骤逐渐增加数据中的噪声来实现。采样过程则是这个扩散过程的逆向操作，即从纯随机噪声开始，通过一系列迭代步骤逐渐去除噪声。在每步中，DM 预测当前噪声水平下数据的原始形态，并据此去除部分噪声。经过多次迭代后，最终生成清晰的样本数据。

2.1.3 针对数字图像的生成式建模

在本节中，我们主要处理的高维数据是数字图像。那么，如何为数字图像定义其生成式建模任务呢？

要回答这个问题，我们需要了解数字图像的一些基本概念。数字图像是以数组形式存储的图像，每个元素代表图像的一部分，称为像素（Pixel）。像素是数字图像的基本单位，每个像素都有一个或多个值，这些值决定了像素的颜色和亮度。一个像素值是一个数字，通常为 0～255，用来表示颜色的强度。数字图像的通道数（Channel）是指每个像素包含的独立信息的数量。例如，灰度图像只有 1 个通道，彩色图像通常有 3 个通道，分别对应红色（R）、绿色（G）和蓝色（B）。每个通道都有一个独立的矩阵，表示该通道的所有像素值。通道数越多，数字图像能够表达的信息就越丰富。

如图 2-3 所示，一个高度、宽度、通道数分别为 H、W、C 的数字图像 $\boldsymbol{x}$ 的像素值存储在一个三维数组中，其中 $C=3$。该三维数组可以被重组成一个长度为 $H\times W\times C$ 的高维向量，即 $\boldsymbol{x}=[x_1,x_2,\cdots,x_{H\times W\times C}]$，其中每个元素便是数字图像的像素值。该高维向量可以被看作一个**随机向量** $\boldsymbol{X}=[X_1,X_2,\cdots,X_{H\times W\times C}]$ 的观测值，其中的元素 i 可以被看作**随机变量** X_i 的观测值。注意，我们用小写字母 $\boldsymbol{x}$ 或 x_i 表示观测值，用大写字母 $\boldsymbol{X}$ 或 X_i 表示随机向量或随机变量。**那么，估计数字图像的概率分布，实际上就是估计随机向量 $\boldsymbol{X}$ 所服从分布的概率密度函数，即估计随机变量 $X_1,X_2,\cdots,X_{H\times W\times C}$ 的联合密度函数。**

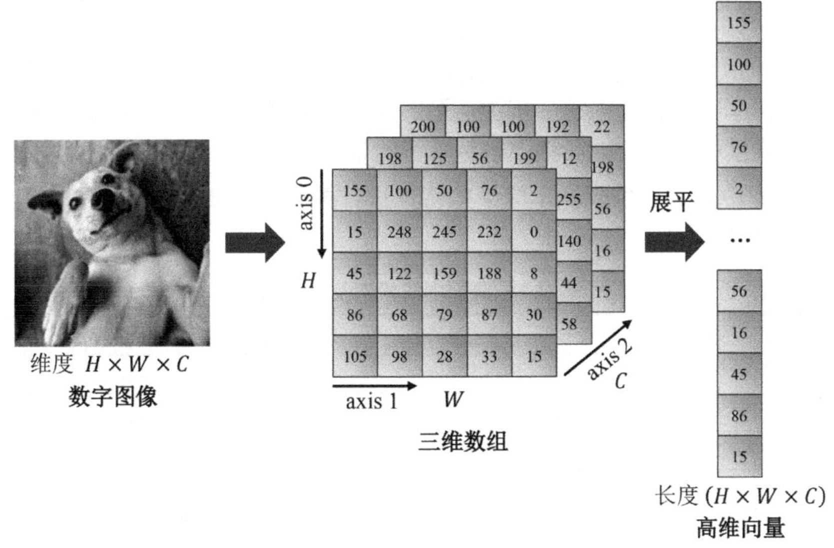

图 2-3　数字图像示例

由于数字图像的维度一般较高，因此对于数字图像的概率密度估计一直是一个具有挑战性的任务。例如，ImageNet 数据集中数字图像的维度为 128×128×3=49152（按照 128 像素×128 像素的分辨率计算）。针对该数字图像的生成式建模，需要全面考虑 49152 个像素值之间所有可能且错综复杂的关系，这涵盖了数字图像的所有局部与全局特征。相比之下，ImageNet 数据集上的分类任务显得简单许多，因为分类器通常只需关注数字图像的局部特征。在深度学习兴起之前，面对数千乃至上万维的高维数据，以 KDE、GMMs、概率图模型等为代表的传统生成模型显得力不从心，难以有效应对。然而，随着基于深度神经网络的现代生成模型，如 VAE、GAN、NF 模型、DM 等的出现，数字图像等高维数据的生成式建模逐渐得以实现，并在最近的十年间取得了跨越式的发展。

2.2　典型生成模型

生成模型的类型很多，表 2-1 与图 2-4 展示了 4 种基于深度神经网络的生成模型，后续章节将详细介绍这 4 种生成模型。

这 4 种生成模型各自展现出独特的特点。GAN 采用“生成器-判别器”的架构，并经历对抗式的训练过程，其优势在于采样快速，遗憾的是，它无法提供估计分布概率密度函数的具体表达式。VAE 则采用“编码器-解码器”的架构，通过最大化似然函数的下界来优化参数，同样具备采样快速的特点。与 GAN 相似，VAE 虽无法获得精确的概率密度函数表达式，但能够对概率密度函数的下界进行估算。NF 模型通过一系列可逆变换（双射函数）建立起简单的先验分布与复杂实际数据分布之间的联系。NF 模型能够显式地表达概率分布，因此可以直接计算对数似然，并采用 MLE 进行参数优化，不过其采样相对较慢。DM 的核心在于模拟数据从原始分布逐渐“扩散”至简单噪声分布的过程，随后通过学习这一逆过程，从噪声中重建高质量数据样本。DM 的网络架构是基于“编码器-解码器”的 U-Net，同样通过最大化似然函数的下界来优化参数。尽管 DM 无法显式地表达概率分布，但它能够给出密度函数的下界。由于扩散过程的逆过程具有链式结构，因此 DM 的采样通常较慢。

另外，根据生成模型是否有条件作为输入，还可将生成模型划分为**无条件生成模型**和**条件生成模型**。从概率密度估计的角度来说，无条件生成模型对数据的边际概率密度 $p(\boldsymbol{x})$ 进行估计，而条件生成模型则对数据在特定条件 $\boldsymbol{y}$ 下的条件概率密度 $p(\boldsymbol{x}\mid\boldsymbol{y})$ 进行估计。无条件生成模型在采样过程中无法对生成样本的某些特性进行控制，而条件生成模型则可以根据给定的条件生成对应的样本。

表 2-1 典型生成模型及其特点

模型	简称	章节	密度函数	采样过程	训练过程	架构
变分自编码器	VAE	第 3 章	下界	快	MLE-LB	编码器-解码器
生成对抗网络	GAN	第 4 章	无	快	对抗式	生成器-判别器
标准化流模型	NF 模型	第 5 章	精确的	较慢	MLE	可逆的
扩散模型	DM	第 6 章	下界	慢	MLE-LB	编码器-解码器

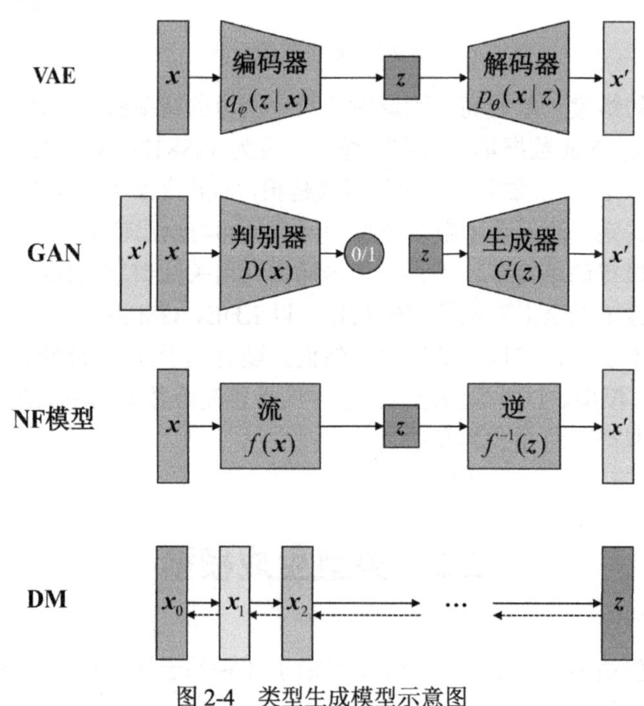

图 2-4 类型生成模型示意图

2.3　评价指标

正如上文所述，生成式建模的根本任务之一是分布估计。因此，理论上，评价生成模型的最佳指标应当是能够精确量化真实分布与估计分布之间差异的某种度量，如 KL 散度（Kullback-Leibler Divergence）、JS 散度（Jensen-Shannon Divergence）、Wasserstein 距离（Wasserstein Distance）等。然而，在实际操作中，显式地计算这些散度往往十分困难，甚至不可能，尤其是在处理高维数据时。例如，计算 KL 散度或 JS 散度通常需要知道真实和估计分布概率密度函数的具体表达式，这对于 GAN 不适用。

在实际应用中，相较于计算真实分布与估计分布之间的散度，我们通常更倾向于评价从生成模型中采样得到的样本的质量，并以此为衡量生成模型性能的指标。在衡量样本的质量时，一般需要考虑以下几个方面。

- **视觉质量**，即衡量生成图像的视觉质量是否达到足够逼真的程度。
- **样本多样性**，即衡量生成图像要有足够的多样性，不应仅限于同一类别或拥有过多共同属性。理想的生成图像应能够广泛覆盖概率分布的大部分区域。
- **标签一致性**，即衡量生成图像的真实标签与给定条件是否一致。注意，该评价指标只适用于条件生成模型。
- **泛化性**，即衡量生成模型是否能够在训练样本之外展现出良好的泛化能力，而非仅仅记住训练样本。

需要注意的是，目前还没有一个已知的评价指标能够同时满足以上所有要求。不过，不同的评价指标可以用来衡量估计分布的不同侧面。接下来，我们将介绍一些常用的评价指标。

2.3.1　负对数似然

若利用 KL 散度来刻画真实分布和估计分布的差别，则可以得到如下表达式：

$$\begin{aligned}\mathrm{KL}(p(\boldsymbol{x})\,\|\,p_{\boldsymbol{\theta}}(\boldsymbol{x})) &= \int p(\boldsymbol{x})\ln\frac{p(\boldsymbol{x})}{p_{\boldsymbol{\theta}}(\boldsymbol{x})}\mathrm{d}\boldsymbol{x} \\ &= \int p(\boldsymbol{x})\ln p(\boldsymbol{x})\mathrm{d}\boldsymbol{x} - \int p(\boldsymbol{x})\ln p_{\boldsymbol{\theta}}(\boldsymbol{x})\mathrm{d}\boldsymbol{x} \\ &= -H(p(\boldsymbol{x})) + H_{\mathrm{ce}}(p(\boldsymbol{x}), p_{\boldsymbol{\theta}}(\boldsymbol{x}))\end{aligned} \tag{2-1}$$

式中，$p(\boldsymbol{x})$ 和 $p_{\boldsymbol{\theta}}(\boldsymbol{x})$ 分别为真实分布和估计分布的密度函数，$\boldsymbol{\theta}$ 为生成模型的参数；$H(p(\boldsymbol{x}))$ 代表针对 $p(\boldsymbol{x})$ 定义的熵是一个与参数 $\boldsymbol{\theta}$ 无关的常数；$H_{\mathrm{ce}}(p(\boldsymbol{x}), p_{\boldsymbol{\theta}}(\boldsymbol{x}))$ 为交叉熵。根据式（2-1），因为 $H(p(\boldsymbol{x}))$ 是一个常数，所以 $\mathrm{KL}(p(\boldsymbol{x})\,\|\,p_{\boldsymbol{\theta}}(\boldsymbol{x}))$ 只由 $H_{\mathrm{ce}}(p(\boldsymbol{x}), p_{\boldsymbol{\theta}}(\boldsymbol{x}))$ 唯一决定。若能对 $H_{\mathrm{ce}}(p(\boldsymbol{x}), p_{\boldsymbol{\theta}}(\boldsymbol{x}))$ 进行恰当的估计，则可用这个估计值来近似地评价生成模型的质量。

基于该思路，我们首先用经验密度（Empirical Density）来逼近 $p(\boldsymbol{x})$，可得

$$\hat{p}(\boldsymbol{x}) = \frac{1}{N^{\mathrm{r}}}\sum_{i=1}^{N^{\mathrm{r}}}\delta(\boldsymbol{x} - \boldsymbol{x}_i^{\mathrm{r}}) \tag{2-2}$$

式中，$\delta(\boldsymbol{x})$ 为狄拉克 δ 函数；$\boldsymbol{x}_i^{\mathrm{r}}$ 为真实数据中的第 i 个样本；N^{r} 为真实数据的样本量。将

式（2-2）代入式（2-1），可得交叉熵 $H_{\mathrm{ce}}(p,p_{\boldsymbol{\theta}})$ 的一个估计值 $\hat{H}_{\mathrm{ce}}(p,p_{\boldsymbol{\theta}})$，即

$$\begin{aligned}\hat{H}_{\mathrm{ce}}(p,p_{\boldsymbol{\theta}}) &= -\int \hat{p}(\boldsymbol{x})\ln p_{\boldsymbol{\theta}}(\boldsymbol{x})\mathrm{d}\boldsymbol{x} \\ &= -\frac{1}{N^{\mathrm{r}}}\sum_{i=1}^{N^{\mathrm{r}}}\int \delta(\boldsymbol{x}-\boldsymbol{x}_i^{\mathrm{r}})\ln p_{\boldsymbol{\theta}}(\boldsymbol{x})\mathrm{d}\boldsymbol{x} \\ &= -\frac{1}{N^{\mathrm{r}}}\sum_{i=1}^{N^{\mathrm{r}}}\ln p_{\boldsymbol{\theta}}(\boldsymbol{x}_i^{\mathrm{r}})\end{aligned} \tag{2-3}$$

在上式中，最后一个等号用到了狄拉克 δ 函数的平移性质，即

$$\int \delta(t-T)f(t)\mathrm{d}t = f(T) \tag{2-4}$$

$\hat{H}_{\mathrm{ce}}(p,p_{\boldsymbol{\theta}})$ 又被称为**经验负对数似然**（Empirical Negative Log Likelihood），简称**负对数似然**（Negative Log Likelihood，NLL）。对于某些能够精确计算或近似估计 $p_{\boldsymbol{\theta}}(\boldsymbol{x}_i^{\mathrm{r}})$ 的生成模型（如 NF、DM 等），我们可以用负对数似然在一个单独的测试集上评价该生成模型的质量。一个较低的负对数似然值意味着生成样本与实际样本更加相似，从而说明该生成模型的性能较好。

然而，值得注意的是，负对数似然并不适用于 GAN。这是因为 GAN 通常无法直接提供估计分布概率密度函数的具体表达式，而负对数似然的计算恰恰需要这一关键信息。此外，即便在可以计算负对数似然的场合，它也经常无法准确衡量图像的视觉质量。这是因为负对数似然更多地关注于数据分布的概率性质，而非人类视觉系统对图像内容的主观感知，因此可能无法全面反映图像的实际视觉效果。

2.3.2 基于距离或散度的评价指标

1. Inception Score

Inception Score（IS）是由 Salimans 等人提出的一种用于评价生成模型性能的指标，该指标旨在衡量生成模型的生成图像在视觉质量和样本多样性这两个关键维度上的表现。通常，一个较高的 IS 意味着生成图像不仅具备良好的视觉质量，还展现出较高的多样性。

IS 中的“Inception”源自 Google 提出的卷积神经网络 Inception Net，因为计算 IS 时需要使用到 Inception Net 的第三个版本，即 Inception-V3。Inception Net 是图片分类网络，又称分类器，并在 ImageNet 数据集上进行训练。ImageNet 数据集约有 120 余万个 RGB 图像，分为 1000 个类别。因此，输入一张图像，Inception-V3 可以输出这张图像分别属于这 1000 个类别的概率。本节中提到的类别标签均属于这 1000 个类别的范畴。

为定义 IS，Salimans 等人做了如下两条假设：一是若生成图像的多样性足够高，则这些图像的类别标签应该均匀分布于 1000 个类别上，而非集中于某几个类别上。二是对于视觉质量较好的生成图像，Inception-V3 输出的预测概率应当集中于某一特定类别上，即 Inception Net 能够较为确定地判断该图像所属的类别。

根据以上假设，Salimans 等人将 IS 定义为如下形式：

$$\mathrm{IS} = \exp\left(E_{\boldsymbol{X}\sim p_{\boldsymbol{\theta}}(\boldsymbol{x})}\left[\mathrm{KL}(p(y\mid \boldsymbol{X})\parallel p(y))\right]\right) \tag{2-5}$$

- $\boldsymbol{X}\sim p_{\boldsymbol{\theta}}(\boldsymbol{x})$：表示生成模型的生成图像，即从估计分布 $p_{\boldsymbol{\theta}}(\boldsymbol{x})$ 中采样得到的随机样本。

- $E_{X\sim p_\theta(x)}$：表示对所有生成图像 $\boldsymbol{X}$ 的数学期望。
- $p(y\mid\boldsymbol{X})$：类别标签 $Y\in[1,1000]$ 所服从的条件分布的概率质量函数（Probability Mass Function，PMF），即在给定生成图像 $\boldsymbol{X}$ 的条件下，Inception-V3 输出的类别标签的概率分布。具体来说，把生成图像 $\boldsymbol{X}$ 输入 Inception-V3，会得到一个 1000 维的概率向量 $\boldsymbol{p}=[p_1,p_2,\cdots,p_{1000}]$，其中 $p_y=\Pr(Y=y\mid\boldsymbol{X})$ 为 $\boldsymbol{X}$ 属于第 y 个类别的概率。
- $p(y)$：类别标签 $Y\in[1,1000]$ 所服从的边际分布的概率质量函数。在实际计算中，我们需要基于观测样本对 $p(y)$ 进行估计。假设有 N^{g} 张生成图像（N^{g} 通常取 5000），则每张生成图像 $\boldsymbol{x}_i^{\mathrm{g}}$ 都对应一个 Inception-V3 输出的概率向量 $\boldsymbol{p}_i^{\mathrm{g}}=[p_{i,1}^{\mathrm{g}},p_{i,2}^{\mathrm{g}},\cdots,p_{i,1000}^{\mathrm{g}}]$。接着，计算这些概率向量对应元素的均值，以此来估计类别标签的概率质量函数。计算公式如下：

$$\hat{p}(y)=\frac{1}{N^{\mathrm{g}}}\sum_{i=1}^{N^{\mathrm{g}}}\Pr(Y=y\mid\boldsymbol{X}=\boldsymbol{x}_i^{\mathrm{g}})=\frac{1}{N^{\mathrm{g}}}\sum_{i=1}^{N^{\mathrm{g}}}p_{i,y}^{\mathrm{g}} \tag{2-6}$$

根据以上分析，假设有 N^{g} 张生成图像 $\{\boldsymbol{x}_1^{\mathrm{g}},\cdots,\boldsymbol{x}_{N^{\mathrm{g}}}^{\mathrm{g}}\}$，则 IS 的计算公式可以被写为

$$\mathrm{IS}=\exp\left(-\sum_{i=1}^{N^{\mathrm{g}}}\sum_{y=1}^{1000}p(y\mid\boldsymbol{X}=\boldsymbol{x}_i^{\mathrm{g}})\ln\frac{p(y\mid\boldsymbol{X}=\boldsymbol{x}_i^{\mathrm{g}})}{\hat{p}(y)}\right) \tag{2-7}$$

式中，$\hat{p}(y)$ 可由式（2-6）计算得到；$p(y\mid\boldsymbol{X}=\boldsymbol{x}_i^{\mathrm{g}})$ 为 Inception-V3 对于 $\boldsymbol{x}_i^{\mathrm{g}}$ 的预测概率向量。

基于 Salimans 等人的假设，若生成图像的视觉质量较好、多样性较高，如图 2-5 所示，则 $p(y\mid\boldsymbol{X})$ 应是一个峰度较高的分布，而 $p(y)$ 则应该是一个峰度很低且较为均匀的分布。在这种情况下，$p(y\mid\boldsymbol{X})$ 与 $p(y)$ 相比差别较大，所以它们的 KL 散度 $\mathrm{KL}(p(y\mid\boldsymbol{X})\parallel p(y))$ 将是一个较大的值。根据式（2-5），IS 也将是一个较大的值。

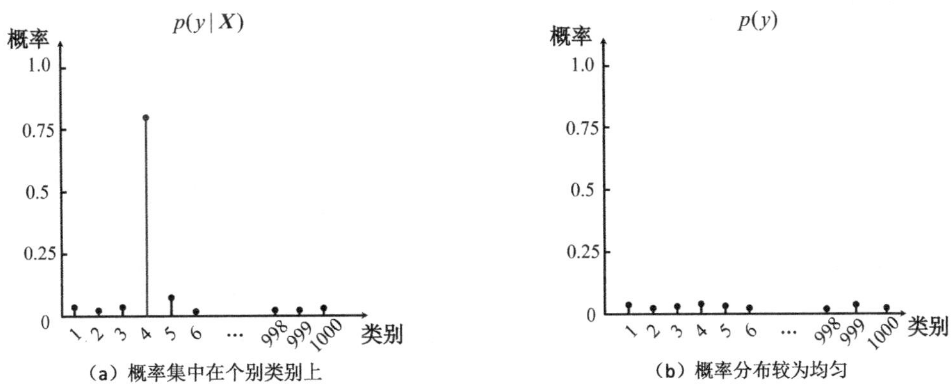

（a）概率集中在个别类别上　（b）概率分布较为均匀

图 2-5　两种类别标签概率分布的示意图

我们还可以结合信息熵对 IS 进行理解。根据 KL 散度的定义，式（2-5）可以被改写为

$$\ln(\mathrm{IS})=\underbrace{H(p(y))}_{\text{样本多样性}}-\underbrace{E_{X\sim p_\theta(x)}[H(p(y\mid\boldsymbol{X}))]}_{\text{视觉质量}} \tag{2-8}$$

式中，$H(p(y))$ 为服从边际分布 $p(y)$ 的类别标签的信息熵；$H(p(y\mid\boldsymbol{X}))$ 为服从条件分布 $p(y\mid\boldsymbol{X})$ 的类别标签的信息熵。根据式（2-8）及 Salimans 等人所做的假设，我们可以看出 IS 主要评价生成图像在以下两个方面的表现。

- **样本多样性**：关于样本多样性，Salimans 等人的假设是，若生成图像的多样性足够高，则这些图像的类别标签应该均匀分布在 1000 个类别上，而非集中于某几个类别上，即 $p(y)$ 所代表的概率分布比较均匀。因此，若生成图像的多样性较高，其类别标签的多样性也会较高，则 $H(p(y))$ 会比较大。
- **视觉质量**：关于视觉质量，Salimans 等人的假设是，对于视觉质量较好的生成图像，Inception Net 输出的预测概率 $p(y \mid \boldsymbol{X})$ 应当集中于某一特定类别上，即 Inception Net 能够较为确定地判断该图像所属的类别。因此，若生成图像的视觉质量较好，则 $E_{\boldsymbol{X} \sim p_{\theta}(\boldsymbol{x})}[E(p(y \mid \boldsymbol{X}))]$ 应该较小。

综合以上分析，生成图像的多样性越高、视觉质量越高，IS 应该越高。

尽管 IS 在评价生成图像方面具有一定的实用价值，但其局限性和不足也提示我们在实际应用中需要结合其他评价指标来更全面地评价生成模型的性能。首先，IS 高度依赖预训练的 Inception-V3，这限制了其在特定数据集和领域上的泛化能力，因为 Inception-V3 的训练数据和性能会直接影响 IS 的评价结果。因此，在实际使用中，我们有时会用在特定数据集上预训练的其他卷积神经网络（如 ResNet）来计算 IS。其次，IS 无法有效检测模式崩溃（Mode Collapse）问题，即模型可能仅生成少数几类图像而仍然获得较高的 IS，这使 IS 在评价生成模型多样性方面存在偏差。再者，IS 的计算仅考虑了生成数据的分布，而忽略了真实数据的分布，这可能导致对生成图像真实性的误判，尤其是在生成数据的分布与预训练的 Inception-V3 的数据集分布差异较大时。此外，IS 对图像细节和清晰度的评价能力有限，可能无法全面反映生成图像的质量。最后，由于 IS 分数的计算涉及对大量生成图像的统计，因此其计算成本和资源消耗也相对较高。

2. Fréchet Inception Distance

作为 IS 的替代指标，Fréchet Inception Distance（FID）于 2017 年由 Heusel 等人提出。它是一种专门用于评价生成模型性能的指标，尤其是在图像生成任务中，能够量化生成图像的质量和多样性。FID 通过比较生成图像与真实图像在特定特征空间内的分布差异来实现这一评价。我们通常选择 Inception-V3 的倒数第二层隐藏层，即全局空间池化层（Global Average Pooling Layer）的输出作为特征表示。这一层在输出图像分类结果之前，能够捕捉到图像的高级视觉特征，并将其有效地编码为一个高维特征向量。在实际应用中，我们也可以选择其他卷积神经网络来计算 FID，如 ResNet、VGG 等。

FID 的计算公式如下：

$$\mathrm{FID} = \| \boldsymbol{\mu}_{\mathrm{g}} - \boldsymbol{\mu}_{\mathrm{r}} \|_2^2 + \mathrm{Tr}\left(\boldsymbol{\Sigma}_{\mathrm{g}} + \boldsymbol{\Sigma}_{\mathrm{r}} - 2\left(\boldsymbol{\Sigma}_{\mathrm{g}} \boldsymbol{\Sigma}_{\mathrm{r}} \right)^{\frac{1}{2}} \right) \tag{2-9}$$

式中，$\boldsymbol{\mu}_{\mathrm{g}}$ 和 $\boldsymbol{\mu}_{\mathrm{r}}$ 分别为生成图像和真实图像在 Inception Net 中的特征向量的均值。Inception-V3 通常用于图像分类任务，这里被用作特征提取器，将图像转换为高维特征向量。$\boldsymbol{\Sigma}_{\mathrm{g}}$ 和 $\boldsymbol{\Sigma}_{\mathrm{r}}$ 分别为生成图像和真实图像在 Inception-V3 中的特征向量的协方差矩阵。$\| \boldsymbol{\mu}_{\mathrm{g}} - \boldsymbol{\mu}_{\mathrm{r}} \|_2^2$ 计算了生成图像和真实图像的特征向量的均值之间的欧氏距离的平方，其反映了生成图像和真实图像在特征空间中的中心位置的差异。$\mathrm{Tr}\left(\boldsymbol{\Sigma}_{\mathrm{g}} + \boldsymbol{\Sigma}_{\mathrm{r}} - 2\left(\boldsymbol{\Sigma}_{\mathrm{g}} \boldsymbol{\Sigma}_{\mathrm{r}} \right)^{\frac{1}{2}} \right)$ 涉及对协方差矩阵的操作。Tr

表示矩阵的迹，即矩阵对角线元素的和。$\left(\boldsymbol{\Sigma}_{\mathrm{g}}\boldsymbol{\Sigma}_{\mathrm{r}}\right)^{\frac{1}{2}}$ 计算了两个协方差矩阵乘积的平方根。整体而言，这部分衡量了生成图像和真实图像在特征空间中分布的形状和方向的差异。需要注意的是，式（2-9）中的均值和协方差可以分别用样本均值和样本协方差进行估计。

FID 越低，表示生成图像和真实图像的分布越接近，这通常意味着生成图像的质量较高且多样性较好。FID 的优点在于它对噪声具有较好的鲁棒性，并且不依赖 Inception-V3 的具体分类能力，而是利用其作为特征提取器。这使 FID 成为一个相对客观和通用的评价指标。

尽管如此，FID 仍然存在一些局限性，具体如下。

一是 FID 依赖 Inception-V3 提取的特征，通用性有限。Inception-V3 是在 ImageNet 数据集上进行预训练的，因此它提取的特征可能更偏向于这个数据集的特性。这意味着，当应用于与 ImageNet 数据集差异较大的领域或任务时，FID 可能无法准确地评价生成模型的性能。换句话说，FID 的通用性可能受到限制，因为它可能无法捕捉到特定领域或任务中重要的视觉特征。因此，在实际使用时，往往需要将预训练的 Inception-V3 在我们感兴趣的数据集上进行微调。

二是 FID 无法描述特征的空间关系。它仅仅比较了生成图像和真实图像在特征空间中的分布差异，而没有考虑这些特征在空间上的布局和关系。在某些情况下，特征的空间关系对于评价生成图像的质量至关重要。例如，在生成具有特定空间结构或布局的图像时（如城市规划图、电路设计图等），仅仅依靠 FID 可能无法准确地反映生成图像的质量，因为它忽略了特征之间的空间联系。

三是 FID 无法衡量条件生成式建模任务中的标签一致性。从式（2-9）中可以看出，在计算 FID 的过程中并没有考虑生成图像的真实标签和作为条件的标签，因此 FID 无法衡量生成图像是否具有标签一致性。

四是 FID 还可能受到其他因素的影响，如生成图像和真实图像的样本大小、图像的预处理方式等。这些因素都可能对 FID 的计算产生一定的影响，从而进一步限制其在某些情况下的准确性。

3. Intra-FID

上文介绍的 IS 和 FID 在计算时均未考虑生成图像的标签，因此它们无法衡量生成图像的标签一致性。

Intra-FID（Intra-class Fréchet Inception Distance）是一种专门用于评价条件生成模型（如条件生成对抗网络）性能的指标，重点衡量同类型生成图像的质量。相比于传统的 FID，更注重于衡量生成模型在生成特定类别图像时的性能。它考虑了生成图像和真实图像在类别内部的分布差异，因此更适用于评估条件图像生成任务。

Intra-FID 的计算公式与 FID 的计算公式类似，但关键在于它针对每个类别分别计算，并取均值。具体公式如下：

$$\text{Intra-FID}=\frac{1}{C}\sum_{c=1}^{C}\left(\|\boldsymbol{\mu}_{\mathrm{g},c}-\boldsymbol{\mu}_{\mathrm{r},c}\|_2^2+\operatorname{Tr}\left(\boldsymbol{\Sigma}_{\mathrm{g},c}+\boldsymbol{\Sigma}_{\mathrm{r},c}-2\left(\boldsymbol{\Sigma}_{\mathrm{g},c}\boldsymbol{\Sigma}_{\mathrm{r},c}\right)^{\frac{1}{2}}\right)\right) \tag{2-10}$$

式中，C 为类别的总数；$\boldsymbol{\mu}_{\mathrm{g},c}$ 和 $\boldsymbol{\mu}_{\mathrm{r},c}$ 分别为第 c 个类别的生成图像和真实图像在特征空间中的均值向量；$\boldsymbol{\Sigma}_{\mathrm{g},c}$ 和 $\boldsymbol{\Sigma}_{\mathrm{r},c}$ 分别为第 c 个类别的生成图像和真实图像在特征空间中的协方差矩阵；

$\|\boldsymbol{\mu}_{\mathrm{g},c}-\boldsymbol{\mu}_{\mathrm{r},c}\|_2^2$ 为第 c 个类别的生成图像和真实图像的特征向量均值之间的欧氏距离的平方；$\mathrm{Tr}\left(\boldsymbol{\Sigma}_{\mathrm{g},c}+\boldsymbol{\Sigma}_{\mathrm{r},c}-2\left(\boldsymbol{\Sigma}_{\mathrm{g},c}\boldsymbol{\Sigma}_{\mathrm{r},c}\right)^{\frac{1}{2}}\right)$ 为第 c 个类别的生成图像和真实图像在特征空间中分布的形状和方向的差异。

Intra-FID 旨在更精确地评价条件生成模型在生成特定类别图像时的性能。通过分别对每个类别计算 FID，并取均值，Intra-FID 能够更全面地反映模型在各类别上的生成能力。一个较低的 Intra-FID 意味着生成模型在各类别上都能生成与真实图像分布相近的图像。

然而，与 FID 相似，Intra-FID 也依赖预训练的特征提取器（如 Inception Net），这可能限制了其在不同领域和任务中的通用性。此外，Intra-FID 仍然是一个基于统计的度量指标，可能无法完全捕捉生成图像的所有细节和质量方面。

4. Sliding FID

Intra-FID 特别适用于基于类别标签的条件生成式建模任务。然而，当条件不是类别标签，而是如年龄、角度、温度等连续的标量（又称回归标签）时，Intra-FID 就不再适用了。针对这一问题，Ding 等人提出了 Sliding FID（SFID）。

SFID 是一种基于 Intra-FID 的改进分数，特别适用于评价针对“回归标签-图像”任务的生成模型。如图 2-6 所示，在计算 SFID 之前，需要先在回归标签的值域轴上设置若干中心点，记为 c_{SFID}，并设定好半径 r_{SFID}。对于每个中心点，我们可以构建一个以 c_{SFID} 为中心，$2\times r_{\mathrm{SFID}}$ 宽度的区间。对于每个这样的区间，我们寻找回归标签在这一区间内的真实图像和生成图像，并计算这些图像的 FID。最终的 SFID 等于这些区间上 FID 的均值。由于这一区间会在值域轴上不断滑动，因此我们将该评价指标命名为滑动 FID（Sliding FID，SFID）。中心点设置得越密集，SFID 的评价效果越全面，计算成本也会越高。

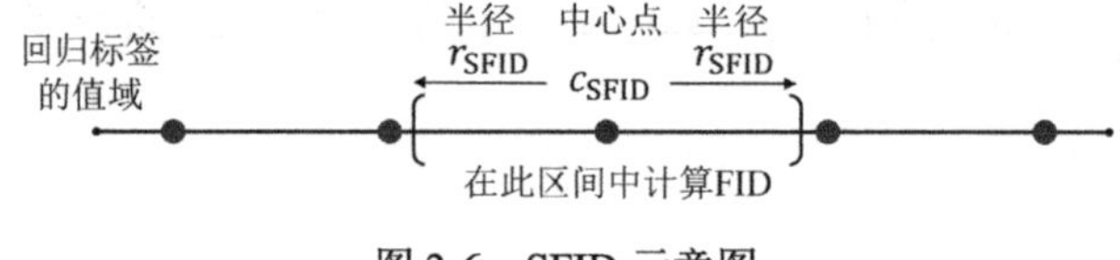

图 2-6　SFID 示意图

5. 感知路径长度

感知路径长度（Perceptual Path Length，PPL）是 GAN 中用于评价生成器（Generator）质量的一种有效指标，尤其适用于 StyleGAN 等隐变量解耦模型（见 4.4.6 节）。它量化了在隐空间（Latent Space）中进行插值时，从一点到另一点所生成的图像序列在感知层面上的变化程度。该指标有助于我们理解隐空间与图像特征之间的纠缠程度，即隐空间中的微小变化是否会导致生成图像在感知上出现显著变化。较短的感知路径长度表明生成器在隐空间中的插值过程更加平滑，所生成的图像序列在感知上也更加连续。

一般来说，GAN 通常包含一个生成器 $G(z)$，该生成器定义了从隐空间 $\mathcal{Z}$（又称噪声空间）到像素空间 $\mathcal{X}$ 的一个映射关系。当输入一个从隐空间中采样的噪声向量 $\boldsymbol{z}$ 时，生成器能够生成一个与之对应的图像 $\boldsymbol{x}$。我们将在第 4 章详细介绍 GAN。

感知路径长度计算主要分为以下三个步骤。

（1）差值路径细分。

在隐空间中采样两个点，分别记为 z_1 和 z_2 。对这两个点之间的插值路径进行细分，可以得到一系列的点，以及用这些点分割出的一系列不重叠的细小分段。随后，这些点通过生成器生成对应的图像序列。插值方法的选择依据隐空间向量的归一化情况而定，如果隐空间向量已归一化，则使用球面插值，否则使用线性插值。

（2）感知差异计算。

对于插值路径上的每对相邻图像，我们使用特征提取网络（如 VGG16）来提取它们的特征。接着，计算这对图像特征之间的加权差异，以此为它们之间的感知距离。感知距离的具体计算方式可能因研究而异，但通常都基于特征向量的某种距离度量，如欧氏距离。

（3）平均差异计算。

将所有细小分段上的感知差异求和，得到整个插值路径的感知路径长度。最后，对这个长度进行平均化处理，以消除不同插值路径长度的影响。平均化处理可以基于插值路径的段数或隐空间中的点对数进行。

以上三个步骤可以概括为如下公式，这也是 StyleGAN 所采用的感知路径长度的计算公式：

$$l_Z = E_{p(z)}\left[\frac{1}{\epsilon^2}d\Big(G\big(\text{slerp}(z_1,z_2;t)\big),G\big(\text{slerp}(z_1,z_2;t+\epsilon)\big)\Big)\right] \tag{2-11}$$

式中，$p(z)$ 为噪声的先验分布；z_1 和 z_2 均采样自 $p(z)$ ；$t \sim U(0,1)$ ；$\text{slerp}(\cdot,\cdot)$ 为球面线性差值；$d(\cdot,\cdot)$ 为基于预训练 VGG 的感知距离（Perceptual Distance）；$\epsilon=10^{-4}$ 表示细小分段。

理想的 GAN 应使感知路径长度最短，较短的感知路径长度通常意味着生成器能够更平滑地在隐空间中插值，生成更自然、连续的图像序列。如图 2-7 所示，假设 z_1 和 z_2 分别能够生成两张公鸡图像。那么，当我们在 z_1 和 z_2 之间的最短路径（定义在欧氏空间中）上移动时，在一个优秀的 GAN 中，所得到的结果应该保持感知距离也是最短的，即沿着实线，代表最短距离。相比之下，虚线代表一个表现较差的 GAN，在从 z_1 向 z_2 变化的过程中，感知距离变化过大，甚至出现了狗的图像。

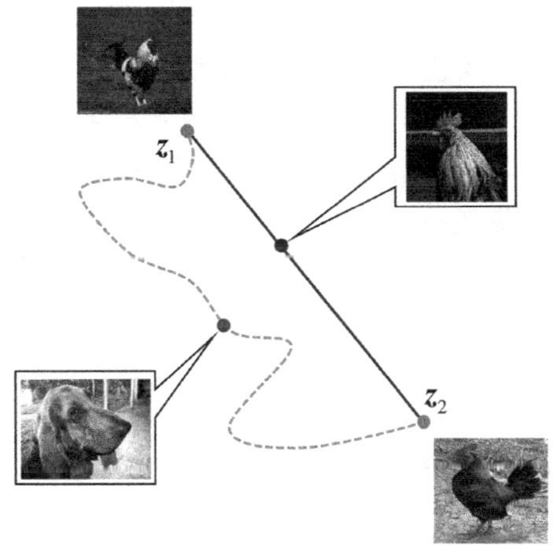

图 2-7　感知路径长度示意图

2.3.3　精确率和召回率

IS、FID 及 Intra-FID 都是衡量生成模型性能的常用指标。除此之外，我们还可以采用精确率（Precision）和召回率（Recall）来评价生成模型。精确率和召回率的定义需要基于最近邻（Nearest Neighbors）准则，同时结合一个预训练的分类网络及其构建的特征空间进行。

具体而言，我们首先定义一个指示函数

$$f_k(\boldsymbol{v},\boldsymbol{\Phi})=\begin{cases}1 & 若\boldsymbol{v}'\in\boldsymbol{\Phi}，则\|\boldsymbol{v}-\boldsymbol{v}'\|_2^2\leqslant\|\boldsymbol{v}'-g_k(\boldsymbol{v}',\boldsymbol{\Phi})\|\\0 & 其他\end{cases} \tag{2-12}$$

式中，$\boldsymbol{v}$ 为图像 $\boldsymbol{x}$ 经过预训练的分类网络后被提取出的特征向量；$\boldsymbol{\Phi}$ 为所有特征向量的集合；$g_k(\boldsymbol{v}',\boldsymbol{\Phi})$ 为一个能够返回 $\boldsymbol{\Phi}$ 中的 $\boldsymbol{v}'$ 的第 k 个最近邻向量的函数。根据式（2-12），我们可以定义精确率和召回率：

$$\begin{aligned}\text{precision}(\boldsymbol{\Phi}_{\text{model}},\boldsymbol{\Phi}_{\text{data}})&=\frac{1}{|\boldsymbol{\Phi}_{\text{model}}|}\sum_{\boldsymbol{v}\in\boldsymbol{\Phi}_{\text{model}}}f_k(\boldsymbol{v},\boldsymbol{\Phi}_{\text{model}})\\\text{recall}(\boldsymbol{\Phi}_{\text{model}},\boldsymbol{\Phi}_{\text{data}})&=\frac{1}{|\boldsymbol{\Phi}_{\text{data}}|}\sum_{\boldsymbol{v}\in\boldsymbol{\Phi}_{\text{data}}}f_k(\boldsymbol{v},\boldsymbol{\Phi}_{\text{data}})\end{aligned} \tag{2-13}$$

由式（2-13）可以看出，精确率和召回率永远是 0 到 1 之间的数。精确率可以被看作一个从估计分布 $p_{\boldsymbol{\theta}}(\boldsymbol{x})$ 中随机生成的图像落在真实分布 $p(\boldsymbol{x})$ 支持集（Support Set）中的概率，而召回率则可被看作一个从真实分布 $p(\boldsymbol{x})$ 中随机采样得到的图像落在估计分布 $p_{\boldsymbol{\theta}}(\boldsymbol{x})$ 支持集中的概率。因此，精确率和召回率也是在间接衡量 $p_{\boldsymbol{\theta}}(\boldsymbol{x})$ 和 $p(\boldsymbol{x})$ 的差别。另外，参数 k 用于控制度量标准的宽松程度——k 越大，精确率和召回率就越高。就像在分类中一样，生成模型中的精确率和召回率可以用来构建不同模型之间的权衡曲线，从而让用户能够依据他们想要使用的模型做出明智的决策。

2.3.4 统计检验

长期以来，统计检验一直被用于确定两组样本是否来自同一分布，这类检验被称为双样本检验。首先，我们将原假设定义为“两组样本均来自同一分布”。接着，我们从数据中计算出一个统计量，并将其与预设的阈值进行比较，以此为是否拒绝原假设的依据。在评价 GAN 等隐式生成模型时，我们采用了基于分类器和最大均值差异（Maximum Mean Discrepancy，MMD）的统计量。针对深度学习时代普遍存在的高维输入空间场景，双样本检验进行了调整，转而使用学习特征而非原始数据进行检验。

与其他生成模型的评价指标相似，统计检验也兼具优点和缺点：尽管用户可以指定第一类错误（他们所能容忍的原假设被错误拒绝的概率），但统计检验往往计算成本高昂，因此并不适用于监控训练进度；相反，它们更适用于比较已经完成训练的模型。

2.3.5 用生成样本训练分类器

与其依赖预训练的分类器来估计样本（如 IS 和 FID），不如选择在由条件生成模型生成的样本上训练一个新的分类器，并观察这些分类器在数据分类任务中的实际表现。例如，我们可以思考：向真实数据中添加合成数据是否能带来实际的帮助？这种方法实际上更接近对生成样本的可靠评价，因为归根结底，生成模型的性能终究取决于它们为之服务的下游任务。如果生成模型被应用于半监督学习，那么我们应该评价向分类器数据中添加样本能在多大程度上提高测试的准确度。同样地，如果生成模型被用于基于模型的强化学习，那么我们应该评价它能在多大程度上提升智能体的性能。

2.3.6 过拟合检测

到目前为止，我们讨论过的许多指标都能体现生成图像的视觉质量和多样性，但无法体现模型对训练数据的过拟合程度，即模型是否只是简单地记住了训练数据。为了检测过拟合程度，通常需要进行视觉检查：从模型中生成一组样本，并查找每张图像在预训练的分类器特征空间中的 k 张最近邻图像。虽然这种方法需要手动评价样本，但它是一种简单的测试方式，能帮助我们判断模型是否只是在记忆数据。如图 2-8 所示，左上角的图像为生成图像，而其他图像为训练集中离生成图像最近邻的 14 张真实图像。当寻找最近邻的 14 张图像时，我们利用一个预训练的卷积神经网络 VGG16 来提取图像特征，并在 VGG16 的第 7 个全连接层的输出特征上定义图像之间的距离。若生成图像和最近邻的真实图像完全不同，则我们可以认为该生成模型没有过拟合训练数据。

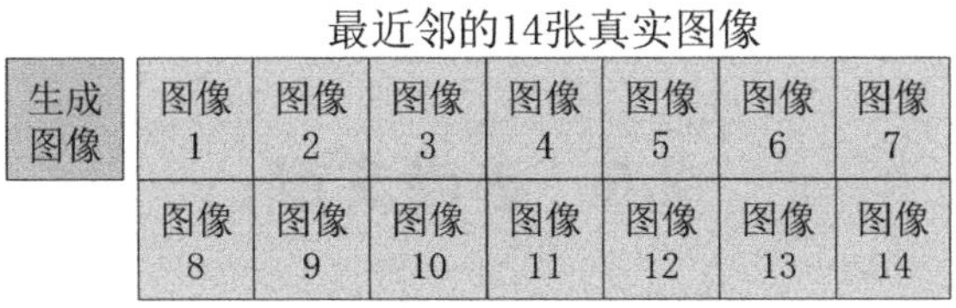

最近邻的14张真实图像

生成图像	图像 1	图像 2	图像 3	图像 4	图像 5	图像 6	图像 7
	图像 8	图像 9	图像 10	图像 11	图像 12	图像 13	图像 14

图 2-8 过拟合检测示意图

2.4 重要意义

在计算机视觉领域，尽管针对数据的生成式建模可能并非我们的最终目标，但不可否认的是，许多我们感兴趣的视觉任务或其中的某个核心步骤，可以被抽象为生成式建模问题。通过构建和应用生成模型，我们能够找到解决这些视觉任务的有效方案。时至今日，生成模型已经在多个下游应用场景中展现出其巨大的潜力和价值。

具体来说，生成模型在可控图像生成、图像处理、数据扩增策略、模型压缩及数据压缩等领域都有着广泛的应用。在可控图像生成领域，生成模型能够根据用户的需求生成符合特定条件的图像，为创意设计、虚拟现实等领域提供了新的工具。在图像处理领域，生成模型能够对图像进行去噪、超分辨率等处理，提高图像的质量和可用性。在数据扩增策略领域，生成模型能够生成大量的训练数据，提高机器学习模型的泛化能力和性能。在模型压缩及数据压缩领域，生成模型能够对模型和数据进行有效的压缩，降低存储和传输的成本。

值得注意的是，在这些丰富多样的下游任务中，为了更好地适应特定的应用场景并达到最优的性能表现，常常需要对典型生成模型进行定制化的改进和优化。例如，GAN、VAE、NF 和 DM 等，都需要根据具体任务的需求进行针对性的改进和优化。这些改进和优化工作对于推动生成模型在实际应用中的进一步发展和普及具有至关重要的意义。

因此，我们将在第 7 章对这些定制化改进的典型生成模型及其在下游任务中的应用进行详细介绍和深入探讨。希望通过本章的阐述，读者能够更深入地理解生成模型在计算机视觉领域中的应用和价值，以及如何通过改进和优化生成模型来更好地解决实际的视觉任务。

2.5 习 题

1．在生成式建模中，$\boldsymbol{X}$ 和 $\boldsymbol{x}$ 分别用来表示什么？有什么区别和联系？

2．对于无条件生成式建模任务，我们需要评价生成模型哪些方面的性能？若是条件生成式建模任务呢？

3．对于 IS，如何由式（2-5）推出式（2-8）？

4．假设我们收集到 N 张真实图像 $\{\boldsymbol{x}_1^{\mathrm{r}},\cdots,\boldsymbol{x}_N^{\mathrm{r}}\}$ 和 M 张生成图像 $\{\boldsymbol{x}_1^{\mathrm{g}},\cdots,\boldsymbol{x}_N^{\mathrm{g}}\}$，如何估计式（2-9）中的均值和协方差矩阵？请给出具体的公式。

5．为什么针对“回归标签-图像”的生成式建模任务，Intra-FID 有可能不再是一个合理的评价指标？

2.6 参考文献

[1] 邱锡鹏. 神经网络与深度学习[M]. 北京：机械工业出版社，2020.

[2] BROCK A, DONAHUE J, SIMONYAN K. Large scale GAN training for high fidelity natural image synthesis[C]//International Conference on Learning Representations，2019.

[3] DING X, WANG Y, XU Z, et al. Continuous conditional generative adversarial networks: Novel empirical losses and label input mechanisms[J]. IEEE Transactions on Pattern Analysis and Machine Intelligence, 2023, 45(07): 8143-8158.

[4] GOODFELLOW I J, POUGET-ABADIE J, MIRZA M, et al. Generative adversarial nets[J]. Advances in Neural Information Processing Systems, 2014, 2: 2672-2680.

[5] HEUSEL M, RAMSAUER H, UNTERTHINER T, et al. GANs trained by a two time-scale update rule converge to a local Nash equilibrium[J]. Advances in Neural Information Processing Systems, 2017, 30.

[6] KARRAS T, LAINE S, AILA T. A style-based generator architecture for generative adversarial networks[C]//Proceedings of the IEEE/CVF Conference on Computer Vision and Pattern Recognition，2019.

[7] MURPHY K P. Probabilistic machine learning: Advanced topics[M]. Cambridge: MIT Press, 2023.

[8] SALIMANS T, GOODFELLOW I, ZAREMBA W, et al. Improved techniques for training GANs[J]. Advances in Neural Information Processing Systems, 2016, 29.

[9] WENG L. What are diffusion models?[J/OL]. Lil' Log, 2021.

第3章

变分自编码器

在本章中，我们将介绍一种具有隐变量的生成模型——变分自编码器（Variational Autoencoder, VAE）。VAE 作为一种深度生成模型，其核心在于引入了隐变量的概念，使模型能够学习并捕捉到数据背后的潜在表示。与传统自编码器（Autoencoder，AE）相比，VAE 不仅致力于数据的重构，更侧重于通过编码过程将数据映射到低维隐空间，并通过解码过程重构原始数据。VAE 的优化过程确保了隐空间表示的连续性和完整性，具有重要的理论和应用价值。

本章的结构安排如下：首先，我们将复习一些与 VAE 相关的概率统计及机器学习知识，涵盖 MLE、隐变量模型、最大期望算法、AE 等内容。随后，我们将系统地阐述经典 VAE 的组成架构及其训练算法。由于 VAE 的提出时间较早，相关文献已经非常丰富。因此，本章将聚焦于经典 VAE 及一些著名的变体模型。最后，为了帮助读者更深入地理解 VAE 的实现步骤，我们将提供一个训练 VAE 的实例。需要注意的是，在本章中，如无特别说明，随机变量/向量均假设为连续型。

3.1 预备知识

3.1.1 AE

在介绍 VAE 之前，我们先来回顾一下 AE。AE 是一种无监督学习的神经网络模型，它通过编码器和解码器的组合，将原始数据映射到潜在空间表示，并尝试从该表示中重建原始数据。AE 通过限制信息在编码器和解码器之间的流动，迫使模型学习到原始数据的有效压缩表示（或称为编码特征）。这种表示通常具有比原始数据更低的维度或更稀疏的特性，但保留了足够的信息以重建原始数据。

如图 3-1 所示，AE 的结构分为**编码器**和**解码器**两部分。编码器负责将原始数据 $\boldsymbol{x}\in \mathbb{R}^D$ 映射到一个潜在空间的特征表示 $\boldsymbol{z}\in \mathbb{R}^M$。数学上，编码器可以表示为映射函数 $f:\mathbb{R}^D \to \mathbb{R}^M$，使 $\boldsymbol{z}=f(\boldsymbol{x})$。解码器负责将潜在空间的特征表示 $\boldsymbol{z}\in \mathbb{R}^M$ 映射回原始空间 $\hat{\boldsymbol{x}}\in \mathbb{R}^D$，以重建原始数据。数学上，解码器可以表示为映射函数 $g:\mathbb{R}^M \to \mathbb{R}^D$，使 $\hat{\boldsymbol{x}}=g(\boldsymbol{z})$。我们一般令 $M \ll D$，

或者对特征表示 $z \in \mathbb{R}^M$ 加上稀疏性的限制，以使编码器能够学到有意义的原始数据的特征表示。

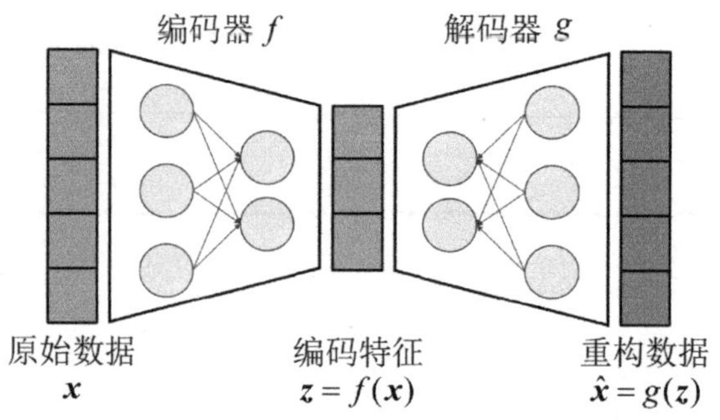

图 3-1　AE 结构示意图

编码器和解码器可以用神经网络进行建模。假设编码器的可学习参数为 $\boldsymbol{\varphi}$ ，则编码器可以记为 $f(\boldsymbol{x};\boldsymbol{\varphi})$ 。类似地，假设解码器的可学习参数为 $\boldsymbol{\theta}$ ，则解码器可以记为 $g(\boldsymbol{x};\boldsymbol{\theta})$ 。AE 的学习目标是最小化**重构误差**（Reconstruction Error）：

$$\mathcal{L}(\boldsymbol{\varphi},\boldsymbol{\theta}) = E_{\boldsymbol{X}\sim p(\boldsymbol{x})}\left[\| \boldsymbol{X} - g(f(\boldsymbol{X};\boldsymbol{\varphi});\boldsymbol{\theta})\|_2^2\right] \tag{3-1}$$

式中，数据分布记为 $p(\boldsymbol{x})$ ；$\boldsymbol{X}$ 为服从 $p(\boldsymbol{x})$ 的随机样本。若从 $p(\boldsymbol{x})$ 中采样得到 $\boldsymbol{X}$ 的 N 个观测样本 $\{\boldsymbol{x}_1,\boldsymbol{x}_2,\cdots,\boldsymbol{x}_N\}$ ，则式（3-1）中的期望可以用样本均值来估计。

我们使用 AE，旨在获取有效的数据表示。训练完成后，通常会去除解码器，仅保留编码器，因为编码器的输出能够直接作为后续机器学习模型的输入。

3.1.2　KL 散度

KL 散度是衡量两个概率分布 $p(\boldsymbol{x})$ 和 $q(\boldsymbol{x})$ 差异的一种方法。在信息论中，KL 散度被用来衡量使用基于 $q(\boldsymbol{x})$ 的编码，编码来自 $p(\boldsymbol{x})$ 的样本所需的额外比特数。在机器学习中，KL 散度常被用作损失函数，特别是在 VAE 等生成模型中。

对于离散概率分布，KL 散度定义为

$$\mathrm{KL}(p(\boldsymbol{x})\,\|\,q(\boldsymbol{x})) = \sum_{\boldsymbol{x}} p(\boldsymbol{x}) \ln \frac{p(\boldsymbol{x})}{q(\boldsymbol{x})} \tag{3-2}$$

式中， $p(\boldsymbol{x})$ 和 $q(\boldsymbol{x})$ 为分布的概率质量函数。

对于连续概率分布，KL 散度定义为

$$\mathrm{KL}(p(\boldsymbol{x})\,\|\,q(\boldsymbol{x})) = \int p(\boldsymbol{x}) \ln \frac{p(\boldsymbol{x})}{q(\boldsymbol{x})} \mathrm{d}\boldsymbol{x} \tag{3-3}$$

式中， $p(\boldsymbol{x})$ 和 $q(\boldsymbol{x})$ 为分布的概率密度函数。

KL 散度具有非负性和不对称性。

（1）**非负性：** $\mathrm{KL}(p(\boldsymbol{x})\,\|\,q(\boldsymbol{x})) \geqslant 0$ ，等号当且仅当 $p(\boldsymbol{x}) = q(\boldsymbol{x})$ 时成立。

（2）**不对称性：** $\mathrm{KL}(p(\boldsymbol{x})\,\|\,q(\boldsymbol{x})) \neq \mathrm{KL}(q(\boldsymbol{x})\,\|\,p(\boldsymbol{x}))$ ，即 KL 散度是不对称的。因此，KL 散度实际上并不是一个真正的度量或距离。

3.1.3　MLE

MLE 是统计学领域广泛应用的参数估计方法，其核心在于通过最大化观测数据在特定参数条件下出现的可能性（似然函数），来估算模型中的未知参数。MLE 基于一个基本假设：观测数据来自一个已知的概率分布，尽管该分布的具体参数尚未确定。其目标是确定一组参数，使在这组参数下，观测数据出现的可能性达到最大。简而言之，就是寻找能够最佳解释观测数据的参数。

假设 $\boldsymbol{X}_1,\boldsymbol{X}_2,\cdots,\boldsymbol{X}_N$ 是采样自某个连续概率分布的 N 个独立同分布（Independent and Identically Distributed，IID）的随机样本，该分布的概率密度函数为 $p_{\boldsymbol{\theta}}(\boldsymbol{x})$，其中 $\boldsymbol{\theta}$ 为未知的待估参数。形式上，似然函数 $\mathcal{L}(\boldsymbol{\theta} \mid \boldsymbol{X}_1,\boldsymbol{X}_2,\cdots,\boldsymbol{X}_N)$ 是随机样本 $\boldsymbol{X}_1,\boldsymbol{X}_2,\cdots,\boldsymbol{X}_N$ 在给定参数 $\boldsymbol{\theta}$ 下的联合概率密度函数，即

$$\mathcal{L}(\boldsymbol{\theta} \mid \boldsymbol{X}_1,\boldsymbol{X}_2,\cdots,\boldsymbol{X}_N)=\prod_{i=1}^{N} p_{\boldsymbol{\theta}}(\boldsymbol{X}_i) \tag{3-4}$$

MLE 的目标是找到一组参数 $\hat{\boldsymbol{\theta}}$，使 $\mathcal{L}(\boldsymbol{\theta} \mid \boldsymbol{X}_1,\boldsymbol{X}_2,\cdots,\boldsymbol{X}_N)$ 最大化，即

$$\hat{\boldsymbol{\theta}}=\arg\max_{\boldsymbol{\theta}} \mathcal{L}(\boldsymbol{\theta} \mid \boldsymbol{X}_1,\boldsymbol{X}_2,\cdots,\boldsymbol{X}_N) \tag{3-5}$$

由于直接对连乘形式的似然函数求最大化比较困难，因此通常会对似然函数取以 e 为底数的对数，得到对数似然函数，即

$$l(\boldsymbol{\theta} \mid \boldsymbol{X}_1,\boldsymbol{X}_2,\cdots,\boldsymbol{X}_N)=\ln \mathcal{L}(\boldsymbol{\theta} \mid \boldsymbol{X}_1,\boldsymbol{X}_2,\cdots,\boldsymbol{X}_N)=\sum_{i=1}^{N} \ln p_{\boldsymbol{\theta}}(\boldsymbol{X}_i) \tag{3-6}$$

一般通过对数似然函数 $l(\boldsymbol{\theta} \mid \boldsymbol{X}_1,\boldsymbol{X}_2,\cdots,\boldsymbol{X}_N)$ 求导，并令导数等于零，从而求解得到 $\hat{\boldsymbol{\theta}}$。

3.1.4　条件编码

在条件生成模型中，输入的条件可以是离散的类别标签、一段文本，也可以是一张图像。然而，这些原始条件往往无法直接输入生成模型，或者生成模型难以直接理解它们。为了使生成模型能够根据这些条件生成相应的样本，必须对条件进行编码，即将原始条件转换为生成模型能够理解和处理的表示形式。

1. 独热编码

独热编码（One-Hot Encoding）是一种将类别标签转换为数值数据的编码方式，通常用于机器学习和数据挖掘。其核心思想是将每个类别标签表示为一个独特的二进制向量。这个二进制向量的长度等于类别标签可能取值的个数。而在这个向量中，只有一个位置为 1，其他位置全部为 0，这就是“独热”名称的由来。

假设有一个类别标签 y，它的可能取值为红色、绿色、蓝色，这三个颜色的独热编码如下。

- 红色：$[1,0,0]$。
- 绿色：$[0,1,0]$。
- 蓝色：$[0,0,1]$。

在这个例子中，每个颜色都被转换为一个长度为 3 的二进制向量。二进制向量的每个位

置都对应一个颜色，只有代表当前颜色的位置为 1，其他位置全部为 0。

独热编码在各种机器学习算法中得到了广泛应用，尤其是在需要数值输入的算法中，如逻辑回归、支持向量机和神经网络。通过将分类数据转换为独热编码，算法能够更有效地处理这些数据，因为每个类别标签都被表示为一个唯一的数值。然而，独热编码也存在一些局限性。当类别标签数量较多时，它会导致特征空间变得非常稀疏，从而增加模型的复杂性和计算成本。在这种情况下，可以考虑使用其他编码方式，如标签嵌入（Label Embedding）。

2. 标签嵌入

标签嵌入是一种将离散标签（如类别标签）转换为连续向量的方法，广泛应用于自然语言处理、推荐系统及多标签分类等任务。与独热编码不同，标签嵌入能够将标签映射到低维的连续向量空间中，可以在处理复杂标签结构时捕捉到标签之间的潜在关系，并为生成模型和分类模型提供更丰富的语义信息。

假设标签 y 的可能取值有 n 个，且构成标签集合 $\{y_1, y_2, \cdots, y_n\}$。标签嵌入需要学习一个映射，能够将每个标签 y_i 映射到一个 d 维的嵌入向量 $\boldsymbol{e}_i \in \mathbb{R}^d$ 中。这些嵌入向量构成了一个嵌入矩阵 $\boldsymbol{E} \in \mathbb{R}^{n \times d}$，即

$$\boldsymbol{E} = \begin{bmatrix} \boldsymbol{e}_1 \\ \boldsymbol{e}_2 \\ \vdots \\ \boldsymbol{e}_n \end{bmatrix} \tag{3-7}$$

对于标签 y_i，其对应的嵌入向量 $\boldsymbol{e}_i$ 为嵌入矩阵 $\boldsymbol{E}$ 的第 i 行，可记为 $\boldsymbol{E}[i,:]$。在后续任务中，只需用嵌入向量 $\boldsymbol{e}_i$ 来表示标签 y_i。

通常，需要通过优化某种损失函数来学习嵌入矩阵 $\boldsymbol{E}$。在多标签分类问题中，常见的做法是最小化以下损失函数：

$$\mathcal{L}(\boldsymbol{E}) = \sum_{(\boldsymbol{x},y)\in D} l(f(\boldsymbol{x};\boldsymbol{E}), y) \tag{3-8}$$

式中，D 为训练数据集；$\boldsymbol{x}$ 为输入特征；y 为 $\boldsymbol{x}$ 的分类标签；$f(\boldsymbol{x};\boldsymbol{E})$ 为通过模型（如神经网络）预测类别标签；$l(\cdot,\cdot)$ 为某个损失函数（如交叉熵损失函数）。

3. 文本嵌入

当条件是文本时，**文本嵌入**（Text Embedding）能够将离散的文本转换为一个实数向量，从而使生成模型更容易理解和处理输入的条件。常见的文本嵌入主要包括**词嵌入**（Word Embedding）和**句子嵌入**（Sentence Embedding）两种。

词嵌入将文本中的每个单词都映射为一个嵌入向量，通常通过词嵌入矩阵（如 Word2Vec、GloVe 等）来实现。句子嵌入则将一整段文本（如一个句子或段落）整体映射为一个固定维度的实数向量。常用的方法包括对词嵌入进行平均或加权平均、使用预训练语言模型（如 BERT）生成句子的向量表示。

4. 图像嵌入

当条件是图像时，可以利用**图像嵌入**（Image Embedding）将给定的图像转换为一个低维向量表示，以便生成模型处理和理解。常用的方法是通过预训练的卷积神经网络（如 ResNet、

VGG 等）来提取图像的特征向量。

假设 $\boldsymbol{I}$ 为给定的图像，可以将 $\boldsymbol{I}$ 输入一个预训练的卷积神经网络，经过多层卷积和池化操作，得到一个特征向量 $f(\boldsymbol{I})$，即

$$f(\boldsymbol{I}) = \text{CNN}(\boldsymbol{I}) \tag{3-9}$$

特征向量 $f(\boldsymbol{I})$ 可以作为 $\boldsymbol{I}$ 的替代输入生成模型，用于指导生成过程。

5. 组合嵌入

在许多情况下，条件可能不仅仅是一种数据，而是多种数据的组合（如文本+标签、图像+文本）。在这种情况下，可以使用**组合嵌入**（Combined Embedding），将各个条件的嵌入向量进行组合，常用的方法有向量拼接和线性变换。

假设有两个输入条件，分别为标签和文本。标签可通过标签嵌入转换为嵌入向量 $\boldsymbol{e}$，而文本则可通过文本嵌入转换为嵌入向量 $\boldsymbol{s}$。向量拼接就是将这两个嵌入向量直接拼接为一个更大的向量作为条件，即

$$\boldsymbol{c} = [\boldsymbol{e}, \boldsymbol{s}] \tag{3-10}$$

另一种方法是对每个嵌入向量都应用一个线性变换，再组合，即

$$\boldsymbol{c} = \boldsymbol{W}_1\boldsymbol{e} + \boldsymbol{W}_2\boldsymbol{s} \tag{3-11}$$

式中，$\boldsymbol{W}_1$ 和 $\boldsymbol{W}_2$ 为两个线性变换矩阵。

3.1.5 马尔可夫链

马尔可夫链（Markov Chain）是一种数学模型，其描述了一个系统在不同状态之间的随机转移过程。它的特点是系统的未来状态只依赖当前状态，而与历史状态无关，这种特性被称为**马尔可夫性质**（Markov Property）。

设 $\{X_t\}_{t\geqslant 0}$ 是一个离散时间随机过程，X_t 表示 t 时刻系统的状态。若对于任意时刻 t 和任意状态 $x_0, x_1, \cdots, x_{t+1}$ 都满足以下条件：

$$\Pr(X_{t+1} = x_{t+1} \mid X_t = x_t, X_{t-1} = x_{t-1}, \cdots, X_0 = x_0) = \Pr(X_{t+1} = x_{t+1} \mid X_t = x_t) \tag{3-12}$$

则称这个随机过程具有**马尔可夫性质**，即系统的未来状态 X_{t+1} 只依赖当前状态 X_t，而与历史状态无关。满足马尔可夫性质的随机过程又被称为马尔可夫链。

对于状态空间 $\mathcal{S}$ 中的任意两个状态 $i, j \in \mathcal{S}$，定义从状态 i 转移到状态 j 的概率为

$$P_{ij} = \Pr(X_{t+1} = j \mid X_t = i) \tag{3-13}$$

则 P_{ij} 被称为状态转移概率。如果状态空间 $\mathcal{S}$ 的大小 K 是有限的，则马尔可夫链的状态转移概率可以用一个矩阵 $\boldsymbol{P} \in \mathbb{R}^{K\times K}$ 来表示，称为状态转移矩阵（Transition Matrix）。

马尔可夫链的初始状态 X_0 的随机性可由初始分布 π_0 描述，即

$$\pi_0(i) = \Pr(X_0 = i) \tag{3-14}$$

而在 t 时刻，系统状态 X_t 的随机性则由状态分布 π_t 描述。状态分布 π_t 是一个向量，每个元素都表示该时刻各个状态的概率分布，即

$$\pi_t(j) = \Pr(X_t = j) \tag{3-15}$$

不同时刻的状态分布可以通过以下递推关系得到

$$\pi_{t+1} = \pi_t \boldsymbol{P} \tag{3-16}$$

对于某些马尔可夫链，经过足够长的时间后，其状态分布可能会收敛到一个稳态分布 π，即

$$\pi = \pi \boldsymbol{P} \tag{3-17}$$

稳态分布表示在无限长时间后，系统的状态分布不再随时间变化而变化。

3.1.6 重参数化技巧

重参数化（Reparameterization）是处理具有如下形式目标函数的一种有效技巧：

$$L(\boldsymbol{\alpha}) = E_{\boldsymbol{Z} \sim p_{\boldsymbol{\alpha}}(z)}[h(\boldsymbol{Z})] \tag{3-18}$$

式中，$\boldsymbol{Z}$ 为离散型或连续型随机向量；$p_{\boldsymbol{\alpha}}(z)$ 为含有参数 $\boldsymbol{\alpha}$ 的概率密度函数或概率质量函数。若 $\boldsymbol{Z}$ 是连续型随机向量，则 $L(\boldsymbol{\alpha})$ 可以写成如下积分形式：

$$L(\boldsymbol{\alpha}) = E_{\boldsymbol{Z} \sim p_{\boldsymbol{\alpha}}(z)}[h(\boldsymbol{Z})] = \int h(z) p_{\boldsymbol{\alpha}}(z) \mathrm{d}z \tag{3-19}$$

然而，在实际应用中，精确计算式（3-19）中的积分并得出显式表达式通常是不可行的。因此，常见的做法是利用样本均值来估计该数学期望。首先，从分布 $p_{\boldsymbol{\alpha}}(z)$ 中采样得到 M 个样本 $z_1, z_2, \cdots, z_M$，然后，基于这些样本计算 $h(z)$ 的均值，即 $\frac{1}{M}\sum_{j=1}^{M} h(z_j)$。但是，直接从分布 $p_{\boldsymbol{\alpha}}(z)$ 中采样会使样本 z_j 丧失参数 $\boldsymbol{\alpha}$ 的信息（梯度），从而导致梯度下降法无法更新参数 $\boldsymbol{\alpha}$。重参数化技巧提供了一种变换，使我们可以间接地从分布 $p_{\boldsymbol{\alpha}}(z)$ 中采样，同时保留参数 $\boldsymbol{\alpha}$ 的梯度。

具体而言，重参数化技巧假设分布 $p_{\boldsymbol{\alpha}}(z)$ 中的采样过程可以分为以下两个步骤。

（1）从一个与参数 $\boldsymbol{\alpha}$ 无关的 D 维分布 $p(\boldsymbol{\varepsilon})$ 中采样，得到一个样本 $\boldsymbol{\varepsilon}$。

（2）通过变换 $z = t_{\boldsymbol{\alpha}}(\boldsymbol{\varepsilon})$ 生成 z，其中 $t_{\boldsymbol{\alpha}}(\cdot)$ 是与参数 $\boldsymbol{\alpha}$ 相关的变换函数。

那么，$L(\boldsymbol{\alpha})$ 可以写成如下形式：

$$L(\boldsymbol{\alpha}) = E_{\boldsymbol{\varepsilon} \sim p(\boldsymbol{\varepsilon})}[h(t_{\boldsymbol{\alpha}}(\boldsymbol{\varepsilon}))] \tag{3-20}$$

而对 $E_{\boldsymbol{\varepsilon} \sim p(\boldsymbol{\varepsilon})}[h(t_{\boldsymbol{\alpha}}(\boldsymbol{\varepsilon}))]$ 的估计可以写为

$$L(\boldsymbol{\alpha}) = E_{\boldsymbol{\varepsilon} \sim p(\boldsymbol{\varepsilon})}[h(t_{\boldsymbol{\alpha}}(\boldsymbol{\varepsilon}))] \approx \frac{1}{M}\sum_{j=1}^{M} h(t_{\boldsymbol{\alpha}}(\boldsymbol{\varepsilon}_j)) \tag{3-21}$$

式中，$\boldsymbol{\varepsilon}_1, \boldsymbol{\varepsilon}_2, \cdots, \boldsymbol{\varepsilon}_M$ 为从 $p(\boldsymbol{\varepsilon})$ 中随机采样得到的 M 个观测样本。由式（3-21）可以看出，重参数化技巧将参数 $\boldsymbol{\alpha}$ 从分布 $p_{\boldsymbol{\alpha}}(z)$ 转移到变换函数 $t_{\boldsymbol{\alpha}}(\cdot)$ 上，使样本均值 $\frac{1}{M}\sum_{j=1}^{M} h(t_{\boldsymbol{\alpha}}(\boldsymbol{\varepsilon}_j))$ 可以保留参数 $\boldsymbol{\alpha}$ 的梯度。

3.2 数学符号

考虑本章的数学推导内容略为繁复，且包含较多的数学符号，因此我们在表 3-1 中汇总了后续推导所需的关键数学符号，以便读者能够更加顺畅地理解和掌握后续章节的内容。

表 3-1 VAE 中的数学符号

数学符号	含 义	数学符号	含 义
$\boldsymbol{X}$	连续随机向量，一般表示数据（如图像）	$p(\boldsymbol{z})$	隐变量 $\boldsymbol{Z}$ 服从的真实概率分布的密度函数
$\mathcal{X}$	数据 $\boldsymbol{X}$ 所存在的连续高维空间	$p_{\boldsymbol{\theta}}(\boldsymbol{z})$	隐变量 $\boldsymbol{Z}$ 先验分布的密度函数，一般假设为标准高斯分布
$\boldsymbol{x}$	$\boldsymbol{X}$ 的观测样本，是确定的观测值，而不是随机向量	$p_{\boldsymbol{\theta}}(\boldsymbol{z}\mid\boldsymbol{x})$	隐变量 $\boldsymbol{Z}$ 后验分布的密度函数
$\hat{\boldsymbol{x}}$	VAE 生成的样本/数据	$q_{\boldsymbol{\varphi}}(\boldsymbol{z}\mid\boldsymbol{x})$	变分分布，其被假设为高斯分布，且具有均值向量 $\boldsymbol{\mu}_{\boldsymbol{\varphi},\boldsymbol{x}}$ 与方差向量 $\boldsymbol{\sigma}^2_{\boldsymbol{\varphi},\boldsymbol{x}}$
$\boldsymbol{Z}$	连续随机向量，一般表示隐变量	$\ln p_{\boldsymbol{\theta}}(\boldsymbol{x})$	生成模型的对数边际似然函数
$\mathcal{Z}$	隐变量 $\boldsymbol{Z}$ 所在的连续低维空间	$\ln p_{\boldsymbol{\theta}}(\boldsymbol{x},\boldsymbol{z})$	生成模型的联合对数似然函数
$\boldsymbol{z}$	$\boldsymbol{Z}$ 的观测样本，又称编码，是确定的观测值	$\mathrm{ELBO}(q,\boldsymbol{x};\boldsymbol{\theta},\boldsymbol{\varphi})$	证据下界，它是 $\ln p_{\boldsymbol{\theta}}(\boldsymbol{x})$ 的一个下界
$p(\boldsymbol{x})$	数据真实概率分布的密度函数	$f_{\mathrm{I}}(\boldsymbol{x};\boldsymbol{\varphi})$	推断网络，具有可学习参数 $\boldsymbol{\varphi}$
$p(\boldsymbol{x}\mid\boldsymbol{z})$	数据真实条件概率分布的密度函数	$f_{\mathrm{G}}(\boldsymbol{x};\boldsymbol{\theta})$	生成网络，具有可学习参数 $\boldsymbol{\theta}$
$p_{\boldsymbol{\theta}}(\boldsymbol{x})$	生成样本的边际概率分布，$\boldsymbol{\theta}$ 为模型的可学习参数	$\mathcal{L}(\boldsymbol{\varphi},\boldsymbol{\theta})$	理论损失函数
$p_{\boldsymbol{\theta}}(\boldsymbol{x}\mid\boldsymbol{z})$	生成样本的条件概率分布，其被假设为高斯分布，其中均值向量为 $\boldsymbol{\mu}_{\boldsymbol{\theta},\boldsymbol{z}}$，方差向量为 $\boldsymbol{\sigma}^2_{\boldsymbol{\theta},\boldsymbol{z}}$	$\mathcal{L}(\boldsymbol{\varphi},\boldsymbol{\theta}\mid\mathcal{D})$	定义在数据集 $\mathcal{D}$ 上的经验损失函数

3.3 总体思路

在探讨图像的生成式建模任务时（具体参见 2.1.3 节），我们将图像抽象为一个定义在高维空间 $\mathcal{X}$ 中的随机向量 $\boldsymbol{X}$，其服从一个未知的概率分布 $p(\boldsymbol{x})$。在这样的高维空间中，直接构建一个参数为 $\boldsymbol{\theta}$ 的生成模型 $p_{\boldsymbol{\theta}}(\boldsymbol{x})$ 以逼近真实的概率密度函数 $p(\boldsymbol{x})$ 通常是十分困难的。为了简化这一复杂问题，我们引入了低维的隐变量 $\boldsymbol{Z}\in\mathcal{Z}$。这一策略允许我们将对 $p_{\boldsymbol{\theta}}(\boldsymbol{x})$ 的直接建模分解为几个更为简单且易于处理的部分：首先是边际密度函数 $p_{\boldsymbol{\theta}}(\boldsymbol{z})$ 的建模，其次是条件密度函数 $p_{\boldsymbol{\theta}}(\boldsymbol{x}\mid\boldsymbol{z})$ 的建模，以及条件密度函数 $p_{\boldsymbol{\theta}}(\boldsymbol{z}\mid\boldsymbol{x})$ 的建模。在此框架中，隐变量 $\boldsymbol{Z}$ 相较于可直接观测的显变量 $\boldsymbol{X}$（Observable Variable，又称可观测变量），是无法直接被观测到的。此外，除非另有说明，本章中我们默认 $\boldsymbol{X}$ 和 $\boldsymbol{Z}$ 均为连续向量，以便进行后续的理论分析与模型构建。

VAE 正是这种含有隐变量的生成模型，其假设随机向量 $\boldsymbol{X}\sim p(\boldsymbol{x})$ 的观测值 $\boldsymbol{x}$ 是经过以下两个步骤得到的。

（1）获得隐变量 $\boldsymbol{Z}$ 的某个取值 z。

（2）从真实条件分布 $p(\boldsymbol{x}|z)$ 中采样得到观测值 $\boldsymbol{x}$。

若按照以上步骤生成观测值 $\boldsymbol{x}$，则每个观测值 $\boldsymbol{x}$ 都应对应隐变量 $\boldsymbol{Z}$ 的一个取值 z。

那么，我们该如何建模，从而实现以上的样本生成步骤，并使生成样本服从真实概率分布 $p(\boldsymbol{x})$ 呢？一种直观的想法是，在引入隐变量 $\boldsymbol{Z}$ 后，首先对 $\boldsymbol{X}$ 和 $\boldsymbol{Z}$ 的联合分布 $p_{\boldsymbol{\theta}}(\boldsymbol{x},z)$ 进行建模，随后以 $p_{\boldsymbol{\theta}}(\boldsymbol{x},z)$ 为似然函数，希望通过 MLE 寻得最优的参数 $\boldsymbol{\theta}$。然而，问题在于，由于 $\boldsymbol{Z}$ 是隐变量，我们无法直接获取它的实际观测样本。因此，直接采用 $p_{\boldsymbol{\theta}}(\boldsymbol{x},z)$ 作为似然函数进行 MLE，在实践中是行不通的。

VAE 的建模思路首先涉及对联合分布 $p_{\boldsymbol{\theta}}(\boldsymbol{x},z)$ 进行以下两种方式的分解：

$$p_{\boldsymbol{\theta}}(\boldsymbol{x},z)=p_{\boldsymbol{\theta}}(\boldsymbol{x}|z)p_{\boldsymbol{\theta}}(z) \tag{3-22}$$

$$p_{\boldsymbol{\theta}}(\boldsymbol{x},z)=p_{\boldsymbol{\theta}}(z|\boldsymbol{x})p_{\boldsymbol{\theta}}(\boldsymbol{x}) \tag{3-23}$$

其中，$p_{\boldsymbol{\theta}}(z)$ 为隐变量的边际分布（又称**先验分布**）；$p_{\boldsymbol{\theta}}(z|\boldsymbol{x})$ 为隐变量的条件分布（又称**后验分布**）；$p_{\boldsymbol{\theta}}(\boldsymbol{x}|z)$ 为生成样本的条件分布；$p_{\boldsymbol{\theta}}(\boldsymbol{x})$ 为生成样本的边际分布。为了简化计算，VAE 一般假设先验分布 $p_{\boldsymbol{\theta}}(z)$ 是标准高斯分布，即

$$p_{\boldsymbol{\theta}}(z)=\mathcal{N}(z;\boldsymbol{0},\boldsymbol{I}) \tag{3-24}$$

同时，假设条件分布 $p_{\boldsymbol{\theta}}(\boldsymbol{x}|z)$ 也是高斯分布，并具有如下形式：

$$p_{\boldsymbol{\theta}}(\boldsymbol{x}|z)=\mathcal{N}(\boldsymbol{x};\boldsymbol{\mu}_{\theta,z},\mathrm{diag}(\boldsymbol{\sigma}_{\theta,z}^2)) \tag{3-25}$$

式中，$\boldsymbol{\mu}_{\theta,z}$ 为均值向量；$\mathrm{diag}(\boldsymbol{\sigma}_{\theta,z}^2)$ 为对角线元素是方差向量 $\boldsymbol{\sigma}_{\theta,z}^2$ 的对角化协方差矩阵。此处，均值向量与方差向量均有下标 $\boldsymbol{\theta}$ 与 z，表示它们与参数 $\boldsymbol{\theta}$ 及条件 $\boldsymbol{Z}=z$ 有关。

VAE 利用了一个包含可学习参数 $\boldsymbol{\theta}$ 的神经网络，以实现对条件分布 $p_{\boldsymbol{\theta}}(\boldsymbol{x}|z)$ 的参数化建模，并且该网络被命名为**生成网络**（Generative Network）。生成网络能够根据输入 z，预测均值向量 $\boldsymbol{\mu}_{\theta,z}$ 和方差向量 $\boldsymbol{\sigma}_{\theta,z}^2$。从条件分布 $p_{\boldsymbol{\theta}}(\boldsymbol{x}|z)$ 中采样，即可产生 VAE 的生成样本。另外，VAE 还采用了一个可以参数化的条件分布 $q_{\boldsymbol{\varphi}}(z|\boldsymbol{x})$ 来近似后验分布 $p_{\boldsymbol{\theta}}(z|\boldsymbol{x})$。在下文中，条件分布 $q_{\boldsymbol{\varphi}}(z|\boldsymbol{x})$ 被称为**变分分布**（Variational Distribution），一般被设定为具有如下形式的高斯分布：

$$q_{\boldsymbol{\varphi}}(z|\boldsymbol{x})=\mathcal{N}(z;\boldsymbol{\mu}_{\varphi,x},\mathrm{diag}(\boldsymbol{\sigma}_{\varphi,x}^2)) \tag{3-26}$$

式中，$\boldsymbol{\varphi}$ 为可学习参数；$\boldsymbol{\mu}_{\varphi,x}$ 为均值向量；$\mathrm{diag}(\boldsymbol{\sigma}_{\varphi,x}^2)$ 为对角化协方差矩阵。类似地，VAE 用一个包含可学习参数 $\boldsymbol{\varphi}$ 的神经网络来实现对变分分布 $q_{\boldsymbol{\varphi}}(z|\boldsymbol{x})$ 的参数化建模。该网络被称为**推断网络**（Inference Network），其能够根据观测值 $\boldsymbol{x}$ 来预测变分分布 $q_{\boldsymbol{\varphi}}(z|\boldsymbol{x})$ 的均值向量 $\boldsymbol{\mu}_{\varphi,x}$ 和方差向量 $\boldsymbol{\sigma}_{\varphi,x}^2$。通过变分分布 $q_{\boldsymbol{\varphi}}(z|\boldsymbol{x})$，我们可以生成与观测值 $\boldsymbol{x}$ 对应的隐变量取值 z。

VAE 希望通过极大化对数边际似然函数 $\ln p_{\boldsymbol{\theta}}(\boldsymbol{x})$ 来训练生成网络和推断网络。但是，由于 $p_{\boldsymbol{\theta}}(\boldsymbol{x})$ 的具体形式未知，因此我们无法直接最大化 $\ln p_{\boldsymbol{\theta}}(\boldsymbol{x})$。幸运的是，根据联合分布 $p_{\boldsymbol{\theta}}(\boldsymbol{x},z)$ 的两种分解形式［式（3-22）与式（3-23）］，我们可以推导出 $\ln p_{\boldsymbol{\theta}}(\boldsymbol{x})$ 的一个下界。通过最大化该下界，我们可以间接地实现 $\ln p_{\boldsymbol{\theta}}(\boldsymbol{x})$ 的最大化，进而求得最优的网络参数。

接下来，我们将对以上思路进行详细的介绍。

3.4　理论分析

3.4.1　证据下界

为了使生成模型 $p_\theta(\boldsymbol{x})$ 近似真实概率密度 $p(\boldsymbol{x})$，我们通常采用 MLE（见 3.1.3 节）来估计 $p_\theta(\boldsymbol{x})$ 的未知参数 $\boldsymbol{\theta}$，即最大化对数边际似然函数 $\ln p_\theta(\boldsymbol{x})$。在进行 MLE 之前，我们先进行一些预备推导与符号定义。首先，对式（3-23）等号两侧取对数，可得

$$\ln p_\theta(\boldsymbol{x},z)=\ln p_\theta(z\mid\boldsymbol{x})+\ln p_\theta(\boldsymbol{x}) \tag{3-27}$$

移项可得

$$\ln p_\theta(\boldsymbol{x})=\ln p_\theta(\boldsymbol{x},z)-\ln p_\theta(z\mid\boldsymbol{x}) \tag{3-28}$$

此外，我们还需要引入一个隐变量 $\boldsymbol{Z}$ 的额外条件分布，该条件分布以 $\boldsymbol{X}=\boldsymbol{x}$ 为条件，其密度函数被标记为 $q_\varphi(z\mid\boldsymbol{x})$，其中 $\boldsymbol{\varphi}$ 是可学习的参数。这个额外的条件分布通常被称为变分分布，能够帮助我们推导出对数边际似然函数 $\ln p_\theta(\boldsymbol{x})$ 的分解表达式。如式（3-26）所示，我们一般将 $q_\varphi(z\mid\boldsymbol{x})$ 设定为具有对角化协方差矩阵的多元高斯分布 $\mathcal{N}(z;\boldsymbol{\mu}_{\varphi,\boldsymbol{x}},\mathrm{diag}(\boldsymbol{\sigma}_{\varphi,\boldsymbol{x}}^2))$。

那么，基于以上公式和定义，对数边际似然函数 $\ln p_\theta(\boldsymbol{x})$ 可被分解为以下形式：

$$\begin{aligned}
&\ln p_\theta(\boldsymbol{x})\\
&=\int q_\varphi(z\mid\boldsymbol{x})\mathrm{d}z\cdot\ln p_\theta(\boldsymbol{x}) \qquad \left[\text{因为}\int q_\varphi(z\mid\boldsymbol{x})\mathrm{d}z=1\right]\\
&=\int q_\varphi(z\mid\boldsymbol{x})\cdot\ln p_\theta(\boldsymbol{x})\mathrm{d}z\\
&=\int q_\varphi(z\mid\boldsymbol{x})\cdot\big(\ln p_\theta(\boldsymbol{x},z)-\ln p_\theta(z\mid\boldsymbol{x})\big)\mathrm{d}z\\
&=\int q_\varphi(z\mid\boldsymbol{x})\cdot\big(\ln p_\theta(\boldsymbol{x},z)-\ln p_\theta(z\mid\boldsymbol{x})-\ln q_\varphi(z\mid\boldsymbol{x})+\ln q_\varphi(z\mid\boldsymbol{x})\big)\mathrm{d}z\\
&=\int q_\varphi(z\mid\boldsymbol{x})\ln\left(\frac{p_\theta(\boldsymbol{x},z)}{q_\varphi(z\mid\boldsymbol{x})}\right)\mathrm{d}z-\int q_\varphi(z\mid\boldsymbol{x})\ln\left(\frac{p_\theta(z\mid\boldsymbol{x})}{q_\varphi(z\mid\boldsymbol{x})}\right)\mathrm{d}z\\
&=E_{\boldsymbol{Z}\sim q_\varphi(z\mid\boldsymbol{x})}\left[\ln\frac{p_\theta(\boldsymbol{x},\boldsymbol{Z})}{q_\varphi(\boldsymbol{Z}\mid\boldsymbol{x})}\right]-\int q_\varphi(z\mid\boldsymbol{x})\ln\left(\frac{p_\theta(z\mid\boldsymbol{x})}{q_\varphi(z\mid\boldsymbol{x})}\right)\mathrm{d}z\\
&=\mathrm{ELBO}(q,\boldsymbol{x};\boldsymbol{\theta},\boldsymbol{\varphi})+\mathrm{KL}(q_\varphi(z\mid\boldsymbol{x})\parallel p_\theta(z\mid\boldsymbol{x}))\\
&\geqslant\mathrm{ELBO}(q,\boldsymbol{x};\boldsymbol{\theta},\boldsymbol{\varphi})
\end{aligned} \tag{3-29}$$

式中，$\mathrm{KL}(q_\varphi(z\mid\boldsymbol{x})\parallel p_\theta(z\mid\boldsymbol{x}))$ 为变分分布 $q_\varphi(z\mid\boldsymbol{x})$ 和后验分布 $p_\theta(z\mid\boldsymbol{x})$ 的 KL 散度；$\mathrm{ELBO}(q,\boldsymbol{x};\boldsymbol{\theta},\boldsymbol{\varphi})$ 具有如下形式：

$$\mathrm{ELBO}(q,\boldsymbol{x};\boldsymbol{\theta},\boldsymbol{\varphi})=\int q_\varphi(z\mid\boldsymbol{x})\ln\left(\frac{p_\theta(\boldsymbol{x},z)}{q_\varphi(z\mid\boldsymbol{x})}\right)\mathrm{d}z=E_{\boldsymbol{Z}\sim q_\varphi(z\mid\boldsymbol{x})}\left[\ln\frac{p_\theta(\boldsymbol{x},\boldsymbol{Z})}{q_\varphi(\boldsymbol{Z}\mid\boldsymbol{x})}\right] \tag{3-30}$$

由于 $\mathrm{KL}(q_\varphi(z\mid\boldsymbol{x})\parallel p_\theta(z\mid\boldsymbol{x}))\geqslant 0$，因此 $\mathrm{ELBO}(q,\boldsymbol{x};\boldsymbol{\theta},\boldsymbol{\varphi})$ 是对数边际似然函数 $\ln p_\theta(\boldsymbol{x})$ 的一个下界，称为**证据下界**（Evidence Lower Bound，ELBO）。通过最大化 $\mathrm{ELBO}(q,\boldsymbol{x};\boldsymbol{\theta},\boldsymbol{\varphi})$，我们

可以间接地最大化对数边际似然函数 $\ln p_{\theta}(\boldsymbol{x})$。

当且仅当 $q_{\varphi}(\boldsymbol{z}|\boldsymbol{x})=p_{\theta}(\boldsymbol{z}|\boldsymbol{x})$ 时，$\ln p_{\theta}(\boldsymbol{x})=\text{ELBO}(q,\boldsymbol{x};\boldsymbol{\theta},\boldsymbol{\varphi})$。这也意味着，当变分分布 $q_{\varphi}(\boldsymbol{z}|\boldsymbol{x})$ 越接近后验分布 $p_{\theta}(\boldsymbol{z}|\boldsymbol{x})$ 时，$\text{ELBO}(q,\boldsymbol{x};\boldsymbol{\theta},\boldsymbol{\varphi})$ 对 $\ln p_{\theta}(\boldsymbol{x})$ 的替代性越强。

另外，我们还可以借助**琴生不等式**（Jensen's Inequality）来推导 ELBO，即

$$\begin{aligned}
\ln p_{\theta}(\boldsymbol{x}) &= \ln\int p_{\theta}(\boldsymbol{x},z)\mathrm{d}z \\
&= \ln\int \frac{p_{\theta}(\boldsymbol{x},z)q_{\varphi}(z|\boldsymbol{x})}{q_{\varphi}(z|\boldsymbol{x})}\mathrm{d}z \\
&= \ln E_{\boldsymbol{Z}\sim q_{\varphi}(z|\boldsymbol{x})}\left[\frac{p_{\theta}(\boldsymbol{x},\boldsymbol{Z})}{q_{\varphi}(\boldsymbol{Z}|\boldsymbol{x})}\right] \\
&\geqslant E_{\boldsymbol{Z}\sim q_{\varphi}(z|\boldsymbol{x})}\left[\ln\frac{p_{\theta}(\boldsymbol{x},\boldsymbol{Z})}{q_{\varphi}(\boldsymbol{Z}|\boldsymbol{x})}\right] \\
&= \text{ELBO}(q,\boldsymbol{x};\boldsymbol{\theta},\boldsymbol{\varphi})
\end{aligned} \tag{3-31}$$

但是，基于琴生不等式的下界推导无法展现证据下界与对数边际似然函数的理论差值是什么，即忽略了 $\text{KL}(q_{\varphi}(z|\boldsymbol{x})\,\|\,p_{\theta}(z|\boldsymbol{x}))$。

3.4.2 目标函数

根据上述推导，最大化对数边际似然函数的问题被转化为最大化证据下界的问题。随后，我们首先针对单一观测样本 $\boldsymbol{x}$ 来定义 VAE 的**理论目标函数**（Theoretical Objective），即

$$\begin{aligned}
&\max_{\varphi,\theta}\text{ELBO}(q,\boldsymbol{x};\boldsymbol{\theta},\boldsymbol{\varphi}) \\
&= \max_{\varphi,\theta} E_{\boldsymbol{Z}\sim q_{\varphi}(z|\boldsymbol{x})}\left[\ln\frac{p_{\theta}(\boldsymbol{x},\boldsymbol{Z})}{q_{\varphi}(\boldsymbol{Z}|\boldsymbol{x})}\right]
\end{aligned} \tag{3-32}$$

根据式（3-22）中对联合分布的分解 $p_{\theta}(\boldsymbol{x},z)=p_{\theta}(\boldsymbol{x}|z)p_{\theta}(z)$，进一步推导可得

$$\begin{aligned}
&\max_{\varphi,\theta}\text{ELBO}(q,\boldsymbol{x};\boldsymbol{\theta},\boldsymbol{\varphi}) \\
&= \max_{\varphi,\theta} E_{\boldsymbol{Z}\sim q_{\varphi}(z|\boldsymbol{x})}\left[\ln\frac{p_{\theta}(\boldsymbol{x},\boldsymbol{Z})}{q_{\varphi}(\boldsymbol{Z}|\boldsymbol{x})}\right] \\
&= \max_{\varphi,\theta} E_{\boldsymbol{Z}\sim q_{\varphi}(z|\boldsymbol{x})}\left[\ln\frac{p_{\theta}(\boldsymbol{x}|\boldsymbol{Z})p_{\theta}(\boldsymbol{Z})}{q_{\varphi}(\boldsymbol{Z}|\boldsymbol{x})}\right] \\
&= \max_{\varphi,\theta}\left\{\underbrace{E_{\boldsymbol{Z}\sim q_{\varphi}(z|\boldsymbol{x})}[\ln p_{\theta}(\boldsymbol{x}|\boldsymbol{Z})]}_{\text{重构项}}-\underbrace{\text{KL}(q_{\varphi}(z|\boldsymbol{x})\,\|\,p_{\theta}(z))}_{\text{先验匹配项}}\right\}
\end{aligned} \tag{3-33}$$

式中，$p_{\theta}(z)$ 为隐变量 $\boldsymbol{Z}$ 的先验分布，一般被假设为标准高斯分布［见式（3-24）］；条件分布 $p_{\theta}(\boldsymbol{x}|z)$ 则被假设为高斯分布 $\mathcal{N}(\boldsymbol{x};\boldsymbol{\mu}_{\theta,z},\text{diag}(\boldsymbol{\sigma}_{\theta,z}^2))$［见式（3-25）］。

式（3-33）所探讨的理论目标函数仅基于单一观测样本 $\boldsymbol{x}$ 进行定义。若要将其扩展至所有可能服从真实数据分布 $p(\boldsymbol{x})$ 的观测样本，则完整的理论目标函数将呈现为以下形式：

$$
\begin{aligned}
&\max_{\varphi,\theta} E_{X\sim p(x)}[\mathrm{ELBO}(q,X;\theta,\varphi)] \\
&=\max_{\varphi,\theta} E_{X\sim p(x)}\Big[E_{Z\sim q_\varphi(z|X)}[\ln p_\theta(X\mid Z)]-\mathrm{KL}(q_\varphi(z\mid X)\,\|\,p_\theta(z))\Big]
\end{aligned}
\tag{3-34}
$$

接下来，我们将分别对式（3-33）中的**重构项**（Reconstruction Term）与**先验匹配项**（Prior Matching Term）进行分析。

（1）**重构项**：数学期望 $E_{Z\sim q_\varphi(z|x)}[\ln p_\theta(x\mid Z)]$ 一般可以用样本均值进行估计。假设对于每个样本 x，从变分分布 $q_\varphi(z\mid x)$ 中采样得到 M 个样本，即 $z_1,z_2,\cdots,z_M$，则重构项的估计可以写为

$$
E_{Z\sim q_\varphi(z|x)}[\ln p_\theta(x\mid Z)]\approx\frac{1}{M}\sum_{j=1}^{M}\ln p_\theta(x\mid z_j)
\tag{3-35}
$$

请注意，数学期望 $E_{Z\sim q_\varphi(z|x)}[\ln p_\theta(x\mid Z)]$ 是推断参数 φ 的函数（将在 3.5.1 节中详细介绍）。但是，重构项的样本均值 $\frac{1}{M}\sum_{j=1}^{M}\ln p_\theta(x\mid z_j)$ 不再包含参数 φ。那么，$\frac{1}{M}\sum_{j=1}^{M}\ln p_\theta(x\mid z_j)$ 关于参数 φ 的梯度将为 0，无法进行梯度的反向传播。在这种情况下，梯度下降法对式（3-33）所代表的优化问题不再适用。这个问题的出现主要是由于样本 z_j 是从 $q_\varphi(z\mid x)$ 中随机采样得到的，即 z_j 与 φ 之间的关系是不确定的，无法用固定的、可导的函数表示。然而，这个问题能够通过**重参数化技巧**解决（见 3.1.6 节）。

具体来说，我们可以令 3.1.6 节中的 $p(\varepsilon)$ 为 D 维的标准高斯分布 $\mathcal{N}(\mathbf{0},\boldsymbol{I})$。同时，将变换函数 $t_\varphi(\varepsilon)$ 定义为如下形式：

$$
z=t_\varphi(\varepsilon)=\mu_{\varphi,x}+\sigma_{\varphi,x}\odot\varepsilon
\tag{3-36}
$$

式中，$\varepsilon\sim\mathcal{N}(\mathbf{0},\boldsymbol{I})$；$\odot$ 表示对应元素相乘；$\mu_{\varphi,x}$ 和 $\sigma_{\varphi,x}$ 由推断网络 $f_1(x;\varphi)$ 根据 x 输出（将在 3.5 节中详细介绍），因此它们均可以看作参数 φ 的函数。经过如上变换，z 不再是直接从变分分布 $q_\varphi(z\mid x)$ 中采样得到的，而是通过均值向量 $\mu_{\varphi,x}$、方差向量 $\sigma_{\varphi,x}$ 及高斯白噪声 ε 的线性组合得到的。这意味着，z 和 φ 之间的关系从不确定的“采样关系”变成了确定性的“函数关系”，从而可以求解 z 关于 φ 的梯度。

若使用重参数化技巧生成 z 后，再次用样本均值来估计重构项中的数学期望，则样本均值 $\frac{1}{M}\sum_{j=1}^{M}\ln p_\theta(x\mid z_j)$ 中的 z_j 不再单纯是 Z 的观测值，还是参数 φ 的函数。样本均值关于参数 φ 的梯度将不再是 0，从而可以根据梯度反向传播来更新参数 φ。

（2）**先验匹配项**：根据式（3-26），$q_\varphi(z\mid x)$ 被假设为高斯分布 $\mathcal{N}(z;\mu_{\varphi,x},\mathrm{diag}(\sigma_{\varphi,x}^2))$。对于隐变量的先验分布 $p_\theta(z)$，我们一般假设其为标准高斯分布 $\mathcal{N}(z;\mathbf{0},\boldsymbol{I})$。在这种情况下，$\mathrm{KL}(q_\varphi(z\mid x)\,\|\,p_\theta(z))$ 具有显式表达式。

根据 KL 散度的定义，在 D 维空间中的两个高斯分布 $\mathcal{N}(\mu_1,\Sigma_1)$ 和 $\mathcal{N}(\mu_2,\Sigma_2)$ 的 KL 散度具有显式表达式，即

$$
\begin{aligned}
&\mathrm{KL}(\mathcal{N}(\mu_1,\Sigma_1)\,\|\,\mathcal{N}(\mu_2,\Sigma_2)) \\
&=\frac{1}{2}\left(\mathrm{tr}(\Sigma_2^{-1}\Sigma_1)+(\mu_2-\mu_1)^{\mathrm{T}}\Sigma_2^{-1}(\mu_2-\mu_1)-D+\ln\frac{|\Sigma_2|}{|\Sigma_1|}\right)
\end{aligned}
\tag{3-37}
$$

式中，$\mathrm{tr}(\cdot)$ 表示矩阵的迹；$|\cdot|$ 表示矩阵的行列式。

由式（3-37）可得，若 $q_{\varphi}(z|\boldsymbol{x})=\mathcal{N}(z;\boldsymbol{\mu}_{\varphi,\boldsymbol{x}},\text{diag}(\boldsymbol{\sigma}_{\varphi,\boldsymbol{x}}^2))$ 和 $p_{\theta}(z)=\mathcal{N}(z;\boldsymbol{0},\boldsymbol{I})$，则先验匹配项的显式表达式为

$$\text{KL}(q_{\varphi}(z|\boldsymbol{x})\|p_{\theta}(z))=\frac{1}{2}\left(\text{tr}(\text{diag}(\boldsymbol{\sigma}_{\varphi,\boldsymbol{x}}^2))+\boldsymbol{\mu}_{\varphi,\boldsymbol{x}}^{\mathrm{T}}\boldsymbol{\mu}_{\varphi,\boldsymbol{x}}-D-\ln(|\text{diag}(\boldsymbol{\sigma}_{\varphi,\boldsymbol{x}}^2)|)\right) \tag{3-38}$$

式中，D 为隐变量 z 的维度，是一个超参数。

3.5 模型结构

在 3.3 节和 3.4 节中，我们介绍了 VAE 需要用两个神经网络分别对变分分布 $q_{\varphi}(z|\boldsymbol{x})$ 和条件分布 $p_{\theta}(\boldsymbol{x}|z)$ 进行建模。如图 3-2 所示，这两个网络分别被称为**推断网络**和**生成网络**，它们构成了 VAE 的主体结构。本节将深入剖析这两个神经网络的具体细节。

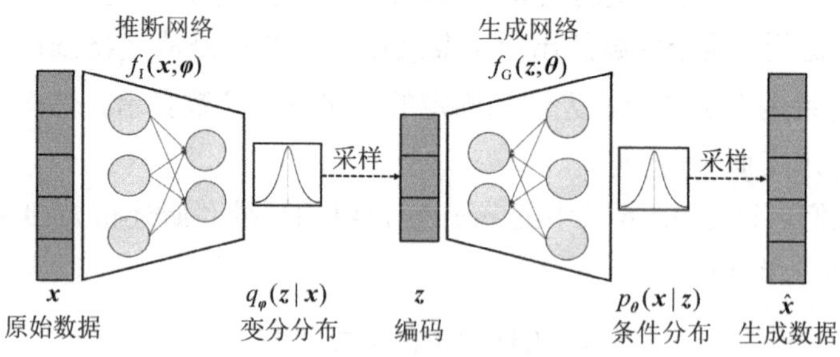

图 3-2　VAE 的主体结构

3.5.1 推断网络

推断网络记为 $f_{\mathrm{I}}(\boldsymbol{x};\boldsymbol{\varphi})$，其定义了一个从数据空间到分布空间的映射。具体来说，推断网络将原始数据 $\boldsymbol{x}$ 映射到定义在隐空间 $\mathcal{Z}$ 中的某个变分分布 $q_{\varphi}(z|\boldsymbol{x})$ 上。推断网络可以是以网络参数为 $\boldsymbol{\varphi}$ 的全连接神经网络或卷积神经网络。在这种情况下，推断网络的输入为 $\boldsymbol{x}$，输出为变分分布 $q_{\varphi}(z|\boldsymbol{x})$ 的分布参数。

为了简化计算，在式（3-26）中，我们将变分分布 $q_{\varphi}(z|\boldsymbol{x})$ 设定为具有对角化协方差的多元高斯分布，即 $q_{\varphi}(z|\boldsymbol{x})=\mathcal{N}(z;\boldsymbol{\mu}_{\varphi,\boldsymbol{x}},\text{diag}(\boldsymbol{\sigma}_{\varphi,\boldsymbol{x}}^2))$。因为高斯分布由其均值和方差唯一决定，所以，推断网络只需将原始数据 $\boldsymbol{x}$ 映射为变分分布 $q_{\varphi}(z|\boldsymbol{x})$ 的均值向量 $\boldsymbol{\mu}_{\varphi,\boldsymbol{x}}$ 和方差向量 $\boldsymbol{\sigma}_{\varphi,\boldsymbol{x}}^2$，即

$$\begin{bmatrix}\boldsymbol{\mu}_{\varphi,\boldsymbol{x}}\\ \boldsymbol{\sigma}_{\varphi,\boldsymbol{x}}^2\end{bmatrix}=f_{\mathrm{I}}(\boldsymbol{x};\boldsymbol{\varphi}) \tag{3-39}$$

但请注意，出于训练的稳定性等考虑，在实际训练中，$f_{\mathrm{I}}(\boldsymbol{x};\boldsymbol{\varphi})$ 并不直接输出 $\boldsymbol{\sigma}_{\varphi,\boldsymbol{x}}^2$，而是输出 $\ln(\boldsymbol{\sigma}_{\varphi,\boldsymbol{x}})$。

给定一个原始数据 $\boldsymbol{x}$，我们可以通过推断网络得到一组均值向量 $\boldsymbol{\mu}_{\varphi,\boldsymbol{x}}$ 和方差向量 $\boldsymbol{\sigma}_{\varphi,\boldsymbol{x}}^2$，两者唯一决定了一个高斯分布 $\mathcal{N}(z;\boldsymbol{\mu}_{\varphi,\boldsymbol{x}},\text{diag}(\boldsymbol{\sigma}_{\varphi,\boldsymbol{x}}^2))$。从该高斯分布中随机采样得到一个编码 z

作为后续生成网络的输入。请注意，不同的 $\boldsymbol{x}$ 可能对应不同的高斯分布。因此，$\boldsymbol{\mu}_{\varphi,x}$ 和 $\boldsymbol{\sigma}_{\varphi,x}^2$ 的下标均包含 $\boldsymbol{x}$，表示它们与原始数据 $\boldsymbol{x}$ 有关。另外，$\boldsymbol{\mu}_{\varphi,x}$ 和 $\boldsymbol{\sigma}_{\varphi,x}^2$ 的下标均包含 $\boldsymbol{\varphi}$，表示它们是参数 $\boldsymbol{\varphi}$ 的函数。

3.5.2　生成网络

生成网络记为 $f_{\mathrm{G}}(\boldsymbol{x};\boldsymbol{\theta})$，其定义了一个从隐空间到分布空间的映射。具体来说，假设从变分分布 $q_{\varphi}(\boldsymbol{z}\,|\,\boldsymbol{x})$ 中采样得到一个编码 $\boldsymbol{z}$，生成网络可将编码 $\boldsymbol{z}$ 映射为数据的条件分布 $p_{\theta}(\boldsymbol{x}\,|\,\boldsymbol{z})$。类似地，生成网络可以是以网络参数为 $\boldsymbol{\theta}$ 的全连接神经网络或卷积神经网络。在这种情况下，生成网络的输入为编码 $\boldsymbol{z}$，输出为条件分布 $p_{\theta}(\boldsymbol{x}\,|\,\boldsymbol{z})$ 的分布参数。

为了简化计算，在式（3-25）中，我们假设条件分布 $p_{\theta}(\boldsymbol{x}\,|\,\boldsymbol{z})$ 是多元高斯分布 $\mathcal{N}(\boldsymbol{x};\boldsymbol{\mu}_{\theta,z},\mathrm{diag}(\boldsymbol{\sigma}_{\theta,z}^2))$。那么，生成网络的任务就是根据编码 $\boldsymbol{z}$，输出 $p_{\theta}(\boldsymbol{x}\,|\,\boldsymbol{z})$ 的均值向量 $\boldsymbol{\mu}_{\theta,z}$ 和方差向量 $\boldsymbol{\sigma}_{\theta,z}^2$，即

$$\begin{bmatrix}\boldsymbol{\mu}_{\theta,z}\\ \boldsymbol{\sigma}_{\theta,z}^2\end{bmatrix}=f_{\mathrm{G}}(\boldsymbol{z};\boldsymbol{\theta}) \tag{3-40}$$

类似地，在实际训练中，$f_{\mathrm{G}}(\boldsymbol{z};\boldsymbol{\theta})$ 并不直接输出 $\boldsymbol{\sigma}_{\theta,z}^2$，而是输出 $\ln(\boldsymbol{\sigma}_{\theta,z})$。

在下文中，为了进一步简化计算，我们假设 $p_{\theta}(\boldsymbol{x}\,|\,\boldsymbol{z})$ 的协方差矩阵为单位矩阵，即

$$p_{\theta}(\boldsymbol{x}\,|\,\boldsymbol{z})=\mathcal{N}(\boldsymbol{x};\boldsymbol{\mu}_{\theta,z},\boldsymbol{I}) \tag{3-41}$$

在这种情况下，生成网络只需输出均值向量 $\boldsymbol{\mu}_{\theta,z}$，即

$$\hat{\boldsymbol{x}}\triangleq\boldsymbol{\mu}_{\theta,z}=f_{\mathrm{G}}(\boldsymbol{z};\boldsymbol{\theta}) \tag{3-42}$$

在该设定下，我们一般直接把均值向量 $\boldsymbol{\mu}_{\theta,z}$ 作为 VAE 的生成数据，并记为 $\hat{\boldsymbol{x}}$，而不再需要从 $p_{\theta}(\boldsymbol{x}\,|\,\boldsymbol{z})=\mathcal{N}(\boldsymbol{x};\boldsymbol{\mu}_{\theta,z},\boldsymbol{I})$ 中进行采样。

3.5.3　VAE 与 AE 的对比

VAE 的名称一半来自“变分分布”，另一半则来自“AE”。比较图 3-1 和图 3-2 可知，VAE 的结构和 AE 的结构类似，也具有类似“编码器-解码器”的结构。我们可以把推断网络看作编码器，而把生成网络看作解码器。但是 AE 和 VAE 所定义的映射却完全不同。AE 的编码器先将原始数据 $\boldsymbol{x}$ 映射到编码 $\boldsymbol{z}$，再由解码器将编码 $\boldsymbol{z}$ 映射到重构数据 $\hat{\boldsymbol{x}}$。但是，VAE 的推断网络则先将原始数据 $\boldsymbol{x}$ 映射为隐变量的变分分布 $q_{\varphi}(\boldsymbol{z}\,|\,\boldsymbol{x})$，再由生成网络将隐变量的取值 $\boldsymbol{z}$ 映射为生成数据的条件分布 $p_{\theta}(\boldsymbol{x}\,|\,\boldsymbol{z})$。并且，AE 是依赖重构误差进行训练的，其核心在于最小化原始数据与重构数据之间的差异；而 VAE 的训练，本质上则是基于 MLE 的原理，旨在最大化对数边际似然函数的 ELBO。因此，AE 与 VAE 在基本原理上存在根本性的不同。

3.6 训练算法

在式（3-34）中，我们定义了 VAE 的理论目标函数。对该目标函数取负，可得到**理论损失函数**（Theoretical Loss Function），即

$$\mathcal{L}(\boldsymbol{\varphi},\boldsymbol{\theta})=E_{\boldsymbol{X}\sim p(\boldsymbol{x})}\left[-E_{\boldsymbol{Z}\sim q_{\boldsymbol{\varphi}}(\boldsymbol{z}|\boldsymbol{X})}\left[\ln p_{\boldsymbol{\theta}}(\boldsymbol{X}\mid\boldsymbol{Z})\right]+\mathrm{KL}(q_{\boldsymbol{\varphi}}(\boldsymbol{z}\mid\boldsymbol{X})\,\|\,p_{\boldsymbol{\theta}}(\boldsymbol{z}))\right] \tag{3-43}$$

给定样本量为 N 的训练集 $\mathcal{D}=\{\boldsymbol{x}_1,\boldsymbol{x}_2,\cdots,\boldsymbol{x}_N\}$，对于每个训练样本 $\boldsymbol{x}_i$，随机采样 M 个高斯噪声 $\boldsymbol{\varepsilon}_{i,j}\sim\mathcal{N}(\boldsymbol{0},\boldsymbol{I})$，$1\leqslant j\leqslant M$，并根据式（3-36）计算 $\boldsymbol{z}_{i,j}$。那么，VAE 在训练集 $\mathcal{D}$ 上的**经验损失函数**（Empirical Loss Function）被定义为

$$\begin{aligned}&\mathcal{L}(\boldsymbol{\varphi},\boldsymbol{\theta}\mid\mathcal{D})\\&=\frac{1}{N}\sum_{i=1}^{N}\left(-\frac{1}{M}\sum_{j=1}^{M}\ln p_{\boldsymbol{\theta}}(\boldsymbol{x}_i\mid\boldsymbol{z}_{i,j})+\mathrm{KL}\left(\mathcal{N}(\boldsymbol{\mu}_{\boldsymbol{\varphi},\boldsymbol{x}_i},\mathrm{diag}(\boldsymbol{\sigma}^2_{\boldsymbol{\varphi},\boldsymbol{x}_i}))\,\|\,\mathcal{N}(\boldsymbol{0},\boldsymbol{I})\right)\right)\end{aligned} \tag{3-44}$$

经验损失函数 $\mathcal{L}(\boldsymbol{\varphi},\boldsymbol{\theta}\mid\mathcal{D})$ 可以看作理论损失函数 $\mathcal{L}(\boldsymbol{\varphi},\boldsymbol{\theta})$ 的一种估计。

在上文中，我们已经假设 $p_{\boldsymbol{\theta}}(\boldsymbol{x}\mid\boldsymbol{z})=\mathcal{N}(\boldsymbol{x};\boldsymbol{\mu}_{\boldsymbol{\theta},\boldsymbol{z}},\boldsymbol{I})$。那么，$\mathcal{L}(\boldsymbol{\varphi},\boldsymbol{\theta}\mid\mathcal{D})$ 可进一步简化为

$$\begin{aligned}&\mathcal{L}(\boldsymbol{\varphi},\boldsymbol{\theta}\mid\mathcal{D})\\&=\frac{1}{N}\sum_{i=1}^{N}\left(\frac{1}{2M}\sum_{j=1}^{M}\|\boldsymbol{x}_i-\boldsymbol{\mu}_{\boldsymbol{\theta},\boldsymbol{z}_{i,j}}\|_2^2+\mathrm{KL}\left(\mathcal{N}(\boldsymbol{\mu}_{\boldsymbol{\varphi},\boldsymbol{x}_i},\mathrm{diag}(\boldsymbol{\sigma}^2_{\boldsymbol{\varphi},\boldsymbol{x}_i}))\,\|\,\mathcal{N}(\boldsymbol{0},\boldsymbol{I})\right)\right)\\&=\frac{1}{2NM}\sum_{i=1}^{N}\sum_{j=1}^{M}\|\boldsymbol{x}_i-\boldsymbol{\mu}_{\boldsymbol{\theta},\boldsymbol{z}_{i,j}}\|_2^2+\frac{1}{N}\sum_{i=1}^{N}\mathrm{KL}(\mathcal{N}(\boldsymbol{\mu}_{\boldsymbol{\varphi},\boldsymbol{x}_i},\mathrm{diag}(\boldsymbol{\sigma}^2_{\boldsymbol{\varphi},\boldsymbol{x}_i}))\,\|\,\mathcal{N}(\boldsymbol{0},\boldsymbol{I}))\end{aligned} \tag{3-45}$$

其中，两个高斯分布之间的 KL 散度可以根据式（3-37）来计算。

对于式（3-45），我们一般还会在 KL 散度之前加上一个超参数 $\lambda>0$，即

$$\begin{aligned}&\mathcal{L}(\boldsymbol{\varphi},\boldsymbol{\theta}\mid\mathcal{D})\\&=\underbrace{\frac{1}{2NM}\sum_{i=1}^{N}\sum_{j=1}^{M}\|\boldsymbol{x}_i-\boldsymbol{\mu}_{\boldsymbol{\theta},\boldsymbol{z}_{i,j}}\|_2^2}_{\text{重构损失}\mathcal{L}_{\text{rec}}}+\lambda\cdot\underbrace{\frac{1}{N}\sum_{i=1}^{N}\mathrm{KL}(\mathcal{N}(\boldsymbol{\mu}_{\boldsymbol{\varphi},\boldsymbol{x}_i},\mathrm{diag}(\boldsymbol{\sigma}^2_{\boldsymbol{\varphi},\boldsymbol{x}_i})\boldsymbol{I})\,\|\,\mathcal{N}(\boldsymbol{0},\boldsymbol{I}))}_{\text{KL损失}\mathcal{L}_{\text{KL}}}\end{aligned} \tag{3-46}$$

其中，第一项是重构损失 $\mathcal{L}_{\text{rec}}$；第二项是 KL 损失 $\mathcal{L}_{\text{KL}}$。KL 损失可以看作一个正则化项，λ 便是正则化系数。若 $\lambda=1$，则表示原始 VAE。若 $\lambda>1$，则表示后文介绍的 Beta-VAE（见 3.8.2 节）。

VAE 的总体训练过程可以用图 3-3 和算法 3-1 概括。

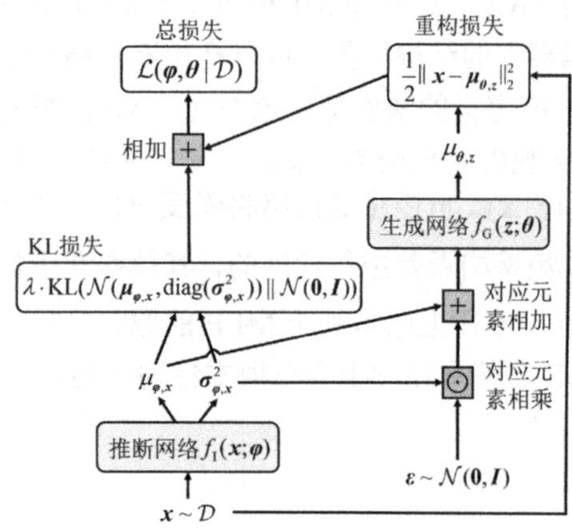

图 3-3 变分自编码器的训练过程

算法 3-1：VAE 的训练算法

输入：数据集 $\mathcal{D}$、隐空间维度 D、学习率 α、训练轮次（Epoch）T、批（Batch）大小 B

输出：完成训练的推断网络 $f_{\mathrm{I}}(\boldsymbol{x};\boldsymbol{\varphi})$ 和生成网络 $f_{\mathrm{G}}(\boldsymbol{z};\boldsymbol{\theta})$

初始化推断网络和生成网络的参数 $\boldsymbol{\varphi}$ 和 $\boldsymbol{\theta}$；
for $t=1$ to T **do**
　　for 每批 $\mathcal{B}\subset\mathcal{D}$（大小为 B）**do**
　　　　for 每个样本 $\boldsymbol{x}\in\mathcal{B}$ **do**
　　　　　　通过推断网络计算 $[\boldsymbol{\mu}_{\varphi,x},\ln\boldsymbol{\sigma}_{\varphi,x}]^{\mathrm{T}}=f_{\mathrm{I}}(\boldsymbol{x};\boldsymbol{\varphi})$；
　　　　　　采样 $\boldsymbol{\varepsilon}\sim\mathcal{N}(\boldsymbol{0},\boldsymbol{I})$；
　　　　　　计算隐变量 $\boldsymbol{z}=\boldsymbol{\mu}_{\varphi,x}+\boldsymbol{\sigma}_{\varphi,x}\odot\boldsymbol{\varepsilon}$（重参数化技巧）；
　　　　　　通过解码器重构原始数据 $\hat{\boldsymbol{x}}\triangleq\boldsymbol{\mu}_{\theta,z}=f_{\mathrm{G}}(\boldsymbol{z};\boldsymbol{\theta})$；
　　　　　　计算重构损失 $\mathcal{L}_{\mathrm{rec}}=0.5\|\boldsymbol{x}-\hat{\boldsymbol{x}}\|_2^2$；
　　　　　　计算 KL 损失 $\mathcal{L}_{\mathrm{KL}}=\mathrm{KL}(\mathcal{N}(\boldsymbol{\mu}_{\varphi,x},\mathrm{diag}(\boldsymbol{\sigma}_{\varphi,x}^2))\|\mathcal{N}(\boldsymbol{0},\boldsymbol{I}))$；
　　　　　　计算总损失 $\mathcal{L}=\mathcal{L}_{\mathrm{rec}}+\lambda\cdot\mathcal{L}_{\mathrm{KL}}$（其中 $\lambda>0$ 是超参数）；
　　　　end for
　　　　使用反向传播算法和优化器更新 $\boldsymbol{\varphi}$ 和 $\boldsymbol{\theta}$ 以最小化 $\frac{1}{B}\sum_{x\in B}\mathcal{L}$；
　　end for
end for

3.7 采样算法

由于编码 $\boldsymbol{z}$ 既可以从变分分布 $q_{\varphi}(\boldsymbol{z}\mid\boldsymbol{x})$ 中采样获得，又可以从先验分布 $p_{\theta}(\boldsymbol{z})$ 中采样获得，并且变分分布 $q_{\varphi}(\boldsymbol{z}\mid\boldsymbol{x})$ 被要求近似后验分布 $p_{\theta}(\boldsymbol{z}\mid\boldsymbol{x})$。因此，从预训练的生成网络中采样可以分为**后验采样**和**先验采样**两种方式。

3.7.1 后验采样

后验采样需要基于训练集 $\mathcal{D}$ 中的样本和预训练的推断网络完成（见图 3-4）。具体来说，首先将训练集中的某个样本 $\boldsymbol{x}$ 输入已完成训练的推断网络 $f_{\mathrm{I}}(\boldsymbol{x};\boldsymbol{\varphi})$，得到变分分布 $q_{\varphi}(\boldsymbol{z}\mid\boldsymbol{x})$ 的均值向量 $\boldsymbol{\mu}_{\varphi,x}$ 和方差向量 $\boldsymbol{\sigma}_{\varphi,x}^2$。然后基于 $\boldsymbol{\mu}_{\varphi,x}$、$\boldsymbol{\sigma}_{\varphi,x}^2$ 及高斯白噪声 $\boldsymbol{\varepsilon}$，根据重参数化技巧［见式（3-36）］得到隐变量的取值 $\boldsymbol{z}$。最后将 $\boldsymbol{z}$ 输入已完成训练的生成网络 $f_{\mathrm{G}}(\boldsymbol{z};\boldsymbol{\theta})$，得到条件分布 $p_{\theta}(\boldsymbol{x}\mid\boldsymbol{z})=\mathcal{N}(\boldsymbol{x};\boldsymbol{\mu}_{\theta,z},\boldsymbol{I})$ 的均值 $\boldsymbol{\mu}_{\theta,z}$，并将 $\boldsymbol{\mu}_{\theta,z}$ 作为生成样本 $\hat{\boldsymbol{x}}$。

后验采样能够生成较为真实的样本，但其多样性相对较低，即输出数据与输入数据具有较高的相似性。我们在 MNIST 数据集上训练了一个 VAE，并采用后验采样，结合图 3-5（a）中的输入图像来生成样本。从图 3-5（b）中可以看出，输出图像与输入图像较为相似。

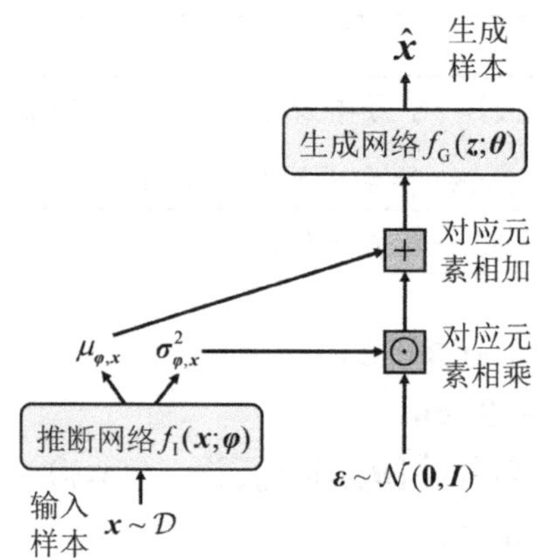

图 3-4　后验采样

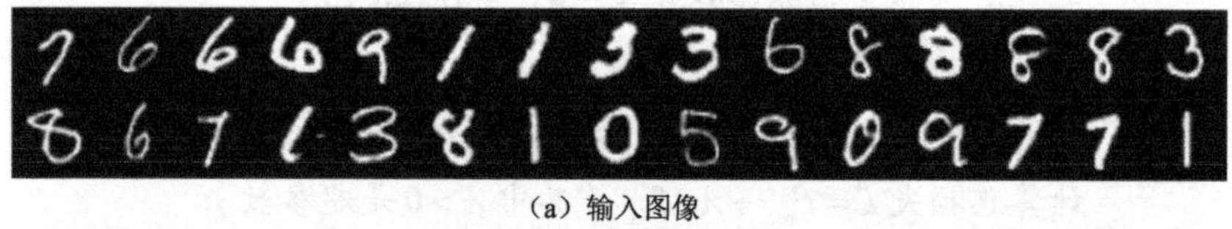

(a) 输入图像

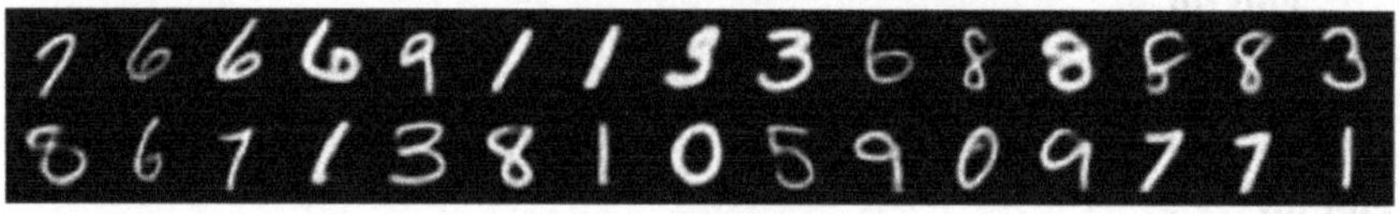

(b) 输出图像

图 3-5　后验采样示例

3.7.2　先验采样

与后验采样不同，先验采样只需生成网络，而不需要输入样本及推断网络，并且流程也更加简单（见图 3-6）。具体而言，从隐变量的先验分布 $p_{\theta}(z)=\mathcal{N}(z;0,I)$ 中随机生成一个高斯噪声 z，直接输入生成网络 $f_G(z;\theta)$ 即可生成样本 $\hat{x}$。使用先验采样并不总是生成较为真实的数据，但其具有很高的多样性。如图 3-7 所示，在 MNIST 数据集上训练的 VAE 通过先验采样可能生成视觉质量较差的数据，但是可以生成多样性更高的样本。

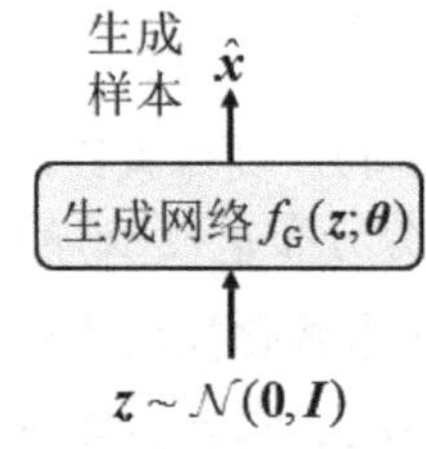

图 3-6　先验采样

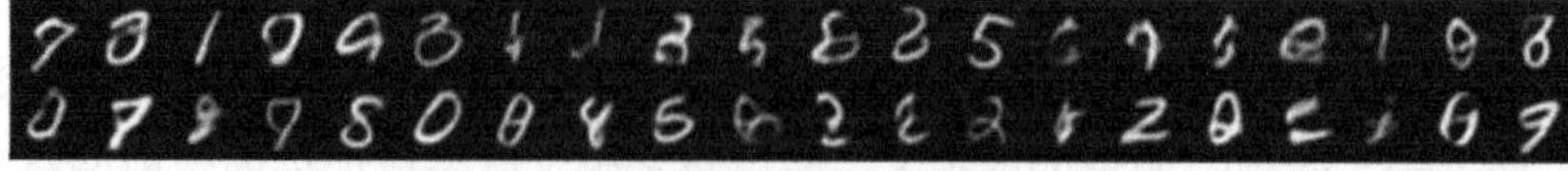

图 3-7　先验采样示例

3.8 变体模型

以上所介绍的是经典 VAE 的主要架构、损失函数、训练过程及采样方法。自 VAE 被提出以来，涌现出大量变体模型。在本节中，我们仅对其中几个著名的变体模型进行介绍。

3.8.1 CVAE

上文所介绍的 VAE 是无监督模型，其训练目的是对数据的边际分布 $p(\boldsymbol{x})$ 进行估计，因此它无法对生成样本的某些特定属性 $\boldsymbol{y}$ 进行有效控制。这些属性可以是类别标签、文字描述、图像等额外信息。

条件变分自编码器（Conditional Variational Autoencoder，CVAE）是 VAE 的变体模型，它可以对条件分布 $p(\boldsymbol{x}\,|\,\boldsymbol{y}) \triangleq p(\boldsymbol{x}\,|\,\boldsymbol{Y}=\boldsymbol{y})$ 进行估计，并根据给定条件 $\boldsymbol{y}$ 进行图像生成。将条件 $\boldsymbol{y}$ 输入 VAE 的方式有多种，此处我们介绍基于线性投影（Linear Projection）的方法。如图 3-8 所示，从数据集 $\mathcal{D}$ 中抽取一张图像 $\boldsymbol{x}$ 及其条件 $\boldsymbol{y}$，我们假设 $\boldsymbol{y}$ 是经过编码后的条件。例如，在具有 5 个类别的分类任务中，类别标签 $y=1$（第一类），可以被独热编码为向量 $\boldsymbol{y}=[1,0,0,0,0]^{\mathrm{T}}$。条件 $\boldsymbol{y}$ 被输入一个全连接网络 MLP，该网络的输出维度与隐变量 $\boldsymbol{Z}$ 一致，即 $\boldsymbol{v}=\mathrm{MLP}(\boldsymbol{y})$。该全连接网络的输出 $\boldsymbol{v}$ 将会按元素加在隐变量的取值 $\boldsymbol{z}$ 之后，即

$$\boldsymbol{z}+\boldsymbol{v}=\boldsymbol{\mu}_{\varphi,x}+\boldsymbol{\sigma}_{\varphi,x}\odot\boldsymbol{\varepsilon}+\boldsymbol{v} \tag{3-47}$$

求和之后得到 $\boldsymbol{z}+\boldsymbol{v}$ 再输入生成网络。基于式（3-47），我们可以对 CVAE 进行训练。在采样阶段，无论是采用先验采样还是后验采样，均可以通过控制条件 $\boldsymbol{y}$ 来控制生成图像的某些属性。

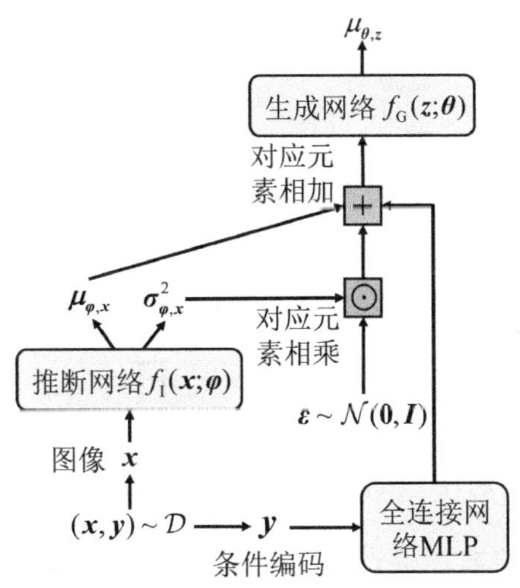

图 3-8　基于线性投影的方法

3.8.2 Beta-VAE

Beta-VAE 是一种基于 VAE 的深度学习模型，它在传统 VAE 的基础上进行了改进，以增强模型在潜在空间中的解耦（Disentanglement）能力。Beta-VAE 通过引入一个可调的 Beta 系数［见式（3-46）中的 λ］来平衡重构误差和潜在空间的解耦合性，从而学习数据的低维表示，实现数据压缩、重构和生成等功能。

在通常情况下，Beta 系数是一个大于或等于 1 的正值，其大小取决于任务的性质及所需的潜在空间的表达能力。Beta-VAE 通过调整 Beta 系数来增强模型在潜在空间中的解耦能力，使潜在空间中的不同维度能够表示数据中相互独立的信息。若 Beta 系数等于 1［见式（3-46）中的 $\lambda=1$］，则 Beta-VAE 退化为传统 VAE。

3.8.3 MHVAE

层级变分自编码器（Hierarchical Variational Autoencoder，HVAE）是 VAE 的一种扩展形式，旨在通过引入层级结构来更好地捕捉数据的潜在表示。在这种结构下，隐变量本身被解释为由其他更高层次、更抽象的隐变量生成。

在一般的具有 T 个层级结构的 HVAE 中，每个隐变量都被允许依赖其之前的所有隐变量。然而，我们关注一种特殊情况，将其命名为**马尔可夫层级变分自编码器**（Markovian HVAE，MHVAE）。在马尔可夫中，生成过程构成了一个马尔可夫链（见 3.1.5 节），换句话说，层级结构中的每步转移都遵循马尔可夫性质，即解码每个隐变量 z_t 时，它仅依赖其前一个隐变量 z_{t+1}。马尔可夫性质及马尔可夫链请参见 3.1.5 节。从直观和视觉的角度来看，这可以简单地理解为将多个 VAE 依次堆叠在一起，如图 3-9 所示。描述这种模型的另一个恰当的术语是**递归变分自编码器**（Recursive VAE）。

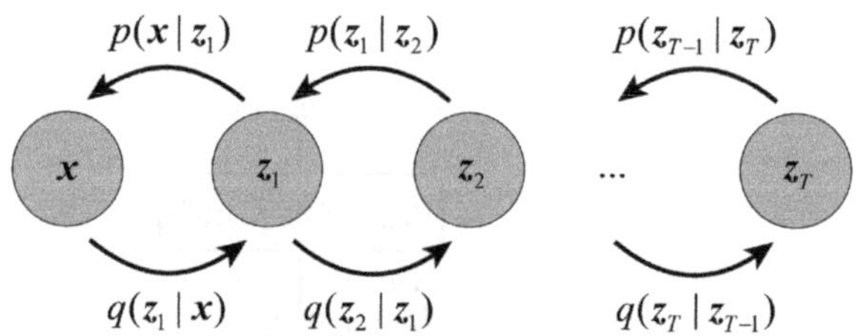

图 3-9 具有 T 层隐变量的 MHVAE

数学上，我们可以将 MHVAE 的联合分布和变分分布写为

$$p_{\theta}(\boldsymbol{x},z_{1:T})=p_{\theta}(z_T)p_{\theta}(\boldsymbol{x}|z_1)\prod_{t=2}^{T}p_{\theta}(z_{t-1}|z_t) \tag{3-48}$$

$$q_{\varphi}(z_{1:T}|\boldsymbol{x})=q_{\varphi}(z_1|\boldsymbol{x})\prod_{t=2}^{T}q_{\varphi}(z_t|z_{t-1}) \tag{3-49}$$

其中，$z_{1:T}$ 为 $z_1,z_2,\cdots,z_T$ 的缩写；$p_{\theta}(\boldsymbol{x},z_{1:T})$ 为可观测变量 $\boldsymbol{X}$ 和所有隐变量的联合分布；$q_{\varphi}(z_{1:T}|\boldsymbol{x})$ 为变分分布。

MHVAE 的关键步骤是推导对数边际似然函数的 ELBO。类似 VAE，有

$$
\begin{aligned}
\ln p_\theta(\boldsymbol{x}) &= \ln \int p_\theta(\boldsymbol{x}, z_{1:T}) \mathrm{d}z \\
&= \ln \int \frac{p_\theta(\boldsymbol{x}, z_{1:T}) q_\varphi(z_{1:T} \mid \boldsymbol{x})}{q_\varphi(z_{1:T} \mid \boldsymbol{x})} \mathrm{d}z \\
&= \ln E_{q_\varphi(z_{1:T}|\boldsymbol{x})}\left[\frac{p_\theta(\boldsymbol{x}, z_{1:T})}{q_\varphi(z_{1:T} \mid \boldsymbol{x})}\right] \\
&\geqslant E_{q_\varphi(z_{1:T}|\boldsymbol{x})}\left[\ln \frac{p_\theta(\boldsymbol{x}, z_{1:T})}{q_\varphi(z_{1:T} \mid \boldsymbol{x})}\right]
\end{aligned} \tag{3-50}
$$

为了简化式（3-50），我们将 $E_{\boldsymbol{Z}_1,\cdots,\boldsymbol{Z}_T\sim q_\varphi(z_{1:T}|\boldsymbol{x})}$ 中的随机向量 $\boldsymbol{Z}_i$ 省略，简写为 $E_{q_\varphi(z_{1:T}|\boldsymbol{x})}$，并将大写 $\boldsymbol{Z}_{1:T}$ 改写为小写 $z_{1:T}$。将式（3-48）和式（3-49）代入式（3-50）可得

$$
E_{q_\varphi(z_{1:T}|\boldsymbol{x})}\left[\ln \frac{p_\theta(\boldsymbol{x}, z_{1:T})}{q_\varphi(z_{1:T} \mid \boldsymbol{x})}\right] = E_{q_\varphi(z_{1:T}|\boldsymbol{x})}\left[\ln \frac{p_\theta(z_T) p_\theta(\boldsymbol{x} \mid z_1) \prod_{t=2}^{T} p_\theta(z_{t-1} \mid z_t)}{q_\varphi(z_1 \mid \boldsymbol{x}) \prod_{t=2}^{T} q_\varphi(z_t \mid z_{t-1})}\right] \tag{3-51}
$$

式（3-51）将在后文介绍 DM 时被用到。

3.8.4 VQ-VAE

向量量化变分自编码器（Vector Quantized Variational Autoencoder，VQ-VAE）是一种结合了 VAE 和向量量化（Vector Quantization）技术的生成模型。它通过引入向量量化步骤，对潜在空间进行离散化，从而生成高质量的样本。VQ-VAE 结合了 VAE 的生成能力和向量量化的数据压缩优势，广泛应用于图像、音频生成及数据压缩等领域。

VQ-VAE 主要由编码器、向量量化器（Vector Quantizer）和解码器三部分组成。如图 3-10 所示，编码器将原始数据 $\boldsymbol{x}$ 映射到潜在空间中的连续向量 $\boldsymbol{z}_e(\boldsymbol{x})$ 上。向量量化器将编码器输出的连续向量 $\boldsymbol{z}_e(\boldsymbol{x})$ 映射到离散编码 $\boldsymbol{z}_q(\boldsymbol{x})$ 上，这通常是通过查找最接近的码本（Code Book）向量 $\boldsymbol{e}_k$ 完成的，其中 k 是码本向量的索引。离散编码 $\boldsymbol{z}_q(\boldsymbol{x})$ 和索引 k 需要根据如下向量量化公式获得：

$$
\begin{gathered}
\boldsymbol{z}_q(\boldsymbol{x}) = \boldsymbol{e}_k \\
k = \arg\min_j \| \boldsymbol{z}_e(\boldsymbol{x}) - \boldsymbol{e}_j \|_2^2
\end{gathered} \tag{3-52}
$$

式中，$\boldsymbol{e}_j$ 为码本中的第 j 个向量；$\boldsymbol{z}_e(\boldsymbol{x})$ 为编码器输出的连续向量；$\boldsymbol{z}_q(\boldsymbol{x})$ 为量化后的离散编码，通过查找与 $\boldsymbol{z}_e(\boldsymbol{x})$ 最接近的码本向量 $\boldsymbol{e}_k$ 得到。最后，解码器根据离散编码 $\boldsymbol{z}_q(\boldsymbol{x})$ 生成重构数据 $\hat{\boldsymbol{x}}$。

VQ-VAE 的损失函数通常包括重构损失、量化损失（也称为码本损失）和承诺损失。重构损失（Reconstruction Loss）L_{recon} 用于评估解码器生成的重构数据 $\hat{\boldsymbol{x}}$ 与原始数据 $\boldsymbol{x}$ 之间的差异，通常使用均方误差（Mean Square Error，MSE）或其他距离度量来表示。量化损失（Quantization Loss）L_{vq} 用于推动编码器输出的连续向量 $\boldsymbol{z}_e(\boldsymbol{x})$ 接近码本中的离散编码 $\boldsymbol{z}_q(\boldsymbol{x})$。由于量化过程是不可微的，通常使用直通估计器（Straight-Through Estimator）技巧来处理梯

度传播问题。量化损失可以表示为

$$L_{\text{vq}} = \| \text{sg}[\boldsymbol{z}_e(\boldsymbol{x})] - \boldsymbol{z}_q(\boldsymbol{x}) \|_2^2 \tag{3-53}$$

式中，sg[·]表示停止梯度运算，即在该部分不计算梯度。

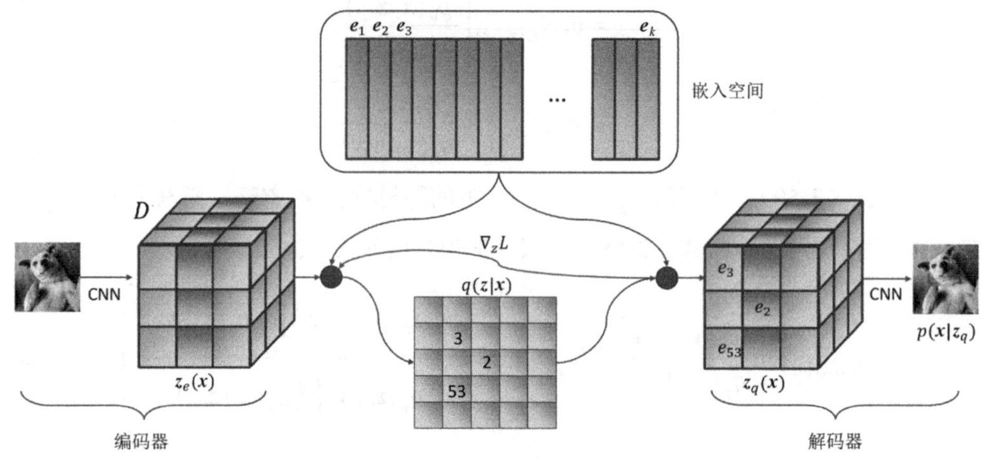

图 3-10 VQ-VAE 的结构示意图

承诺损失（Commitment Loss）L_c 用于防止编码器输出的向量在量化过程中发生过大变化，从而保持潜在编码的稳定性。承诺损失可以表示为

$$L_c = \beta \cdot \| \boldsymbol{z}_e(\boldsymbol{x}) - \text{sg}[\boldsymbol{z}_q(\boldsymbol{x})] \|_2^2 \tag{3-54}$$

式中，β 为超参数，用于平衡量化损失和承诺损失。于是，VQ-VAE 的总损失函数可以表示为

$$L = L_{\text{recon}} + L_{\text{vq}} + L_c \tag{3-55}$$

在训练过程中，VQ-VAE 通过最小化总损失函数来优化编码器、解码器和码本。由于量化过程是不可微的，因此需要使用直通估计器或其他技巧来处理梯度传播问题。具体来说，在反向传播过程中，量化损失的梯度会直接传递给编码器输出的连续向量 $\boldsymbol{z}_e(\boldsymbol{x})$，而承诺损失的梯度则会通过停止梯度运算传递给码本向量。

VQ-VAE 在图像生成、音频生成、数据压缩等领域具有广泛的应用前景。其优势在于通过引入向量量化步骤对潜在空间进行离散化，从而生成高质量且多样化的样本。此外，VQ-VAE 还可以与其他生成模型（如 GAN 等）结合使用，以进一步提升生成效果。

3.9 代码实践：VAE

在本节中，我们将在 Fashion MNIST 数据集上利用 PyTorch 深度学习框架训练 VAE。为此，我们将提供一系列必要的代码模块，涵盖数据预处理、推断网络与生成网络的构建、训练算法的实现，以及评价指标的计算。我们衷心希望，通过本节提供的代码，读者能够更深入地理解 VAE 背后的数学原理与机制。

3.9.1 数据载入与实验设置

Fashion MNIST 是一个广泛使用的图像分类数据集，由德国在线时尚零售商 Zalando 的研究部门创建。该数据集旨在成为经典 MNIST 数据集的替代品，为机器学习算法在图像分类任务上提供更具挑战性的测试平台。Fashion MNIST 数据集包含 70000 张灰度图像，这些图像被划分为 60000 个训练样本和 10000 个测试样本，每张图像均为 28 像素×28 像素的分辨率。这些图像覆盖了 10 个类别的服饰物品，包括上衣、裤子、套衫、连衣裙、外套、凉鞋、衬衫、运动鞋、包和踝靴。图 3-11 中展示了部分样本示例。

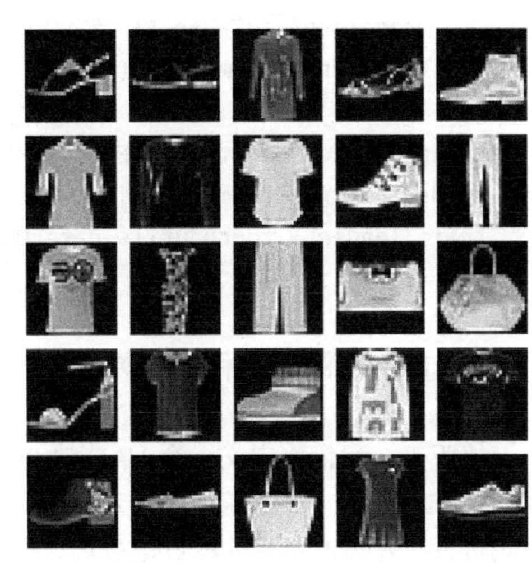

图 3-11　Fashion MNIST 数据集

Fashion MNIST 数据集之所以受欢迎，是因为它不仅继承了 MNIST 数据集易于获取和使用的优点，还在分类难度上有所提升。与手写数字相比，服饰物品的分类涉及更多的视觉特征，如形状、颜色、纹理等，这对机器学习算法提出了更高的要求。此外，Fashion MNIST 数据集的大小适中，既不会让训练过程过于漫长，又能充分展现算法的性能差异，因此非常适合作为入门级数据集供初学者实践和学习。

如代码清单 3-1 所示，为了在 Fashion MNIST 数据集上训练 VAE，我们先载入必要的包。

代码清单 3-1　载入必要的包

```
## 载入必要的包
import torch
import torch.utils.data
from torch import nn, optim
from torchvision import datasets, transforms
from torch.nn import functional as F
from torchvision.utils import save_image
import numpy as np
import matplotlib.pyplot as plt
```

之后，如代码清单 3-2 所示，进行必要参数的设置，以及数据的载入。需要注意的是，在该实验中，我们将隐变量 $\boldsymbol{Z}$ 的维度设置为 64，并将图像的像素值归一化至[−1,1]。

代码清单 3-2　参数设置及数据载入

```
## 超参数设定
BATCH_SIZE=256  #批大小
LATENT_DIM=64  #隐变量 Z 的维度
IMG_SIZE=28  #图像维度
LR=1e-4  #学习率
WEIGHT_DECAY=1e-4  #权重衰减参数，参见 4.4.3 节
```

```
ALPHA=1e-4  #式（3-46）中 lambda 的值
EPOCHS=400  #训练轮数，与循环次数成正比

## 设定设备，若有 GPU，则用 GPU 计算，否则用 CPU 计算
device = torch.device("cuda" if torch.cuda.is_available() else "cpu")

# 数据载入与预处理
transform = transforms.Compose([
    transforms.ToTensor()  #将像素值从[0,255]归一化为[0,1]
    transforms.Normalize((0.5,), (0.5,)) #将像素值从[0,1]归一化为[-1,1]
])
train_dataset = datasets.FashionMNIST(root='./data', train=True, download=True, transform=transform)
train_loader = torch.utils.data.DataLoader(train_dataset, batch_size=BATCH_SIZE, shuffle=True)
```

3.9.2 推断网络和生成网络

接下来，我们将定义一个 VAE 的 Python 类，如代码清单 3-3 所示。这个 Python 类将实现包括推断网络（又称编码器）和生成网络（又称解码器）在内的神经网络结构，同时涵盖编码过程、解码过程及重参数化技巧。此外，我们还将定义模型训练完成后生成样本的过程。

推断网络的主体架构是一个卷积神经网络，其中每个卷积块依次包含一个步长卷积层、一个批处理层及一个 LeakyReLU 激活函数。每个步长卷积层都会将输入特征图的维度减半，同时将通道数翻倍（除了首个卷积层）。在卷积模块之后，我们利用两个全连接层，将卷积模块输出的特征图转换为 $q_\varphi(\boldsymbol{z}\mid\boldsymbol{x})$ 的均值和标准差对数的预测值。

生成网络的主体架构包含一个全连接层和一个转置卷积模块。全连接层的输入是一个隐变量 $\boldsymbol{z}$，输出是一个 512 维的向量。这个向量随后被重塑成一个 $512\times1\times1$ 的数组。接着该数组被输入转置卷积模块，经过一系列升维操作，最终输出一张具有 28×28 维度的图像。值得注意的是，转置卷积模块的最后一个卷积层采用了步长卷积。并且，网络的最后使用了 Tanh() 激活函数，以确保输出的图像值域范围为[−1,1]。

代码清单 3-3 定义 VAE 的 Python 类

```
class VAE(nn.Module):
    def __init__(self, img_size, latent_dim):
        super(VAE, self).__init__()
        # 输入图像的通道数、高度、宽度
        self.in_channel, self.img_h, self.img_w = img_size
        # 隐藏编码 z 的维度
        self.latent_dim = latent_dim

        ## 开始构建推断网络
        # 卷积模块
        self.encoder = nn.Sequential(
```

```
            ## 输入维度 (n,1,28,28)
            nn.Conv2d(in_channels=self.in_channel, out_channels=32, kernel_size=3, stride=2, padding=1),#h=h//2
            nn.BatchNorm2d(32),
            nn.LeakyReLU(),
            ## 特征图维度 (n,32,14,14)
            nn.Conv2d(32, 64, 3, 2, 1),#h=h//2
            nn.BatchNorm2d(64),
            nn.LeakyReLU(),
            ## 特征图维度 (n,64,7,7)
            nn.Conv2d(64, 128, 4, 1, 0),#h=h-3
            nn.BatchNorm2d(128),
            nn.LeakyReLU(),
            ## 特征图维度 (n,128,4,4)
            nn.Conv2d(128, 256, 3, 2, 1),#h=h//2
            nn.BatchNorm2d(256),
            nn.LeakyReLU(),
            ## 特征图维度 (n,256,2,2)
            nn.Conv2d(256, 512, 1, 1, 0),#h=h
            nn.BatchNorm2d(512),
            nn.LeakyReLU(),
            ## 特征图维度 (n,512,2,2)
        )
        # 全连接层：将特征向量转化为分布均值 mu
        self.fc_mu = nn.Linear(512*4, self.latent_dim) #
        # 全连接层：将特征向量转化为分布方差的对数 ln(var)
        self.fc_var = nn.Linear(512*4, self.latent_dim)

        ## 开始构建生成网络
        # 全连接层
        self.decoder_input = nn.Linear(self.latent_dim, 512*4)
        # 转置卷积模块
        self.decoder = nn.Sequential(
            ## 输入维度 (n,512,2,2)
            nn.ConvTranspose2d(in_channels=512, out_channels=256, kernel_size=3, stride=2, padding=1, output_padding=1),#h=2h
            nn.BatchNorm2d(256),
            nn.LeakyReLU(),
            ## 特征图维度 (n,256,4,4)
            nn.ConvTranspose2d(256, 128, 4, 1, 0, 0),#h=h+3
            nn.BatchNorm2d(128),
            nn.LeakyReLU(),
            ## 特征图维度 (n,128,7,7)
            nn.ConvTranspose2d(128, 64, 3, 2, 1, 1),#h=2h
```

```
            nn.BatchNorm2d(64),
            nn.LeakyReLU(),
            ## 特征图维度 (n,64,14,14)
            nn.ConvTranspose2d(64, 32, 3, 2, 1, 1),#h=2h
            nn.BatchNorm2d(32),
            nn.LeakyReLU(),
            ## 特征图维度 (n,32,28,28)
            nn.ConvTranspose2d(32, 32, 1, 1, 0, 0),#h=h
            nn.BatchNorm2d(32),
            nn.LeakyReLU(),
            ## 特征图维度 (n,32,28,28)
            nn.Conv2d(in_channels=32, out_channels=self.in_channel, kernel_size=1, stride=1, padding=0), #h=h
            nn.Tanh()
            ## 输出图像维度 (n,1,28,28)
        )

    # 定义编码过程
    def encode(self, x):
        result = self.encoder(x)  # encoder 结构,(n,1,28,28)-->(n,512,2,2)
        result = torch.flatten(result, 1)  # 将特征层转化为特征向量,(n,512,2,2)-->(n,512*4)
        mu = self.fc_mu(result)  # 计算分布均值 mu, (n,512*4)-->(n,128)
        ln_var = self.fc_var(result)  # 计算分布方差的对数 ln(var), (n,512*4)-->(n,128)
        return [mu, ln_var]

    # 定义解码过程
    def decode(self, z):
        x_hat = self.decoder_input(z).view(-1, 512, 2, 2)  # 将采样变量 Z 先转化为特征向量，再转化为特征层,(n,128)-->(n,512*4)-->(n,512,2,2)
        x_hat = self.decoder(x_hat)  # decoder 结构,(n,512,2,2)-->(n,1,28, 28)
        return x_hat  # 返回生成样本

    # 重参数化技巧
    def reparameterize(self, mu, ln_var):
        std = torch.exp(0.5 * ln_var)  # 分布标准差 std
        eps = torch.randn_like(std)  # 从标准正态分布中采样,(n,128)
        return mu + eps * std  # 返回对应正态分布中的采样值

    # 前传函数
    def forward(self, x):
        mu, ln_var = self.encode(x)  # 经过编码过程，得到分布的均值和方差对数
        z = self.reparameterize(mu, ln_var)  # 经过重参数化技巧，得到隐变量 Z
```

```
        x_hat = self.decode(z)  # 经过解码过程，得到生成样本 x_hat
        return [x_hat, x, mu, ln_var]

    # 定义生成过程
    def sample(self, n, device):
        z = torch.randn(n, self.latent_dim).to(device)  # 从标准正态分布中采样得到n个隐变量Z，长度为latent_dim
        images = self.decode(z)  # 经过解码过程，得到生成样本Y
        return images
```

3.9.3　模型训练

在代码清单 3-4 中，我们将代码清单 3-3 中定义的 VAE 的 Python 类实例化，并定义优化器。实例化的参数如 image_size 和 latent_dim，以及优化器的参数 lr 和 weight_decay 可由代码清单 3-2 确定。

代码清单 3-4　VAE 的 Python 类实例化及优化器的定义

```
# 实例化模型
model=VAE(img_size=[1,IMG_SIZE,IMG_SIZE], latent_dim=LATENT_DIM).to(device)
# 定义优化器
optimizer=optim.Adam(model.parameters(), lr=LR, weight_decay=WEIGHT_DECAY)
```

损失函数与训练函数可由代码清单 3-5 定义。

代码清单 3-5　定义损失函数与训练函数

```
# 定义损失函数；参照式（3-46）
def loss_function(x, x_hat, mean, ln_var, alpha=ALPHA):
    reproduction_loss = F.mse_loss(x_hat, x)
    term1 = 0.5*torch.mean(torch.sum(torch.pow(ln_var.exp(), 2), dim=1))
    term2 = 0.5*torch.mean(torch.sum(torch.pow(mean, 2), dim=1))
    term3 = -0.5*torch.mean(2*torch.sum(ln_var,dim=1))
    # 式（3-38）中的D为常数，不影响优化，因此可以忽略
    KLD = term1 + term2 + term3
    return reproduction_loss + alpha * KLD

# 定义训练函数
def train(model, optimizer, epochs, device):

    for epoch in range(epochs):
        model.train()
        overall_loss = 0
        for batch_idx, (x, _) in enumerate(train_loader):
            x = x.to(device)
            batch_size = x.size(0)
            optimizer.zero_grad()
```

```
            x_hat, _, mean, ln_var = model(x)
            loss = loss_function(x, x_hat, mean, ln_var)
            overall_loss += loss.item()
            loss.backward()
            optimizer.step()

        print("\tEpoch", epoch+1, "\tAverage Loss: ", overall_loss/(batch_idx*batch_size))

        # 每 10 个 epoch 生成 100 个样本用于可视化
        if (epoch+1)%10==0:
            model.eval()
            with torch.no_grad():
                sample_images = model.sample(100, device)  #生成 100 个样本
                sample_images = sample_images.detach().cpu()
                save_file = "./output/{}.png".format(epoch+1)
                os.makedirs(os.path.dirname(save_file), exist_ok=True)
                save_image(sample_images.data, save_file, nrow=10, normalize=True)

    return
```

通过运行代码清单 3-6，我们可以执行训练过程。

代码清单 3-6　执行训练过程

```
train(model, optimizer, epochs=EPOCHS, device=device)
```

图 3-12 展示了 VAE 在训练过程中，损失函数随训练轮次变化的趋势图。从图中可以观察到，VAE 逐渐趋于收敛。

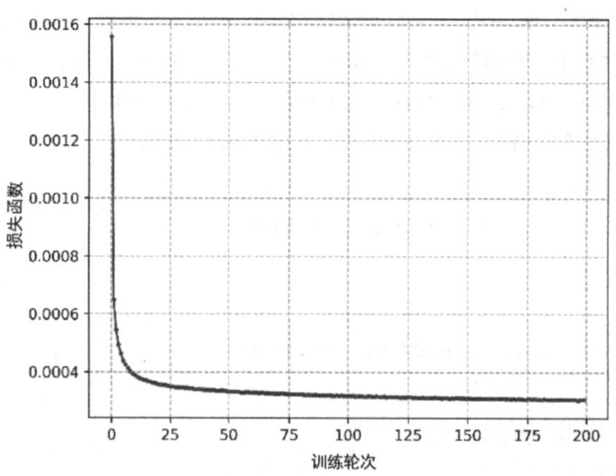

图 3-12　VAE 的损失函数随训练轮次变化的趋势图

3.9.4　采样与可视化

训练完成后，我们依据 3.7.2 节所述的先验采样，从已训练好的生成网络中随机抽取 25 张

图像，并进行可视化处理，如代码清单 3-7 所示。如图 3-13 所示，这些生成的样本与图 3-11 中的真实样本相似。这一结果也间接验证了 VAE 在 Fashion MNIST 数据集上的有效性。

代码清单 3-7　采样与可视化

```
# 采样与可视化
model.eval()  # 将 VAE 设置为推理模式
sample_images = model.sample(25, device) # 随机采样 25 张图像
sample_images = sample_images.detach().cpu()

sample_images = [image[0][i,0] for i in range(len(sample_images))]
fig = plt.figure(figsize=(5, 5))
grid = ImageGrid(fig, 111, nrows_ncols=(5, 5), axes_pad=0.1)

for ax, im in zip(grid, sample_images):
    ax.imshow(im, cmap='gray')
    ax.axis('off')
plt.savefig("./fake_imgs.png", dpi=500,bbox_inches="tight")
```

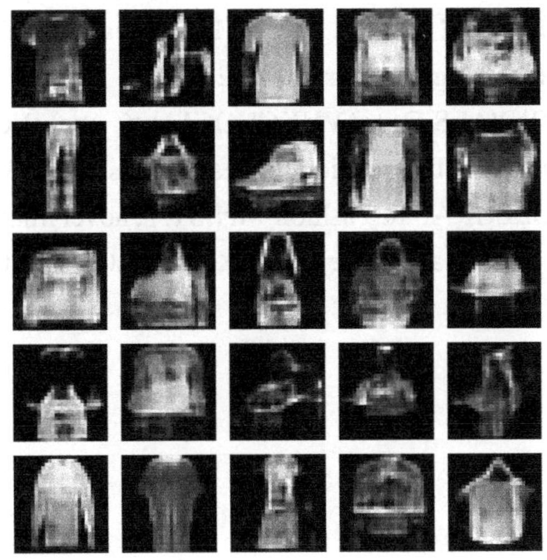

图 3-13　VAE 生成样本示例（先验采样）

3.10　习　　题

1．AE 和 VAE 的主要区别是什么？AE 是生成模型吗？

2．如何用样本均值去近似 AE 损失函数的数学期望［见式（3-1）］？

3．在重参数化技巧中，式（3-18）中的 $h(\cdot)$ 和 $p_\alpha(z)$ 分别对应式（3-33）的重构项中的哪些部分？

4．将式（3-36）中的 ε 看作随机向量，求 z 的期望和方差。

5．利用马尔可夫性质推导式（3-48）和式（3-49）。

3.11 参考文献

[1] 邱锡鹏. 神经网络与深度学习[M]. 北京：机械工业出版社，2020.

[2] KINGMA D P, WELLING M. Auto-encoding variational Bayes[C]//International Conference on Learning Representations, 2014.

[3] KINGMA D P, SALIMANS T, JOZEFOWICZ R, et al. Improved variational inference with inverse autoregressive flow[J]. Advances in Neural Information Processing Systems, 2016, 29.

[4] MATVEICHEV D. How to sample from latent space with variational autoencoder[DB/OL]. Hackernoon Website, 2024.

[5] MURPHY K P. Probabilistic machine learning: Advanced topics[M]. Cambridge: MIT Press, 2023.

[6] WASSERMAN L. All of statistics: A concise course in statistical inference[M]. Springer Science & Business Media, 2013.

[7] SØNDERBY C K, RAIKO T, MAALØE L, et al. Ladder variational autoencoders[J]. Advances in Neural Information Processing Systems, 2016, 29.

[8] VAN DEN OORD A, VINYALS O, KAVUKCUOGLU K, et al. Neural discrete representation learning[J]. Advances in Neural Information Processing Systems, 2017, 30.

[9] XIAO H, RASUL K, VOLLGRAF R. Fashion-MNIST: A novel image dataset for benchmarking machine learning algorithms[J]. arXiv preprint arXiv:1708.07747, 2017.

第4章

生成对抗网络

本章将深入探讨生成对抗网络（Generative Adversarial Network，GAN）这一在图像生成领域称霸数年的深度生成模型。GAN 最初由 Goodfellow 等人在 2014 年提出。GAN 凭借其独特的对抗训练机制，在图像生成领域展现出非凡的性能，从而引领了深度学习领域的一场革命。时至今日，GAN 已被广泛应用于图像修复、风格迁移、超分辨率等领域，充分证明了其强大的应用潜力和灵活性。然而，随着技术的不断演进，新的竞争者如 DM 等也在不断涌现，GAN 在图像生成领域的霸主地位正面临着新的挑战。

在开始介绍本章内容之前，我们先做一些符号上的约定。在本章中，我们用随机向量 $\boldsymbol{X}^{\mathrm{r}} \in \mathcal{X}$ 表示真实图像，其中 $\mathcal{X}$ 为像素空间，$\boldsymbol{X}^{\mathrm{r}}$ 所服从概率分布的密度函数记为 $p_{\mathrm{r}}(\boldsymbol{x})$。同时，我们用 $\boldsymbol{x}^{\mathrm{r}} \in \mathcal{X}$ 表示 $\boldsymbol{X}^{\mathrm{r}}$ 的观测值，即我们从真实分布 $p_{\mathrm{r}}(\boldsymbol{x})$ 中收集到的、用来训练生成模型的一张具体图像。类似地，我们用随机向量 $\boldsymbol{X}^{\mathrm{g}} \in \mathcal{X}$ 表示生成图像，又称虚假图像（Fake Image），其概率分布（又称模型分布）的密度函数记为 $p_{\mathrm{g}}(\boldsymbol{x})$。我们用 $\boldsymbol{x}^{\mathrm{g}} \in \mathcal{X}$ 表示 $\boldsymbol{X}^{\mathrm{g}}$ 的观测值，即一张具体的虚假图像。

4.1 预备知识

4.1.1 JS 散度

在 3.1.2 节中，我们详细介绍了 KL 散度及其相关性质。然而，KL 散度存在一个显著的问题，即它是不对称的。为了克服这一局限性，本节将介绍另一种度量方法，即 JS 散度，其提供了一种更为全面和对称的方式来度量两个概率分布之间的差异。

JS 散度是一种度量两个概率分布 $p(\boldsymbol{x})$ 和 $q(\boldsymbol{x})$ 之间差异的方法，具体定义如下：

$$\mathrm{JS}(p(\boldsymbol{x}) \| q(\boldsymbol{x})) = \frac{1}{2}\mathrm{KL}(p(\boldsymbol{x}) \| p_{\mathrm{m}}(\boldsymbol{x})) + \frac{1}{2}\mathrm{KL}(q(\boldsymbol{x}) \| p_{\mathrm{m}}(\boldsymbol{x})) \tag{4-1}$$

式中，$p_{\mathrm{m}}(\boldsymbol{x}) = \frac{1}{2}\big(p(\boldsymbol{x}) + q(\boldsymbol{x})\big)$。

JS 散度是 KL 散度的一种改进，旨在解决 KL 散度的不对称性问题，并有

$\mathrm{JS}(p(\boldsymbol{x})\|q(\boldsymbol{x}))\in[0,\ln 2]$。此处，对数函数 ln 的底数为自然常数 e。若采用 2 为底数，则 JS 散度的取值范围为[0,1]。

但是，KL 散度和 JS 散度都存在一个问题，即当两个分布没有重叠或重叠非常少时，KL 散度和 JS 散度都很难有效地度量这两个分布之间的距离。

4.1.2 Wasserstein 距离

Wasserstein 距离（Wasserstein Distance）也被称为**推土机距离**（Earth Mover's Distance，EMD），是一种用于度量两个概率分布之间差异的数学方法。相较于传统的距离度量方法，如欧几里得距离，Wasserstein 距离更加全面地考虑了分布之间的相似性及几何距离之间的关系，因此在图像处理、自然语言处理、经济学等领域有着广泛的应用。

Wasserstein 距离的定义基于最小化将一个分布转化为另一个分布所需的成本。这个成本可以是任意的，但通常是指将一个分布中的质量从一个位置移动到另一个位置所需的成本，这可以用两个位置之间的距离和质量的乘积来表示。

【定义 4-1】 两个概率分布 π 和 ν 的 p 阶 Wasserstein 距离定义如下：

$$W_p(\pi,\nu)=\left(\inf_{\gamma(\boldsymbol{x},\boldsymbol{y})\in\Gamma(\pi,\nu)} E_{(\boldsymbol{X},\boldsymbol{Y})\sim\gamma(\boldsymbol{x},\boldsymbol{y})}\left[d(\boldsymbol{X},\boldsymbol{Y})^p\right]\right)^{\frac{1}{p}} \tag{4-2}$$

式中，$d(\cdot,\cdot)$ 为某个距离度量（如欧式距离）；$p\geqslant 1$ 为一个常数（通常取 $p=1$ 或 $p=2$）；$\Gamma(\pi,\nu)$ 为边际分布，即 π 和 ν 的所有可能的联合分布的集合；$\inf E$（全称 infimum 或 infima）为集合 E 的最大下界（小于或等于 E 中所有其他元素的最大元素，而其自身不一定在 E 内）。

由于 $\gamma(\boldsymbol{x},\boldsymbol{y})\in\Gamma(\pi,\nu)$，因此

$$\int\gamma(\boldsymbol{x},\boldsymbol{y})\mathrm{d}x=\nu(y) \tag{4-3}$$

$$\int\gamma(\boldsymbol{x},\boldsymbol{y})\mathrm{d}y=\pi(x) \tag{4-4}$$

直观上，可以将 Wasserstein 距离理解为“移动土堆”的最小工作量。假设有两个土堆，分别代表两个概率分布 π 和 ν，联合分布 $\gamma(\boldsymbol{x},\boldsymbol{y})$ 可以看作从土堆 π 的位置 $\boldsymbol{x}$ 搬运到土堆 ν 的位置 $\boldsymbol{y}$ 的土的数量。$E_{(\boldsymbol{X},\boldsymbol{Y})\sim\gamma(\boldsymbol{x},\boldsymbol{y})}\left[d(\boldsymbol{X},\boldsymbol{Y})^p\right]$ 可以理解为在 $\gamma(\boldsymbol{x},\boldsymbol{y})$ 下，把形如 π 的土堆搬运到形如 ν 的土堆所需的“工作量”（距离乘以数量）：

$$E_{(\boldsymbol{X},\boldsymbol{Y})\sim\gamma(\boldsymbol{x},\boldsymbol{y})}\left[d(\boldsymbol{X},\boldsymbol{Y})^p\right]=\int\underbrace{d(\boldsymbol{x},\boldsymbol{y})^p}_{\text{距离}}\cdot\underbrace{\gamma(\boldsymbol{x},\boldsymbol{y})}_{\text{数量}}\mathrm{d}\boldsymbol{x}\mathrm{d}\boldsymbol{y} \tag{4-5}$$

因此，根据式（4-2），Wasserstein 距离可以看作完成该搬运任务的最小工作量。式（4-2）～式（4-5）是基于 $\boldsymbol{X}$ 和 $\boldsymbol{Y}$ 是连续变量的假设而建立的。对于离散情形，只需将积分运算替换为求和运算。

假设 π 和 ν 分别为 $\mathbb{R}^D$ 中的两个高斯分布，即 $\pi=\mathcal{N}(\boldsymbol{\mu}_1,\boldsymbol{\Sigma}_1)$ 和 $\nu=\mathcal{N}(\boldsymbol{\mu}_2,\boldsymbol{\Sigma}_2)$，则 π 和 ν 之间的 2 阶 Wasserstein 距离为

$$W_2(\pi,\nu)=\|\boldsymbol{\mu}_2-\boldsymbol{\mu}_1\|_2^2+\mathrm{Tr}(\boldsymbol{\Sigma}_1+\boldsymbol{\Sigma}_2-2(\boldsymbol{\Sigma}_2^{\frac{1}{2}}\boldsymbol{\Sigma}_1\boldsymbol{\Sigma}_2^{\frac{1}{2}})^{\frac{1}{2}}) \tag{4-6}$$

式中，$\boldsymbol{\Sigma}_2^{\frac{1}{2}}$ 为协方差矩阵 $\boldsymbol{\Sigma}_2$ 的主平方根（Principal Square Root）。

相较于 KL 散度和 JS 散度，Wasserstein 距离的优势在于它即使在两个分布没有重叠或重

叠非常少的情况下，仍然能够有效地度量两个分布之间的距离。这是因为 Wasserstein 距离考虑了分布之间的几何距离和质量的分布，而不仅仅是分布函数在某个点的值。

Wasserstein 距离在许多领域都有重要的应用。在图像处理领域，它可以衡量两张图像之间的相似度；在自然语言处理领域，它可以衡量两个文本分布之间的差异；在经济学领域，它可以分析不同市场或消费者群体之间的消费模式差异。此外，在 GAN 中，Wasserstein 距离被用作损失函数，以帮助模型更好地学习数据分布。

4.1.3　Lipschitz 连续函数

Lipschitz 连续函数是数学中的一个重要概念，用于描述函数在定义域内任意两点之间的变化率都有一个全局的上限。具体来说，如果一个函数满足 Lipschitz 条件，那么它的函数图像在任何地方都不会陡峭到无限的程度，从而为函数的行为提供了强有力的局部约束。下面给出欧式空间下 Lipschitz 连续函数的定义。

【定义 4-2】（Lipschitz 连续性）对于实函数 $f:\mathbb{R}^m \to \mathbb{R}^n$，如果存在一个实数 $K \geqslant 0$，对于任意 $\boldsymbol{x}_1,\boldsymbol{x}_2 \in \mathbb{R}^m$，都有

$$\|f(\boldsymbol{x}_1)-f(\boldsymbol{x}_2)\|_2 \leqslant K \cdot \|\boldsymbol{x}_1-\boldsymbol{x}_2\|_2 \tag{4-7}$$

则称 f 为 **Lipschitz 连续函数**，其中 $\|\cdot\|_2$ 被称为欧氏范数（Euclidean Norm）或 L2 范数。

【定义 4-3】（Lipschitz 常数）函数 $f:\mathbb{R}^m \to \mathbb{R}^n$ 的 Lipschitz 常数记作 $\|f\|_{\mathrm{L}}$ 或 $\mathrm{Lip}(f)$，其满足如下定义：

$$\|f\|_{\mathrm{L}} \triangleq \sup_{\boldsymbol{x}_1 \neq \boldsymbol{x}_2} \frac{\|f(\boldsymbol{x}_1)-f(\boldsymbol{x}_2)\|_2}{\|\boldsymbol{x}_1-\boldsymbol{x}_2\|_2} \tag{4-8}$$

式中，$\sup S$（全称 Supremum）表示集合 S 的最小上界，又称上确界。

在此，我们将进一步阐述几个与 Lipschitz 常数相关的重要性质。

（1）收缩映射：如果 $\|f\|_{\mathrm{L}} < 1$，则 f 是一个收缩映射，即对于任意的 $\boldsymbol{x}$ 和 $\boldsymbol{y}$，都有

$$\|f(\boldsymbol{x})-f(\boldsymbol{y})\|_2 \leqslant \|\boldsymbol{x}-\boldsymbol{y}\|_2 \tag{4-9}$$

（2）Lipschitz 连续性：如果 $\|f\|_{\mathrm{L}} = K < \infty$，则 f 在整个定义域上连续。此时我们称 f 为 K-Lipschitz 连续函数。

（3）梯度控制：对于任何的可微函数 f，都有 $\sup\limits_{\boldsymbol{x}} \|\nabla f(\boldsymbol{x})\| \leqslant \|f\|_{\mathrm{L}}$。

（4）链式法则：$\|f \circ g\|_{\mathrm{L}} \leqslant \|f\|_{\mathrm{L}} \cdot \|g\|_{\mathrm{L}}$。

4.1.4　MMD

在机器学习与统计学领域，经常需要对比两个概率分布之间的差异。然而，诸如 KL 散度和 JS 散度等传统统计方法，常受限于它们对分布的具体形态或参数（如概率密度函数）的依赖，因而在应用上具有较大的局限性。相比之下，**最大均值差异**（Maximum Mean Discrepancy，MMD）提供了一种衡量两个概率分布 p 和 q 之间差异的度量手段，其作为一种非参数方法，不依赖特定的分布形式，因此展现出更高的灵活性和广泛的应用适用性。此外，

MMD 利用核技巧将数据映射至高维空间，有效捕捉数据之间的复杂关系，进而提升度量的准确性。

MMD 的核心思想在于，它利用再生核希尔伯特空间（Reproducing Kernel Hilbert Space，RKHS）中的均值嵌入技术来计算两个分布之间的差异，差异越大，这两个分布越不相似。通俗来说，MMD 的计算过程是基于两个分布的样本进行的。它通过在再生核希尔伯特空间上寻找一个连续函数 f，并计算来自不同分布的样本在 f 上的函数值的均值，将这两个均值作差，从而得到两个分布对应 f 的均值差异（Mean Discrepancy）。最后，寻找一个特定的 f，使这个均值差异达到最大，此时的差异值就是 MMD。

MMD 的具体公式可以表示为

$$\mathrm{MMD}\left(p,q;\mathcal{H}\right)=\sup_{\|f\|_{\mathcal{H}}\leqslant 1}\left(E_{\boldsymbol{X}\sim p}[f(\boldsymbol{X})]-E_{\boldsymbol{Y}\sim q}[f(\boldsymbol{Y})]\right) \tag{4-10}$$

式中，$\mathcal{H}$ 为再生核希尔伯特空间；f 为 $\mathcal{H}$ 中的函数，且满足 $\|f\|_{\mathcal{H}}\leqslant 1$（函数的再生核希尔伯特空间范数被约束在 1 以内）。式（4-10）表示的是在所有满足条件的函数 f 中，两个分布 p 和 q 在函数 f 下的均值差异达到最大。在实际应用中，MMD 通常通过核方法（Kernel Method）来计算。给定一个核函数 $k(\boldsymbol{x},\boldsymbol{y})$，MMD 的平方可以表示为

$$\mathrm{MMD}_k^2(p,q)=E_{\boldsymbol{X},\boldsymbol{X}'\sim p}[k(\boldsymbol{X},\boldsymbol{X}')]+E_{\boldsymbol{Y},\boldsymbol{Y}'\sim q}[k(\boldsymbol{Y},\boldsymbol{Y}')]-2E_{\boldsymbol{X}\sim p,\boldsymbol{Y}\sim q}[k(\boldsymbol{X},\boldsymbol{Y})] \tag{4-11}$$

式中，$k(\boldsymbol{x},\boldsymbol{y})$ 的一个常见选择是高斯核函数（Gaussian Kernel），即

$$k(\boldsymbol{x},\boldsymbol{y})=\exp\left(-\frac{1}{2\sigma}\cdot\|\boldsymbol{x}-\boldsymbol{y}\|_2^2\right) \tag{4-12}$$

式中，$\sigma>0$ 为频带宽度（Bandwidth）。

假设我们分别从分布 p 中采样 N 个样本 $\{\boldsymbol{x}_1,\boldsymbol{x}_2,\cdots,\boldsymbol{x}_N\}$，从分布 q 中采样 M 个样本 $\{\boldsymbol{y}_1,\boldsymbol{y}_2,\cdots,\boldsymbol{y}_M\}$，则 $\mathrm{MMD}_k^2(p,q)$ 的其中一种样本估计为

$$\widehat{\mathrm{MMD}}_k^2(p,q)=\frac{1}{C_n^2}\sum_{i\neq j}k(\boldsymbol{x}_i,\boldsymbol{x}_j)+\frac{1}{C_n^2}\sum_{i\neq j}k(\boldsymbol{y}_i,\boldsymbol{y}_j)-\frac{2}{C_n^2}\sum_{i\neq j}k(\boldsymbol{x}_i,\boldsymbol{y}_j) \tag{4-13}$$

式中，C_n^2 为组合数。

MMD 机器学习与统计学领域具有广泛的应用。在迁移学习中，MMD 常被用于定义损失函数，用于度量源域和目标域数据分布之间的差异，进而助力模型在目标域上实现更优的性能。在 GAN 中，MMD 同样可用于定义损失函数。此外，MMD 还适用于统计检验，如检验两个样本是否来自同一分布。MMD 也可用于评估不同聚类之间的差异，或者衡量无监督学习方法生成的分布与真实分布之间的差异。

4.1.5 拒绝采样

拒绝采样（Rejection Sampling）是一种常用的蒙特卡罗方法，用于从复杂概率分布中生成样本。拒绝采样的基本思想是从一个简单的提议分布（Proposal Distribution）中采样，通过拒绝一些样本以确保最终样本符合目标分布。

假设我们的目标分布是 $p(\boldsymbol{x})$，拒绝采样的主要步骤如下。

（1）选择提议分布。

选择一个简单且易于采样的提议分布 $q(\boldsymbol{x})$，要求 $q(\boldsymbol{x})$ 的支持集（Support Set）能够覆盖目标分布 $p(\boldsymbol{x})$ 的支持集。

（2）确定常数 M。

选择一个常数 M，使对所有在目标分布支持集内的 $\boldsymbol{x}$，都有 $p(\boldsymbol{x}) \leqslant Mq(\boldsymbol{x})$。常数 M 用于控制拒绝的概率。

（3）生成样本。

首先，从提议分布 $q(\boldsymbol{x})$ 中生成样本 $\boldsymbol{x}^*$。然后，从均匀分布 $U(0,1)$ 中生成一个随机数 u。如果 $u \leqslant \frac{p(\boldsymbol{x}^*)}{Mq(\boldsymbol{x}^*)}$，则接受 $\boldsymbol{x}^*$ 作为来自目标分布的样本；否则拒绝 $\boldsymbol{x}^*$ 并重复以上操作。

可以证明，通过以上步骤采样出的样本服从目标分布。

4.2 原始 GAN

4.2.1 生成器与判别器

第一个 GAN 由 Goodfellow 等人于 2014 年提出，在本文中被称作原始 GAN（Vanilla GAN）。原始 GAN 由两部分组成：**生成器**（Generator）和**判别器**（Discriminator）。这两部分都通过神经网络进行建模，并分别记为 $G(\boldsymbol{z};\boldsymbol{\varphi})$ 和 $D(\boldsymbol{x};\boldsymbol{\theta})$，其中 $\boldsymbol{\varphi}$ 和 $\boldsymbol{\theta}$ 代表各自网络的参数。

生成器 $G(\boldsymbol{z};\boldsymbol{\varphi})$ 的输入是噪声向量 $\boldsymbol{z} \in \mathcal{Z}$（$\mathcal{Z}$ 为噪声空间），输出是一张生成图像 $\boldsymbol{x}^{\mathrm{g}}$，即

$$\boldsymbol{x}^{\mathrm{g}} = G(\boldsymbol{z};\boldsymbol{\varphi}) \tag{4-14}$$

噪声向量 $\boldsymbol{z}$ 的维度远小于图像的维度（如 100 或 128）。$\boldsymbol{z}$ 可以看作随机向量 $\boldsymbol{Z} \sim q(\boldsymbol{z})$ 的观测值，$q(\boldsymbol{z})$ 为噪声的先验分布，一般是标准高斯分布 $\mathcal{N}(\boldsymbol{0},\boldsymbol{I})$。生成器的目的是生成以假乱真的图像。

判别器 $D(\boldsymbol{x};\boldsymbol{\theta})$ 的输入是一张图像 $\boldsymbol{x}$，这张图像既有可能是一张真实图像 $\boldsymbol{x}^{\mathrm{r}}$，又有可能是一张虚假图像 $\boldsymbol{x}^{\mathrm{g}}$。判别器的输出是输入图像 $\boldsymbol{x}$ 为真实图像的概率，即

$$\Pr(l=1 \mid \boldsymbol{X}=\boldsymbol{x}) = D(\boldsymbol{x};\boldsymbol{\theta}) \tag{4-15}$$

在式（4-15）中，我们用标签 $l=1$ 表示 $\boldsymbol{x}$ 为真实图像，用 $l=0$ 表示 $\boldsymbol{x}$ 为虚假图像。那么 $\boldsymbol{x}$ 为虚假图像的概率为

$$\Pr(l=0 \mid \boldsymbol{X}=\boldsymbol{x}) = 1 - D(\boldsymbol{x};\boldsymbol{\theta}) \tag{4-16}$$

$\boldsymbol{x}$ 既有可能是一张真实图像 $\boldsymbol{x}^{\mathrm{r}}$，又有可能是一张虚假图像 $\boldsymbol{x}^{\mathrm{g}}$。因此，判别器可以看作一个针对二分类任务的分类器（Binary Classifier），即判断图像 $\boldsymbol{x}$ 是来自真实分布 $p_{\mathrm{r}}(\boldsymbol{x})$ 还是来自模型分布 $p_{\mathrm{g}}(\boldsymbol{x})$。判别器的目的是正确区分真实图像 $\boldsymbol{x}^{\mathrm{r}}$ 和虚假图像 $\boldsymbol{x}^{\mathrm{g}}$。

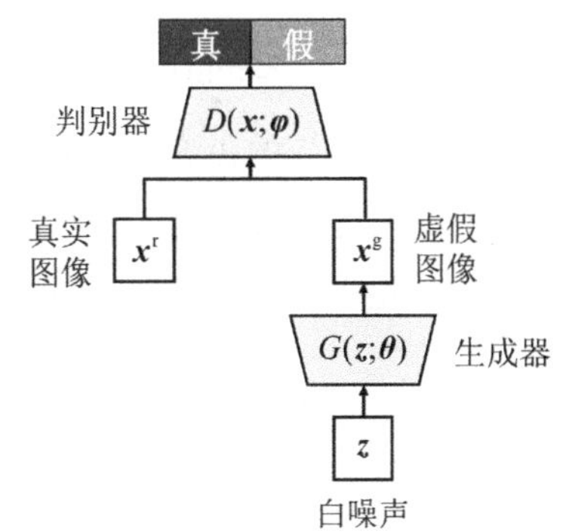

图 4-1　GAN 的整体结构

GAN 的整体架构如图 4-1 所示。

生成器和判别器均由神经网络进行建模。表 4-1 展现了由 Goodfellow 于 2014 年提出的原始 GAN 的网络结构。图

像的高度、宽度和通道数分别用 H 、W 和 C 表示。第二行和最后一行分别是两个神经网络的输入和输出。三个全连接层（Fully Connected Layer）分别用 **fc1**～**fc3** 表示。每个右箭头左右两侧的两个数字分别表示每个全连接层的输入维度和输出维度。原始 GAN 使用了 3 种激活函数，即 ReLU、Sigmoid 和 Maxout。将每个 Maxout 激活函数中的线性分段数设置为 5。另外，重组（Reshape）操作可以将一个向量重组为数组，或者将一个数组展平为长向量。表 4-1 所展示的网络结构相对简单，即便是用于生成较低分辨率的图像也会面临诸多困难。因此，对 GAN 的网络结构进行改进一直是该领域的研究前沿。

表 4-1 原始 GAN 的网络结构

生 成 器	判 别 器
输入：高斯白噪声 $z\in\mathbb{R}^{100}$	输入：图像 $\boldsymbol{x}\in\mathbb{R}^{H\times W\times C}$
fc1：$100\to8000$；ReLU	重组：$H\times W\times C$ 数组 $\to(H\times W\times C)$ 向量
fc2：$8000\to8000$；Sigmoid	**fc1**：$(H\times W\times C)\to1600$；Maxout
fc3：$8000\to(H\times W\times C)$	**fc2**：$1600\to1600$；Maxout
重组：$(H\times W\times C)$ 向量 $\to H\times W\times C$ 数组	**fc3**：$1600\to1$；Sigmoid
输出：虚假图像 $\boldsymbol{x}^{g}\in\mathbb{R}^{H\times W\times C}$	输出：$\boldsymbol{x}$ 是真实图像的概率

4.2.2 损失函数与训练算法

正如上文所述，判别器的目标是正确区分 $\boldsymbol{x}$ 是来自真实分布 $p_{\mathrm{r}}(\boldsymbol{x})$ 的真实图像 $\boldsymbol{x}^{\mathrm{r}}$，还是来自模型分布 $p_{\mathrm{g}}(\boldsymbol{x})$ 的虚假图像 $\boldsymbol{x}^{\mathrm{g}}$。给定一个样本 $(\boldsymbol{x},l)$，$l=\{0,1\}$ 分别表示 $\boldsymbol{x}$ 是来自 $p_{\mathrm{r}}(\boldsymbol{x})$ 还是来自 $p_{\mathrm{g}}(\boldsymbol{x})$，判别器的目标函数为最小化交叉熵，即

$$\min_{\boldsymbol{\varphi}}\left(-E_{\boldsymbol{X}\sim\tilde{p}(\boldsymbol{x})}[l\ln\Pr(l=1\mid\boldsymbol{X})+(1-l)\ln\Pr(l=0\mid\boldsymbol{X})]\right) \tag{4-17}$$

式中，$\tilde{p}(\boldsymbol{x})$ 为真实图像和虚假图像的混合分布（Mixture Distribution）。若 $\tilde{p}(\boldsymbol{x})$ 为 $p_{\mathrm{r}}(\boldsymbol{x})$ 和 $p_{\mathrm{g}}(\boldsymbol{x})$ 等比例混合而成，即

$$\tilde{p}(\boldsymbol{x})=\frac{1}{2}p_{\mathrm{r}}(\boldsymbol{x})+\frac{1}{2}p_{\mathrm{g}}(\boldsymbol{x}) \tag{4-18}$$

则式（4-17）中的优化问题可等价于

$$\begin{aligned}&\min_{\boldsymbol{\varphi}}\left(-E_{\boldsymbol{X}^{\mathrm{r}}\sim p_{\mathrm{r}}(\boldsymbol{x})}\left[\ln D(\boldsymbol{X}^{\mathrm{r}};\boldsymbol{\varphi})\right]-E_{\boldsymbol{X}^{\mathrm{g}}\sim p_{\mathrm{g}}(\boldsymbol{x})}\left[\ln\left(1-D(\boldsymbol{X}^{\mathrm{g}};\boldsymbol{\varphi})\right)\right]\right)\\&=\min_{\boldsymbol{\varphi}}\left(-E_{\boldsymbol{X}^{\mathrm{r}}\sim p_{\mathrm{r}}(\boldsymbol{x})}\left[\ln D(\boldsymbol{X}^{\mathrm{r}};\boldsymbol{\varphi})\right]-E_{\boldsymbol{Z}\sim q(z)}\left[\ln\left(1-D(G(\boldsymbol{Z};\boldsymbol{\theta});\boldsymbol{\varphi})\right)\right]\right)\end{aligned} \tag{4-19}$$

式中，$\boldsymbol{\varphi}$ 和 $\boldsymbol{\theta}$ 分别代表判别器和生成器的网络参数。此处，我们将生成器代入式（4-19）中。

与判别器的目标相反，生成器的目标是生成足以让判别器无法区分的虚假图像 $\boldsymbol{x}^{\mathrm{g}}$，即让判别器“错误地”为这张虚假图像赋予一个较高的概率。生成器的损失函数被定义为

$$\begin{aligned}&\max_{\boldsymbol{\theta}}\left(E_{\boldsymbol{Z}\sim q(z)}[\ln D(G(\boldsymbol{Z};\boldsymbol{\theta});\boldsymbol{\varphi})]\right)\\&=\min_{\boldsymbol{\theta}}\left(-E_{\boldsymbol{Z}\sim q(z)}[\ln D(G(\boldsymbol{Z};\boldsymbol{\theta});\boldsymbol{\varphi})]\right)\end{aligned} \tag{4-20}$$

式（4-20）中的优化问题还具有如下等价形式：

$$\begin{aligned}&\arg\min_{\boldsymbol{\theta}}\left(-E_{\boldsymbol{Z}\sim q(\boldsymbol{z})}\left[\ln D(G(\boldsymbol{Z};\boldsymbol{\theta});\boldsymbol{\varphi})\right]\right)\\&=\arg\min_{\boldsymbol{\theta}}\left(E_{\boldsymbol{Z}\sim q(\boldsymbol{z})}\left[\ln(1-D(G(\boldsymbol{Z};\boldsymbol{\theta});\boldsymbol{\varphi}))\right]\right)\end{aligned} \tag{4-21}$$

虽然式（4-21）中的两种目标函数在优化中是等价的，但我们在实际训练过程中，通常倾向于使用前者，这是因为前者具有更优越的梯度性质。对于定义在单位区间[0,1]上的对数函数 $\ln(x)$，当 x 接近 0 时，函数的梯度较大，而当 x 接近 1 时，函数的梯度较小。因此，当判别器输出的概率接近 0 时，判别器以较大的概率认为 $G(\boldsymbol{Z};\boldsymbol{\theta})$ 为虚假图像。这时，损失函数关于 $\boldsymbol{\theta}$ 的梯度较小，不利于生成器的优化。

根据以上分析，GAN 的损失函数被定义为如下形式：

$$\begin{aligned}&\mathcal{L}_{\mathrm{D}}(\boldsymbol{\varphi})=-E_{\boldsymbol{X}^{\mathrm{r}}\sim p_{\mathrm{r}}(\boldsymbol{x})}\left[\ln D(\boldsymbol{X}^{\mathrm{r}};\boldsymbol{\varphi})\right]-E_{\boldsymbol{Z}\sim q(\boldsymbol{z})}\left[\ln\left(1-D(G(\boldsymbol{Z};\boldsymbol{\theta});\boldsymbol{\varphi})\right)\right]\\&\mathcal{L}_{\mathrm{G}}(\boldsymbol{\theta})=-E_{\boldsymbol{Z}\sim q(\boldsymbol{z})}\left[\ln D(G(\boldsymbol{Z};\boldsymbol{\theta});\boldsymbol{\varphi})\right]\end{aligned} \tag{4-22}$$

式中，$\mathcal{L}_{\mathrm{D}}(\boldsymbol{\varphi})$ 和 $\mathcal{L}_{\mathrm{G}}(\boldsymbol{\theta})$ 分别为判别器和生成器的损失函数。

从博弈论的角度来看，式（4-22）还可以被看作一个“最小化最大化游戏”（Min-Max Game）：

$$\min_{\boldsymbol{\theta}}\max_{\boldsymbol{\varphi}}\left(E_{\boldsymbol{X}^{\mathrm{r}}\sim p_{\mathrm{r}}(\boldsymbol{x})}\left[\ln D(\boldsymbol{X}^{\mathrm{r}};\boldsymbol{\varphi})\right]+E_{\boldsymbol{Z}\sim q(\boldsymbol{z})}\left[\ln\left(1-D(G(\boldsymbol{Z};\boldsymbol{\theta});\boldsymbol{\varphi})\right)\right]\right) \tag{4-23}$$

但是，式（4-23）主要用于理论分析，并不适用于实际训练过程。

GAN 的训练过程可由算法 4-1 概括。

算法 4-1：GAN 的训练算法

输入： 数据集 $\mathcal{D}$、循环次数 T、每个循环判别器的更新次数 K，批大小 B；

输出： 完成训练的生成器 $G(\boldsymbol{z};\boldsymbol{\theta})$ 和判别器 $D(\boldsymbol{x};\boldsymbol{\varphi})$；

初始化生成器和判别器的参数 $\boldsymbol{\theta}$ 和 $\boldsymbol{\varphi}$；

for $t=1$ to T do

　// 训练判别器

　for $j=1$ to K **do**

　　从 $\mathcal{D}$ 中随机抽取一批真实图像 $\mathcal{B}=\left\{\boldsymbol{x}_{(1)}^{\mathrm{r}},\boldsymbol{x}_{(2)}^{\mathrm{r}},\cdots,\boldsymbol{x}_{(B)}^{\mathrm{r}}\right\}$；

　　从 $\mathcal{N}(\boldsymbol{0},\boldsymbol{I})$ 中采样一批白噪声 $\mathcal{Z}=\left\{\boldsymbol{z}_{(1)},\boldsymbol{z}_{(2)},\cdots,\boldsymbol{z}_{(B)}\right\}$；

　　for $i=1$ to B **do**

　　　$\boldsymbol{x}_{(i)}^{\mathrm{g}}\leftarrow G(\boldsymbol{z}_{(i)};\boldsymbol{\theta})$；

　　end for

　　固定 $\boldsymbol{\theta}$，基于以下梯度更新判别器的参数 $\boldsymbol{\varphi}$：

$$-\nabla_{\boldsymbol{\varphi}}\frac{1}{B}\sum_{i=1}^{B}\left[\ln D(\boldsymbol{x}_{(i)}^{\mathrm{r}};\boldsymbol{\varphi})+\ln\left(1-D(\boldsymbol{x}_{(i)}^{\mathrm{g}};\boldsymbol{\varphi})\right)\right]; \tag{4-24}$$

　end for

　// 训练生成器

　从 $\mathcal{N}(\boldsymbol{0},\boldsymbol{I})$ 中采样一批白噪声 $\mathcal{Z}=\left\{\boldsymbol{z}_{(1)},\boldsymbol{z}_{(2)},\cdots,\boldsymbol{z}_{(B)}\right\}$；

　固定 $\boldsymbol{\varphi}$，基于以下梯度更新生成器的参数 $\boldsymbol{\theta}$：

$$-\nabla_{\theta}\frac{1}{B}\sum_{i=1}^{B}\left[\ln D(G(z_{(i)};\theta);\varphi)\right];\tag{4-25}$$

end for

4.2.3 如何理解生成器的本质

根据上文所述，生成器 $G(z;\varphi)$ 的输入是噪声向量 z，输出是一张生成图像 x^{g}。那么，我们该如何理解生成器的本质呢？如图 4-2 所示，生成器实际上构建了一个从噪声空间 $\mathcal{Z}$ 到像素空间 $\mathcal{X}$ 的映射。在这个映射中，像素空间是一个高维空间，而噪声空间则是一个低维空间。假设像素空间是稀疏的，这意味着在像素空间中，真实图像 x_i^* 所占的比例非常小，而大部分样本点都是噪声或失真的图像 x_i。在训练开始之前，由于生成器的参数是随机的，因此它所定义的映射关系也是随机的。由于真实图像在像素空间中所占的比例很小，所以给定一个噪声向量 z，生成器有很大的可能会将这个噪声向量映射到一张噪声图像 x_i 上。然而，在理想情况下，经过训练的生成器应该将任意给定的噪声向量 z 都映射到一张真实图像 x_i^* 上。需要特别注意的是，这个映射实际上是一个“多对一”的映射，即允许将多个不同的噪声向量映射到同一张真实图像上。

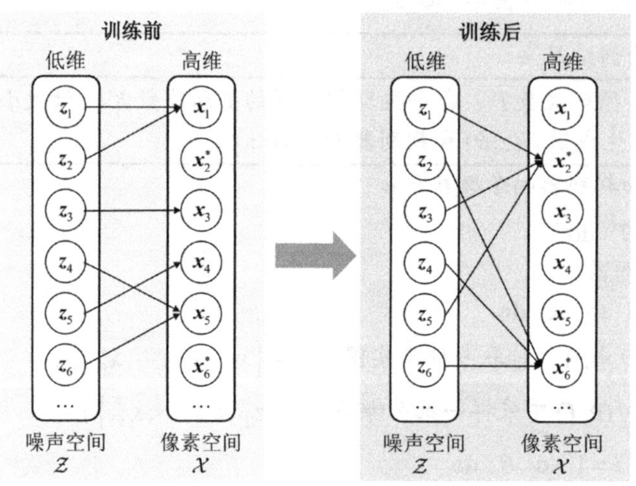

图 4-2　生成器在训练前和训练后所定义的映射

4.2.4 理论最优判别器

【定理 4-1】：当固定生成器时，能够使式（4-22）中 $\mathcal{L}_{\mathrm{D}}(\varphi)$ 取得最小值的判别器称为最优判别器（Optimal Discriminator），记作 D^*，其具有如下形式：

$$D^*(x)=\frac{p_{\mathrm{r}}(x)}{p_{\mathrm{r}}(x)+p_{\mathrm{g}}(x)}\tag{4-26}$$

证明：根据上文，$\mathcal{L}_{\mathrm{D}}(\varphi)$ 可以写为

$$\begin{aligned}\mathcal{L}_{\mathrm{D}}(\boldsymbol{\varphi}) &= -E_{\boldsymbol{X}^{\mathrm{r}}\sim p_{\mathrm{r}}(\boldsymbol{x})}\left[\ln D(\boldsymbol{X}^{\mathrm{r}};\boldsymbol{\varphi})\right] - E_{\boldsymbol{X}^{\mathrm{g}}\sim p_{\mathrm{g}}(\boldsymbol{x})}\left[\ln\left(1-D(\boldsymbol{X}^{\mathrm{g}};\boldsymbol{\varphi})\right)\right] \\ &= -\int p_{\mathrm{r}}(\boldsymbol{x})\ln D(\boldsymbol{x};\boldsymbol{\varphi})\,\mathrm{d}\boldsymbol{x} - \int p_{\mathrm{g}}(\boldsymbol{x})\ln\left(1-D(\boldsymbol{x};\boldsymbol{\varphi})\right)\mathrm{d}\boldsymbol{x} \\ &= -\int\left[p_{\mathrm{r}}(\boldsymbol{x})\ln D(\boldsymbol{x};\boldsymbol{\varphi}) + p_{\mathrm{g}}(\boldsymbol{x})\ln\left(1-D(\boldsymbol{x};\boldsymbol{\varphi})\right)\right]\mathrm{d}\boldsymbol{x}\end{aligned} \tag{4-27}$$

已知，对于任意 $(a,b)\in\mathbb{R}^2\backslash\{0,0\}$，定义在 $[0,1]$ 上的函数 $g(y)=a\ln(y)+b\ln(1-y)$ 在 $y=\dfrac{a}{a+b}$ 处达到其极大值。因此，当

$$D(\boldsymbol{x};\boldsymbol{\varphi}) = \frac{p_{\mathrm{r}}(\boldsymbol{x})}{p_{\mathrm{r}}(\boldsymbol{x})+p_{\mathrm{g}}(\boldsymbol{x})} \tag{4-28}$$

时，$\mathcal{L}_{\mathrm{D}}(\boldsymbol{\varphi})$ 达到极小值。定理得证。

4.2.5 为什么 GAN 是生成模型

在第 2 章中，我们定义的生成模型需要能够估计数据概率分布。然而，审视 GAN 的损失函数［式（4-22）］，我们并未能直观地看出它如何实现对数据概率分布的估计。那么，为何我们依然将 GAN 归类为生成模型呢？为了解答这个问题，我们需要结合最优判别器，对生成器的损失函数进行更加深入的分析。

将式（4-26）代入 $\mathcal{L}_{\mathrm{G}}(\boldsymbol{\theta})$，可得

$$\begin{aligned}&\arg\min_{\boldsymbol{\theta}}\left(-E_{\boldsymbol{Z}\sim q(\boldsymbol{z})}\left[\ln D^*(G(\boldsymbol{Z};\boldsymbol{\theta}))\right]\right) \\ =&\arg\min_{\boldsymbol{\theta}}\left(E_{\boldsymbol{Z}\sim q(\boldsymbol{z})}\left[\ln(1-D^*(G(\boldsymbol{Z};\boldsymbol{\theta})))\right]\right) \\ =&\arg\min_{\boldsymbol{\theta}}\left(E_{\boldsymbol{X}^{\mathrm{g}}\sim p_{\mathrm{g}}(\boldsymbol{x})}\left[\ln(1-D^*(\boldsymbol{X}^{\mathrm{g}}))\right] + E_{\boldsymbol{X}^{\mathrm{r}}\sim p_{\mathrm{r}}(\boldsymbol{x})}\left[\ln D^*(\boldsymbol{X}^{\mathrm{r}})\right]\right) \\ =&\arg\min_{\boldsymbol{\theta}}\left(E_{\boldsymbol{X}^{\mathrm{g}}\sim p_{\mathrm{g}}(\boldsymbol{x})}\left[\ln\frac{p_{\mathrm{g}}(\boldsymbol{X}^{\mathrm{g}})}{\frac{1}{2}\left(p_{\mathrm{r}}(\boldsymbol{X}^{\mathrm{g}})+p_{\mathrm{g}}(\boldsymbol{X}^{\mathrm{g}})\right)}\right]\right. \\ &\left.+E_{\boldsymbol{X}^{\mathrm{r}}\sim p_{\mathrm{r}}(\boldsymbol{x})}\left[\ln\frac{p_{\mathrm{r}}(\boldsymbol{X}^{\mathrm{r}})}{\frac{1}{2}\left(p_{\mathrm{r}}(\boldsymbol{X}^{\mathrm{r}})+p_{\mathrm{g}}(\boldsymbol{X}^{\mathrm{r}})\right)}\right]-2\ln 2\right) \\ =&\arg\min_{\boldsymbol{\theta}}\left(\mathrm{KL}(p_{\mathrm{g}}(\boldsymbol{x})\,\|\,\tilde{p}(\boldsymbol{x}) + \mathrm{KL}(p_{\mathrm{r}}(\boldsymbol{x})\,\|\,\tilde{p}(\boldsymbol{x}) - 2\ln 2\right) \\ =&\arg\min_{\boldsymbol{\theta}}\left(2\mathrm{JS}(p_{\mathrm{r}}(\boldsymbol{x})\,\|\,p_{\mathrm{g}}(\boldsymbol{x})) - 2\ln 2\right)\end{aligned} \tag{4-29}$$

式中，$\tilde{p}(\boldsymbol{x})=\frac{1}{2}\left(p_{\mathrm{r}}(\boldsymbol{x})+p_{\mathrm{g}}(\boldsymbol{x})\right)$ 为一个“平均分布”；$\mathrm{JS}(p_{\mathrm{r}}(\boldsymbol{x})\,\|\,p_{\mathrm{g}}(\boldsymbol{x}))$ 为 JS 散度；$E_{\boldsymbol{X}^{\mathrm{r}}\sim p_{\mathrm{r}}(\boldsymbol{x})}\left[\ln D^*(\boldsymbol{X}^{\mathrm{r}})\right]$ 为一个与 $\boldsymbol{\theta}$ 无关的常量。由式（4-29）可知，固定判别器为最优判别器，最小化生成器的损失函数 $\mathcal{L}_{\mathrm{G}}(\boldsymbol{\theta})$ 等价于最小化真实分布 $p_{\mathrm{r}}(\boldsymbol{x})$ 和模型分布 $p_{\mathrm{g}}(\boldsymbol{x})$ 之间的 JS 散度。这意味着，GAN 实际上在间接地估计数据概率分布。另外，Goodfellow 等人在其论文中

证明了，若按照式（4-29）优化生成器，则模型分布 $p_{\mathrm{g}}(\boldsymbol{x})$ 最终会收敛至真实分布 $p_{\mathrm{r}}(\boldsymbol{x})$。

因此，GAN 也被称为**隐式生成模型**（Implicit Generative Model，IGM）。

4.2.6 梯度消失问题

GAN 的梯度消失问题是指在 GAN 的训练过程中，梯度在反向传播到生成器时逐渐变得非常小，甚至接近零，导致生成器的参数更新非常缓慢或几乎不更新，进而使生成器无法有效地学习到如何生成高质量的样本。这个问题严重限制了 GAN 的训练效果和稳定性。

梯度消失问题在 GAN 中主要表现为以下几个方面。

（1）JS 散度的不适用性。

在 GAN 的原始设计中，生成器的目标是最小化真实数据分布与生成数据分布之间的 JS 散度。然而，当两个分布之间没有重叠或重叠部分可以忽略不计时，JS 散度会变成一个常数（$\ln 2$），此时梯度为 0，导致生成器无法从判别器中获得有效的梯度信息来更新自身参数。具体来说，在最优判别器下，生成器的损失函数可以等价于最小化真实分布 $p_{\mathrm{r}}(\boldsymbol{x})$ 与模型分布 $p_{\mathrm{g}}(\boldsymbol{x})$ 之间的 JS 散度，即

$$\mathcal{L}(G \mid D^{*}) = 2\mathrm{JS}(p_{\mathrm{r}}(\boldsymbol{x}) \parallel p_{\mathrm{g}}(\boldsymbol{x})) - 2\ln 2 \tag{4-30}$$

可证明，若真实分布 $p_{\mathrm{r}}(\boldsymbol{x})$ 和模型分布 $p_{\mathrm{g}}(\boldsymbol{x})$ 之间完全没有重叠，则式（4-30）中的 $\mathrm{JS}(p_{\mathrm{r}}(\boldsymbol{x}) \parallel p_{\mathrm{g}}(\boldsymbol{x})) = \ln 2$。那么，生成器的损失函数 $\mathcal{L}(G \mid D^{*})$ 将恒等于 0，其梯度 $\dfrac{\partial \mathcal{L}(G \mid D^{*})}{\partial \boldsymbol{\theta}}$ 也为 0，生成器将无法更新。

因此，在实际的训练过程中，通常不会一次性地将判别器训练至最优状态。这种做法的原因在于，如果判别器过于强大，它可能会过于轻易地分辨出真实数据与生成数据之间的差异，从而导致生成器的梯度消失，进而阻碍生成器性能的进一步提升。为了避免这种情况，在训练过程中通常采取一种更为温和的策略，即每次只对判别器进行一步或多步优化，这样做的目的是在尽量保证生成器梯度存在的前提下，逐步提升判别器的性能。然而，判别器的性能也不能过于低下。如果判别器太弱，它将无法为生成器提供足够有用的反馈，导致生成器的性能无法得到有效提升，从而出现性能停滞的现象。因此，在训练 GAN 时，需要在梯度消失和性能停滞之间找到一个微妙的平衡点，这是一项极具挑战性的任务。实际上，如何在确保判别器提供足够反馈的同时，不过度压制生成器的梯度，是 GAN 训练中的一个核心难题。这个难题直接导致了 GAN 在训练过程中的稳定性较差，需要研究人员和工程师投入大量的时间和精力去探索和解决。

（2）激活函数的选择。

在深度神经网络中，激活函数的选择对梯度传播有重要影响。某些激活函数（如 Sigmoid 和 Tanh）在输入值较大或较小时，其导数接近 0，这会导致在深层网络中梯度逐渐消失。虽然 GAN 本身不直接在生成器或判别器的每层都使用这些激活函数，但类似的问题也可能由于网络结构的选择或优化算法的不当使用而间接出现。

（3）网络结构和优化算法

GAN 的网络结构和优化算法也可能导致梯度消失。如果网络层数过多，或者优化算法（如梯度下降法）的步长设置不当，都可能导致梯度在反向传播过程中逐渐减小到零。

为了缓解 GAN 的梯度消失问题，研究人员提出了多种策略。其中，采用 Wasserstein 距离替代 JS 散度是一种有效方法，这一创新思路促成了 Wasserstein GAN（WGAN）的诞生。我们将在下文对 WGAN 进行详细介绍。在构建 GAN 时，选择恰当的激活函数（如 ReLU 及其变体）和优化算法（如 Adam），并合理调整优化参数，同样有助于缓解梯度消失问题。此外，设计更为合理的网络结构，如引入残差连接（ResNet 结构），也能使梯度在网络中更有效地传播。GAN 的梯度消失问题是一个复杂且至关重要的问题，它涉及网络结构、优化算法、距离度量等多个层面。通过不断地改进和优化这些方法，我们可以在一定程度上缓解梯度消失问题，从而提升 GAN 的训练效果和稳定性。

4.2.7　模式坍缩问题

GAN 的**模式坍缩**（Mode Collapse）问题是指在 GAN 的训练过程中，生成器倾向于只生成有限或单一模式的样本，而忽略数据集中的其他模式，导致生成的样本缺乏多样性和覆盖性。

模式坍缩的一个直观例子是，当训练一个 GAN 来生成 MNIST 数据集时，如果发生模式坍缩，即便训练集中包含 0～9 所有数字，生成器也可能只生成数字“0”或“1”。尽管生成的数字“0”或“1”可能非常逼真，但整个生成过程失去了多样性。那么，为什么会出现模式坍缩呢？这与 GAN 的损失函数有关。

根据文献[1]，若将最优判别器［见式（4-26）］代入生成器的损失函数 $\mathcal{L}_{\mathrm{G}}(\boldsymbol{\theta})$［见式（4-22）］，则

$$\begin{aligned}
&\mathcal{L}'(G\,|\,D^*)\\
&=-E_{\boldsymbol{Z}\sim q(z)}\left[\ln D^*(G(\boldsymbol{Z};\boldsymbol{\theta}))\right]\\
&=-E_{\boldsymbol{X}^{\mathrm{g}}\sim p_{\mathrm{g}}(\boldsymbol{x})}\left[\ln D^*(\boldsymbol{X}^{\mathrm{g}})\right]\\
&=-E_{\boldsymbol{X}^{\mathrm{g}}\sim p_{\mathrm{g}}(\boldsymbol{x})}\left[\ln\frac{p_{\mathrm{r}}(\boldsymbol{X}^{\mathrm{g}})}{p_{\mathrm{r}}(\boldsymbol{X}^{\mathrm{g}})+p_{\mathrm{g}}(\boldsymbol{X}^{\mathrm{g}})}\cdot\frac{p_{\mathrm{g}}(\boldsymbol{X}^{\mathrm{g}})}{p_{\mathrm{g}}(\boldsymbol{X}^{\mathrm{g}})}\right]\\
&=E_{\boldsymbol{X}^{\mathrm{g}}\sim p_{\mathrm{g}}(\boldsymbol{x})}\left[\ln\frac{p_{\mathrm{g}}(\boldsymbol{X}^{\mathrm{g}})}{p_{\mathrm{r}}(\boldsymbol{X}^{\mathrm{g}})}-\ln\frac{p_{\mathrm{g}}(\boldsymbol{X}^{\mathrm{g}})}{p_{\mathrm{r}}(\boldsymbol{X}^{\mathrm{g}})+p_{\mathrm{g}}(\boldsymbol{X}^{\mathrm{g}})}\right]\\
&=E_{\boldsymbol{X}^{\mathrm{g}}\sim p_{\mathrm{g}}(\boldsymbol{x})}\left[\ln\frac{p_{\mathrm{g}}(\boldsymbol{X}^{\mathrm{g}})}{p_{\mathrm{r}}(\boldsymbol{X}^{\mathrm{g}})}\right]-E_{\boldsymbol{X}^{\mathrm{g}}\sim p_{\mathrm{g}}(\boldsymbol{x})}\left[\ln\left(1-D^*(\boldsymbol{X}^{\mathrm{g}})\right)\right]\\
&=\mathrm{KL}(p_{\mathrm{g}}(\boldsymbol{x})\,\|\,p_{\mathrm{r}}(\boldsymbol{x}))-E_{\boldsymbol{X}^{\mathrm{g}}\sim p_{\mathrm{g}}(\boldsymbol{x})}\left[\ln\left(1-D^*(\boldsymbol{X}^{\mathrm{g}})\right)\right]\\
&=\mathrm{KL}(p_{\mathrm{g}}(\boldsymbol{x})\,\|\,p_{\mathrm{r}}(\boldsymbol{x}))-2\mathrm{JS}(p_{\mathrm{r}}(\boldsymbol{x})\,\|\,p_{\mathrm{g}}(\boldsymbol{x}))-2\ln 2-E_{\boldsymbol{X}^{\mathrm{r}}\sim p_{\mathrm{r}}(\boldsymbol{x})}\left[\ln D^*(\boldsymbol{X}^{\mathrm{r}})\right]
\end{aligned}\tag{4-31}$$

最后一个等式可由式（4-29）得到。另外，$2\ln 2$ 和 $E_{\boldsymbol{X}^{\mathrm{r}}\sim p_{\mathrm{r}}(\boldsymbol{x})}\left[\ln D^*(\boldsymbol{X}^{\mathrm{r}})\right]$ 与生成器无关，因此在优化中可省略，即

$$\arg\min_{\boldsymbol{\theta}}\mathcal{L}'(G\,|\,D^*)=\arg\min_{\boldsymbol{\theta}}\left(\mathrm{KL}(p_{\mathrm{g}}(\boldsymbol{x})\,\|\,p_{\mathrm{r}}(\boldsymbol{x}))-2\mathrm{JS}(p_{\mathrm{r}}(\boldsymbol{x})\,\|\,p_{\mathrm{g}}(\boldsymbol{x}))\right)\tag{4-32}$$

由于 JS 散度是有界的，即 $\mathrm{JS}(p_{\mathrm{r}}(\boldsymbol{x})\,\|\,p_{\mathrm{g}}(\boldsymbol{x}))\in[0,\ln 2]$。因此，根据 $\mathcal{L}'(G\,|\,D^*)$ 来优化生成

器时，$\mathrm{KL}(p_{\mathrm{g}}(\boldsymbol{x})\|p_{\mathrm{r}}(\boldsymbol{x}))$ 的影响更显著。但正是 KL 散度会导致模式坍缩问题。接下来，我们将进行更深入的分析。

根据 KL 散度的定义

$$\mathrm{KL}(p_{\mathrm{g}}(\boldsymbol{x})\|p_{\mathrm{r}}(\boldsymbol{x}))=\int p_{\mathrm{g}}(\boldsymbol{x})\ln\frac{p_{\mathrm{g}}(\boldsymbol{x})}{p_{\mathrm{r}}(\boldsymbol{x})}\mathrm{d}\boldsymbol{x} \tag{4-33}$$

（1）若 $p_{\mathrm{r}}(\boldsymbol{x})\to 0$，则 $p_{\mathrm{g}}(\boldsymbol{x})\ln\frac{p_{\mathrm{g}}(\boldsymbol{x})}{p_{\mathrm{r}}(\boldsymbol{x})}\to\infty$，$\mathrm{KL}(p_{\mathrm{g}}(\boldsymbol{x})\|p_{\mathrm{r}}(\boldsymbol{x}))$ 会非常大。

（2）若 $p_{\mathrm{g}}(\boldsymbol{x})\to 0$，则无论 $p_{\mathrm{r}}(\boldsymbol{x})$ 取值如何，$p_{\mathrm{g}}(\boldsymbol{x})\ln\frac{p_{\mathrm{g}}(\boldsymbol{x})}{p_{\mathrm{r}}(\boldsymbol{x})}\to 0$，$\mathrm{KL}(p_{\mathrm{g}}(\boldsymbol{x})\|p_{\mathrm{r}}(\boldsymbol{x}))$ 接近 0。

基于以上两点分析，KL 散度会倾向于鼓励模型分布 $p_{\mathrm{g}}(\boldsymbol{x})$ 尽可能避开真实分布 $p_{\mathrm{r}}(\boldsymbol{x})$ 中接近 0 的点［$p_{\mathrm{r}}(\boldsymbol{x})\approx 0$］，而无须考虑是否覆盖了所有真实分布中大于 0 的点［$p_{\mathrm{r}}(\boldsymbol{x})>0$］。如图 4-3 所示，这种特性可能导致 GAN 仅覆盖真实分布的某个模式（Mode），而忽视其他模式。在生成图像时，这表现为生成器倾向于生成一些更“安全”的样本，而避免生成一些“有挑战性”的样本，这就是所谓的模式坍缩问题。

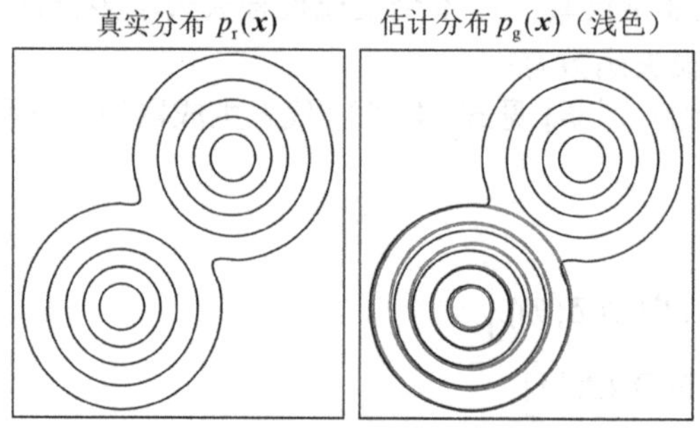

图 4-3　基于 KL 散度的密度估计示意图

4.3　CGAN

4.3.1　重要的生成式建模范式

目前，我们探讨了如何利用 Goodfellow 等人于 2014 年提出的原始 GAN，基于有限的样本数据，去学习一个模型分布 $p_{\mathrm{g}}(\boldsymbol{x})$，进而逼近真实分布 $p_{\mathrm{r}}(\boldsymbol{x})$。通过这种方式，我们可以从模型分布 $p_{\mathrm{g}}(\boldsymbol{x})$ 中无限地采样数据。然而，我们无法控制采样数据的某些特定性质，如类别标签、风格、属性等。为了达到这个目的，我们需要对“条件”分布 $p_{\mathrm{r}}(\boldsymbol{x}|\boldsymbol{Y}=\boldsymbol{y})\triangleq p_{\mathrm{r}}(\boldsymbol{x}|\boldsymbol{y})$ 进行估计。这也引出了一种重要的生成式建模范式：**条件生成式建模**（Conditional Generative Modeling）。

条件生成式建模任务需要我们获得“配对数据”（Paired Data），即一个样本 $\boldsymbol{x}$ 匹配一个标签 $\boldsymbol{y}$（条件）。因此，条件生成式建模也是一种监督学习任务，该任务所需训练集的形式一般

为 $\mathcal{D}=\{(\boldsymbol{x}_i,\boldsymbol{y}_i)\mid i=1,2,\cdots,N\}$。如图 4-4 所示，在针对图像的生成式建模中，条件 $\boldsymbol{y}$ 可以有多种形式，包括但不限于类别标签、图像、文字描述、连续属性，甚至另一张图像等。正如我们在第 2 章所定义的，能够完成条件生成式建模任务的模型称为**条件生成模型**。条件生成模型能够基于给定的条件 $\boldsymbol{y}$，从条件模型分布 $p_{\mathrm{g}}(\boldsymbol{x}\mid \boldsymbol{Y}=\boldsymbol{y})\triangleq p_{\mathrm{g}}(\boldsymbol{x}\mid \boldsymbol{y})$ 中不断采样，得到符合条件的图像。这一特性在很多领域中都具有广泛的应用价值，因此条件生成模型也成为一个非常重要的研究方向。值得一提的是，我们在 3.8.1 节介绍的 GVAE 也属于条件生成式建模的范畴。在本节中，我们将介绍原始 GAN 的“有条件”版本——**条件生成对抗网络**（Conditional Generative Adversarial Network，CGAN），它是一种典型的条件生成模型。

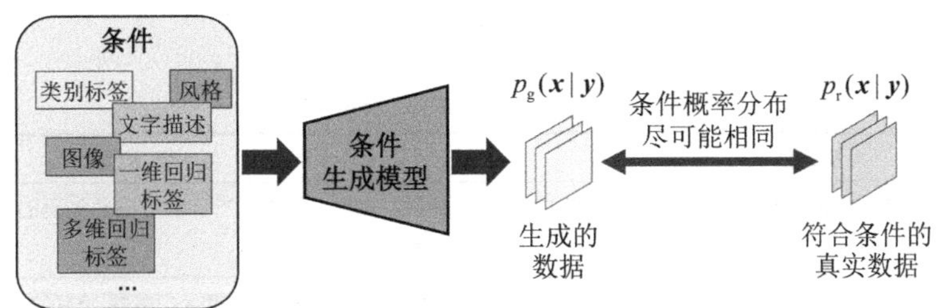

图 4-4 条件生成式建模

4.3.2 模型结构

CGAN 由 Mirza 等人于 2014 年首次提出，并在此基础上发展了许多变体模型。如图 4-5 所示，CGAN 的整体结构与原始 GAN 的整体结构（见图 4-1）相似，主要区别在于条件 $\boldsymbol{y}$。在 CGAN 中，条件 $\boldsymbol{y}$ 经过适当编码（如独热编码等）后，会同时作为生成器 $G(\boldsymbol{z},\boldsymbol{y};\boldsymbol{\theta})$ 和判别器 $D(\boldsymbol{x},\boldsymbol{y};\boldsymbol{\varphi})$ 的输入。具体而言，条件 $\boldsymbol{y}$ 会直接与白噪声 $\boldsymbol{z}$ 进行拼接（Concatenation），然后输入生成器。类似地，条件 $\boldsymbol{y}$ 也会直接与（向量化的）图像 $\boldsymbol{x}$ 进行拼接，然后输入判别器。需要注意的是，当 CGAN 的条件 $\boldsymbol{y}$ 为类别标签时，这样的 CGAN 也被称为**类别条件生成对抗网络**（Class-CGAN）。

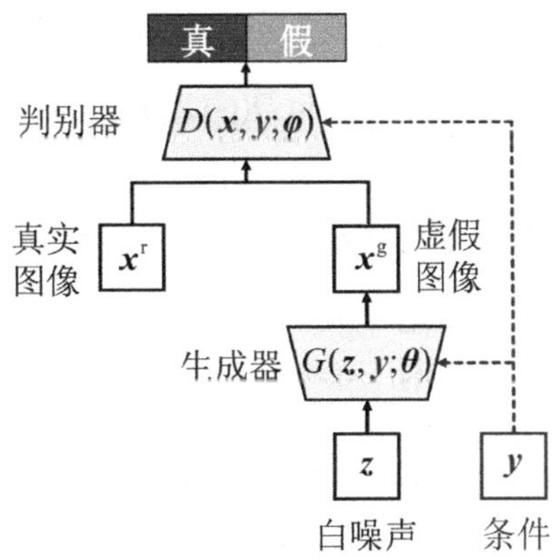

图 4-5 CGAN 的整体结构

下面我们用一个例子来说明 CGAN 如何将类别标签作为条件进行生成式建模。假设我们有一个 CGAN，其生成器和判别器的网络结构与表 4-1 中的相似。在将类别标签输入 CGAN

之前，我们通常会将每个类别标签（原本是一个整数）转换为一个独热向量（One-hot Vector），这个向量的长度与类别总数C相等，其元素只包含 1 或 0。如果图像来自 5 个类别，并且类别标签采用独热向量表示，那么类别 1 表示为[1,0,0,0,0]，类别 2 表示为[0,1,0,0,0]，以此类推。值得注意的是，除了独热编码，还有其他类别标签的转换方式，如标签嵌入。在这个例子中，当生成一张虚假图像时，CGAN 会通过拼接操作将经过独热编码的类别标签 $\boldsymbol{y}$ 添加到白噪声 $\boldsymbol{z}$ 的末尾，并将这个拼接向量输入生成器。同样，在区分真实图像和虚假图像时，CGAN 也会将经过独热编码的类别标签 $\boldsymbol{y}$ 添加到展平后的图像 $\boldsymbol{x}$（将形状为$H\times W\times C$ 的图像展平为一个长向量）的末尾，并将这个拼接向量输入判别器。在这个例子中，CGAN 的网络结构示意图如表 4-2 所示。这个例子展示了将类别标签纳入 GAN 的一种方法。当然，还有许多其他方法可以实现这一目标，我们将在后续章节详细介绍。

表 4-2　CGAN 的网络结构示意图

生成器	判别器
输入：高斯白噪声 $\boldsymbol{z}\in\mathbb{R}^{100}$ 和经过独热编码的类别标签 $\boldsymbol{y}$（C 个类别）；	输入：图像 $\boldsymbol{x}\in\mathbb{R}^{H\times W\times C}$ 和经过独热编码的类别标签 $\boldsymbol{y}$（C 个类别）；
拼接：将 C 维的 $\boldsymbol{y}$ 拼接至 $\boldsymbol{z}$ 的末尾	重组（reshape）：$H\times W\times C$ 数组 $\rightarrow(H\times W\times C)$ 向量
fc1：$(100+C)\rightarrow 8000$；ReLU	拼接：将 C 维的 $\boldsymbol{y}$ 拼接至展平后的 $\boldsymbol{x}$ 的末尾
fc2：$8000\rightarrow 8000$；Sigmoid	**fc1**：$(H\times W\times C+C)\rightarrow 1600$；Maxout
fc3：$8000\rightarrow(H\times W\times C)$	**fc2**：$1600\rightarrow 1600$；Maxout
重组：$(H\times W\times C)$ 向量 $\rightarrow H\times W\times C$ 数组	**fc3**：$1600\rightarrow 1$；Sigmoid
输出：虚假图像 $\boldsymbol{x}^{\mathrm{g}}\in\mathbb{R}^{H\times W\times C}$	输出：$\boldsymbol{x}$ 是真实图像的概率

4.3.3　损失函数与训练算法

CGAN 的损失函数与原始 GAN 的损失函数类似，主要区别在于 CGAN 中加入了条件 $\boldsymbol{y}$。具体而言，判别器 $D(\boldsymbol{x},\boldsymbol{y};\boldsymbol{\varphi})$ 和生成器 $G(\boldsymbol{z},\boldsymbol{y};\boldsymbol{\theta})$ 的损失函数如下：

$$\begin{aligned}\mathcal{L}_{\mathrm{D}}(\boldsymbol{\varphi})&=-E_{\boldsymbol{Y}\sim p(\boldsymbol{y})}\left[E_{\boldsymbol{X}^{\mathrm{r}}\sim p_{\mathrm{r}}(\boldsymbol{x}|\boldsymbol{Y})}\left[\ln D(\boldsymbol{X}^{\mathrm{r}},\boldsymbol{Y};\boldsymbol{\varphi})\right]\right]\\&\quad-E_{\boldsymbol{Y}\sim p(\boldsymbol{y})}\left[E_{\boldsymbol{Z}\sim q(\boldsymbol{z})}\left[\ln\left(1-D(G(\boldsymbol{Z},\boldsymbol{Y};\boldsymbol{\theta}),\boldsymbol{Y};\boldsymbol{\varphi})\right)\right]\right]\\\mathcal{L}_{\mathrm{G}}(\boldsymbol{\theta})&=-E_{\boldsymbol{Y}\sim p(\boldsymbol{y})}\left[E_{\boldsymbol{Z}\sim q(\boldsymbol{z})}\left[\ln D(G(\boldsymbol{Z},\boldsymbol{Y};\boldsymbol{\theta}),\boldsymbol{Y};\boldsymbol{\varphi})\right]\right]\end{aligned}\tag{4-34}$$

式中，随机向量$\boldsymbol{Y}$表示条件；$p(\boldsymbol{y})$表示$\boldsymbol{Y}$的分布；$p_{\mathrm{r}}(\boldsymbol{x}|\boldsymbol{Y})$表示在$\boldsymbol{Y}$下图像的真实分布。类似地，$p_{\mathrm{g}}(\boldsymbol{x}|\boldsymbol{Y})$表示在$\boldsymbol{Y}$下图像的模型分布，即便其未在式（4-34）中出现。需要注意的是，在条件生成式建模中，虽然条件可能是一维变量，如类别标签，但是它们通常需要被编码成向量才能输入神经网络。因此，我们用一个随机向量$\boldsymbol{Y}$来表示条件。

CGAN 的训练过程可由算法 4-2 概括。

算法 4-2：CGAN 的训练算法

输入：数据集 $\mathcal{D}$、循环次数 T、每个循环判别器的更新次数 K、批大小 B；
输出：完成训练的生成器 $G(\boldsymbol{z},\boldsymbol{y};\boldsymbol{\theta})$ 和判别器 $D(\boldsymbol{x},\boldsymbol{y};\boldsymbol{\varphi})$；

1: 初始化生成器和判别器的参数 $\boldsymbol{\theta}$ 和 $\boldsymbol{\varphi}$；
2: 　**for** $t=1$ to T **do**

// 训练判别器

for $j=1$ to K **do**

从 $\mathcal{D}$ 中随机抽取一批真实“图像标签对” $\mathcal{B}=\{(\boldsymbol{x}_{(1)}^{\mathrm{r}},\boldsymbol{y}_{(1)}),(\boldsymbol{x}_{(2)}^{\mathrm{r}},\boldsymbol{y}_{(2)}),\cdots,(\boldsymbol{x}_{(B)}^{\mathrm{r}},\boldsymbol{y}_{(B)})\}$；

从 $\mathcal{N}(\mathbf{0},\boldsymbol{I})$ 中采样一批白噪声 $\mathcal{Z}=\left\{\boldsymbol{z}_{(1)},\boldsymbol{z}_{(2)},\cdots,\boldsymbol{z}_{(B)}\right\}$；

for $i=1$ to B **do**

$\boldsymbol{x}_{(i)}^{\mathrm{g}}\leftarrow G(\boldsymbol{z}_{(i)},\boldsymbol{y}_{(i)};\boldsymbol{\theta})$；

end for

固定 $\boldsymbol{\theta}$，根据以下梯度更新判别器的参数 $\boldsymbol{\varphi}$：

$$-\nabla_{\boldsymbol{\varphi}}\frac{1}{B}\sum_{i=1}^{B}\left[\ln D(\boldsymbol{x}_{(i)}^{\mathrm{r}},\boldsymbol{y}_{(i)};\boldsymbol{\varphi})+\ln\left(1-D(\boldsymbol{x}_{(i)}^{\mathrm{g}},\boldsymbol{y}_{(i)};\boldsymbol{\varphi})\right)\right]; \tag{4-35}$$

end for

// 训练生成器

从 $\mathcal{N}(\mathbf{0},\boldsymbol{I})$ 中采样一批白噪声 $\mathcal{Z}=\left\{\boldsymbol{z}_{(1)},\boldsymbol{z}_{(2)},\cdots,\boldsymbol{z}_{(B)}\right\}$；

从 $\mathcal{D}$ 中随机抽取一批图像标签 $\mathcal{Y}=\left\{\boldsymbol{y}_{(1)},\boldsymbol{y}_{(2)},\cdots,\boldsymbol{y}_{(B)}\right\}$；

固定 $\boldsymbol{\varphi}$，根据以下梯度更新生成器的参数 $\boldsymbol{\theta}$：

$$-\nabla_{\boldsymbol{\theta}}\frac{1}{B}\sum_{i=1}^{B}\left[\ln D(G(\boldsymbol{z}_{(i)},\boldsymbol{y}_{(i)};\boldsymbol{\theta}),\boldsymbol{y}_{(i)};\boldsymbol{\varphi})\right] \tag{4-36}$$

end for

4.3.4 模型分析

CGAN 的建模目的是对条件分布 $p_{\mathrm{r}}(\boldsymbol{x}\mid\boldsymbol{y})$ 进行估计。那么，如何在 CGAN 的损失函数[见式（4-34）]中体现这一核心建模目的呢？接下来，我们将针对这一问题进行详细分析。

类似原始 GAN，CGAN 的最优判别器具有如下形式：

$$D^{*}(\boldsymbol{x},\boldsymbol{y})=\frac{p_{\mathrm{r}}(\boldsymbol{x}\mid\boldsymbol{y})}{p_{\mathrm{r}}(\boldsymbol{x}\mid\boldsymbol{y})+p_{\mathrm{g}}(\boldsymbol{x}\mid\boldsymbol{y})} \tag{4-37}$$

若将 $D^{*}(\boldsymbol{x},\boldsymbol{y})$ 代入式（4-34）中的 $\mathcal{L}_{\mathrm{G}}(\boldsymbol{\theta})$，则

$$\begin{aligned}
&\arg\min_{\boldsymbol{\theta}}\left\{-E_{\boldsymbol{Y}\sim p(\boldsymbol{y})}\left[E_{\boldsymbol{Z}\sim q(\boldsymbol{z})}\left[\ln D^{*}(G(\boldsymbol{Z},\boldsymbol{Y};\boldsymbol{\theta}),\boldsymbol{Y})\right]\right]\right\}\\
=&\arg\min_{\boldsymbol{\theta}}E_{\boldsymbol{Y}\sim p(\boldsymbol{y})}\left[E_{\boldsymbol{Z}\sim q(\boldsymbol{z})}\left[\ln\left(1-D^{*}(G(\boldsymbol{Z},\boldsymbol{Y};\boldsymbol{\theta}),\boldsymbol{Y})\right)\right]\right]\\
=&\arg\min_{\boldsymbol{\theta}}\left\{E_{\boldsymbol{Y}\sim p(\boldsymbol{y})}\left[E_{\boldsymbol{X}^{\mathrm{g}}\sim p_{\mathrm{g}}(\boldsymbol{x}\mid\boldsymbol{Y})}\left[\ln\left(1-D^{*}(\boldsymbol{X}^{\mathrm{g}},\boldsymbol{Y})\right)\right]\right]\right.\\
&\left.+E_{\boldsymbol{Y}\sim p(\boldsymbol{y})}\left[E_{\boldsymbol{X}^{\mathrm{r}}\sim p_{\mathrm{r}}(\boldsymbol{x}\mid\boldsymbol{Y})}\left[\ln\left(D^{*}(\boldsymbol{X}^{\mathrm{r}},\boldsymbol{Y})\right)\right]\right]\right\}
\end{aligned}$$

（上式第二项是与 $\boldsymbol{\theta}$ 无关的常量）

$$
\begin{aligned}
&= \arg\min_{\theta}\left\{E_{Y\sim p(y)}\left[E_{X^{\mathrm{g}}\sim p_{\mathrm{g}}(x|Y)}\left[\ln\frac{p_{\mathrm{g}}(X^{\mathrm{g}}\,|\,Y)}{\frac{1}{2}\left(p_{\mathrm{r}}(X^{\mathrm{g}}\,|\,Y)+p_{\mathrm{g}}(X^{\mathrm{g}}\,|\,Y)\right)}\right]\right]\right.\\
&\qquad\left.+E_{Y\sim p(y)}\left[E_{X^{\mathrm{r}}\sim p_{\mathrm{r}}(x|Y)}\left[\ln\frac{p_{\mathrm{r}}(X^{\mathrm{r}}\,|\,Y)}{\frac{1}{2}\left(p_{\mathrm{r}}(X^{\mathrm{r}}\,|\,Y)+p_{\mathrm{g}}(X^{\mathrm{r}}\,|\,Y)\right)}\right]\right]-2\ln 2\right\} \qquad (4\text{-}38)\\
&= \arg\min_{\theta}\left\{E_{Y\sim p(y)}\left[2\mathrm{JS}(p_{\mathrm{r}}(x\,|\,Y)\,\|\,p_{\mathrm{g}}(x\,|\,Y))\right]-2\ln 2\right\}
\end{aligned}
$$

由上式可以看出，假设判别器是最优的，则生成器的训练实际上是在间接最小化 $p_{\mathrm{r}}(\boldsymbol{x}\,|\,\boldsymbol{y})$ 和 $p_{\mathrm{g}}(\boldsymbol{x}\,|\,\boldsymbol{y})$ 之间的 JS 散度。因此，我们可以认为 GAN 实际上是一个条件生成模型。

另外，尽管 CGAN 引入了额外的信息（条件 $\boldsymbol{y}$），但它仍然有梯度消失和模型坍缩问题。这主要是因为，尽管我们在 CGAN 的损失函数中引入了条件 $\boldsymbol{y}$，但损失函数依然基于 KL 散度，这一本质并未改变。

4.4 变体模型

自 2014 年 Goodfellow 等人首次提出 GAN 以来，这一领域的研究便如雨后春笋般不断涌现，各种变体模型层出不穷。GAN 以其独特的生成能力，在计算机视觉、自然语言处理、语音识别等领域展现出巨大的潜力。经过几年的快速发展，GAN 在网络结构、损失函数、训练技巧及使用范围等方面都取得了长足的进步。为了更深入地了解 GAN 的演变和发展，本节将介绍一些著名的变体模型。这些变体模型在 GAN 的基础上进行了创新和改进，以解决 GAN 存在的一些问题或扩展其应用范围。我们将详细分析这些变体模型提出的动机，探讨它们是如何针对 GAN 的局限性进行优化的，并评估它们在实践中的优缺点。通过了解这些变体模型，我们可以更全面地认识 GAN 的发展历程，以及在不同应用场景下如何选择合适的 GAN。同时，这为我们进一步研究和改进 GAN 提供了宝贵的思路和方向。

4.4.1 损失函数

在 4.2 节中，我们证明了 GAN 所采用的损失函数本质上是基于 JS 散度的。但是，使用 JS 散度作为损失函数来训练 GAN 可能会导致训练过程中的不稳定，并最终导致训练失败。因此，为了提升 GAN 的稳定性并改善其生成质量，首要任务就是寻找一个更为合适的损失函数。

1. Wasserstein 损失

Wasserstein GAN 是一种改进的 GAN，其核心在于使用 Wasserstein 距离（见 4.1.2 节）替代 GAN 中的 JS 散度作为损失函数。这种改进显著提升了 GAN 的稳定性和生成质量。

根据 Wasserstein 距离的定义，真实分布 p_{r} 和模型分布 p_{g} 的 1 阶 Wasserstein 距离为

$$W_1(p_r, p_g) = \inf_{\gamma(x,y)\in\Gamma(p_r,p_g)} E_{(X,Y)\sim\gamma(x,y)}[\|X - Y\|_2] \tag{4-39}$$

式中，$\Gamma(p_r, p_g)$ 为满足边际分布为 p_r 和 p_g 的所有联合分布的集合。由于式（4-39）在实际中很难计算，因此 Arjovsky 等人利用 Kantorovich-Rubinstein 对偶定理给出了式（4-39）的对偶形式，即

$$W_1(p_r, p_g) = \sup_{\|f\|_L\leqslant 1}\left(E_{X\sim p_r(x)}[f(X)] - E_{X\sim p_g(x)}[f(X)]\right) \tag{4-40}$$

式中，f 为 1-Lipschitz 连续函数（见 4.1.3 节），满足

$$\|f\|_L \triangleq \sup_{x_1\neq x_2}\frac{|f(x_1)-f(x_2)|}{\|x_1 - x_2\|_2} \leqslant 1 \tag{4-41}$$

Arjovsky 等人指出，f 为 1-Lipschitz 连续可以进一步放松为 K-Lipschitz 连续，那么式（4-40）则变为

$$W_1(p_r, p_g) = \frac{1}{K}\sup_{\|f\|_L\leqslant K}\left(E_{X\sim p_r(x)}[f(X)] - E_{X\sim p_g(x)}[f(X)]\right) \tag{4-42}$$

但是，计算式（4-42）仍然面临相当大的挑战，尤其是如何寻找一个满足 K-Lipschitz 连续性要求的函数 f，这一点尤为困难。为了解决这个问题，Arjovsky 等人根据通用近似定理，用神经网络对函数 f 进行建模。具体来说，令 $f(x;\varphi)$ 为一个神经网络，φ 是其参数，且 φ 在一个参数集合 Φ 中，即 $\varphi\in\Phi$。假设 $f(x;\varphi)$ 为 K-Lipschitz 连续，则求解式（4-42）可以近似转换为求解

$$\max_{\varphi\in\Phi}\left(E_{X\sim p_r(x)}[f(X;\varphi)] - E_{X\sim p_g(x)}[f(X;\varphi)]\right) \tag{4-43}$$

式中，K 作为一个常数，在优化过程中并不产生实质性影响，因此可以被忽略。另外，$f(x;\varphi)$ 也被称为**评价网络**（Critic Network），其对应 GAN 中的判别器。如表 4-1 所示，在 GAN 中，判别器的最终输出需要经过 Sigmoid 激活函数处理，转变为[0,1]区间内的数值，用于表示概率。然而，与 GAN 不同，$f(x;\varphi)$ 的最后一层为全连接层，并且该层的输出并不需要经过 Sigmoid 激活函数处理。在 WGAN 中，$f(x;\varphi)$ 的输出可以看作对输入 x 的打分。求解式（4-43）要求 $f(x;\varphi)$ 对真实图像 x^r 打尽可能高的分，而对生成图像 x^g 打尽可能低的分。

到目前为止，有一个问题尚未得到解决，那就是如何确保函数 $f(x;\varphi)$ 为 K-Lipschitz 连续？Arjovsky 等人指出，$f(x;\varphi)$ 为 K-Lipschitz 连续可以被近似看作 $f(x;\varphi)$ 关于 x 偏导数的 L2 模 $\|\partial f(x;\varphi)/\partial x\|$ 小于某个常数。由于 $\|\partial f(x;\varphi)/\partial x\|$ 是参数 φ 的函数，因此 Arjovsky 等人提出通过限制 φ 的取值来控制 $\|\partial f(x;\varphi)/\partial x\|$ 的大小。具体来说，Arjovsky 等人在训练 WGAN 时，采用“权重剪切”（Weight Clipping）策略，将 φ 的取值控制在[−0.01,0.01]之间。然而，权重剪切策略在实际应用中的表现并不稳定。为此，Arjovsky 等人在其后续工作中提出了梯度正则化方法，旨在确保函数 $f(x;\varphi)$ 为 K-Lipschitz 连续，具体内容参见 4.4.3 节。

除了评价网络 $f(x;\varphi)$，WGAN 还包括**生成网络** $G(z;\theta)$，其对应 GAN 中的生成器。生成网络的目标是生成让评价网络打分尽可能高的样本，即

$$\max_{\theta} E_{Z\sim p(z)}[f(G(Z;\theta);\varphi)] \tag{4-44}$$

结合以上分析，WGAN 的最终损失函数为

$$\begin{aligned}\mathcal{L}_{\mathrm{T}}(\boldsymbol{\varphi}) &= -E_{\boldsymbol{X}\sim p_{\mathrm{r}}(\boldsymbol{x})}\left[f(\boldsymbol{X};\boldsymbol{\varphi})\right]+E_{\boldsymbol{X}\sim p_{\mathrm{g}}(\boldsymbol{x})}\left[f(\boldsymbol{X};\boldsymbol{\varphi})\right]\\ \mathcal{L}_{\mathrm{G}}(\boldsymbol{\theta}) &= -E_{\boldsymbol{Z}\sim p(\boldsymbol{z})}\left[f(G(\boldsymbol{Z};\boldsymbol{\theta});\boldsymbol{\varphi})\right]\end{aligned} \tag{4-45}$$

相较于 GAN，WGAN 能够有效地缓解梯度消失和模式坍缩问题，使训练过程更加稳定。基于式（4-45），可用算法 4-3 概括 WGAN 的训练过程。与 GAN 采用 Adam 优化器不同，WGAN 采用 RMSProp 优化器进行优化。

算法 4-3： WGAN 的训练算法

输入： 数据集 $\mathcal{D}$、循环次数 T、每个循环评价网络的更新次数 K、批大小 B、学习率 α；
输出： 完成训练的生成网络 $G(\boldsymbol{z};\boldsymbol{\theta})$ 和评价网络 $f(\boldsymbol{x};\boldsymbol{\varphi})$；

初始化生成网络和评价网络的参数 $\boldsymbol{\theta}$ 和 $\boldsymbol{\varphi}$；
  for $t=1$ to T **do**
    // 训练评价网络
    for $j=1$ to K **do**
      从 $\mathcal{D}$ 中随机抽取一批真实图像 $\mathcal{B}=\left\{\boldsymbol{x}_{(1)}^{\mathrm{r}},\boldsymbol{x}_{(2)}^{\mathrm{r}},\cdots,\boldsymbol{x}_{(B)}^{\mathrm{r}}\right\}$；
      从 $\mathcal{N}(\boldsymbol{0},\boldsymbol{I})$ 中采样一批白噪声 $\mathcal{Z}=\left\{\boldsymbol{z}_{(1)},\boldsymbol{z}_{(2)},\cdots,\boldsymbol{z}_{(B)}\right\}$；
      for $i=1$ to B **do**
        $\boldsymbol{x}_{(i)}^{\mathrm{g}}\leftarrow G(\boldsymbol{z}_{(i)};\boldsymbol{\theta})$；
      end for
      计算梯度：$g_{\boldsymbol{\varphi}}\leftarrow\nabla_{\boldsymbol{\varphi}}\left[\frac{1}{B}\sum_{i=1}^{B}f(\boldsymbol{x}_{(i)}^{\mathrm{g}};\boldsymbol{\varphi})-\frac{1}{B}\sum_{i=1}^{B}f(\boldsymbol{x}_{(i)}^{\mathrm{r}};\boldsymbol{\varphi})\right]$；
      更新参数：$\boldsymbol{\varphi}\leftarrow\boldsymbol{\varphi}-\alpha\cdot\mathrm{RMSProp}(\boldsymbol{\varphi},g_{\boldsymbol{\varphi}})$；
      权重剪切：$\boldsymbol{\varphi}\leftarrow\mathrm{Clip}(\boldsymbol{\varphi},-0.01,0.01)$；
    end for
    // 训练生成网络
    从 $\mathcal{N}(\boldsymbol{0},\boldsymbol{I})$ 中采样一批白噪声 $\mathcal{Z}=\left\{\boldsymbol{z}_{(1)},\boldsymbol{z}_{(2)},\cdots,\boldsymbol{z}_{(B)}\right\}$；
    计算梯度：$g_{\boldsymbol{\theta}}\leftarrow-\nabla_{\boldsymbol{\theta}}\frac{1}{B}\sum_{i=1}^{B}f(G(\boldsymbol{z}_{(i)};\boldsymbol{\theta}),\boldsymbol{\varphi})$
    更新参数：$\boldsymbol{\theta}\leftarrow\boldsymbol{\theta}-\alpha\cdot\mathrm{RMSProp}(\boldsymbol{\theta},g_{\boldsymbol{\theta}})$
  end for

2. MMD 损失

在 4.1.4 节中，我们介绍了 MMD，该方法同样适用于刻画真实分布 p_{r} 与模型分布 p_{g} 之间的差异，即

$$\mathrm{MMD}_k^2(p_{\mathrm{r}},p_{\mathrm{g}})=E_{\boldsymbol{X},\boldsymbol{X}'\sim p_{\mathrm{r}}}[k(\boldsymbol{X},\boldsymbol{X}')]+E_{\boldsymbol{Y},\boldsymbol{Y}'\sim p_{\mathrm{g}}}[k(\boldsymbol{Y},\boldsymbol{Y}')]-2E_{\boldsymbol{X}\sim p_{\mathrm{r}},\boldsymbol{Y}\sim p_{\mathrm{g}}}[k(\boldsymbol{X},\boldsymbol{Y})] \tag{4-46}$$

式中，$k(\boldsymbol{x},\boldsymbol{y})$ 为核函数。

鉴于 GAN 的损失函数存在的缺陷，Li 等人于 2017 年将 MMD 作为损失函数引入 GAN 的构造，并提出了 **MMD GAN**。MMD GAN 同样包含生成器和判别器，分别记为 $g(\boldsymbol{z};\boldsymbol{\theta})$ 和 $f(\boldsymbol{x};\boldsymbol{\varphi})$。与 GAN 不同的是，MMD GAN 的判别器 $f(\boldsymbol{x};\boldsymbol{\varphi})$ 实际上是一个 AE（见 3.1.1 节），

其编码器记为 $f_e(\boldsymbol{x};\boldsymbol{\varphi}_e)$，解码器记为 $f_d(\boldsymbol{w};\boldsymbol{\varphi}_d)$，且 $f(\boldsymbol{x};\boldsymbol{\varphi})=f_d(f_e(\boldsymbol{x};\boldsymbol{\varphi}_e);\boldsymbol{\varphi}_d)$，$\boldsymbol{\varphi}=[\boldsymbol{\varphi}_e,\boldsymbol{\varphi}_d]$。编码器 $f_e(\boldsymbol{x};\boldsymbol{\varphi}_e)$ 将输入图像映射至某个特征编码空间中，解码器 $f_d(\boldsymbol{w};\boldsymbol{\varphi}_d)$ 将特征编码重构为原始输入。基于编码器 $f_e(\boldsymbol{x};\boldsymbol{\varphi}_e)$，MMD GAN 定义了带有可学习参数 $\boldsymbol{\varphi}_e$ 的核函数，即

$$\tilde{k}(\boldsymbol{x},\boldsymbol{y})=\exp\left(-\frac{1}{2\sigma}\|f_e(\boldsymbol{x};\boldsymbol{\varphi}_e)-f_e(\boldsymbol{y};\boldsymbol{\varphi}_e)\|_2^2\right) \tag{4-47}$$

将 $\tilde{k}(\boldsymbol{x},\boldsymbol{y})$ 代入式（4-46）可得 $\mathrm{MMD}_{\tilde{k}}^2(p_r,p_g)$，即

$$\mathrm{MMD}_{\tilde{k}}^2(p_r,p_g)=E_{\boldsymbol{X},\boldsymbol{X}'\sim p_r}[\tilde{k}(\boldsymbol{X},\boldsymbol{X}')]+E_{\boldsymbol{Y},\boldsymbol{Y}'\sim p_g}[\tilde{k}(\boldsymbol{Y},\boldsymbol{Y}')]-2E_{\boldsymbol{X}\sim p_r,\boldsymbol{Y}\sim p_g}[\tilde{k}(\boldsymbol{X},\boldsymbol{Y})] \tag{4-48}$$

由于 $\tilde{k}(\boldsymbol{x},\boldsymbol{y})$ 与 $\boldsymbol{\varphi}_e$ 有关，p_g 与 $\boldsymbol{\theta}$ 相关，因此 $\mathrm{MMD}_{\tilde{k}}^2(p_r,p_g)$ 可以看作参数 $\boldsymbol{\theta}$ 和 $\boldsymbol{\varphi}_e$ 的函数。生成器 $g(\boldsymbol{z};\boldsymbol{\theta})$ 的目的是最小化 p_r 和 p_g 的 MMD 距离，即 $\mathrm{MMD}_{\tilde{k}}^2(p_r,p_g)$，而判别器 $f(\boldsymbol{x};\boldsymbol{\varphi})$ 的目的是最大化 $\mathrm{MMD}_{\tilde{k}}^2(p_r,p_g)$。在实际应用中，参照式（4-13），我们可以计算出 $\mathrm{MMD}_{\tilde{k}}^2(p_r,p_g)$ 的估计。

因此，MMD GAN 的最终损失函数为

$$\begin{aligned}\mathcal{L}_f(\boldsymbol{\varphi})&=-\mathrm{MMD}_{\tilde{k}}^2(p_r,p_g)+\lambda\cdot E_{\boldsymbol{X}\sim p_m(\boldsymbol{x})}\left[\|\boldsymbol{X}-f_d(f_e(\boldsymbol{X};\boldsymbol{\varphi}_e);\boldsymbol{\varphi}_d)\|_2^2\right]\\ \mathcal{L}_g(\boldsymbol{\theta})&=\mathrm{MMD}_{\tilde{k}}^2(p_r,p_g)\end{aligned} \tag{4-49}$$

式中，$p_m(\boldsymbol{x})=\frac{1}{2}p_r(\boldsymbol{x})+\frac{1}{2}p_g(\boldsymbol{x})$；$\lambda>0$ 是一个超参数。需要注意的是，解码器 $f_d(\boldsymbol{w};\boldsymbol{\varphi}_d)$ 及其损失 $\lambda\cdot E_{\boldsymbol{X}\sim p_m(\boldsymbol{x})}\left[\|\boldsymbol{X}-f_d(f_e(\boldsymbol{X};\boldsymbol{\varphi}_e);\boldsymbol{\varphi}_d)\|_2^2\right]$ 在训练过程中起到了对编码器 $f_e(\boldsymbol{x};\boldsymbol{\varphi}_e)$ 正则化的作用。

MMD GAN 的训练过程如算法 4-4 所示。

算法 4-4：MMD GAN 的训练算法

输入：数据集 $\mathcal{D}$、循环次数 T、每个循环判别器的更新次数 K、批大小 B、学习率 α、正则项参数 λ、权重剪切参数 c；

输出：完成训练的生成器 $g(\boldsymbol{z};\boldsymbol{\theta})$ 和判别器 $f(\boldsymbol{x};\boldsymbol{\varphi})$；

初始化生成器和判别器的参数 $\boldsymbol{\theta}$ 和 $\boldsymbol{\varphi}$；

for $t=1$ to T **do**

// 训练判别器

　for $j=1$ to K **do**

　　从 $\mathcal{D}$ 中随机抽取一批真实图像 $\mathcal{B}=\{\boldsymbol{x}_{(1)}^r,\boldsymbol{x}_{(2)}^r,\cdots,\boldsymbol{x}_{(B)}^r\}$；

　　从 $\mathcal{N}(\boldsymbol{0},\boldsymbol{I})$ 中采样一批白噪声 $\mathcal{Z}=\{\boldsymbol{z}_{(1)},\boldsymbol{z}_{(2)},\cdots,\boldsymbol{z}_{(B)}\}$；

　　for $i=1$ to B **do**

　　　$\boldsymbol{x}_{(i)}^g\leftarrow G(\boldsymbol{z}_{(i)};\boldsymbol{\theta})$；

　　end for

　　$g_{\boldsymbol{\varphi}}\leftarrow\nabla_{\boldsymbol{\varphi}}\left[-\mathrm{MMD}_{\tilde{k}}^2(p_r,p_g)+\lambda\cdot E_{\boldsymbol{X}\sim p_m(\boldsymbol{x})}\left[\|\boldsymbol{X}-f_d(f_e(\boldsymbol{X};\boldsymbol{\varphi}_e);\boldsymbol{\varphi}_d)\|_2^2\right]\right]$；

　　$\boldsymbol{\varphi}\leftarrow\boldsymbol{\varphi}-\alpha\cdot\mathrm{RMSProp}(\boldsymbol{\varphi},g_{\boldsymbol{\varphi}})$；

　　$\boldsymbol{\varphi}\leftarrow\mathrm{Clip}(\boldsymbol{\varphi},-c,c)$；

---

    end for
  // 训练生成器
  从 $\mathcal{N}(\mathbf{0},\boldsymbol{I})$ 中采样一批白噪声 $\mathcal{Z}=\left\{z_{(1)},z_{(2)},\cdots,z_{(B)}\right\}$；
  $g_{\theta}\leftarrow-\nabla_{\theta}\mathrm{MMD}_{\tilde{k}}^{2}(p_{\mathrm{r}},p_{\mathrm{g}})$；
  $\boldsymbol{\theta}\leftarrow\boldsymbol{\theta}-\alpha\cdot\mathrm{RMSProp}(\boldsymbol{\theta},g_{\boldsymbol{\theta}})$；
end for

---

3. Hinge 损失

Hinge 损失（Hinge Loss）也称为铰链损失，最初是在支持向量机（Support Vector Machine，SVM）中引入的，用于处理分类问题，特别是二分类问题。其基本思想是在正确分类的同时，最大化不同类别之间的间隔（Margin）。在二分类问题中，它鼓励正确分类的边界离样本更远，同时惩罚错误分类的边界。这种思想使分类器在训练过程中更加关注那些难以分类的样本，即那些靠近决策边界的样本，从而提高模型的泛化能力。

Hinge 损失的公式可以表示为

$$L(y)=\max(0,1-t\cdot y) \tag{4-50}$$

式中，t 为样本 $\boldsymbol{x}$ 的真实标签（其值为+1或−1，分别表示正类或负类）；y 为预测值，表示分类器对样本 $\boldsymbol{x}$ 的预测结果。需要注意的是，预测值 y 是分类器的“原始输出”（也称为得分），而非预测标签。例如，在线性 SVM 中，$y=\boldsymbol{w}\cdot\boldsymbol{x}+b$，其中 $(\boldsymbol{w},b)$ 是超平面的参数。约定 $y>0$ 表示预测标签为正类；反之，表示预测标签为负类。考虑以下三种情形。

（1）如果分类器分类正确，且 $|y|\geqslant1$，则 t 和 y 同号，且 $t\cdot y>1$，此时 $L(y)=0$。

（2）如果分类器分类错误，则 t 和 y 异号，且 $t\cdot y<0$，此时 $L(y)=1+|y|$，即 $L(y)$ 随着 $|y|$ 线性增长。这意味着，分类器犯的错误越严重，其损失就越大。

（3）如果分类器分类正确，但是 $|y|<1$，则 t 和 y 同号，此时 $L(y)=1-|y|\in(0,1]$。这意味着分类器虽然分类正确，但是两个类别之间的间隔不足，因此仍然会有损失。第三种情形还意味着 Hinge 损失的目标是尽力拉大正负样本的得分差距。

在 GAN 中，判别器实质上也可以被视为一个二分类器。因此，在训练判别器的过程中，我们可以考虑采用 Hinge 损失来替代 GAN 中所使用的交叉熵损失［见式（4-17）］。基于 Hinge 损失，Lim 等人定义了如下判别器损失函数：

$$\mathcal{L}_{\mathrm{D}}(\boldsymbol{\varphi})=E_{\boldsymbol{X}^{\mathrm{r}}\sim p_{\mathrm{r}}(\boldsymbol{x})}\left[\max\left(0,1-D(\boldsymbol{X}^{\mathrm{r}};\boldsymbol{\varphi})\right)\right]+E_{\boldsymbol{Z}\sim q(\boldsymbol{z})}\left[\max\left(0,1+D(G(\boldsymbol{Z};\boldsymbol{\theta});\boldsymbol{\varphi})\right)\right] \tag{4-51}$$

需要注意的是，在式（4-51）中，$D(\boldsymbol{x};\boldsymbol{\varphi})$ 的最后一层为全连接层，而非 Sigmoid 激活函数，因此 $D(\boldsymbol{x};\boldsymbol{\varphi})$ 的输出实际上是输入样本是真实样本的得分，其取值范围为 $[-\infty,+\infty]$。如果 $D(\boldsymbol{x};\boldsymbol{\varphi})>0$，则判别器认为 $\boldsymbol{x}$ 为正样本（真实样本）；反之，判别器认为 $\boldsymbol{x}$ 为负样本（生成样本）。我们再回到式（4-51），只有当 $D(\boldsymbol{X}^{\mathrm{r}};\boldsymbol{\varphi})<1$（真实样本的得分小于 1）和 $D(\boldsymbol{X}^{\mathrm{g}};\boldsymbol{\varphi})>-1$（生成样本的得分大于−1）时才会产生损失，其他情况下损失函数为 0。Hinge 损失可以防止判别器被过度优化，即 $D(\boldsymbol{X}^{\mathrm{r}};\boldsymbol{\varphi})\to+\infty$ 或 $D(\boldsymbol{X}^{\mathrm{g}};\boldsymbol{\varphi})\to-\infty$，避免了判别器在训练初期过于强大而导致生成器梯度消失，进而提升了训练的稳定性。

需要注意的是，在实际使用中，我们一般采用式（4-51）的一个等价形式，即

$$\mathcal{L}_{\mathrm{D}}(\boldsymbol{\varphi})=-E_{\boldsymbol{X}^{\mathrm{r}}\sim p_{\mathrm{r}}(\boldsymbol{x})}\left[\min\left(0,-1+D(\boldsymbol{X}^{\mathrm{r}};\boldsymbol{\varphi})\right)\right]-E_{\boldsymbol{Z}\sim q(\boldsymbol{z})}\left[\min\left(0,-1-D(G(\boldsymbol{Z};\boldsymbol{\theta});\boldsymbol{\varphi})\right)\right] \tag{4-52}$$

另外，由于 $D(\boldsymbol{x};\boldsymbol{\varphi})$ 直接输出样本的分类得分，因此生成器的损失函数也同步变为

$$\mathcal{L}_{\mathrm{G}}(\boldsymbol{\theta}) = -E_{\boldsymbol{Z}\sim q(z)}\left[D(G(\boldsymbol{Z};\boldsymbol{\theta});\boldsymbol{\varphi})\right] \tag{4-53}$$

目前，Hinge 损失已被多种知名 GAN 采用，包括但不限于 Geometric GAN、SNGAN、SAGAN、BigGAN、ReACGAN、ADCGAN 等，且在实际应用中展现出良好的性能。

4.4.2　网络架构

1．深度卷积架构

从表 4-1 和表 4-2 中可以看出，GAN 和 CGAN 所采用的网络架构均设计为仅包含三层全连接层的全连接网络。这种相对简单的网络架构，在处理复杂的高维图像时，可能会面临拟合能力不足的挑战。由于其结构限制，它可能难以充分捕捉图像中的丰富细节和复杂特征，从而影响生成图像的质量和多样性。因此，对于更加复杂和精细的图像生成任务，可能需要探索更加复杂和深层的网络架构，以提升模型的表达能力和生成效果。

随着深度学习的不断发展和算力的显著提升，**卷积神经网络**（Convolutional Neural Network，CNN）因其强大的特征提取能力，逐渐成为图像分类、识别、分割等众多监督学习任务中的主流网络架构。其独特的局部连接、权值共享及池化层设计，使卷积神经网络在处理图像时展现出卓越的性能。而在生成式建模任务领域，卷积神经网络的应用也逐渐受到关注。自 2014 年以来，越来越多的研究工作开始尝试将卷积神经网络融入 GAN 的构建，以期利用卷积神经网络的特征提取能力来提升生成模型的效果和稳定性。在这一系列探索中，Radford 等人在 2016 年提出的**深度卷积生成对抗网络**（Deep Convolutional Generative Adversarial Network，DCGAN）无疑是一个里程碑式的成果。DCGAN 利用卷积神经网络来构建 GAN 的生成器和判别器，并为网络架构设计提供了指导性意见，对后续的 GAN 发展具有重要意义。具体来说，DCGAN 的损失函数和训练算法与 GAN 的相差不大，其主要贡献在于对生成器和判别器网络架构的改进，主要包含以下几个方面。

（1）**利用卷积进行上/下采样**：传统的基于卷积神经网络的判别器通常利用池化层，如最大池化（Max Pooling）或平均池化（Average Pooling），以降低特征图（Feature Map）的维度，实现下采样（Downsample）。而 DCGAN 则提出了一种新方法，在判别器中使用带有可学习参数的步长卷积（Strided Convolution）来替代固定的池化层。同样地，在生成器中，DCGAN 采用转置卷积（Transposed Convolution），也称为分数步长卷积（Fractionally-Strided Convolution）进行上采样（Upsample），即提升特征图的维度。

（2）**批量归一化**：批量归一化（Batch Normalization）通过将每个单元的输入数据进行归一化处理，确保其具有零均值和单位方差，从而有效地稳定学习过程。批量归一化有助于解决因初始化不当而引发的训练难题，并促进梯度在更深层次模型中的顺畅流动。实践证明，批量归一化对于深层生成器启动学习过程至关重要，能够有效防止生成器将所有样本压缩至单一点，这是 GAN 中常见的模式坍缩问题。然而，若直接将批量归一化应用于生成器和判别器网络的所有层，则可能会导致模型不稳定。因此，DCGAN 策略性地选择在除生成器的输出层和判别器的输入层之外的所有层级中应用批量归一化，这一做法有助于进一步稳定训练过程并加速模型收敛。

（3）**激活函数**：DCGAN 在生成器中采用 ReLU 激活函数，仅在输出层使用 Tanh 激活函数，以此替代 Maxout 和 Sigmoid 激活函数。使用有界的激活函数有助于模型更快地学习，迅速达到饱和状态，并有效覆盖训练分布的颜色空间。而在判别器中，DCGAN 选择 LeakyReLU 激活函数来替代 Maxout 激活函数。Radford 等人发现，在高分辨率建模方面，LeakyReLU 激活函数表现尤为出色。

（4）**避免使用全连接层**：DCGAN 在其生成器和判别器的设计中，尽可能地避免使用全连接层，旨在减少模型参数的数量，提高计算效率。这一策略不仅使模型更加轻量化，还使训练和推理过程更加高效，同时有助于降低过拟合的风险。

DCGAN 的网络架构如图 4-6 和图 4-7 所示。在此，我们假设 DCGAN 已被训练用于生成分辨率为 64 像素×64 像素的 RGB 图像。观察图 4-6 和图 4-7 可以发现，尽管 DCGAN 被誉为“深度”卷积神经网络，但其网络深度实际上仅包含 5 层卷积层。按照当前的标准来衡量，其网络架构相对较浅，因此可能并不适用于处理高分辨率的图像。然而，若直接增加更多的卷积层，往往会导致梯度消失或梯度爆炸问题。为了增加 DCGAN 的网络深度，同时避免梯度消失或梯度爆炸问题，Gulrajani 等人将残差神经网络的概念引入了 GAN 领域，并提出了 WGAN-GP 模型。他们将图 4-6 和图 4-7 中的传统卷积块替换为残差块，从而使深度网络架构的训练更加稳定。另外，WGAN-GP 在构建评价网络（判别器）时，推荐使用层归一化（Layer Normalization）来代替批量归一化。图 4-8 展示了 WGAN-GP 所采用的用于评价网络的残差块结构，其中 Conv 为步长卷积，LN 为归一化，ReLU 为激活函数。

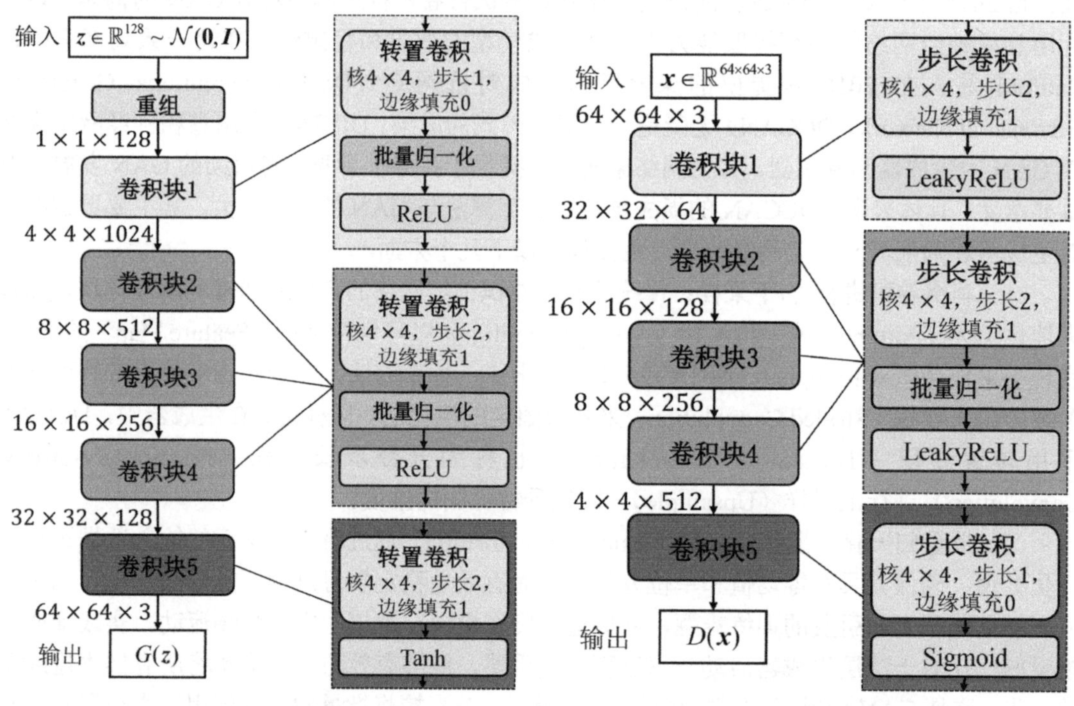

图 4-6　DCGAN 的生成器结构示意图（用于 CelebA 数据集）

图 4-7　DCGAN 的判别器结构示意图（用于 CelebA 数据集）

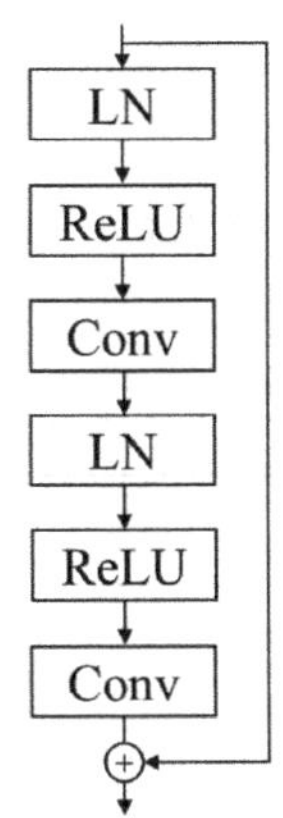

图 4-8　WGAN-GP 评价网络的残差块结构示意图

2．谱归一化

在 GAN 中，判别器与生成器之间的对抗性训练经常遭遇稳定性问题。为了应对这一挑战，Miyato 等人于 2018 年提出了著名的**谱归一化生成对抗网络**（Spectral Normalization GAN，SNGAN）。SNGAN 通过在判别器中使用**谱归一化**（Spectral Normalization），严格限制了判别器的 Lipschitz 常数（见 4.1.3 节），从而实现了更优的训练稳定性和生成质量。

谱归一化的核心思想是对判别器中的每层权重矩阵进行归一化处理，以确保整个判别器函数满足 1-Lipschitz 约束。具体来说，SNGAN 对于判别器中的每层权重矩阵 $\boldsymbol{W}$，进行谱归一化操作，即

$$\overline{\boldsymbol{W}}_{\mathrm{SN}}(\boldsymbol{W}) \triangleq \frac{\boldsymbol{W}}{\sigma(\boldsymbol{W})} \tag{4-54}$$

式中，$\sigma(\boldsymbol{W})$ 为权重矩阵 $\boldsymbol{W}$ 的谱范数（Spectral Norm），又称最大奇异值（Singular Value），其定义为

$$\sigma(\boldsymbol{W}) \triangleq \max_{\boldsymbol{h}:\boldsymbol{h}\neq 0} \frac{\|\boldsymbol{W}\boldsymbol{h}\|_2}{\|\boldsymbol{h}\|_2} = \max_{\|\boldsymbol{h}\|_2 \leqslant 1} \|\boldsymbol{W}\boldsymbol{h}\|_2 \tag{4-55}$$

式（4-54）中的归一化操作可以确保判别器的 Lipschitz 常数小于或等于 1。

另外，谱范数的计算可以通过奇异值分解（Singular Value Decomposition，SVD）来实现，但 SVD 的计算成本较高。因此，在 SNGAN 中，Miyato 等人采用了一种高效的幂迭代方法（Power Iteration）来近似计算最大奇异值，并据此对权重矩阵进行归一化处理。

需要注意的是，限制判别器的 Lipschitz 常数可以被理解为一种间接的正则化措施（无显式的正则项），旨在防止判别器的权重在训练过程中出现较大的波动，从而起到稳定训练过程的作用。

除了谱归一化，SNGAN 在实验中所采用的基于 ResNet 的网络架构也被后续的 GAN 采纳。表 4-3 展示了 SNGAN 在 ImageNet 数据集上所使用的网络架构。在表 4-3 中，每层卷积的通道数记为 ch，此处设置为 64。另外，箭头右侧的维度为该层输出的特征图维度。例如，$\rightarrow 8\times8\times(16\times \mathrm{ch})$ 表示输出的特征图维度为 $8\times8\times(16\times \mathrm{ch})$。表中的 Up 和 Down 分别表示上采样（升维）和下采样（降维）。SNGAN 判别器的残差块结构示意图如图 4-9 所示。在图 4-9 中，SN 代表谱归一化，AvgPool 代表平均池化（Average Pooling）。通过对比图 4-7 和图 4-9（a）可以发现，SNGAN 采用平均池化进行下采样，这与 DCGAN 使用的步长卷积方式不同。值得

注意的是，与表 4-1 的描述不同，SNGAN 判别器的最后一层并未使用 Sigmoid 激活函数，因此其输出代表的是输入样本为真实图像的得分（具体参见 4.4.1 节）。另外，在生成器中，SNGAN 也没有采用 DCGAN 所使用的转置卷积，而是选择了最临近上采样（Nearest Neighbor Upsample）作为替代。

表 4-3 SNGAN 网络架构示意图（用于 ImageNet 数据集）

生成器	判别器（无条件版本）
输入：高斯白噪声 $z \in \mathbb{R}^{128}$	输入：图像 $\boldsymbol{x} \in \mathbb{R}^{128 \times 128 \times 3}$
fc，$128 \to (4 \times 4 \times 1024)$	ResBlock, Down, $\to 64 \times 64 \times \mathrm{ch}$
ResBlock, Up, $\to 8 \times 8 \times (16 \times \mathrm{ch})$	ResBlock, Down, $\to 32 \times 32 \times (2 \times \mathrm{ch})$
ResBlock, Up, $\to 16 \times 16 \times (8 \times \mathrm{ch})$	ResBlock, Down, $\to 16 \times 16 \times (4 \times \mathrm{ch})$
ResBlock, Up, $\to 32 \times 32 \times (4 \times \mathrm{ch})$	ResBlock, Down, $\to 8 \times 8 \times (8 \times \mathrm{ch})$
ResBlock, Up, $\to 64 \times 64 \times (2 \times \mathrm{ch})$	ResBlock, Down, $\to 4 \times 4 \times (16 \times \mathrm{ch})$
ResBlock, Up, $\to 128 \times 128 \times \mathrm{ch}$	ResBlock, $\to 4 \times 4 \times (16 \times \mathrm{ch})$
BN, ReLU	ReLU
$3 \times 3\mathrm{Conv}, \mathrm{ch}_{\mathrm{out}} = 3, \to 128 \times 128 \times 3$	全局求和池化，$\to (16 \times \mathrm{ch})$
Tanh	fc，$(16 \times \mathrm{ch}) \to 1$
输出：虚假图像 $\boldsymbol{x}^g \in \mathbb{R}^{128 \times 128 \times 3}$	输出：$\boldsymbol{x}$ 是真实图像的得分

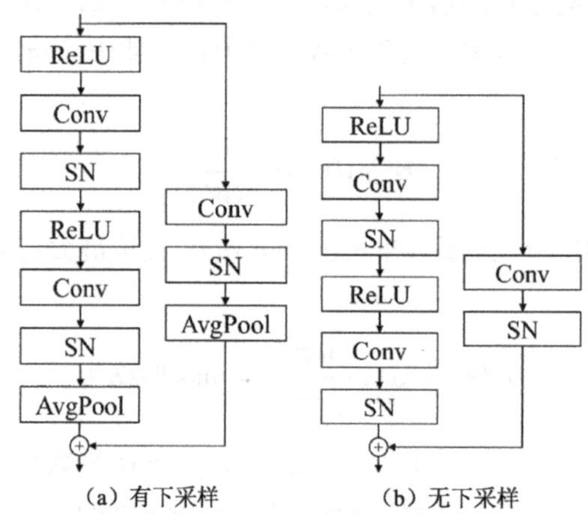

图 4-9 SNGAN 判别器的残差块结构示意图

3. 自注意力机制

GAN 主要依赖卷积操作来建模图像区域之间的依赖关系。然而，卷积操作的感受野有限，难以有效捕捉图像中的远距离依赖关系，尤其是在生成精细细节时显得力不从心。鉴于这一问题，Zhang 等人于 2019 年提出了**自注意力生成对抗网络**（Self-Attention GAN，SAGAN）。

SAGAN 的核心贡献在于首次将自注意力机制引入 GAN 的网络架构。通过在生成器和判别器中嵌入自注意力模块，SAGAN 得以在每层都充分考虑全局信息，这不仅使生成器在生成图像时能够精细地协调各个位置的细节，还使判别器能够更准确地执行全局几何约束。自注意力机制使模型能够直接计算输入序列中每个元素之间的相互关系，从而有效建模远距离依赖关系，克服了传统卷积操作的局限性。

SAGAN 的自注意力模块包含 4 个核心步骤，这些步骤在图 4-10 中得到了详细展示。

（1）对卷积特征图 $\boldsymbol{x}$ 进行特征映射。

假设自注意力模块的前一层输出为卷积特征图 $\boldsymbol{x} \in \mathbb{R}^{C\times H\times W}$，其中 C 为通道数，H 为高度，W 为宽度。在进行自注意力操作之前，将卷积特征图 $\boldsymbol{x}$ 展开成维度为 $C\times N$ 的矩阵，仍然记为 $\boldsymbol{x}$，其中 $N = H\times W$。接着，自注意力模块对展开后的卷积特征图 $\boldsymbol{x} \in \mathbb{R}^{C\times N}$ 分别进行 3 种特征映射，即

$$\begin{cases} f(\boldsymbol{x}) = \boldsymbol{W}_{\mathrm{f}}\boldsymbol{x} \\ g(\boldsymbol{x}) = \boldsymbol{W}_{\mathrm{g}}\boldsymbol{x} \\ h(\boldsymbol{x}) = \boldsymbol{W}_{\mathrm{h}}\boldsymbol{x} \end{cases} \tag{4-56}$$

式中，$\boldsymbol{W}_{\mathrm{f}} \in \mathbb{R}^{\bar{C}\times C}$、$\boldsymbol{W}_{\mathrm{g}} \in \mathbb{R}^{\bar{C}\times C}$、$\boldsymbol{W}_{\mathrm{h}} \in \mathbb{R}^{\bar{C}\times C}$ 为可学习的权重矩阵，也称为1×1卷积核，用于将输入特征图映射到 3 个不同的特征空间中，$\bar{C} = C/8$。

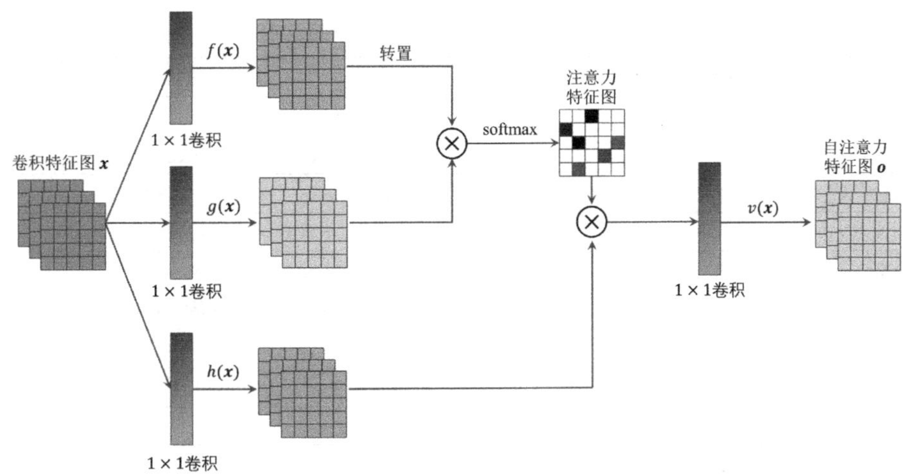

图 4-10　SAGAN 的自注意力模块示意图

（2）计算注意力权重 $\beta_{j,i}$：

$$\beta_{j,i} = \frac{\exp(s_{ij})}{\sum_{i=1}^{N}\exp(s_{ij})} \tag{4-57}$$

式中，$s_{ij} = f(\boldsymbol{x}_i)^{\mathrm{T}} g(\boldsymbol{x}_j)$ 为注意力分数，表示合成位置 j 时对位置 i 的关注程度，$\boldsymbol{x}_i \in \mathbb{R}^{C\times 1}$ 和 $\boldsymbol{x}_j \in \mathbb{R}^{C\times 1}$ 分别表示 $\boldsymbol{x} \in \mathbb{R}^{C\times N}$ 的第 i 列和第 j 列，$i, j \in \{1,2,\cdots,N\}$；$\beta_{j,i}$ 为归一化后的注意力权重。

（3）生成自注意力特征图。

$\boldsymbol{x} \in \mathbb{R}^{C\times N}$ 的每列均对应一个自注意力特征向量 $\boldsymbol{o}_j$，这些向量构成了自注意力特征图 $\boldsymbol{o} = [\boldsymbol{o}_1, \boldsymbol{o}_2, \cdots, \boldsymbol{o}_j, \cdots, \boldsymbol{o}_N] \in \mathbb{R}^{C\times N}$

$$\boldsymbol{o}_j = v\left(\sum_{i=1}^{N}\beta_{j,i} h(\boldsymbol{x}_i)\right) \in \mathbb{R}^{C\times 1} \tag{4-58}$$

式中，$h(\boldsymbol{x}_i) = \boldsymbol{W}_h \boldsymbol{x}_i \in \mathbb{R}^{C\times 1}$；$v(\boldsymbol{x}_i) = \boldsymbol{W}_v \boldsymbol{x}_i$，$\boldsymbol{W}_v \in \mathbb{R}^{C\times \bar{C}}$ 也是可学习的权重矩阵。

（4）最终输出。

自注意力特征图和卷积特征相加后，可以得到最终输出特征图，即

$$\boldsymbol{y}=\gamma\cdot\boldsymbol{o}+\boldsymbol{x} \tag{4-59}$$

式中，γ 是一个可学习的尺度参数，初始化为 0，逐渐学会为非本地特征分配更多权重；$\boldsymbol{y}$ 为最终输出特征图。

表 4-4 展示了 SAGAN 的网络架构，其中自注意力模块（SABlock）被嵌入维度为 64×64 的特征图那一层。

除了采用自注意力机制，为了增强训练和生成过程的稳定性，SAGAN 对生成器和判别器均应用了谱归一化。相比之下，在 SNGAN 中，我们仅对判别器应用了谱归一化。

另外，SAGAN 为了平衡生成器和判别器的训练速度，采用了双时间尺度更新规则（Two-Time Scale Update Rule，TTUR），使在相同单位时间内能够产生更好的结果。

表 4-4 SAGAN 网络架构示意图（用于 ImageNet 数据集）

生成器	判别器（无条件版本）
输入：高斯白噪声 $z\in\mathbb{R}^{128}$	输入：图像 $\boldsymbol{x}\in\mathbb{R}^{128\times128\times3}$
fc，$128\to(4\times4\times1024)$	ResBlock, Down, $\to64\times64\times$ch
ResBlock, Up, $\to8\times8\times(16\times$ch$)$	ResBlock, Down, $\to32\times32\times(2\times$ch$)$
ResBlock, Up, $\to16\times16\times(8\times$ch$)$	SABlock, $\to32\times32\times(2\times$ch$)$
ResBlock, Up, $\to32\times32\times(4\times$ch$)$	ResBlock, Down, $\to16\times16\times(4\times$ch$)$
SABlock, $\to32\times32\times(4\times$ch$)$	ResBlock, Down, $\to8\times8\times(8\times$ch$)$
ResBlock, Up, $\to64\times64\times(2\times$ch$)$	ResBlock, Down, $\to4\times4\times(16\times$ch$)$
ResBlock, Up, $\to128\times128\times$ch	ResBlock, $\to4\times4\times(16\times$ch$)$
BN, ReLU	ReLU
3×3 Conv, $\text{ch}_{\text{out}}=3$, $\to128\times128\times3$	全局求和池化，$\to(16\times$ch$)$
Tanh	fc，$(16\times$ch$)\to1$
输出：虚假图像 $\boldsymbol{x}^{\text{g}}\in\mathbb{R}^{128\times128\times3}$	输出：$\boldsymbol{x}$ 是真实图像的得分

4．提升模型规模

自 2014 年 GAN 问世以来，尽管其在图像生成领域取得了显著成就，但在生成如 ImageNet 数据集这样高分辨率且多样化的样本时，其效果仍然不尽如人意。正是在这一背景下，Brock 等人于 2019 年提出了 **BigGAN**，该模型旨在通过提升模型规模、优化训练方式、改进采样方式等手段，突破 GAN 在生成复杂高分辨率图像时面临的瓶颈，从而极大推动基于类别的生成式视觉模型性能的提升。

BigGAN 在网络架构方面做了多方面的改进，这些改进显著提升了生成图像的质量和多样性。

（1）增加模型深度与宽度。

BigGAN 通过增加生成器和判别器的网络深度（又称层数），以及每层的通道数（又称宽度，即表 4-3 和表 4-4 中的 ch），显著提升了模型的容量。实验表明，将每层的通道数增加 50%可以进一步使 IS 提高约 21%。

（2）更大的批量。

Brock 等人的实验发现，将批量增大到原来的 8 倍，可以使 IS 提高约 46%。这一提高可

能归因于每批数据覆盖了更多的模式，从而为生成器和判别器提供了更丰富的梯度信息。

（3）多层级潜在空间。

GAN 直接将噪声向量 z 输入生成器，以生成样本。而 BigGAN 采用了一种独特的设计，它将噪声向量 z 分割成多个块，并将这些块分别输入生成器的不同层，而非仅仅输入初始层［见图 4-11（a）］。这种设计方式使潜在空间能够直接影响不同分辨率和层次结构级别的特征，从而显著提高模型的适应性和训练速度。

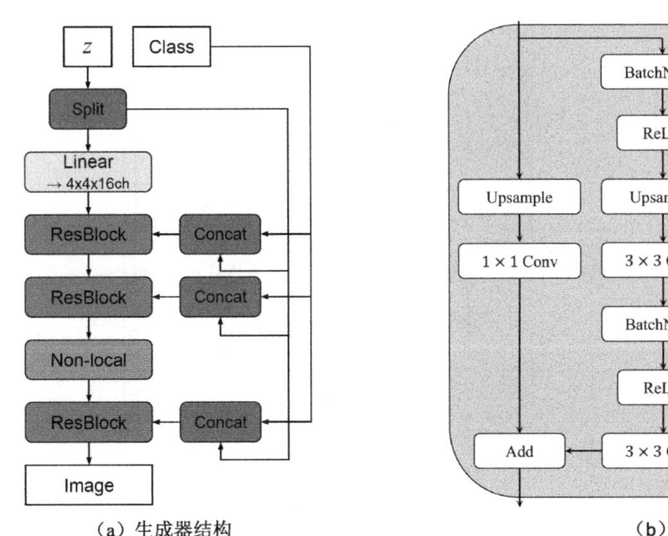

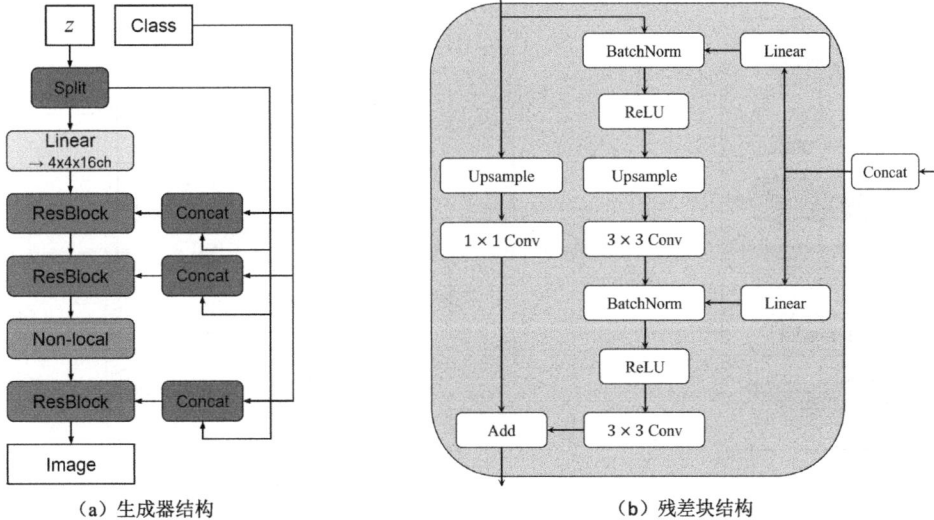

（a）生成器结构　　（b）残差块结构

图 4-11　BigGAN 架构

（4）条件的共享嵌入。

SNGAN、SAGAN 及 BigGAN 均采用了条件批量归一化（Conditional Batch Normalization，CBN）来将条件信息输入生成器，我们将在 4.4.4 节对此进行详细介绍。由于在条件批量归一化中嵌入类别 c 需要占用大量权重参数，因此 BigGAN 采用了共享嵌入来取代独立的层嵌入。这种设计降低了计算和内存成本，并将训练速度提高了 37%。

基于上述改进，Brock 等人提出了 BigGAN 架构（见图 4-11 所示）及更深的 BigGAN-deep 架构（见图 4-12 所示）。相较于 BigGAN，BigGAN-deep 的网络深度有显著的提升，达到了 BigGAN 的约 4 倍。这种深度的增加使模型能够更好地捕捉复杂的图像特征，进而提升生成图像的质量。尽管网络深度有所增加，但 BigGAN-deep 通过巧妙地采用带有 bottleneck 的残差块设计，有效地减少了模型的参数数量，使其仅为 BigGAN 的一半左右。例如，在 128×128 的 ImageNet 数据集中，BigGAN 的生成器和判别器的参数数量分别为 70.4M 和 88.0M，而 BigGAN-deep 的生成器和判别器的参数数量则分别为 50.4M 和 34.6M，显著降低了模型的复杂度（$1M = 10^6$）。除此之外，BigGAN-deep 的生成器结构在 BigGAN 的基础上也进行了简化。它不再将 z 分割成块，而是将整个 z 与类别嵌入连接起来，通过跳过连接（Shortcut）将得到的向量传递给每个残差块。这种设计使 BigGAN-deep 在保持高性能的同时，简化了模型结构。在 128×128 的 ImageNet 数据集上训练时，BigGAN 取得了非常优异的性能，如 IS 和 FID 等指标均处于当时的最先进水平。BigGAN-deep 在继承 BigGAN 优势的基础上，通过增加网络深度和减少参数数量，进一步提升了模型的性能。具体来说，BigGAN-deep 在 IS 和 FID 等指标上均优于 BigGAN，且在一些较难生成的类别（如人群和人脸）上的表现也更为出色。

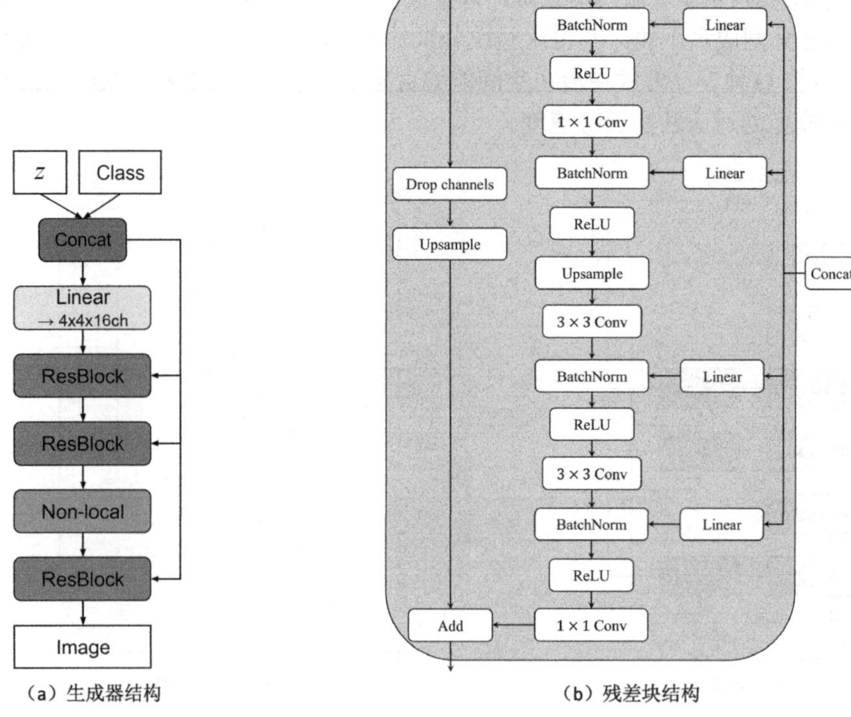

（a）生成器结构　　（b）残差块结构

图 4-12　BigGAN-deep 架构

除了在网络架构方面的显著改进，BigGAN 还创新性地引入了正交正则化（Orthogonal Regularization）方法和截断技巧（Truncation Trick）。正交正则化的应用使 BigGAN 的训练过程更加稳定，并有效提升了生成器的平滑度。而通过截断技巧，即对噪声向量 z 进行截断采样，BigGAN 在保持样本多样性的基础上，进一步提高了单个样本的质量。这一技巧为生成样本的质量和多样性之间的细粒度权衡提供了可能。此外，BigGAN 还对 GAN 的训练策略进行了全面优化，包括采用权重滑动平均、优化训练设置等，从而进一步提升了其性能。

5. ViT 架构

在深度学习领域，卷积神经网络长期占据计算机视觉任务的主导地位。然而，随着 Transformer 架构在自然语言处理领域的巨大成功，研究人员开始积极探索其在计算机视觉任务中的应用潜力。ViT（Vision Transformer）作为一种创新的 Transformer 架构，通过将图像视为 token 序列进行处理，在图像识别等领域中展现出卓越的性能。

2022 年，Lee 等人提出了 ViTGAN，这一模型首次将 ViT 架构与 GAN 相结合，旨在生成更加精细和真实的图像。在 ViTGAN 中，卷积神经网络被 ViT 架构完全取代，用于构建生成器和判别器（见图 4-13）。基于 ViT 架构的生成器包含一个线性投影层，该层将输入的噪声向量映射到图像块（Patch）的嵌入中。随后，这些图像块通过 Transformer 架构进行变换，并最终重组成完整的图像。为了稳定训练过程并提升生成质量，Lee 等人对生成器的架构进行了多项优化，如引入自调制层归一化（Self-Modulated Layernorm，SLN）等技术。同样，ViTGAN 的判别器也基于 ViT 架构，负责区分真实图像和虚假图像。为了应对直接使用 ViT 架构作为判别器可能带来的训练不稳定问题，Lee 等人提出了增强基于 Transformer 架构的判别器的 Lipschitz 性质，以及使用改进的谱归一化等正则化技术，以稳定训练动态并促进模型收敛。Lee 等人的实验结果表明，ViTGAN 在多个标准图像生成基准上实现了与最先进的基于卷积神经网络的 GAN 相当的性能。

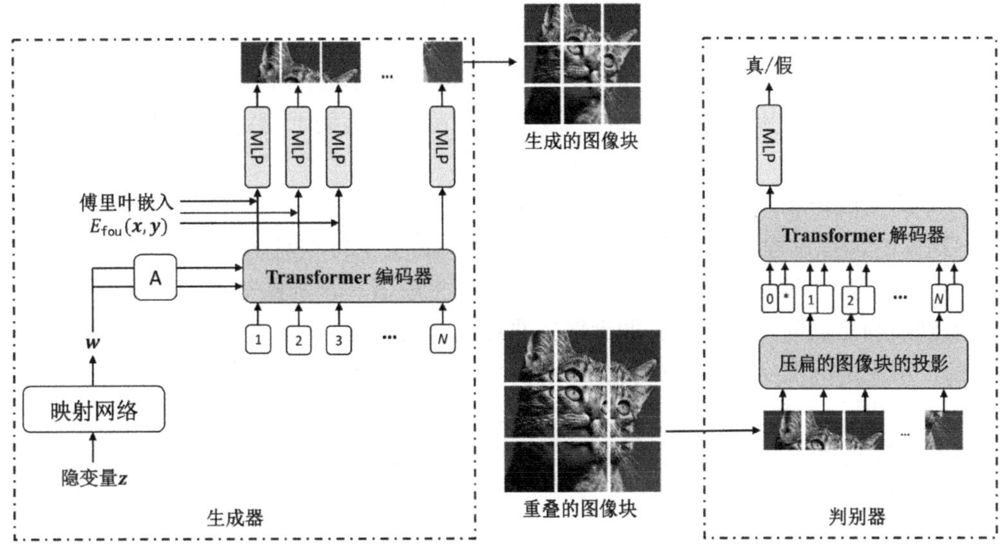

图 4-13 ViTGAN 结构示意图

4.4.3 正则化

正则化（Regularization）在 GAN 中扮演着至关重要的角色。它主要通过引入额外的约束或惩罚项来限制模型的复杂度或保持某些良好特性，从而稳定 GAN 的训练过程、防止过拟合，并提升生成图像的质量和多样性。正则化技术如梯度正则化、权重衰减、一致性正则化、正交正则化等，在 GAN 中得到了广泛应用，有助于生成器更好地学习数据分布，同时使判别器的决策边界更加平滑，促进 GAN 的整体性能提升。

1. 权重衰减

权重衰减（Weight Decay）又称 L2 正则化，是深度学习中常用的一种正则化技术。其核心思想是在损失函数中添加一个与模型权重参数 $\boldsymbol{w}$ 的 L2 范数成正比的惩罚项，以此来限制模型的复杂度，有效防止过拟合。

具体来说，假设对于参数为 $\boldsymbol{w}$ 的神经网络具有损失函数 $L(\boldsymbol{w})$，那么权重衰减可以通过以下方式实现：

$$\tilde{L}(\boldsymbol{w}) = L(\boldsymbol{w}) + \lambda \cdot \| \boldsymbol{w} \|_2^2 \tag{4-60}$$

式中，$\tilde{L}(\boldsymbol{w})$ 为加入权重衰减后的新损失函数；$\boldsymbol{w}$ 为模型的参数向量；$\| \boldsymbol{w} \|_2^2$ 为参数向量的 L2 范数的平方；λ 是一个超参数，用于控制正则化项的重要性。这个额外的正则化项迫使模型学习到较小的权重，从而降低模型的复杂度，提高模型的泛化能力。

目前，权重衰减已被视为 GAN 训练中一种默认启用的技术，它对 GAN 的训练具有以下几个积极的促进作用。

（1）防止过拟合。

GAN，如上文提及的 BigGAN，通常包含大量参数。这些复杂的模型往往容易在训练集上表现出色，但在面对未见过的数据（测试集）时，其表现却不尽如人意，这种现象被称为过拟合。为了有效应对这一问题，可以通过在损失函数中加入权重衰减项来限制模型权重的大小，进而降低模型的复杂度，达到防止过拟合的目的。

（2）提高模型的稳定性。

GAN 的训练过程往往是不稳定的，因为生成器和判别器之间的对抗关系可能导致训练过程中的振荡或发散。权重衰减通过限制权重的变化范围，有助于稳定训练过程，减少模型在训练过程中的波动。

（3）平衡生成器和判别器的性能。

在 GAN 的训练过程中，生成器和判别器的性能需要保持相对平衡。如果一方过于强大，另一方可能无法有效对抗，导致训练失败。通过在生成器和判别器的损失函数中加入权重衰减项，可以限制它们的复杂度，有助于保持两者之间的性能平衡。

目前，常见的深度学习框架已将权重衰减集成至优化器中，用户可以非常便捷地启用此功能。图 4-14 展示了 PyTorch 中 Adam 优化器的参数配置情况，其中，当 weight_decay 大于 0 时，权重衰减将自动启用，并且 weight_decay 的具体数值即超参数 λ 的值。

Adam

CLASS torch.optim.Adam(*params, lr=0.001, betas=(0.9, 0.999), eps=1e-08, weight_decay=0, amsgrad=False, *, foreach=None, maximize=False, capturable=False, differentiable=False, fused=None*) [SOURCE]

图 4-14 PyTorch 中 Adam 优化器的参数配置情况

2. 梯度正则化

在 4.4.1 节中，我们介绍了 WGAN，该模型通过最小化 Wasserstein 距离来构建更加稳定的 GAN。WGAN 要求评价网络 $f(\boldsymbol{x};\boldsymbol{\varphi})$ 是 Lipschitz 连续函数，并采用权重剪切来确保这一特性。然而，权重剪切存在两个关键缺陷：首先，它将评价网络的权重限制在一个固定范围内，这可能导致权重集中在剪切阈值的两端，从而限制评价网络的表达能力；其次，权重剪切并不能完全保证判别器满足 Lipschitz 连续性，反而可能引发训练过程中的不稳定性。

针对这些问题，Gulrajani 等人提出了 WGAN-GP，该模型通过引入**梯度惩罚项**（Gradient Penalty，GP）来替代 WGAN 的权重剪切，实现对评价网络梯度行为更加灵活的控制。梯度惩罚项的作用是对评价网络在真实样本和生成样本之间的线性插值样本上的梯度范数进行惩罚，以确保评价网络满足 Lipschitz 连续性。具体来说，WGAN-GP 的梯度惩罚项主要作用于评价网络的损失函数，即

$$
\begin{aligned}
\mathcal{L}_{\mathrm{f}}(\boldsymbol{\varphi}) = & \underbrace{-E_{\boldsymbol{X}^{\mathrm{r}} \sim p_{\mathrm{r}}(\boldsymbol{x})}\left[f(\boldsymbol{X}^{\mathrm{r}};\boldsymbol{\varphi})\right] + E_{\boldsymbol{X}^{\mathrm{g}} \sim p_{\mathrm{g}}(\boldsymbol{x})}\left[f(\boldsymbol{X}^{\mathrm{g}};\boldsymbol{\varphi})\right]}_{\text{WGAN的损失函数}} \\
& \underbrace{+\lambda \cdot E_{\hat{\boldsymbol{X}} \sim p_m(\boldsymbol{x})}\left[\left(\|\nabla_{\hat{\boldsymbol{X}}} f(\hat{\boldsymbol{X}};\boldsymbol{\varphi})\|_2 - K\right)^2\right]}_{\text{梯度惩罚项}}
\end{aligned} \tag{4-61}
$$

式中，f 为评价网络；λ 和 K 为超参数，λ 用于控制惩罚项的强度，一般设置为 10，K 一般

设置为 1；$\hat{\boldsymbol{X}}$ 为真实样本和生成样本之间的线性插值样本，假设其服从某个分布 $p_m(\boldsymbol{x})$，则 $\hat{\boldsymbol{X}}$ 的计算公式为

$$\hat{\boldsymbol{X}} = \alpha \boldsymbol{X}^{\mathrm{r}} + (1-\alpha)\boldsymbol{X}^{\mathrm{g}} \tag{4-62}$$

式中，α 为从均匀分布 $U(0,1)$ 中生成的随机数。用真实样本和生成样本的差值来构造梯度惩罚项可以平衡两者对评价网络的影响。另外，$\|\nabla_{\hat{\boldsymbol{X}}} f(\hat{\boldsymbol{X}};\boldsymbol{\varphi})\|_2$ 表示评价网络关于 $\hat{\boldsymbol{X}}$ 梯度的 L2 范数。

通过观察式（4-61）可以发现，梯度惩罚项实际上在鼓励评价网络在线性插值样本上的梯度范数接近 K，从而满足 Lipschitz 连续性。这也意味着评价网络函数 $f(\boldsymbol{x};\boldsymbol{\varphi})$ 的梯度能够在整个输入空间内保持相对稳定，从而在训练过程中避免梯度爆炸或梯度消失问题。

3. 一致性正则化

一致性正则化（Consistency Regularization，CR）是机器学习领域中常用的一种技术，其核心思想是通过引入一致性约束来增强模型的泛化能力和稳定性。具体来说，这种正则化技术鼓励模型在面对轻微扰动的输入时，能够产生一致或相似的输出。此技术有助于降低模型对输入噪声的敏感性，并促使模型学习到更加平滑的决策边界。

基于上述思想，Odena 等人于 2020 年提出了一致性正则化生成对抗网络（Consistency Regularized GAN，CR-GAN）。在训练判别器时，CR-GAN 的损失函数增加了一个一致性正则化项，即

$$L_{\mathrm{D}}^{\mathrm{cr}} = L_{\mathrm{D}} + \lambda L_{\mathrm{cr}} \tag{4-63}$$

式中，L_{cr} 为一致性正则化项；λ 为超参数，用于控制惩罚项的强度。L_{cr} 的表达式为

$$L_{\mathrm{cr}} = \| D(\boldsymbol{x}) - D(T(\boldsymbol{x})) \|_2^2 \tag{4-64}$$

式中，T 表示某种具有随机性的数据增强（Data Augmentation）技术。

通过引入一致性约束，可以降低模型对输入噪声的敏感性，从而增强模型的稳定性。这对于 GAN 这类容易在训练过程中出现不稳定的模型尤为重要。

4. 正交正则化

在讨论正交正则化之前，我们首先复习几个概念：矩阵范数和正交矩阵。矩阵范数是矩阵的一种度量，表示矩阵的“大小”或“长度”。常见的矩阵范数包括 1-范数、2-范数（谱范数）、无穷范数等。正交矩阵是指其转置等于其逆的矩阵。具体来说，如果对于 N 阶实矩阵 $\boldsymbol{W}$，满足条件 $\boldsymbol{W}^{\mathrm{T}}\boldsymbol{W} = \boldsymbol{I}$，其中 $\boldsymbol{I}$ 为单位矩阵，$\boldsymbol{W}^{\mathrm{T}}$ 为矩阵 $\boldsymbol{W}$ 的转置，则称 $\boldsymbol{W}$ 为正交矩阵。这个定义等价于矩阵 $\boldsymbol{W}$ 的转置矩阵 $\boldsymbol{W}^{\mathrm{T}}$ 是 $\boldsymbol{W}$ 的逆矩阵，即 $\boldsymbol{W}^{-1} = \boldsymbol{W}^{\mathrm{T}}$。

在神经网络中，我们需要处理大量的矩阵乘法运算，而且即使是卷积操作，也可以转化为矩阵相乘的形式来表示。如果我们所处理的矩阵是正交矩阵，则可以为我们带来诸多便利。其中一个显著的好处是，**当一个矩阵与正交矩阵相乘时，该矩阵的范数会保持不变**。这一特性在深度神经网络中尤为重要，因为重复的矩阵乘法运算往往会导致梯度消失或梯度爆炸问题。如果深度神经网络的权重矩阵能够保持正交性，则可以对梯度消失或梯度爆炸问题起到很大的缓解作用。基于该想法，Brock 等人于 2017 年提出了正交正则化，即在神经网络的损失函数中加上如下形式的惩罚项：

$$R_{\beta}(\boldsymbol{W}) = \beta \cdot \| \boldsymbol{W}^{\mathrm{T}}\boldsymbol{W} - \boldsymbol{I} \|_{\mathrm{F}}^2 \tag{4-65}$$

式中，β 为惩罚项的超参数；$\boldsymbol{W}$ 为权重矩阵（实数矩阵）；$\|\boldsymbol{A}\|_{\mathrm{F}}$ 为矩阵 $\boldsymbol{A}$ 的 Frobenius 范数，可基于如下公式计算：

$$\|\boldsymbol{A}_{M\times N}\|_{\mathrm{F}}=\sqrt{\sum_{i=1}^{M}\sum_{j=1}^{N}|a_{ij}|^2}=\sqrt{\mathrm{Tr}\left(A^{\mathrm{T}}A\right)} \tag{4-66}$$

2019 年，Brock 等人在 BigGAN 中又对该惩罚项进行了改进，即

$$R_{\beta}(\boldsymbol{W})=\beta\cdot\|\boldsymbol{W}^{\mathrm{T}}\boldsymbol{W}\odot(\boldsymbol{1}-\boldsymbol{I})\|_{\mathrm{F}}^2 \tag{4-67}$$

式中，$\boldsymbol{1}$ 表示一个元素全是 1 的矩阵；$\odot$ 表示对应元素相乘（又称 Hadamard 乘积）。式（4-67）与传统的正交正则化有所区别，主要在于它从正则化中删除了对角线项（$\boldsymbol{W}^{\mathrm{T}}\boldsymbol{W}$ 的对角线元素）。这样做的目的是最小化滤波器之间的成对余弦相似性，但并不限制它们的范数。通过应用这种正交正则化，BigGAN 能够在生成器输入噪声向量的截断处理中，更有效地利用整个随机噪声向量空间，从而在样本的真实性与多样性之间实现更精细的平衡控制。

4.4.4 条件输入方法

在 GAN 的研究中，常将样本的额外信息作为条件输入生成器和判别器，以引导模型生成具备特定属性的样本。实现这一目标的方法有多种，本节将重点介绍 4 种流行的方法，其主要流程分别概括于图 4-15 和图 4-16 中。**除非有特别说明，本节所讨论的条件 $\boldsymbol{y}$ 已经过条件编码处理（具体参见 3.1.4 节），其实际表示条件的某种嵌入向量。**

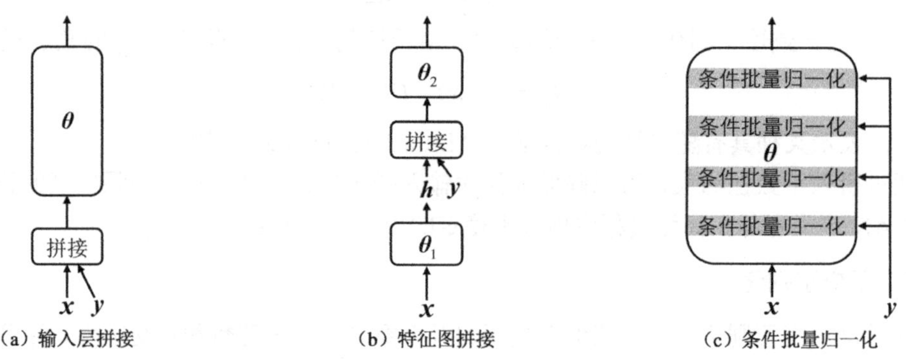

图 4-15 生成器的常见条件输入方法

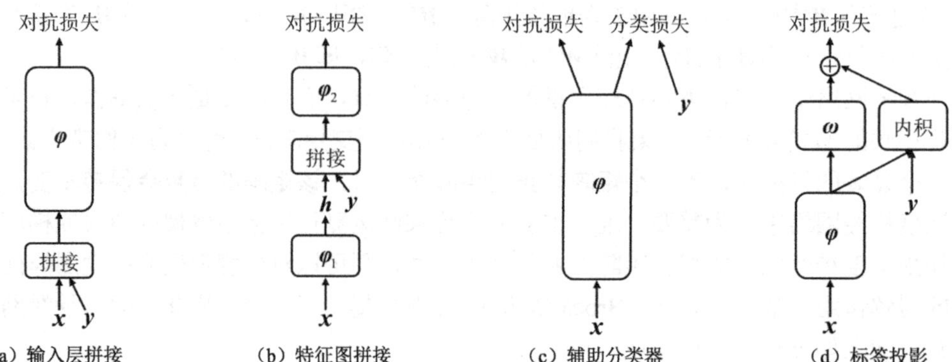

图 4-16 判别器的常见条件输入方法

首先介绍特征图拼接，该方法将条件信息直接附加到生成器或判别器的中间特征图上，从而影响其输出。其次介绍辅助分类器，通过在判别器中添加额外的分类任务来利用条件信息，帮助判别器判断输入图像和给定条件是否吻合。接着介绍条件批量归一化，它将条件信息编码为批量归一化层的缩放和偏移项，从而影响生成器的样本生成。最后介绍标签投影，该方法通过将条件向量与判别器的特征图进行内积运算，将条件信息有效地输入判别器。

1．特征图拼接

如表 4-2 所示，CGAN 通过在输入层进行条件拼接来实现条件生成功能。尽管这是一种直观的方法，但可能引发特征混淆和梯度传播困难等问题。2016 年，Reed 等人对 CGAN 的条件输入方法进行了改进，其主要贡献在于将判别器的条件拼接操作从输入层转移到模型的隐藏层。如图 4-16（b）所示，Reed 等人将判别器的某个隐藏层输出的特征图与条件的嵌入向量进行拼接，并将拼接后的结果作为输入传递给后续的隐藏层。对于生成器，Reed 等人继续采用 CGAN 的输入层拼接方，但特征图拼接同样适用于生成器的条件输入。

2．辅助分类器

2017 年，Odena 等人提出了著名的**辅助分类器 GAN**（Auxiliary Classifier GAN，ACGAN）。该模型通过在判别器的末尾增加一个辅助分类网络，并引入一个辅助分类任务，显著增强了 CGAN 在以类别标签为条件的生成式建模中的能力。

ACGAN 的判别器结构示意图如图 4-17 所示。在该结构中，卷积层的末端增加了一个额外的全连接层，即辅助分支，用于预测输入数据在辅助分类任务中的类别标签。将该辅助分支的输出与输入数据的真实类别标签进行比较，以计算分类损失（如交叉熵损失）。判别器的最终损失是对抗损失与辅助分类损失的线性组合。在生成器中，ACGAN 仍然采用 CGAN 的输入层拼接，但在损失函数中也引入了辅助分类损失。

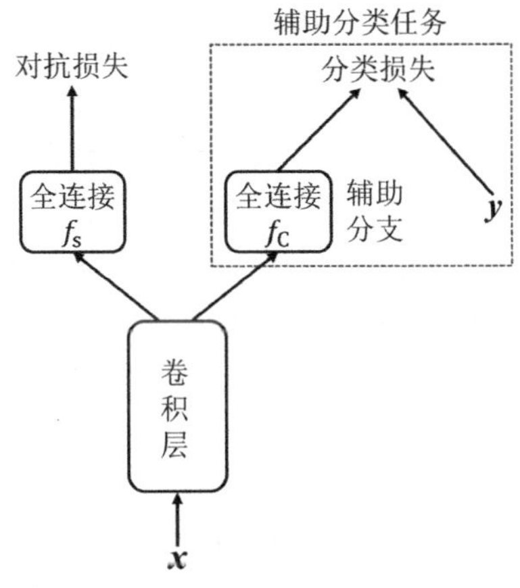

图 4-17　ACGAN 的判别器结构示意图

ACGAN 的损失函数由对抗损失和辅助分类损失两部分组成。

（1）**对抗损失**（Adversarial Loss）：ACGAN 的对抗损失与 GAN 的对抗损失类似，即

$$\begin{aligned}\mathcal{L}_{\mathrm{D}}^{\mathrm{S}} &= -E_{\boldsymbol{X}^{\mathrm{r}}\sim p_{\mathrm{r}}(\boldsymbol{x})}\left[\ln D_{\mathrm{S}}(\boldsymbol{X}^{\mathrm{r}})\right] - E_{\boldsymbol{Z}\sim q(\boldsymbol{z}),\boldsymbol{Y}\sim p(\boldsymbol{y})}\left[\ln\left(1 - D_{\mathrm{S}}(G(\boldsymbol{Z},\boldsymbol{Y}))\right)\right] \\ \mathcal{L}_{\mathrm{G}}^{\mathrm{S}} &= -E_{\boldsymbol{Z}\sim q(\boldsymbol{z}),\boldsymbol{Y}\sim p(\boldsymbol{y})}\left[\ln D_{\mathrm{S}}(G(\boldsymbol{Z},\boldsymbol{Y}))\right]\end{aligned} \tag{4-68}$$

式中，D_S 为图 4-17 中判别器除去辅助分支后的剩余部分；$p(\boldsymbol{y})$ 为条件 $\boldsymbol{Y}$ 的分布。

（2）**辅助分类损失**（Auxiliary Classification Loss）：辅助分类损失用于训练模型根据类别标签生成对应图像的能力。对于生成器，目标是生成样本的类别标签与输入标签一致。对于判别器，目标是正确预测输入图像的类别标签。具体损失函数如下：

$$\begin{aligned}\mathcal{L}_{\mathrm{D}}^{\mathrm{C}} &= -E_{(\boldsymbol{X},\boldsymbol{Y})\sim p_{\mathrm{r}}(\boldsymbol{x},\boldsymbol{y})}\left[\ln D_{\mathrm{C}}(\boldsymbol{X}^{\mathrm{r}})\right] - E_{\boldsymbol{Z}\sim q(\boldsymbol{z}),\boldsymbol{Y}\sim p(\boldsymbol{y})}\left[\ln D_{\mathrm{C}}(G(\boldsymbol{Z},\boldsymbol{Y}))\right] \\ \mathcal{L}_{\mathrm{G}}^{\mathrm{C}} &= -E_{\boldsymbol{Z}\sim q(\boldsymbol{z}),\boldsymbol{Y}\sim p(\boldsymbol{y})}\left[\ln D_{\mathrm{C}}(G(\boldsymbol{Z},\boldsymbol{Y}))\right]\end{aligned} \tag{4-69}$$

式中，$p_{\mathrm{r}}(\boldsymbol{x},\boldsymbol{y})$ 为真实图像和其类别标签的联合分布；D_{C} 为图 4-17 中判别器除去全连接层 f_{S} 后的剩余部分。

ACGAN 的总损失函数为对抗损失和辅助分类损失的线性组合：

$$\begin{aligned}\mathcal{L}_{\mathrm{D}} &= \mathcal{L}_{\mathrm{D}}^{\mathrm{S}} + \lambda \cdot \mathcal{L}_{\mathrm{D}}^{\mathrm{C}} \\ \mathcal{L}_{\mathrm{G}} &= \mathcal{L}_{\mathrm{G}}^{\mathrm{S}} + \lambda \cdot \mathcal{L}_{\mathrm{G}}^{\mathrm{C}}\end{aligned} \tag{4-70}$$

式中，$\lambda > 0$ 是权重系数，用于平衡对抗损失和辅助分类损失的权重。

3．条件批量归一化

条件批量归一化是批量归一化的一种变体，它在批量归一化的基础上引入了条件信息，以增强模型在特定条件下的生成能力。这种方法已被证明在 GAN 中具有显著效果，并且已被多种著名的 CGAN，如 SNGAN、SAGAN、BigGAN 等采用。

在批量归一化中，对于每个小批量数据，批量归一化会对输入特征进行归一化处理，使其具有零均值和单位方差，然后通过可学习的缩放（Scale）和偏移（Shift）参数（分别记为 γ 和 β）进行变换，以恢复数据的表达能力。

条件批量归一化在此基础上，将条件信息融入缩放和偏移参数，使这些参数不再是全局固定的，而是根据输入的条件动态变化。条件批量归一化的公式可以表示为

$$\boldsymbol{x}_{\mathrm{out}} = \frac{\boldsymbol{x}_{\mathrm{in}} - \mu(\boldsymbol{x}_{\mathrm{in}})}{\sqrt{\sigma^2(\boldsymbol{x}_{\mathrm{in}}) + \epsilon}} \cdot \gamma(\boldsymbol{y}) + \beta(\boldsymbol{y}) \tag{4-71}$$

式中，$\boldsymbol{x}_{\mathrm{in}}$ 为输入特征；$\mu(\boldsymbol{x}_{\mathrm{in}})$ 和 $\sigma^2(\boldsymbol{x}_{\mathrm{in}})$ 分别表示输入特征在当前小批量数据上的均值和方差；ϵ 是一个很小的正数；$\gamma(\boldsymbol{y})$ 和 $\beta(\boldsymbol{y})$ 是根据条件信息动态计算的缩放和偏移参数。在实际应用中，$\gamma(\boldsymbol{y})$ 和 $\beta(\boldsymbol{y})$ 可以通过一个额外的网络（如多层感知机 MLP）根据条件信息计算得到，或者直接从条件信息中通过某种映射关系得到。

4．标签投影

在现代 CGAN 中，一种常用的向判别器输入条件的方法被称为**标签投影**（Label Projection）。这一方法已经被多种著名的 CGAN 采用，如 SNGAN、SAGAN、BigGAN 等。

如图 4-18 所示，标签投影的实现步骤其实很简单。首先，判别器对输入样本 $\boldsymbol{x}$ 通过一系列卷积层和池化层提取特征，并经过展平操作后，得到特征向量 $\boldsymbol{h}$。然后，特征向量 $\boldsymbol{h}$ 经过一个全连接层 $f(\boldsymbol{h})$ 后，得到一个标量 $D_{\mathrm{base}}(\boldsymbol{x})$，可以视为输入样本的传统判别得分。同时，条件的嵌入向量 $\boldsymbol{y}$ 经过一个全连接层 $g(\boldsymbol{y})$ 后，得到一个与特征向量 $\boldsymbol{h}$ 同维度的向量 $\boldsymbol{v}$。接着，特征向量 $\boldsymbol{h}$ 和向量 $\boldsymbol{v}$ 进行内积运算，得到一个标量 $s(\boldsymbol{x},\boldsymbol{y})$，即

$$s(\boldsymbol{x},\boldsymbol{y}) = \boldsymbol{h} \cdot \boldsymbol{v} = \sum_i h_i v_i \tag{4-72}$$

判别器的最终输出由两部分构成：一部分是基于输入样本 $\boldsymbol{x}$ 的传统判别得分 $D_{\text{base}}(\boldsymbol{x})$，另一部分是通过条件标签投影得分 $s(\boldsymbol{x},\boldsymbol{y})$。两者相加，得到最终的判别得分：

$$D(\boldsymbol{x},\boldsymbol{y})=D_{\text{base}}(\boldsymbol{x})+s(\boldsymbol{x},\boldsymbol{y}) \tag{4-73}$$

式中，$D_{\text{base}}(\boldsymbol{x})$ 可以看作判别器对样本真实性的基本判断；$s(\boldsymbol{x},\boldsymbol{y})$ 则是考虑了条件信息后的修正项。

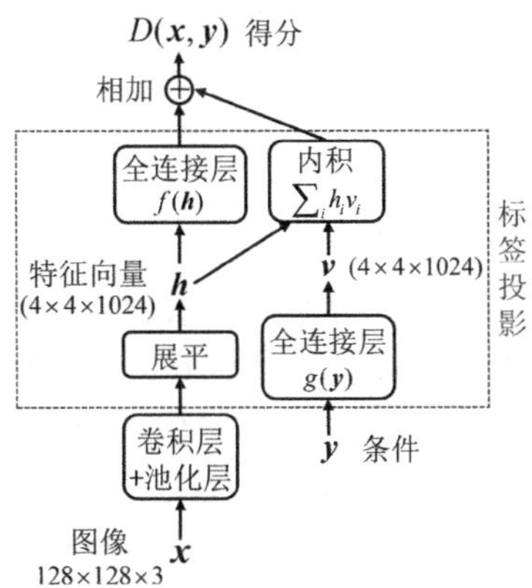

图 4-18　含有标签投影的判别器示意图（假设输入图像的维度为128×128×3）

标签投影通过内积操作，将条件信息直接融入判别器的输出，比传统的简单拼接更为有效。内积操作计算简单，不增加模型的计算复杂度，因此非常适合大规模生成任务。正因为其高效性，标签投影已被多个先进的 GAN 广泛采用，显著提升了生成样本的质量。

4.4.5　一维连续条件

CGAN 主要应用于基于离散条件（如类别标签、文字描述等）的图像生成任务。然而，对于一维连续条件下的生成式建模任务，CGAN（尤其是 Class-conditional）却无法胜任。一维连续条件又被称为回归标签，可以用来表示角度、温度、湿度、年龄等连续标量。为解决这一问题，Ding 等人首次提出了**连续条件生成对抗网络**（Continuous Conditional Generation Adversarial Networks，CCGAN），这是首个能够以回归标签为条件进行图像生成建模的模型。

CGAN 难以胜任一维连续任务的主要原因可归结为两点：第一点，CGAN 的**经验损失函数**并不适用于回归数据集；第二点，CGAN 缺乏一个有效的机制来将一维连续条件输入生成器或判别器。在本节中，我们将首先分析 CGAN 的经验损失函数及其标签输入机制所存在的问题，随后介绍 CCGAN 针对这些问题所提出的解决方案。

我们以 CGAN 的经验损失函数为例，来阐述其具体存在的问题。在此之前，我们在 4.3.3 节中介绍了 CGAN 的理论损失函数，其具体形式如下：

$$\begin{aligned}\mathcal{L}(D)&=-E_{\boldsymbol{Y}\sim p(\boldsymbol{y})}\left[E_{\boldsymbol{X}^{\text{r}}\sim p_{\text{r}}(\boldsymbol{x}|\boldsymbol{Y})}\left[\ln D(\boldsymbol{X}^{\text{r}},\boldsymbol{Y})\right]\right]\\&\quad-E_{\boldsymbol{Y}\sim p(\boldsymbol{y})}\left[E_{\boldsymbol{X}^{\text{g}}\sim p_{\text{g}}(\boldsymbol{x}|\boldsymbol{Y})}\left[\ln\left(1-D(\boldsymbol{X}^{\text{g}},\boldsymbol{Y})\right)\right]\right]\\&=-\int\ln D(\boldsymbol{x},\boldsymbol{y})p_{\text{r}}(\boldsymbol{x},\boldsymbol{y})\text{d}\boldsymbol{x}\text{d}\boldsymbol{y}\\&\quad-\int\ln\left(1-D(\boldsymbol{x},\boldsymbol{y})\right)p_{\text{g}}(\boldsymbol{x},\boldsymbol{y})\text{d}\boldsymbol{x}\text{d}\boldsymbol{y}\end{aligned} \tag{4-74}$$

$$\begin{aligned}\mathcal{L}(G) &= -E_{Y\sim p(y)}\left[E_{Z\sim q(z)}\left[\ln D(G(\boldsymbol{Z},\boldsymbol{Y}),\boldsymbol{Y})\right]\right] \\ &= -\int \ln\left(D(G(z,\boldsymbol{y}),\boldsymbol{y})\right)p(z)p(\boldsymbol{y})\mathrm{d}z\mathrm{d}\boldsymbol{y}\end{aligned} \tag{4-75}$$

通常，式（4-74）中的积分是难以求得显式表达式的，因此我们需要寻求它们的近似估计，这就是所谓的经验损失函数：

$$\begin{aligned}\widehat{\mathcal{L}}(D) &= -\frac{1}{N^{\mathrm{r}}}\sum_{i=1}^{N^{\mathrm{r}}}\ln(D(\boldsymbol{x}_i^{\mathrm{r}},\boldsymbol{y}_i^{\mathrm{r}})) - \frac{1}{N^{\mathrm{g}}}\sum_{i=1}^{N^{\mathrm{g}}}\ln(1-D(\boldsymbol{x}_i^{\mathrm{g}},\boldsymbol{y}_i^{\mathrm{g}})) \\ \widehat{\mathcal{L}}(G) &= -\frac{1}{N^{\mathrm{g}}}\sum_{i=1}^{N^{\mathrm{g}}}\ln\left(1-D(G(z_i,\boldsymbol{y}_i^{\mathrm{g}}),\boldsymbol{y}_i^{\mathrm{g}})\right)\end{aligned} \tag{4-76}$$

式中，$\boldsymbol{x}_i^{\mathrm{r}}$ 为第 i 个真实图像；$\boldsymbol{y}_i^{\mathrm{r}}$ 为 $\boldsymbol{x}_i^{\mathrm{r}}$ 的标签；$\boldsymbol{x}_i^{\mathrm{g}}$ 为第 i 个虚假图像；$\boldsymbol{y}_i^{\mathrm{g}}$ 为 $\boldsymbol{x}_i^{\mathrm{g}}$ 的标签；$\boldsymbol{z}_i$ 为从高斯分布中随机采样的样本；N^{r} 和 N^{g} 分别为真实图像和虚假图像的数量。经验损失函数，如式（4-76）所示，可以被视为使用样本均值来估计式（4-74）和式（4-75）中的数学期望。

当估计条件分布 $p_{\mathrm{r}}(\boldsymbol{x}\,|\,\boldsymbol{y})$ 时，若采用上述经验损失函数来训练判别器，则实际上仅利用了标签为 $\boldsymbol{y}$ 的真实样本。这种经验损失函数在离散条件（如类别）下的生成式建模中通常表现良好，原因在于，对于每个离散条件的取值，训练集中往往包含足够多的真实样本。例如，在 ImageNet 数据集上训练 Class-CGAN 时，每个类别都对应上千个真实样本。然而，在以回归标签为条件的生成式建模任务中，情况则有所不同。某些回归标签在训练集中可能只有极少数甚至完全没有真实样本（该回归标签在训练集中未出现），这给回归标签下的生成式建模任务带来了极大的挑战。因此，对于一维连续条件，我们需要定义新的 CGAN 的经验损失函数。

另外，传统的条件编码方式（见 3.1.4 节）通常基于一个假设，即条件变量的所有可能取值是有限且已知的。例如，在基于类别的生成式建模任务中，我们需要在训练模型之前明确知道存在哪些具体的类别。然而，由于回归标签具有连续性特点，其可能的取值是无限多的。因此，传统的条件编码方式无法直接应用于回归标签下的生成式建模任务。

为了解决上述问题，Ding 等人提出了 CCGAN。CCGAN 的训练目的可被抽象为对图像的条件概率分布的概率密度函数 $p_{\mathrm{r}}(\boldsymbol{x}\,|\,y)$ 进行估计，其中 $\boldsymbol{x}\in\mathbb{R}^{H\times W\times C}$ 与 $y\in\mathbb{R}$ 分别表示图像和一维回归标签。受邻域风险最小化原则的启发，CCGAN 的核心贡献之一是提出了**"邻域"**（Vicinity）假设：如果对 y 加上一个轻微的扰动 $\varDelta$，$p_{\mathrm{r}}(\boldsymbol{x}\,|\,\boldsymbol{y})$ 几乎是不变的，即 $p_{\mathrm{r}}(\boldsymbol{x}\,|\,y)\approx p_{\mathrm{r}}(\boldsymbol{x}\,|\,y+\varDelta)$。若邻域假设成立，当估计 $p_{\mathrm{r}}(\boldsymbol{x}\,|\,y)$ 时，CCGAN 不仅可利用标签值为 y 的图像，还可利用标签值在 y 周围的图像（y 的邻域）。这个假设实际上符合我们对于这个世界的认知。例如，20 岁人群和 21 岁人群的脸部图像的概率分布应该是相似的。基于这一邻域假设，Ding 等人提出了**硬/软邻域方法**（Hard/Soft Vicinity）和**标签加噪机制**。

（1）**硬/软邻域方法**：CCGAN 首先定义了回归标签 y 的**硬邻域**（训练集中某些图像形成的集合）。在硬邻域中，图像的标签值在以 y 为中心、$\kappa>0$ 为半径的区间内（$[y-\kappa,y+\kappa]$），其中 κ 是一个预先设定的超参数。类似地，CCGAN 定义了 y 的**软邻域**，其包含数据集中的所有图像，但是每张图像都被赋予了一个权重，此权重随着图像标签值 y' 离邻域中心 y 距离的增加而递减，即 $w(y',y)=\mathrm{e}^{-\upsilon(y'-y)^2}$，$\upsilon>0$。在训练时，CCGAN 利用训练集中所有在 y 邻域中的图像来估计 $p_{\mathrm{r}}(\boldsymbol{x}\,|\,\boldsymbol{y})$，从而缓解 y 处样本不足的问题。邻域技术通过牺牲一定的标签一致性，使模型训练更加稳定，并提升了生成图像的多样性与视觉质量。

（2）**标签加噪机制**：在 CCGAN 的训练过程中，我们有意地在训练图像的回归标签值上施加高斯噪声，这在数学上相当于对回归标签的概率密度 $p(y)$ 进行核密度估计（Kernel Density Estimation，KDE）。这种做法的目的在于，通过加入噪声的回归标签值，我们能够覆盖那些并未在原始训练集中出现的标签值。在这种情况下，即使训练集中没有带有标签值 y' 的图像，我们仍然能够利用 y' 硬/软邻域中的训练图像对 $p_r(\boldsymbol{x} \mid y')$ 进行估计。

基于硬/软邻域方法和标签加噪机制，CCGAN 定义了面向回归标签的新型 CGAN 的经验损失函数——**硬/软邻域判别器损失**（Hard/Soft Vicinal Discriminator Loss，H/SVDL），这一损失函数的设计极大地缓解了数据不足的问题。HVDL 和 SVDL 的形式如下：

$$\begin{aligned}\widehat{\mathcal{L}}^{\text{HVDL}}(D) = &-\frac{1}{N^{\text{r}}}\sum_{j=1}^{N^{\text{r}}}\sum_{i=1}^{N^{\text{r}}} E_{\epsilon^{\text{r}}\sim\mathcal{N}(0,\sigma^2)}\left[W_1 \ln\left(D(x_i^{\text{r}}, y_j^{\text{r}}+\epsilon^{\text{r}})\right)\right] \\ &-\frac{1}{N^{\text{g}}}\sum_{j=1}^{N^{\text{g}}}\sum_{i=1}^{N^{\text{g}}} E_{\epsilon^{\text{g}}\sim\mathcal{N}(0,\sigma^2)}\left[W_2 \ln\left(1-D(x_i^{\text{g}}, y_j^{\text{g}}+\epsilon^{\text{g}})\right)\right]\end{aligned} \tag{4-77}$$

$$\begin{aligned}\widehat{\mathcal{L}}^{\text{SVDL}}(D) = &-\frac{1}{N^{\text{r}}}\sum_{j=1}^{N^{\text{r}}}\sum_{i=1}^{N^{\text{r}}} E_{\epsilon^{\text{r}}\sim\mathcal{N}(0,\sigma^2)}\left[W_3 \ln\left(D(x_i^{\text{r}}, y_j^{\text{r}}+\epsilon^{\text{r}})\right)\right] \\ &-\frac{1}{N^{\text{g}}}\sum_{j=1}^{N^{\text{g}}}\sum_{i=1}^{N^{\text{g}}} E_{\epsilon^{\text{g}}\sim\mathcal{N}(0,\sigma^2)}\left[W_4 \ln\left(1-D(x_i^{\text{g}}, y_j^{\text{g}}+\epsilon^{\text{g}})\right)\right]\end{aligned} \tag{4-78}$$

式中，$\epsilon^{\text{r}} \triangleq y - y_j^{\text{r}}$；$\epsilon^{\text{g}} \triangleq y - y_j^{\text{g}}$；$w^{\text{r}}(y_i^{\text{r}}, y) = \text{e}^{-\nu(y_i^{\text{r}}-y)^2}$；$w^{\text{g}}(y_i^{\text{g}}, y) = \text{e}^{-\nu(y_i^{\text{g}}-y)^2}$；$1_{\{\cdot\}}$ 为示性函数（Indicator Function）。权重 W_1、W_2、W_3、W_4 的定义如下：

$$W_1 = \frac{1_{\{|y_j^{\text{r}}+\epsilon^{\text{r}}-y_i^{\text{r}}|\leqslant\kappa\}}}{N^{\text{r}}_{y_j^{\text{r}}+\epsilon^{\text{r}},\kappa}},\quad W_2 = \frac{1_{\{|y_j^{\text{g}}+\epsilon^{\text{g}}-y_i^{\text{g}}|\leqslant\kappa\}}}{N^{\text{g}}_{y_j^{\text{g}}+\epsilon^{\text{g}},\kappa}}$$

$$W_3 = \frac{w^{\text{r}}(y_i^{\text{r}}, y_j^{\text{r}}+\epsilon^{\text{r}})}{\sum_{i=1}^{N^{\text{r}}} w^{\text{r}}(y_i^{\text{r}}, y_j^{\text{r}}+\epsilon^{\text{r}})},\quad W_4 = \frac{w^{\text{g}}(y_i^{\text{g}}, y_j^{\text{g}}+\epsilon^{\text{g}})}{\sum_{i=1}^{N^{\text{g}}} w^{\text{g}}(y_i^{\text{g}}, y_j^{\text{g}}+\epsilon^{\text{g}})}$$

同时，为了解决回归标签的输入难题，CCGAN 还提出了一个**新型回归标签输入机制**。该机制通过引入一个标签嵌入网络，将一维的回归标签映射到高维空间中。随后，利用条件批量归一化与标签投影，将标签的高维表示输入模型网络。CCGAN 的有效性已在多个回归数据集上得到充分验证，并被成功应用于不同类型的任务（甚至包括非图像数据任务），展现了其强大的通用性和实用性。

4.4.6 隐变量解耦

隐变量解耦（Disentanglement）在 GAN 中指的是将隐空间（噪声空间）中的变量分解为相互独立或相关性较小的部分，每部分变量控制生成图像的不同属性或特征。通过解耦可以更容易地操纵生成图像，实现更精细地控制和生成多样性。典型的实现隐变量解耦的 GAN 包括 InfoGAN 和 StyleGAN 等。

1. InfoGAN

信息最大化生成对抗网络（Information Maximizing Generative Adversarial Networks，

InfoGAN）是对 GAN 的一个重要扩展。其核心创新之处在于引入了一个**潜在信息变量**（Latent Code），并最大化这些信息与生成数据之间的互信息（Mutual Information），使生成器能够生成具有特定属性的数据样本。

如图 4-19 所示，InfoGAN 将生成器的输入划分为两部分，一部分是高斯噪声 $\boldsymbol{z}$，另一部分是潜在信息变量 $\boldsymbol{c}$。InfoGAN 期望每个潜在信息变量 c_i 都能够对应一个样本特征。为了实现这一目标，InfoGAN 在其目标函数中，除了包含 GAN 的损失函数，还增加了互信息项，即

$$\min_{G,Q}\max_{D} V_I(D,G,Q)=V(D,G)-\lambda\cdot I(\boldsymbol{c};G(\boldsymbol{z},\boldsymbol{c})) \tag{4-79}$$

式中，$V(D,G)$ 为 GAN 的损失函数，用于确保生成样本的真实性（Realism）；$I(\boldsymbol{c};G(\boldsymbol{z},\boldsymbol{c}))$ 为潜在信息变量 $\boldsymbol{c}$ 与生成样本 $G(\boldsymbol{z},\boldsymbol{c})$ 之间的互信息，用于确保潜在信息变量对生成样本具有可解释性；λ 是一个超参数，用于平衡真实性损失和互信息损失。为了优化式（4-79），InfoGAN 引入了一个辅助网络 Q，用于近似求解互信息 $I(\boldsymbol{c};G(\boldsymbol{z},\boldsymbol{c}))$。

通过这种方式，InfoGAN 不仅能够生成逼真的数据样本，还能够对生成的数据施加特定的控制，如控制图像中的角度、形状等特征。这种独特的属性使 InfoGAN 在图像生成和半监督学习等领域具有广泛的应用前景。

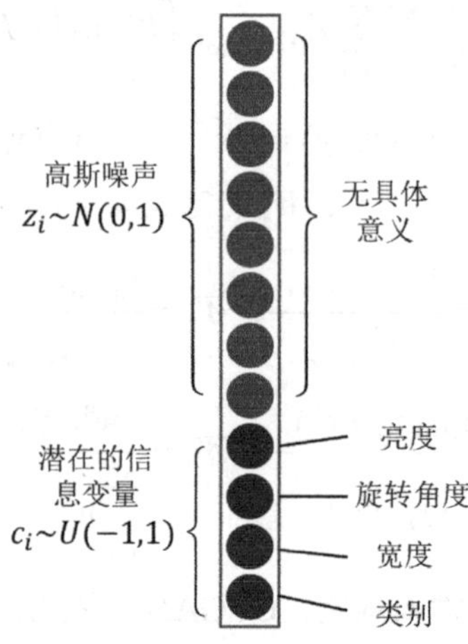

图 4-19　InfoGAN 的噪声向量和潜在信息变量示意图

2. StyleGAN

StyleGAN 是 Karras 等人于 2019 年提出的一种 GAN 的变体模型。StyleGAN 的主要创新之处在于其生成器的架构设计，特别是在生成过程中引入了风格控制机制，使它能够对生成图像的各个层次细节进行独立的控制。

如图 4-20 所示，GAN 的生成器以噪声向量 $\boldsymbol{z}$ 为输入，通过一系列层次逐步生成最终图像。StyleGAN 则引入了风格映射网络（Style Mapping Network），该网络是一个多层感知器，将初始的噪声向量 $\boldsymbol{z}\sim\mathcal{N}(\boldsymbol{0},\boldsymbol{I})$ 映射到一个风格空间（Style Space）$\mathcal{W}$ 中，即

$$\boldsymbol{w}=f(\boldsymbol{z}) \tag{4-80}$$

式中，$\boldsymbol{w}\in\mathcal{W}$ 为风格向量。

生成器的每层都接收风格向量 $\boldsymbol{w}$ 作为输入，并通过自适应实例归一化（Adaptive Instance Normalization，AdaIN）来控制每层生成的特征图：

$$\mathrm{AdaIN}(\boldsymbol{x}_i,\boldsymbol{y})=\boldsymbol{y}_{s,i}\left(\frac{\boldsymbol{x}_i-\mu(\boldsymbol{x}_i)}{\sigma(\boldsymbol{x}_i)}\right)+\boldsymbol{y}_{b,i} \tag{4-81}$$

式中，$\boldsymbol{x}_i$ 为前一层的特征图；$\mu(\boldsymbol{x}_i)$ 和 $\sigma(\boldsymbol{x}_i)$ 分别为特征图的均值和标准差；$\boldsymbol{y}_{s,i}$ 和 $\boldsymbol{y}_{b,i}$ 分别为从风格向量 $\boldsymbol{w}$ 中，经过仿射变化［图 4-20（b）中的符号 A］计算得到的缩放因子和偏置项，用于调整特征图的分布。

StyleGAN 通过分离图像的“内容”和“样式”来实现高度可控的图像生成。其中，映射网络负责捕获图像的高级语义特征(样式)，而合成网络则根据这些样式逐步生成图像的内容。在合成过程中，每个样式块都通过 AdaIN 将样式注入对应的卷积层，从而实现对图像样式的精细控制。

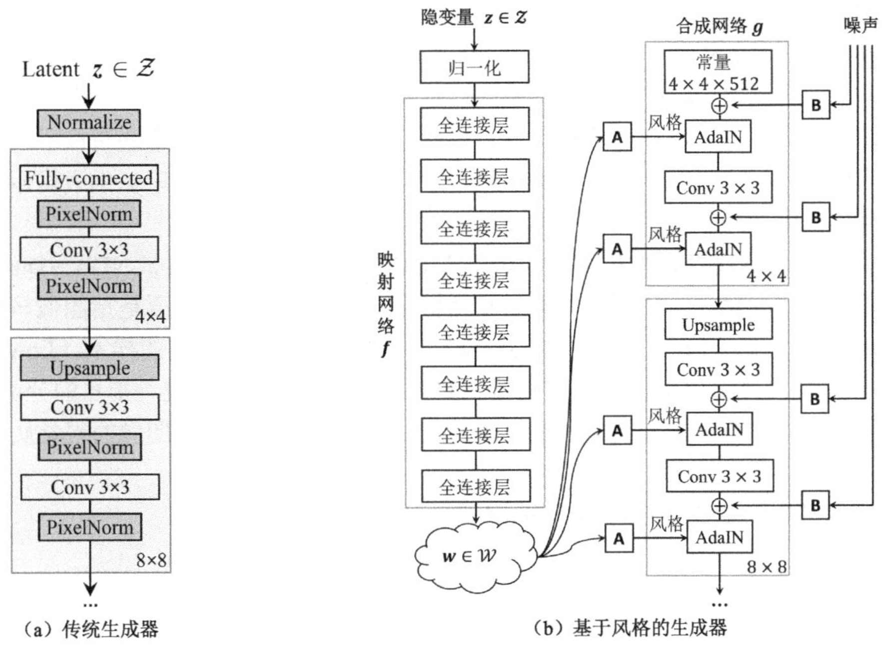

图 4-20　StyleGAN 生成器的结构示意图

4.4.7　数据增强

1．DiffAugment

可微分数据扩增（Differentiable Augmentation，DiffAugment）是一种旨在 GAN 训练稳定性的方法，尤其适用于数据集规模较小的情况。其核心创新点在于，将数据增强（Data Augmentation）操作设计为一个可微分的模块，直接整合到 GAN 的训练过程中。这一设计使数据增强操作能够在生成器和判别器之间传递梯度，从而确保整个训练过程的端到端可微性。

若将 DiffAugment 应用于 GAN，则损失函数变为

$$\begin{aligned}\mathcal{L}_{\mathrm{D}}(\boldsymbol{\varphi})&=-E_{\boldsymbol{X}^{\mathrm{r}}\sim p_{\mathrm{r}}(\boldsymbol{x})}\left[\ln D(T(\boldsymbol{X}^{\mathrm{r}});\boldsymbol{\varphi})\right]-E_{\boldsymbol{Z}\sim q(\boldsymbol{z})}\left[\ln\left(1-D(T(G(\boldsymbol{Z};\boldsymbol{\theta}));\boldsymbol{\varphi})\right)\right]\\ \mathcal{L}_{\mathrm{G}}(\boldsymbol{\theta})&=-E_{\boldsymbol{Z}\sim q(\boldsymbol{z})}\left[\ln D(T(G(\boldsymbol{Z};\boldsymbol{\theta}));\boldsymbol{\varphi})\right]\end{aligned} \tag{4-82}$$

式中，$T(\cdot)$ 是一个可微分的数据增强操作，包括随机颜色变换、随机平移、随机旋转、随机

剪裁等。由于这些操作是可微分的，因此它们可以通过反向传播将梯度传回生成器。

DiffAugment 是一个“即插即用”（Plug and Play）的模块，它不依赖特定的 GAN，因此能够与各种 GAN 兼容并使用。此外，通过可微分的数据增强操作，DiffAugment 能够有效地缓解 GAN 在小数据集上的过拟合问题，进而提升模型的泛化能力。

2. 负样本扩增

在 GAN 的训练过程中，传统的数据增强实质上是通过先验知识人为地创造出一些理论上存在但在原始训练集中并未出现的样本。换言之，数据增强是在利用先验知识来指导 GAN 应当生成何种类型的样本。相比之下，**负样本扩增**（Negative Data Augmentation，NDA）则是利用先验知识来指导 GAN 不应生成何种类型的样本。

针对 GAN 的负样本扩增最初由 Sinha 等人于 2021 年提出，该技术主要聚焦于无条件生成对抗网络和 Class-CGAN。在 GAN 的训练过程中，负样本扩增会对训练集中的真实图像施加随机变换$T(\cdot)$，如剪切、混合、拼接等操作，从而生成失真图像（负样本）。随后，这些负样本与生成图像一同被送入判别器进行优化。在判别器的训练过程中，这些负样本与生成图像均被视为虚假样本。通过判别器的分类作用，可以间接地引导生成器避免生成类似的负样本，进而达到提升生成样本质量的目的。

2024 年，Ding 等人将负样本扩增进一步引入 CCGAN，并提出了 Dual-NDA。Dual-NDA 生成了两类负样本，即第一类负样本和第二类负样本。第一类负样本主要是指图像与标签不匹配的样本（Label Inconsistent），而第二类负样本则是指视觉质量较差的样本（Low Visual Quality）。这两类负样本会同时被送入判别器，并被视为虚假样本。通过判别器的分类作用，可以间接地引导生成器避免生成类似的负样本，从而针对性地提升生成图像的视觉质量和标签一致性。

负样本扩增和 Dual-NDA 的示意图如图 4-21 所示。

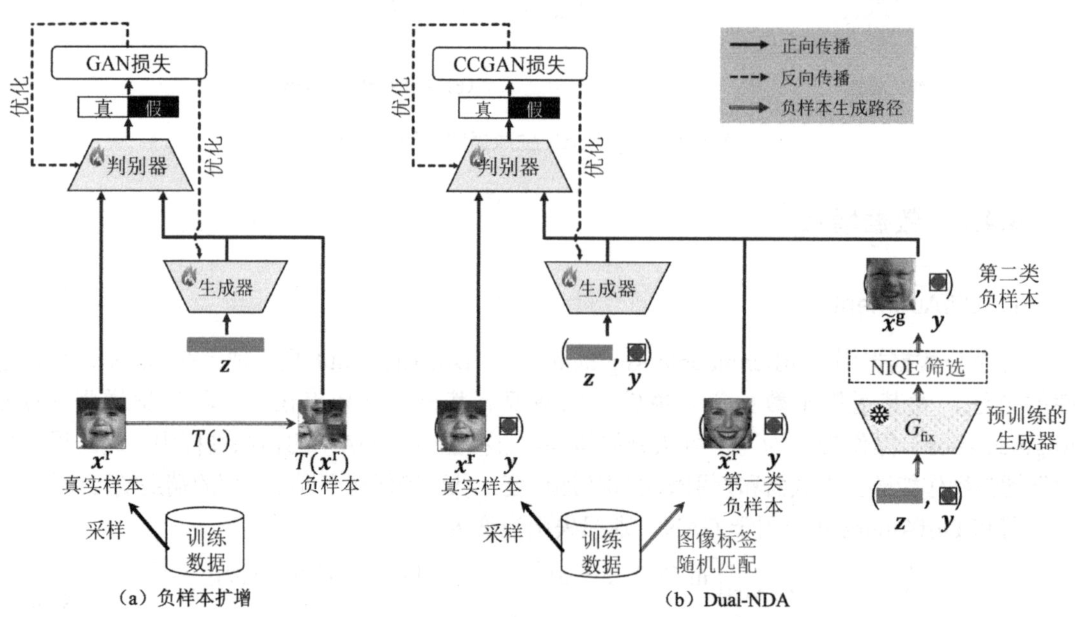

图 4-21　负样本扩增和 Dual-NDA 的示意图

4.4.8 二次采样

以上我们所介绍的方法主要聚焦于 GAN 的训练过程，通过对损失函数、网络结构、训练样本等方面进行改进来优化模型。而在本节中，我们将介绍一种在 GAN 训练完成后，旨在提升采样质量的方法，即**二次采样**（Subsampling）。

1．基于最优判别器

在 GAN 的采样中，倘若我们知道了真实概率密度 $p_r(\boldsymbol{x})$ 和生成概率密度 $p_g(x)$ 的比值，即

$$r(\boldsymbol{x}) \triangleq \frac{p_r(\boldsymbol{x})}{p_g(\boldsymbol{x})} \tag{4-83}$$

则可以用 4.1.5 节介绍的拒绝采样来剔除 GAN 生成的部分不符合真实分布的图像，从而改善生成样本的总体质量。但是，真实概率密度 $p_r(\boldsymbol{x})$ 和生成概率密度 $p_g(x)$ 均未知，那么我们应当如何计算该密度比呢？

在 4.2.4 节中，我们介绍了 GAN 的最优判别器，其具有如下形式：

$$D^*(\boldsymbol{x}) = \frac{p_r(\boldsymbol{x})}{p_r(\boldsymbol{x}) + p_g(\boldsymbol{x})} \tag{4-84}$$

如果我们对式（4-84）进行改写，则可得概率密度比 $r(\boldsymbol{x})$ 和最优判别器 $D^*(\boldsymbol{x})$ 具有如下关系：

$$r(\boldsymbol{x}) = \frac{p_r(\boldsymbol{x})}{p_g(\boldsymbol{x})} = \frac{D^*(\boldsymbol{x})}{1 - D^*(\boldsymbol{x})} \tag{4-85}$$

据此，Azadi 等人提出了鉴别器抑制采样（Discriminator Rejection Sampling，DRS）。该方法假设 GAN 训练完成后的判别器 $D(\boldsymbol{x})$ 为最优判别器，并利用式（4-85）来计算概率密度比的估计值。DRS 用判别器 $D(\boldsymbol{x})$ 在训练样本和生成样本上的最大值来确定公式 $u \leqslant \frac{p(x^*)}{Mq(x^*)}$ 中的常数 M，并据此计算拒绝概率。

2．基于概率密度比估计

DRS 的成功与否，关键在于其基本假设是否成立，即训练完成后的判别器 $D(\boldsymbol{x})$ 是否达到了最优状态。然而，在实际训练中，判别器几乎无法达到最优状态，并且我们也无法确切判断其是否达到了最优状态。因此，DRS 在许多场景中的表现并不尽如人意。

出于上述考虑，Ding 等人提出了使用神经网络来估计概率密度比 $r(\boldsymbol{x})$ 的方法，并为此专门设计了带有惩罚项的 Softplus 损失函数，即

$$\widehat{L}_{\mathrm{SP}} = \frac{1}{N^g}\sum_{i=1}^{N^g}\left[\sigma(\hat{r}(\boldsymbol{x}_i^g;\boldsymbol{\alpha}))\hat{r}(\boldsymbol{x}_i^g;\boldsymbol{\alpha}) - \eta(\hat{r}(\boldsymbol{x}_i^g;\boldsymbol{\alpha}))\right] - \frac{1}{N^r}\sum_{i=1}^{N^r}\sigma(\hat{r}(\boldsymbol{x}_i^r;\boldsymbol{\alpha})) + \lambda \cdot \widehat{Q}(\boldsymbol{\alpha}) \tag{4-86}$$

式中，$\boldsymbol{x}_i^r$ 和 $\boldsymbol{x}_i^g$ 分别为真实样本和生成样本；N^r 和 N^g 分别为真实样本和生成样本的数量；$\hat{r}(\boldsymbol{x};\boldsymbol{\alpha})$ 为参数 $\boldsymbol{\alpha}$ 的神经网络，用来估计 $r(\boldsymbol{x})$；$\sigma(\cdot)$ 为 Sigmoid 激活函数；λ 为超参数；$\widehat{Q}(\boldsymbol{\alpha})$ 为惩罚项，用来防止过拟合，其具体形式为

$$\widehat{Q}(\boldsymbol{\alpha})=\left(\frac{1}{N^{\mathrm{g}}}\sum_{i=1}^{N^{\mathrm{g}}}\hat{r}(\boldsymbol{x}_i^{\mathrm{g}};\boldsymbol{\alpha})-1\right)^2 \tag{4-87}$$

实验证明，基于$\hat{r}(\boldsymbol{x};\boldsymbol{\alpha})$的拒绝采样效果要优于基于式（4-85）的 DRS。如图 4-22（a）所示，本实验中的真实样本源于一个高斯混合分布（以蓝色点表示），且每个高斯混合成分的样本分别位于 5×5 网格的端点上。利用这些真实样本训练一个 GAN，并从训练好的生成器中采样，所得采样点以绿色标记，如图 4-22（b）所示。在不采用二次采样的情况下，在蓝色点之间存在很多绿色点，即 GAN 直接生成的样本往往无法与真实样本重合，表明 GAN 并未真正学习到数据底层的分布特征。如图 4-22（c）所示，若采用 DRS 进行后采样，即拒绝部分生成样本，则剩余的生成样本所服从的分布相较于不采用后采样时更接近真实分布，但仍然存在大量位于蓝色点之间的生成样本。而采用 Ding 等人提出的方法后，蓝色点之间的绿色点显著减少，表明后采样的效果得到了进一步的提升。

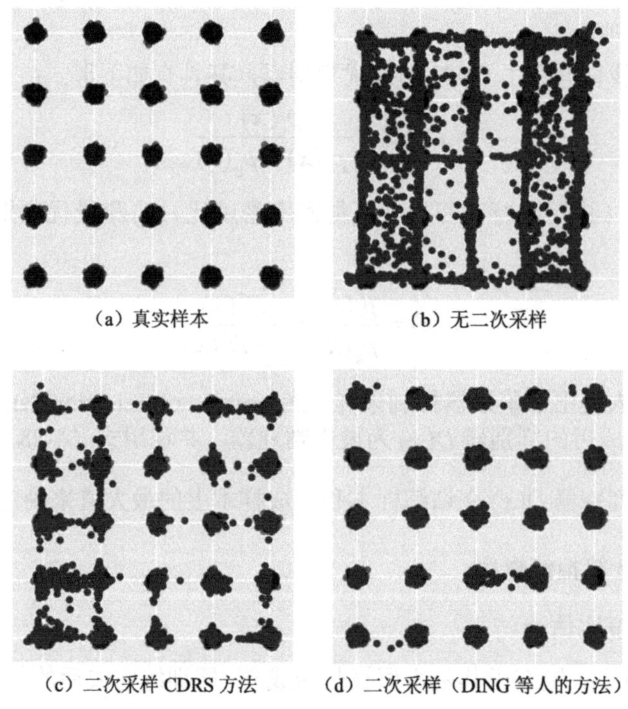

图 4-22　后采样效果示意图

4.4.9 大模型技术

随着 DM（将在第 6 章介绍）与大模型的兴起，GAN 在图像生成领域的传统地位遭受了前所未有的挑战。然而，GAN 凭借其独特的单次前向传递即可生成图像的高效性，在特定应用场景中依然保持着显著的优势。为了进一步提升 GAN 的规模并充分利用大型数据集的优势，Kang 等人于 2023 年提出了 **GigaGAN**。GigaGAN 的规模突破了 1B（十亿）级别，展现出生成 4K 超高分辨率图像的强大能力，可以用于文生图、图像超清、图像翻译等任务。然而，其卓越成就远非仅仅依靠增加网络层数或每层通道数所能及。GigaGAN 在模型架构和训练方法上对 GAN 进行了诸多创新性的改进，并巧妙地融合了大量构建大模型的方法与技巧。

在模型架构方面，GigaGAN 的生成器由文本编码分支、样式映射网络和多尺度合成网络组成。文本编码分支使用预训练的 CLIP 和可学习的注意力层提取文本嵌入，样式映射网络则根据文本嵌入和潜在代码生成样式向量。为了进一步加深对文本描述的理解并细化图像生成的每个细节，GigaGAN 在生成器中创新性地引入了注意力层与交叉注意力机制。此外，GigaGAN 还通过基于文本条件的可微滤波器选择过程，实现了卷积核的动态调整，显著增强了生成器的表达能力与生成图像的质量。值得一提的是，GigaGAN 利用多尺度合成网络，更加高效地挖掘了生成器的低分辨率层（Low-Resolution Langers）中的参数价值，从而有效改善了图像与文本的对齐效果，并丰富了生成输出中的低频细节。在判别器的设计上，GigaGAN 同样展现出独到之处。它由两个专门处理图像与文本条件的分支构成，这样的设计使判别器能够全方位、多角度地评估生成图像与文本描述的一致性。得益于生成器的多尺度特性，判别器能够在每个尺度上进行独立的预测，这无疑极大地提升了其对图像细节的判别能力。

在模型训练层面，GigaGAN 创新性地重新引入了多尺度训练策略，并通过巧妙融合稳定的注意力机制与样本自适应核选择等先进技术，显著增强了训练的稳定性，有效降低了模式崩溃等问题的发生概率。相较于 BigGAN，GigaGAN 的训练规模实现了跨越式的增长。BigGAN 的训练集主要依托于由约 100 万样本构成的 ImageNet 数据集，而 GigaGAN 则选择了规模更为庞大的 LAION2B-en（包含约 23.2 亿个图像-文本对）和 COYO-700M（包含约 7.47 亿个图像-文本对）数据集作为其训练的坚实基石。除此之外，GigaGAN 在训练过程中还融入了丰富的训练技巧，这些技巧在此不再一一赘述，但它们共同为 GigaGAN 的卓越性能奠定了坚实的基础。

相较于同参数量级别的 Stable Diffusion V1.5，GigaGAN 在 512 分辨率下的生成速度实现了惊人的飞跃，从原先的 2.9 秒大幅缩短至 0.13 秒，提速效果达到了几个数量级。更为出色的是，GigaGAN 仅需 3.66 秒便能合成 1600 万像素的高分辨率图像，如 4K 分辨率图像，展现了其卓越的生成效率。除此之外，GigaGAN 还全面支持各种潜在空间编辑应用程序，涵盖潜插值、样式混合及向量算术操作等，为图像编辑与合成领域带来了前所未有的丰富可能性。

4.4.10 典型应用

自 2014 年 GAN 被提出以来，经过十余年的发展，GAN 的生成式建模能力实现了显著提升，并在多个下游应用场景中展现出巨大的潜力和价值。本节将分析原本用于估计样本概率分布的 GAN 是如何适应并应用于几个下游问题的，同时针对每个问题介绍一个典型的 GAN 实例。更多关于 GAN 应用的讨论参见 7.1 节。

1. 图像翻译

图像翻译（Image-to-Image Translation）是一种经典的计算机视觉任务，旨在学习一个映射，使图像能够从**源图像域**（Source Domain）有效地转换到**目标图像域**（Target Domain），同时尽可能地保留原始图像的内容（Content）。这一过程实质上相当于移除原始图像的某些特定属性，并为其赋予新的属性，从而实现图像之间的跨域转换。如图 4-23 所示，通过图像翻译，我们可以将一张真实的风景照片转换为具有莫奈风格的油画，或者将核磁共振影像（MRI）转换为 CT 影像。

循环一致性生成对抗网络（CycleGAN）由 Jun-Yan Zhu 等人于 2017 年提出，是一种无监督的图像风格转换模型。该模型旨在解决在没有成对训练数据的情况下，将一个领域的图像转换为另一个领域的图像的问题。传统的图像到图像的转换方法通常需要成对训练数据，即每个源图像域中的图像都有一个对应的目标图像域中的图像。然而，在许多实际应用场景中，收集这样的成对训练数据是非常困难甚至是不可能的。CycleGAN 通过引入循环一致性损失，巧妙地解决了这一问题，使模型能够在没有成对训练数据的情况下进行有效的训练。

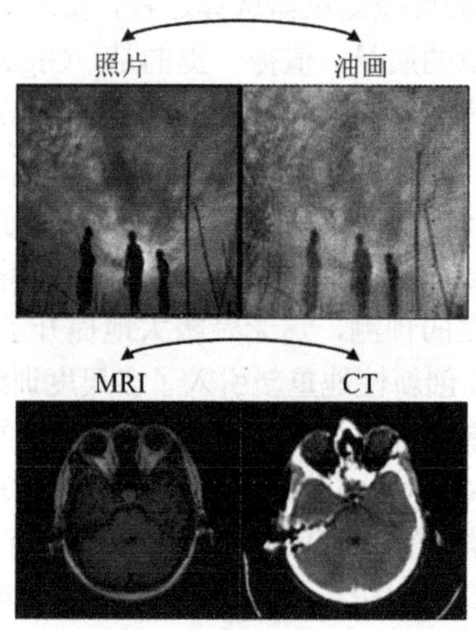

图 4-23　风格转换示意图

如图 4-24 所示，CycleGAN 包含两个生成器（G 和 F）和两个判别器（D_X 和 D_Y）。其中，生成器 G 负责将图像从 $\mathcal{X}$ 域转换到 $\mathcal{Y}$ 域，而生成器 F 则执行相反的操作，即将图像从 $\mathcal{Y}$ 域转换到 $\mathcal{X}$ 域。两个判别器分别用于评估 $\mathcal{X}$ 域和 $\mathcal{Y}$ 域中图像的真实性。CycleGAN 的核心思想是通过对抗训练机制和循环一致性损失来实现无监督的图像转换。对抗训练机制促使生成器能够生成逼真的图像，而循环一致性损失的引入则确保了转换过程的可逆性，即图像在经历转换并返回到原始域时，能够尽可能恢复到原始状态。

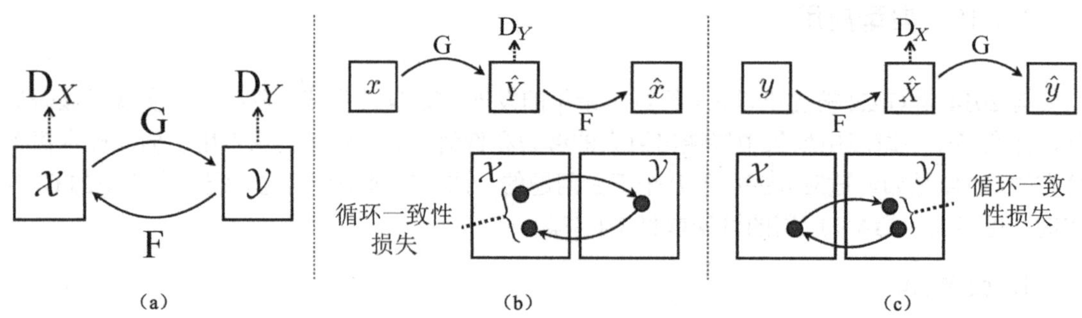

图 4-24　CycleGAN 结构示意图

CycleGAN 的训练目标由**对抗损失**（Adversarial Loss）、**循环一致性损失**（Cycle Consistency Loss）及**身份损失**（Identity Loss）组成。其中，对于映射 $G:\mathcal{X}\to\mathcal{Y}$ 及判别器 D_Y，其对抗损失为

$$\mathcal{L}_{\text{GAN}}(G,D_Y,\mathcal{X},\mathcal{Y})=E_{\boldsymbol{Y}\sim p_{\text{data}}(\boldsymbol{y})}\left[\ln D_Y(\boldsymbol{Y})\right]+E_{\boldsymbol{X}\sim p_{\text{data}}(\boldsymbol{x})}\left[\ln\left(1-D_Y(G(\boldsymbol{X}))\right)\right] \tag{4-88}$$

类似地，对于映射 $F:\mathcal{Y}\to\mathcal{X}$ 及判别器 D_X，其对抗损失为

$$\mathcal{L}_{\text{GAN}}(F,D_X,\mathcal{Y},\mathcal{X})=E_{\boldsymbol{X}\sim p_{\text{data}}(\boldsymbol{x})}\left[\ln D_X(\boldsymbol{X})\right]+E_{\boldsymbol{Y}\sim p_{\text{data}}(\boldsymbol{y})}\left[\ln\left(1-D_X(G(\boldsymbol{Y}))\right)\right] \tag{4-89}$$

CycleGAN 的循环一致性损失为

$$\mathcal{L}_{\text{cyc}}(G,F)=E_{\boldsymbol{X}\sim p_{\text{data}}(\boldsymbol{x})}\left[\|F(G(\boldsymbol{X}))-\boldsymbol{X}\|_1\right]+E_{\boldsymbol{Y}\sim p_{\text{data}}(\boldsymbol{y})}\left[\|G(F(\boldsymbol{Y}))-\boldsymbol{Y}\|_1\right] \tag{4-90}$$

式中，$\|\cdot\|_1$ 为 L1 范数。除此之外，CycleGAN 还会通过身份损失以防生成器错误地修改输入图像的色调，即

$$\mathcal{L}_{\text{id}}(G,F)=E_{\boldsymbol{Y}\sim p_{\text{data}}(\boldsymbol{y})}\left[\|G(\boldsymbol{Y})-\boldsymbol{Y}\|_1\right]+E_{\boldsymbol{X}\sim p_{\text{data}}(\boldsymbol{x})}\left[\|F(\boldsymbol{X})-\boldsymbol{X}\|_1\right] \tag{4-91}$$

身份损失的思想是，如果生成器 G 被设计为生成特定风格 $\boldsymbol{Y}$ 的图像，那么当输入为风格 $\boldsymbol{Y}$ 的图像时，生成器 G 应当能够输出与风格 $\boldsymbol{Y}$ 一致的图像。因此，在理想情况下，生成器 G 生成的图像 $G(\boldsymbol{Y})$ 应与原始图像 $\boldsymbol{Y}$ 高度相似。

CycleGAN 的最终目标函数为以上损失的线性组合，即

$$\begin{aligned}&\mathcal{L}(G,F,D_X,D_Y)\\&=\mathcal{L}_{\text{GAN}}(G,D_Y,\mathcal{X},\mathcal{Y})+\mathcal{L}_{\text{GAN}}(F,D_X,\mathcal{Y},\mathcal{X})+\lambda_1\mathcal{L}_{\text{cyc}}(G,F)+\lambda_2\mathcal{L}_{\text{id}}(G,F)\end{aligned} \tag{4-92}$$

式中，$\lambda_1>0$ 和 $\lambda_2\geqslant 0$ 为超参数。那么，我们的目标是求解如下优化问题：

$$G^*,F^*=\arg\min_{G,F}\max_{D_X,D_Y}\mathcal{L}(G,F,D_X,D_Y) \tag{4-93}$$

2．图像超分辨率

图像超分辨率（Super-Resolution，SR）是计算机视觉和图像处理领域的一项经典任务，其核心目标是从低分辨率（Low-Resolution，LR）图像中复原出高分辨率（High-Resolution，HR）图像。该过程要求算法能够识别并复原在低分辨率图像中缺失的高频细节信息，进而生成更加清晰且富含细节的图像。图像超分辨率主要涵盖以下三个范畴：基于插值的方法、基于重建的方法、基于学习的方法。在本节中，我们特别关注基于 GAN 的方法（属于基于学习的方法）。

超分辨率生成对抗网络（Super-Resolution Generative Adversarial Network，SRGAN）是一种专为图像超分辨率任务设计的模型。该模型通过将图像超分辨率任务重构为一种生成对抗过程，巧妙地利用了 GAN 的结构来解决超分辨率问题。如图 4-25 所示，SRGAN 包含一个生成器和一个判别器。生成器的输入是一张低分辨率图像 I^{LR}，而输出却是一张超分辨率图像 I^{SR}，即 $I^{\text{SR}}=G(I^{\text{LR}})$。判别器的输入是一张高分辨率图像 I^{HR} 或超分辨率图像 I^{SR}，而输出是输入图像为高分辨率图像的概率（类似判断是真实图像还是虚假图像）。SRGAN 针对判别器定义的损失函数为

$$\mathcal{L}_{\text{D}}^{\text{adv}}=-E_{I^{\text{HR}}\sim p_{\text{H}}(I^{\text{HR}})}\left[\ln D(I^{\text{HR}})\right]-E_{I^{\text{LR}}\sim p_{\text{L}}(I^{\text{LR}})}\left[\ln\left(1-D(G(I^{\text{LR}}))\right)\right] \tag{4-94}$$

式中，$p_{\text{H}}(I^{\text{HR}})$ 为高分辨率图像的分布；$p_{\text{L}}(I^{\text{LR}})$ 为低分辨率图像的分布。对于生成器，SRGAN 的损失函数主要包含两部分：一部分是内容损失（Content Loss），记为 $\mathcal{L}_{\text{G}}^{\text{C}}$，它衡量了生成的高分辨率图像与真实的高分辨率图像在内容层面的相似度；二是对抗损失（Adversarial Loss），记为 $\mathcal{L}_{\text{G}}^{\text{adv}}$，它则鼓励生成器能够生成足以迷惑判别器的高分辨率图像，从而提升生成图像的真实感与逼真度。内容损失为

$$\mathcal{L}_{\text{G}}^{\text{C}}=\frac{1}{W_{i,j}H_{i,j}C_{i,j}}\sum_{x=1}^{W_{i,j}}\sum_{y=1}^{H_{i,j}}\sum_{z=1}^{C_{i,j}}\left(\varphi_{i,j}\left(I^{\text{HR}}\right)_{x,y,z}-\varphi_{i,j}\left(G(I^{\text{LR}})\right)_{x,y,z}\right)^2 \tag{4-95}$$

式中，$\varphi_{i,j}(\cdot)$ 为图像 I 经过预训练卷积神经网络（如 VGG）第 i 个最大池化层前的第 j 个卷积层输出的特征图；$W_{i,j}$、$H_{i,j}$、$C_{i,j}$ 分别为特征图的宽度、高度、通道数；I^{HR} 和 I^{LR} 分别为高分辨率图像和低分辨率图像。的对抗损失为

$$\mathcal{L}_{\mathrm{G}}^{\mathrm{adv}} = -E_{I^{\mathrm{LR}} \sim p_{\mathrm{L}}(I^{\mathrm{LR}})}\left[\ln D(G(I^{\mathrm{LR}}))\right] \tag{4-96}$$

生成器的最终损失为

$$L_{\mathrm{G}} = \mathcal{L}_{\mathrm{G}}^{\mathrm{C}} + 10^{-3} \cdot \mathcal{L}_{\mathrm{G}}^{\mathrm{adv}} \tag{4-97}$$

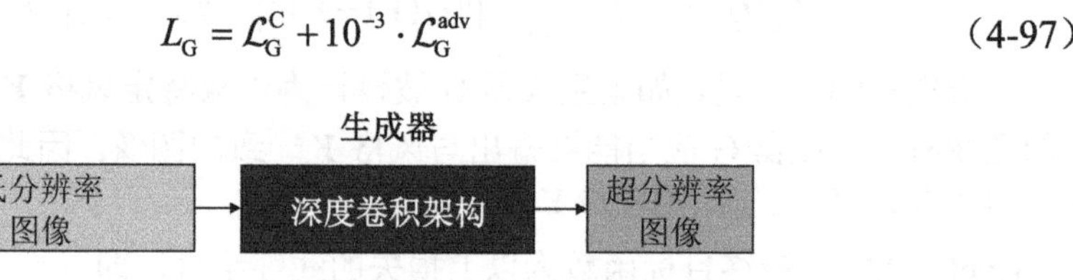

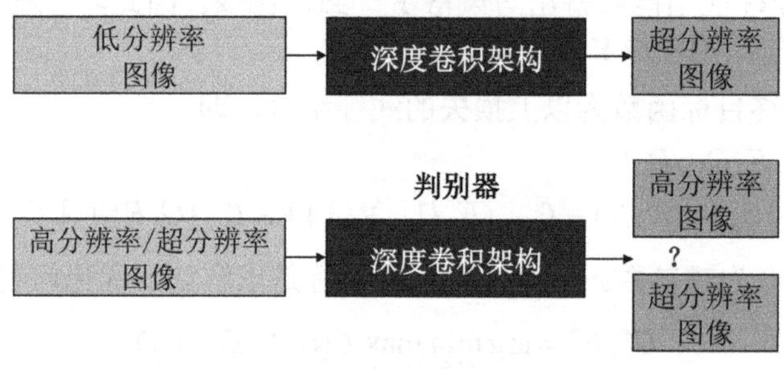

图 4-25 SRGAN 结构示意图

3. 文生图

文生图（Text-to-Image Generation）是指利用人工智能技术，特别是深度学习中的 GAN 或其他先进的生成模型，根据给定的文本描述来生成相应的图像。这一任务的核心在于生成模型需要理解文本中的语义内容，并将其转换为视觉元素和图像结构，从而创造出与文本描述相匹配的图像。

在文生图中，提示词（Prompt）扮演着至关重要的角色，它是引导生成模型理解并转换文字描述为图像内容的关键。提示词不仅包含生成图像的主题、风格或情感等核心信息，还为模型提供了创作的方向和细节指导。通过精心设计的提示词，用户可以有效地控制生成图像的内容、风格和细节，从而实现更加个性化和精准的图像生成。

若利用 GAN 来实现文生图，则我们可以将提示词视为给定的条件，并将此任务看作一种条件生成式建模任务。在此视角下，如何对提示词这一条件进行有效的编码就显得尤为重要。为此，我们需要运用 3.1.4 节所介绍的词嵌入、句子嵌入等文本嵌入方法，对文字描述进行恰当的编码。

值得一提的是，我们在 4.4.9 节介绍的 GigaGAN 同样能够实现文生图，它采用了一个预训练的 CLIP 对提示词进行编码，并通过交叉注意力机制将编码后的信息融入网络架构。图 4-26 展示了 GigaGAN 根据一段提示词生成的图像。

Prompt： A portrait of a human growing colorful flowers from her hair. Hyperrealistic oil painting. Intricate details.

提示词： 一幅描绘人类肖像的画作，其头发中生长出色彩鲜艳的花朵。这是一幅超现实主义的油画作品，具有错综复杂的细节。

图 4-26 GigaGAN 文生图效果

4. 模型压缩

知识蒸馏（Knowledge Distillation，KD）是一种著名的模型压缩技术，其核心目标在于利用教师模型（通常是一个规模较大的模型）的知识来提升学生模型（通常是一个规模较小的模型）的性能。传统的 KD 往往需要通过定义额外的知识传递损失函数或对网络架构进行一定的调整来实现知识的有效传递。然而，Ding 等人在最近的研究中提出了一种全新的思路，即 CGAN-KD，为 KD 领域带来了创新的视角。

CGAN-KD 适用于图像分类任务及具有一维连续标签的图像回归任务，其整体流程可通过图 4-27 进行概括，具体步骤如下：首先，在训练集上训练一个 CGAN，并利用该模型生成大量未经处理的图像。随后，这些图像将依次经过 M1、M2、M3 三个模块进行处理。其中，M1 模块为后采样模块（详细见 4.4.8 节），旨在提升样本的整体质量。M2 模块为标签调整模块，它利用高精度的教师模型对生成图像的标签进行精细调整，同时将这些教师模型所学的知识隐含在处理后的样本中。在 M3 模块中，我们在真实样本和生成样本上共同训练一个学生模型，以此将生成样本中蕴含的教师模型知识传递给学生模型，从而间接地实现 KD，进而提升学生模型的性能。

与现有的 KD 相比，CGAN-KD 具有显著的不同。它并不依赖传统的损失函数定义或网络架构的调整，而是通过利用经过专门处理的 CGAN 的生成样本来实现从教师模型到学生模型的知识转移。这种新颖的机制使 CGAN-KD 不仅适用于分类任务，还能有效应用于回归任务，极大地扩展了其应用范围。

此外，CGAN-KD 还具有良好的兼容性和灵活性。它可以与其他 KD 相结合，共同提升模型的性能，同时对于教师模型和学生模型的架构并不敏感，这使它在实际应用中具有更广泛的适用性。这一研究成果为模型压缩和 KD 领域带来了新的思路，有望推动相关技术进一步发展。

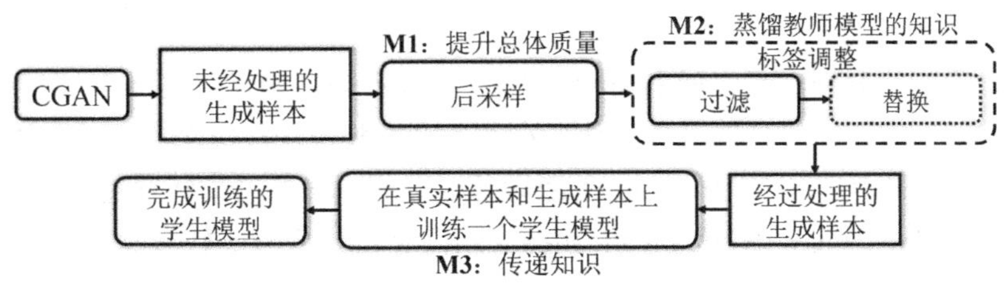

图 4-27 cGAN-KD 总体流程的示意图

4.5 代码实践：DCGAN

在本节中，我们将展示如何在 Fashion MNIST 数据集（参见 3.9.1 节）上使用 PyTorch 框架来实现一个基于卷积神经网络的 DCGAN。由于本书篇幅有限，此处仅展示部分重要代码，对于完整代码，请读者参考随本书附带的代码库。

4.5.1 实验设置

参数设置及数据载入代码可以参见代码清单 4-1。

代码清单 4-1　参数设置及数据载入

```
# 超参数设定
IMG_SIZE=28
BATCH_SIZE=256
DIM_Z=128  # 噪声向量 z 的维度
LR_D=1e-4
LR_G=1e-4
EPOCHS=200
NUM_ITER_D=2 # 每个循环判别器更新几次

# 设定设备
device = torch.device("cuda" if torch.cuda.is_available() else "cpu")

# 数据载入与预处理
transform = transforms.Compose([
    transforms.ToTensor(),
    transforms.Normalize((0.5,), (0.5,))
])
train_dataset = datasets.FashionMNIST(root='./data', train=True, download=True,
transform=transform)
train_loader = torch.utils.data.DataLoader(train_dataset, batch_size=BATCH_SIZE,
shuffle=True)
```

4.5.2　生成器与判别器

接下来，我们将分别定义生成器与判别器的 Python 类。如代码清单 4-2 所示，生成器是一个全卷积神经网络，它包含 5 个卷积块。在前 4 个卷积块中，每个卷积块依次由一个 4×4 转置卷积层、一个批处理层及一个 ReLU 激活函数组成，并且每个转置卷积层都会将输入特征图的维度提升至原来的 2 倍。最后一个卷积块则仅包含一个 3×3 转置卷积层和一个 Tanh 激活函数，用于输出最终的生成图像。

如代码清单 4-3 所示，判别器同样由 5 个卷积块组成。在前 4 个卷积块中，每个卷积块都包含一个 4×4 步长卷积层和一个 LeakyReLU 激活函数，最后一个卷积块则由一个1×1 步长卷积层和一个 Sigmoid 激活函数组成。此处的判别器与 4.4.2 节介绍的 DCGAN 存在细微差异，具体而言，我们在判别器的构建中并未采用批量归一化层。这一设计选择基于实验结果，实验显示，若加入批量归一化层，则判别器的拟合能力会过强，可能导致模型在训练过程中出现崩溃问题。

在以上两个代码清单中，每个卷积块的输入和输出的维度都用注释标出。

代码清单 4-2　定义生成器的 Python 类

```
# 定义生成器的 Python 类
class generator(nn.Module):
    def __init__(self, dim_z=128, out_channels=1):
        super(generator, self).__init__()
```

```
        self.dim_z = dim_z
        self.out_channels = out_channels

        # 卷积块
        self.conv = nn.Sequential(
            # 输入维度：(n,128,1,1)
            nn.ConvTranspose2d(128,512,kernel_size=4, stride=1, padding=0),
            nn.BatchNorm2d(512),
            nn.ReLU(),
            # 特征图维度：(n,512,4,4)
            nn.ConvTranspose2d(512,256,kernel_size=4, stride=1, padding=0),
            nn.BatchNorm2d(256),
            nn.ReLU(),
            # 特征图维度：(n,256,7,7)
            nn.ConvTranspose2d(256,128,kernel_size=4, stride=2, padding=1),
            nn.BatchNorm2d(128),
            nn.ReLU(),
            # 特征图维度：(n,128,14,14)
            nn.ConvTranspose2d(128,64,kernel_size=4, stride=2, padding=1),
            nn.BatchNorm2d(64),
            nn.ReLU(),
            # 特征图维度：(n,64,28,28)
            nn.ConvTranspose2d(64,out_channels,kernel_size=3,stride=1,padding=1),
            nn.Tanh()
            # 输出维度：(n,1,28,28)
            # 在 PyTorch 中，图像或特征图的维度顺序一般是 C、W、H
        )
    def forward(self, input):
        input = input.view(-1, self.dim_z, 1, 1)
        output = self.conv(input)
        return output
```

代码清单 4-3　定义判别器的 Python 类

```
# 定义判别器的 Python 类
class discriminator(nn.Module):
    def __init__(self, in_channels=1):
        super(discriminator, self).__init__()
        self.in_channels = in_channels
        self.conv = nn.Sequential(
            # 输入维度：(n,1,28,28)
            nn.Conv2d(in_channels, 64, kernel_size=4, stride=2, padding=1),
            nn.LeakyReLU(0.2, inplace=True),
            # 输入维度：(n,64,14,14)
            nn.Conv2d(64, 128, kernel_size=4, stride=2, padding=1),
            nn.LeakyReLU(0.2, inplace=True),
```

```
            # 特征图维度：(n,128,7,7)
            nn.Conv2d(128, 256, kernel_size=4, stride=1, padding=0),
            nn.LeakyReLU(0.2, inplace=True),
            # 输入维度：(n,256,4,4)
            nn.Conv2d(256, 512, kernel_size=4, stride=1, padding=0),
            nn.LeakyReLU(0.2, inplace=True),
            # 特征图维度：(n,512,1,1)
            nn.Conv2d(512, 1, kernel_size=1, stride=1, padding=0),
            nn.Sigmoid()
            # 特征图维度：(n,1,1,1)
        )
    def forward(self, input):
        output = self.conv(input)
        return output.view(-1, 1)
```

4.5.3 模型训练

在训练阶段，我们首先根据预先设置的参数实例化生成器与判别器，具体实现如代码清单 4-4 所示。

代码清单 4-4 生成器与判别器的实例化

```
# 实例化生成器与判别器
netG = generator(dim_z=DIM_Z, out_channels=1).to(device)
netD = discriminator(in_channels=1).to(device)
```

接着定义训练函数，具体如代码清单 4-5 所示。在训练过程中，生成器每更新一次，判别器就更新两次。另外，我们采取了在每个训练轮次结束后，利用固定的噪声向量 z_fixed 生成 100 张虚假图像的策略。通过观察这 100 张图像，我们能够实时监控 GAN 的训练进程，并及时发现如训练崩溃、模式坍缩等问题。与 VAE 不同，GAN 的损失函数通常并不提供模型收敛的直接信息，这使 GAN 的训练相较于 VAE 更为困难，需要更为谨慎地调整模型结构与训练设置。

代码清单 4-5 训练函数的定义

```
# 训练函数的定义
def train(netG, netD, device="cuda"):
    ## 将生成器与判别器移动到指定的设备上
    netG = netG.to(device)
    netD = netD.to(device)

    ## 分别定义生成器与判别器的优化器
    optimizerG = torch.optim.Adam(netG.parameters(), lr=LR_G, betas=(0.5, 0.999))
    optimizerD = torch.optim.Adam(netD.parameters(), lr=LR_D, betas=(0.5, 0.999))

    ## 判别器的分类损失
    criterion = nn.BCELoss()
```

```
    ## 生成 10 个固定的噪声向量，用于训练中的样本可视化
    n_row=10
    z_fixed = torch.randn(n_row**2, DIM_Z, dtype=torch.float).to(device)

    start_time = timeit.default_timer()
    # 训练循环
    for epoch in range(EPOCHS):
        # 将生成器与判别器设置为训练模式
        netG.train()
        netD.train()

        # 将 train_loader 转换为迭代器
        data_iter = iter(train_loader)
        batch_idx = 0

        while (batch_idx < len(train_loader)):
            ##############################
            # (1) 更新判别器
            ##############################
            ## 在每个循环中，每更新一次生成器，就更新 NUM_ITER_D 次判别器
            for indx_d in range(NUM_ITER_D):
                if batch_idx == len(train_loader):
                    break
                ## 采样一批真实图像
                (batch_train_images,_) = next(data_iter)
                batch_idx += 1
                # 计算当前 batch 的样本量
                batch_size_current = batch_train_images.shape[0]
                # 将 batch 中的图像转换为 float 类型并移动到指定的设备上
                batch_train_images = batch_train_images.type(torch.float).to(device)
                # 采样高斯噪声
                z = torch.randn(batch_size_current, DIM_Z, dtype=torch.float).to(device)
                # 生成一批虚假图像
                gen_imgs = netG(z)
                # 样本的标签：真实为 1，虚假为 0;用于定义损失函数
                real_gt = torch.ones(batch_size_current,1).to(device)
                fake_gt = torch.zeros(batch_size_current,1).to(device)
                # 清除旧的梯度
                optimizerD.zero_grad()
                # 计算判别器的损失函数
                prob_real = netD(batch_train_images)
```

```
                prob_fake = netD(gen_imgs.detach())
                real_loss = criterion(prob_real, real_gt)
                fake_loss = criterion(prob_fake, fake_gt)
                d_loss = (real_loss + fake_loss) / 2
                # 梯度反向传播
                d_loss.backward()
                # 优化器参数更新
                optimizerD.step()
            ##end for _

            ############################
            # (2) 更新生成器
            ############################
            # 清除旧的梯度
            optimizerG.zero_grad()
            # 采样高斯噪声
            z = torch.randn(batch_size_current, DIM_Z, dtype=torch.float).to(device)
            # 生成一批虚假图像
            gen_imgs = netG(z)
            # 判别器的输出
            dis_out = netD(gen_imgs)
            # 计算生成器的损失函数，即式（4-22）
            g_loss = criterion(dis_out, real_gt)
            # 梯度反向传播
            g_loss.backward()
            # 优化器参数更新
            optimizerG.step()
        ##end while

        print ("\r DCGAN: [Epoch %d/%d] [D loss: %.3f] [G loss: %.3f] [D prob real:%.3f] [D prob fake:%.3f] [Time: %.3f]" % (epoch+1, EPOCHS, d_loss.item(), g_loss.item(), prob_real.mean().item(), prob_fake.mean().item(), timeit.default_timer()-start_time))

        # 每个训练轮次生成 100 个样本用于可视化
        if (epoch+1)%1==0:
            netG.eval()
            with torch.no_grad():
                gen_imgs = netG(z_fixed)
                gen_imgs = gen_imgs.detach()
                save_image(gen_imgs.data, "./{}.png".format(epoch+1), nrow=10, normalize=True)
    #end for epoch
```

```
    return netG
```

通过运行代码清单 4-6，我们可以执行训练过程。

代码清单 4-6 执行训练过程

```
netG = train(netG, netD, device=device)
```

图 4-28 展示了模型在训练过程中，生成器和判别器的训练损失随训练轮次变化的趋势图。然而，GAN 的训练损失往往并不能直接反映其收敛性。在实际使用中，我们还需要定时观察输出的样本质量，或者在训练过程中定时计算一些评价指标（如 FID 或 IS 等）。若生成的图像质量或评价指标不再随着训练的进行而改善，则可以停止训练。

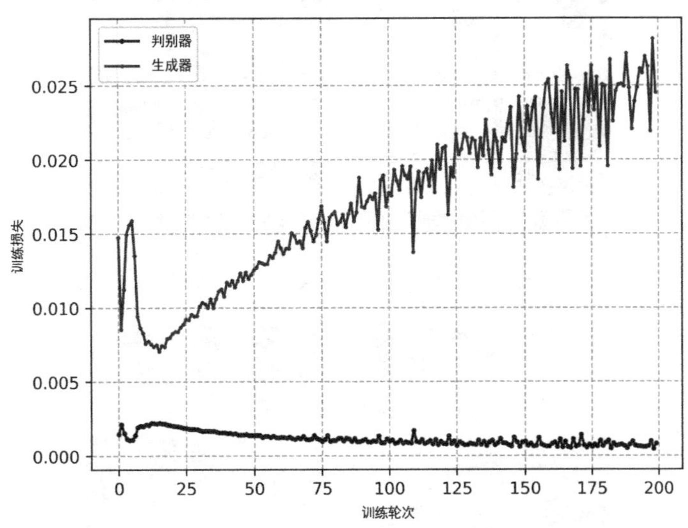

图 4-28 生成器 G 和判别器 D 的训练损失随训练轮次变化的趋势图

4.5.4 采样与可视化

如代码清单 4-7 所示，我们定义了采样函数，如图 4-29 所示，生成了一些样本。与图 3-13 相比，DCGAN 的生成效果要显著优于 VAE 的生成效果。

代码清单 4-7 定义采样函数

```
# 定义采样函数
def sample(netG, nfake, batch_size=100):
    '''
    输入:
    预训练的生成器 netG
    采样的数量 nfake
    采样的批量 batch_size
    '''
    netG=netG.to(device)
    netG.eval()
    output = []
```

```
    with torch.no_grad():
        num_got = 0
        while num_got < nfake:
            z = torch.randn(batch_size, DIM_Z, dtype=torch.float).to(device)
            batch_fake_images = netG(z)
            output.append(batch_fake_images.cpu().detach().numpy())
            num_got += batch_size
    output = np.concatenate(output, axis=0)
    return output[0:nfake] #(n,c,h,w)
```

图 4-29 DCGAN 生成样本示例

4.5.5 性能比较

为了评估 DCGAN 所生成样本的质量，我们利用已训练的 DCGAN 生成了 1 万张虚假图像，并采用 FID 与 IS 作为评价指标，具体方法参见 2.3.2 节。在着手计算这些分数之前，我们特意在 Fashion MNIST 数据集上对 Inception V3 模型进行了预训练。在计算 FID 的过程中，我们以训练集内的 6 万张真实图像为参照，利用 Inception V3 模型最后一个平均池化层输出的特征图，精确计算这 1 万张虚假图像与 6 万张真实图像之间的 FID。与此同时，IS 的计算则依赖 Inception V3 模型（作为分类器）的预测输出。具体做法是将 1 万张虚假图像均分为 10 组，分别计算并汇报这 10 组样本的平均 IS，以确保结果的准确性和稳定性。关于计算 FID 的核心代码，请参阅代码清单 4-8。至于计算 FID 及 IS 的完整代码，均已包含在随书附赠的代码库中，供读者进一步研究与验证。

由于 DCGAN 较为简单，它未能充分展现 GAN 在 Fashion MNIST 数据集上的卓越性能。因此，我们在 Fashion MNIST 数据集上进一步训练了一个更为先进的 SNGAN（具体参见 4.4.2 节），并在训练过程中融入了 DiffAugment（详见 4.4.7 节），旨在进一步提升模型的生成能力。随后，我们利用这个经过优化的 SNGAN 生成了 1 万张虚假图像，以便进行更为深入的比较和分析。SNGAN 的实现代码可以参见随书附赠的代码库。除了 GAN，我们还特别采用了 3.5 节训练得到的 VAE，同样生成了 1 万张虚假图像，并计算了它们的 FID 和 IS。

我们已将上述生成模型的 FID 和 IS 整理并展示在表 4-8 中。为了提供更为直观的对比基准，我们还特别计算了 Fashion MNIST 数据集中 1 万张真实图像的 FID 和 IS。通过表 4-8 的数据分析可以清晰地看出，在 Fashion MNIST 数据集上，SNGAN 的表现优于 DCGAN，而 VAE 的表现相对最差。为了更直观地展示各模型的生成效果，我们在图 4-30 中展示了 3 个模型所生成的图像实例。

代码清单 4-8　计算 FID 的核心代码

```
def FID(Xr, Xg, eps=1e-10):
    ''''' 两个多元高斯分布X_r ~ N(mu_1, C_1)和X_g ~ N(mu_2, C_2)之间的FID距离为 d^2 = ||mu_1 - mu_2||^2 + Tr(C_1 + C_2 - 2*sqrt(C_1*C_2)).
    Xr和Xg分别为图像中通过卷积神经网络提取出的高级别（high level）特征
    '''
    #计算样本均值
    MUr = np.mean(Xr, axis = 0)
    MUg = np.mean(Xg, axis = 0)
    mean_diff = MUr - MUg
    #计算样本协方差矩阵
    SIGMAr = np.cov(Xr.transpose())
    SIGMAg = np.cov(Xg.transpose())

    # 计算矩阵的平方根，并处理可能的奇异矩阵问题
    covmean, _ = linalg.sqrtm(SIGMAr.dot(SIGMAg), disp=False)
    covmean = covmean.real
    if not np.isfinite(covmean).all():
        msg = ('fid calculation produces singular product; '
               'adding %s to diagonal of cov estimates') % eps
        print(msg)
        offset = np.eye(SIGMAr.shape[0]) * eps
        covmean = linalg.sqrtm((SIGMAr + offset).dot(SIGMAg + offset))

    #计算FID
    fid_score = mean_diff.dot(mean_diff) + np.trace(SIGMAr + SIGMAg - 2*covmean)

    return fid_score
```

表 4-5　Fashion MNIST 数据集上不同模型的 FID 和 IS

模型	FID（↓）	IS（↑）
测试集	0.011	9.392
VAE	3.190	5.799
DCGAN	2.379	7.525
SNGAN	0.487	8.499

（a）VAE （b）DCGAN （c）SNGAN

图 4-30 生成图像对比

4.6 习题

1．推导式（4-19）。

2．如何用样本均值估计式（4-22）中的期望？写出基于样本均值的 GAN 的损失函数。

3．假设 $p_{\rm r}(\boldsymbol{x})$ 和 $p_{\rm g}(\boldsymbol{x})$ 分别是两个高斯分布且几乎没有重叠，证明此时两个分布之间的 JS 散度为 $\ln 2$ ，即 $\mathrm{JS}(p_{\rm r}(\boldsymbol{x}) \| p_{\rm g}(\boldsymbol{x})) = \ln 2$ 。

4．InfoGAN 和 StyleGAN 是否属于 CGAN？请结合必要的公式加以说明。

5．CycleGAN 是否满足我们对生成模型的定义？请结合必要的公式加以说明。

6．验证以下函数是否满足 Lipschitz 连续性。

（1） $f:[-3,5] \to \mathbb{R},\quad f(x)=x^2$ 。

（2） $f:\mathbb{R} \to \mathbb{R},\quad f(x)=x^2$ 。

（3） $f:\mathbb{R} \to [0,\infty),\quad f(x)=|x|$ 。

（4） $f:\mathbb{R} \to \mathbb{R},\quad f(x)=ax$ 。

4.7 参考文献

[1] 邱锡鹏. 神经网络与深度学习[M]. 北京：机械工业出版社，2020.

[2] ARJOVSKY M, CHINTALA S, BOTTOU L. Wasserstein generative adversarial networks[C]// International Conference on Machine Learning, 2017.

[3] AZADI S, OLSSON C, DARRELL T, et al. Discriminator rejection sampling[C]// International Conference on Learning Representations, 2019.

[4] BROCK A, DONAHUE J, SIMONYAN K. Large scale GAN training for high fidelity natural image synthesis[C]//International Conference on Learning Representations, 2019.

[5] BROCK A, LIM T, RITCHIE J, et al. Neural Photo Editing with Introspective Adversarial

Networks[C]//International Conference on Learning Representations, 2017.

[6] CHEN X, DUAN Y, HOUTHOOFT R, et al. InfoGAN: Interpretable representation learning by information maximizing generative adversarial nets[J]. Advances in Neural Information Processing Systems, 2016, 29.

[7] DING X, WANG Z J, WELCH W J. Subsampling generative adversarial networks: Density ratio estimation in feature space with Softplus loss[J]. IEEE Transactions on Signal Processing, 2020, 68: 1910-1922.

[8] DING X, WANG Y, XU Z, et al. Continuous conditional generative adversarial networks: Novel empirical losses and label input mechanisms[J]. IEEE Transactions on Pattern Analysis and Machine Intelligence, 2023, 45(7): 8143-8158.

[9] DING X, WANG Y, XU Z, et al. Distilling and transferring knowledge via cGAN-generated samples for image classification and regression[J]. Expert Systems with Applications, 2023, 213: 119060.

[10] DING X, WANG Y, XU Z. Turning waste into wealth: Leveraging low-quality samples for enhancing continuous conditional generative adversarial networks[C]//Proceedings of the AAAI Conference on Artificial Intelligence, 2024.

[11] DUMOULIN V, SHLENS J, KUDLUR M. A learned representation for artistic style[C/OL]// International Conference on Learning Representations, 2017.

[12] GOODFELLOW I, POUGET-ABADIE J, MIRZA M, et al. Generative adversarial nets[J]. Advances in Neural Information Processing Systems, 2014, 27.

[13] GULRAJANI I, AHMED F, ARJOVSKY M, et al. Improved training of Wasserstein GANs[J]. Advances in Neural Information Processing Systems, 2017, 30.

[14] HE K, ZHANG X, REN S, et al. Deep residual learning for image recognition[C]//Proceedings of the IEEE Conference on Computer Vision and Pattern Recognition, 2016.

[15] HOU L, CAO Q, SHEN H, et al. Conditional GANs with auxiliary discriminative classifier[C]//International Conference on Machine Learning, 2022.

[16] KANG M, SHIM W, CHO M, et al. Rebooting ACGAN: Auxiliary classifier GANs with stable training[J]. Advances in Neural Information Processing Systems, 2021, 34: 23505-23518.

[17] KANG M, ZHU J Y, ZHANG R, et al. Scaling up GANs for text-to-image synthesis[C]//Proceedings of the IEEE/CVF Conference on Computer Vision and Pattern Recognition, 2023.

[18] KARRAS T, LAINE S, AILA T. A style-based generator architecture for generative adversarial networks[C]//Proceedings of the IEEE/CVF Conference on Computer Vision and Pattern Recognition, 2019.

[19] KARRAS T, LAINE S, AITTALA M, et al. Analyzing and improving the image quality of StyleGAN[C]//Proceedings of the IEEE/CVF Conference on Computer Vision and Pattern Recognition, 2020.

[20] LEDIG C, THEIS L, HUSZÁR F, et al. Photo-realistic single image super-resolution using a generative adversarial network[C]//Proceedings of the IEEE Conference on Computer Vision and Pattern Recognition, 2017.

[21] LEE K, CHANG H, JIANG L, et al. ViTGAN: Training GANs with Vision Transformers [C/OL]//International Conference on Learning Representations, 2022.

[22] LI C L, CHANG W C, CHENG Y, et al. MMD GAN: Towards deeper understanding of moment matching network[J]. Advances in Neural Information Processing Systems, 2017, 30.

[23] LI Y, SWERSKY K, ZEMEL R. Generative moment matching networks[C]//International Conference on Machine Learning, 2015.

[24] LIM J H, YE J C. Geometric GAN[J]. arXiv preprint arXiv:1705.02894, 2017.

[25] MIRZA M, OSINDERO S. Conditional generative adversarial nets[J]. arXiv preprint arXiv:1411.1784, 2014.

[26] MIYATO T, KOYAMA M. cGANs with Projection Discriminator[C]//International Conference on Learning Representations, 2018.

[27] MIYATO T, KATAOKA T, KOYAMA M, et al. Spectral normalization for generative adversarial networks[J]. arXiv preprint arXiv:1802.05957, 2018.

[28] MURPHY K P. Probabilistic machine learning: Advanced topics[M]. Cambridge: MIT Press, 2023.

[29] ODENA A, OLAH C, SHLENS J. Conditional image synthesis with auxiliary classifier GANs[C]//International Conference on Machine Learning, 2017.

[30] ODENA A, ZHANG H, LEE H, et al. Consistency regularization for generative adversarial networks[C]//International Conference on Learning Representations, 2020.

[31] RADFORD A, METZ L, CHINTALA S. Unsupervised representation learning with deep convolutional generative adversarial networks[J]. arXiv preprint arXiv:1511.06434, 2015.

[32] REED S, AKATA Z, YAN X, et al. Generative adversarial text to image synthesis[C]//International Conference on Machine Learning, 2016.

[33] SALIMANS T, GOODFELLOW I, ZAREMBA W, et al. Improved techniques for training GANs[J]. Advances in Neural Information Processing Systems, 2016, 29.

[34] SINHA A, AYUSH K, SONG J, et al. Negative Data Augmentation[C]//International Conference on Learning Representations, 2021.

[35] WASSERMAN L. All of statistics: A concise course in statistical inference[M]. Springer Science & Business Media, 2013.

[36] ZHANG H, GOODFELLOW I, METAXAS D, et al. Self-attention generative adversarial networks[C]//International Conference on Machine Learning, 2019.

[37] ZHAO S, LIU Z, LIN J, et al. Differentiable augmentation for data-efficient GAN training[J]. Advances in Neural Information Processing Systems, 2020, 33: 7559-7570.

[38] ZHU J Y, PARK T, ISOLA P, et al. Unpaired image-to-image translation using cycle-consistent adversarial networks [C]//Proceedings of the IEEE International Conference on Computer Vision, 2017.

第5章

标准化流模型

在本章中，我们将探讨标准化流（Normalizing Flow，NF）模型，这是一种在图像生成、密度估计和变分推断等任务中被广泛应用的概率模型。在训练阶段，NF模型通过学习一个由一系列可逆变换构成的“流映射”（Flow Mapping），将复杂的数据分布转换为简单且易于采样的基础分布（通常是高斯分布）。在采样过程中，仅需从基础分布中随机抽取样本，并施以流映射的逆变换，即可生成与训练数据相近的样本。流映射的可逆性是NF模型的一个核心特性，通常通过设计的神经网络架构得以保证。这种独特的分布变换方式使我们能够直接表述所学分布的概率密度函数，这是VAE和GAN所不具备的能力。

在实际应用中，平衡流映射的表达能力与计算复杂度至关重要。设计NF模型的关键在于构建满足以下条件的神经网络架构：①流映射必须是可逆的，且其逆变换能够高效计算；②流映射应具备强大的拟合能力，以学习复杂的目标分布；③流映射的雅可比行列式计算应尽可能简洁。因此，流映射通常是通过多个相对简单的可逆变换的复合构建而成的，即多个可逆的神经网络层堆叠形成，这也是“流”这一名称的由来。本章将深入阐述NF模型的数学基础及常用的网络架构。

5.1 NF模型基础

5.1.1 变量替换定理

在前文中，我们已提及NF模型的训练与推理过程均基于概率分布在可逆函数下的相互转换，而支撑这一分布变换过程的核心数学工具，正是著名的**变量替换定理**（Change of Variable Theorem）。

【定理5-1】（变量替换定理）：若有$\boldsymbol{X}\in\mathcal{X}\subseteq\mathbb{R}^d$与$\boldsymbol{Y}\in\mathcal{Y}\subseteq\mathbb{R}^d$两个随机向量，且它们的概率密度函数分别为$p_{\boldsymbol{X}}$和$p_{\boldsymbol{Y}}$，存在一个**可逆函数**（Invertible Function）$T:\mathcal{X}\to\mathcal{Y}$，使$\boldsymbol{X}$和$\boldsymbol{Y}$满足

$$\boldsymbol{Y}=T(\boldsymbol{X}) \tag{5-1}$$

则$p_{\boldsymbol{X}}$和$p_{\boldsymbol{Y}}$具有如下关系：

$$p_{\boldsymbol{Y}}(\boldsymbol{y}) = p_{\boldsymbol{X}}(T^{-1}(\boldsymbol{y})) \cdot \left|\det \boldsymbol{J}_{T^{-1}}(\boldsymbol{y})\right| \tag{5-2}$$

式中，$\det(\cdot)$ 为矩阵的行列式；$|\cdot|$ 为绝对值运算；T^{-1} 为 T 的**逆函数**（Inverse Function，又称逆变换）；$\boldsymbol{J}_{T^{-1}}(\boldsymbol{y})$ 为 T^{-1} 的**雅可比矩阵**（Jacobian Matrix），即

$$J_{T^{-1}}(\boldsymbol{y}) \triangleq \frac{\partial T^{-1}(\boldsymbol{y})}{\partial \boldsymbol{y}} \tag{5-3}$$

作为 T 的逆函数，T^{-1} 满足如下等式：

$$T \circ T^{-1}(\boldsymbol{x}) = T^{-1} \circ T(\boldsymbol{x}) = \boldsymbol{x}, \quad \forall \boldsymbol{x} \in \mathbb{R}^d \tag{5-4}$$

式中，$\circ$ 表示函数的复合。因此，式（5-1）也等价于

$$\boldsymbol{X} = T^{-1}(\boldsymbol{Y}) \tag{5-5}$$

我们在此处稍作展开来介绍如何验证式（5-2）的正确性。假设 $A \subseteq \mathcal{X}$ 是任意一个关于随机向量 $\boldsymbol{X}$ 的随机事件（样本空间 $\mathcal{X}$ 里的一个可测集合），我们将 A 在映射 T 下的"像"记作 $T(A) \triangleq \{T(\boldsymbol{x}) : \forall \boldsymbol{x} \in A\}$。那么，$T(A) \subseteq \mathcal{Y}$ 也是一个关于随机向量 $\boldsymbol{Y} = T(\boldsymbol{X})$ 的随机事件。我们可以通过以下推导来验证式（5-2）的正确性：

$$\begin{aligned}
\Pr(\boldsymbol{X} \in A) &= \int_{\{\boldsymbol{x} \in A\}} p_{\boldsymbol{X}}(\boldsymbol{x}) \mathrm{d}\boldsymbol{x} \\
&= \int_{\{\boldsymbol{y} \in T(A)\}} p_{\boldsymbol{X}}(T^{-1}(\boldsymbol{y})) \mathrm{d}T^{-1}(\boldsymbol{y}) \qquad \left[\text{变量替换} \boldsymbol{x} = T^{-1}(\boldsymbol{y})\right] \\
&= \int_{\{\boldsymbol{y} \in T(A)\}} p_{\boldsymbol{X}}(T^{-1}(\boldsymbol{y})) \left|\det\left(\frac{\partial T^{-1}(\boldsymbol{y})}{\partial \boldsymbol{y}}\right)\right| \mathrm{d}\boldsymbol{y} \\
&= \int_{\{\boldsymbol{y} \in T(A)\}} p_{\boldsymbol{Y}}(\boldsymbol{y}) \mathrm{d}\boldsymbol{y} \qquad (\text{变量替换定理}) \\
&= \Pr(\boldsymbol{Y} \in T(A))
\end{aligned} \tag{5-6}$$

根据定义，我们已知 $\boldsymbol{Y} = T(\boldsymbol{X})$，所以 $\Pr(\boldsymbol{X} \in A) = \Pr(\boldsymbol{Y} \in T(A))$ 成立。

5.1.2 雅可比行列式的性质与计算

在式（5-2）中，存在一个核心计算要素，它构成了 NF 模型的精髓，那便是可逆变换所对应的**雅可比行列式**（Jacobian Determinant）：

$$\left|\det \boldsymbol{J}_{T^{-1}}(\boldsymbol{y})\right| \triangleq \left|\det\left(\frac{\partial T^{-1}(\boldsymbol{y})}{\partial \boldsymbol{y}}\right)\right| \tag{5-7}$$

在多维微积分中，雅可比矩阵及雅可比行列式是分析多元函数变换特性的重要数学工具。对于一个既可逆又可微的函数（Invertible Differentiable Function），其雅可比行列式与该函数的逆函数的雅可比行列式之间存在明确的数学关系。另外，当处理由多个函数复合而成的函数时，计算其雅可比行列式也需要遵循特定的数学规则。本节将系统地介绍这些基础概念，通过数学推导，展示如何计算可逆函数及其逆函数的雅可比行列式，以及复合函数的雅可比行列式的具体计算方法。

假设存在一个可微函数 $f : \mathbb{R}^d \to \mathbb{R}^d$，其**雅可比矩阵**定义为

$$J_f(x) \triangleq \frac{\partial f}{\partial x} = \begin{bmatrix} \frac{\partial f_1}{\partial x_1} & \frac{\partial f_2}{\partial x_2} & \cdots & \frac{\partial f_1}{\partial x_d} \\ \frac{\partial f_2}{\partial x_1} & & & \frac{\partial f_2}{\partial x_d} \\ \vdots & & & \vdots \\ \frac{\partial f_d}{\partial x_1} & \frac{\partial f_d}{\partial x_2} & \cdots & \frac{\partial f_d}{\partial x_d} \end{bmatrix} \tag{5-8}$$

式中，$\boldsymbol{x}=[x_1,x_2,\cdots,x_d]^{\mathrm{T}}$；$f(\boldsymbol{x})=[f_1(\boldsymbol{x}),f_2(\boldsymbol{x}),\cdots,f_d(\boldsymbol{x})]^{\mathrm{T}}$。可微函数 f 的雅可比行列式便是其雅可比矩阵 $\boldsymbol{J}_f(\boldsymbol{x})$ 的行列式，记为 $\det\left(\boldsymbol{J}_f(\boldsymbol{x})\right)$。从几何角度来说，它度量了可微函数 f 在点 $\boldsymbol{x}$ 处的体积缩放因子，这也是为什么在式（5-6）中，有

$$\mathrm{d}T^{-1}(\boldsymbol{y}) = \left|\det\left(\frac{\partial T^{-1}(\boldsymbol{y})}{\partial \boldsymbol{y}}\right)\right|\mathrm{d}\boldsymbol{y} \tag{5-9}$$

对于一个既可逆又可微的函数 $f:\mathbb{R}^d \to \mathbb{R}^d$，$f$ 及其逆函数 f^{-1} 的雅可比行列式之间存在一定的关系。首先，对于所有 $\boldsymbol{x}\in\mathbb{R}^d$，都有

$$f^{-1}(f(\boldsymbol{x})) = \boldsymbol{x} \tag{5-10}$$

对式（5-10）等号两侧关于 $\boldsymbol{x}$ 分别求导，并应用链式法则，可得

$$\frac{\partial f^{-1}}{\partial f}\cdot\frac{\partial f}{\partial \boldsymbol{x}} = \boldsymbol{I}_d \tag{5-11}$$

式中，$\boldsymbol{I}_d$ 为 $d\times d$ 的单位矩阵。将上述公式用雅可比矩阵表示，可得

$$\boldsymbol{J}_{f^{-1}}(f(\boldsymbol{x}))\cdot\boldsymbol{J}_f(\boldsymbol{x}) = \boldsymbol{I}_d \tag{5-12}$$

式中，$\boldsymbol{J}_{f^{-1}}(f(\boldsymbol{x}))$ 为 $\boldsymbol{J}_f(\boldsymbol{x})$ 的逆矩阵

$$\boldsymbol{J}_{f^{-1}}(f(\boldsymbol{x})) = \left[\boldsymbol{J}_f(\boldsymbol{x})\right]^{-1} \tag{5-13}$$

行列式的性质表明，对于可逆矩阵 $\boldsymbol{A}$，有

$$\det\left(\boldsymbol{A}^{-1}\right) = \frac{1}{\det(\boldsymbol{A})} \tag{5-14}$$

因此

$$\det\left(\boldsymbol{J}_{f^{-1}}(f(\boldsymbol{x}))\right) = \frac{1}{\det\left(\boldsymbol{J}_f(\boldsymbol{x})\right)} \tag{5-15}$$

我们可以观察到，一个可逆函数的雅可比行列式与其逆函数的雅可比行列式之间存在倒数关系。鉴于雅可比行列式的几何含义，即它刻画了变换在特定点处对体积的缩放效应，式（5-15）的直观性便不言而喻了。实际上，对于一个可微函数 f，若其雅可比行列式在整个定义域内均保持非零状态，那么可微函数 f 必定是可逆的。这一结论正是广为人知的逆函数定理所阐述的核心内容。

【定理 5-2】（逆函数定理）：设函数 $f:\mathbb{R}^d \to \mathbb{R}^d$ 是定义在开集 $U\subseteq\mathbb{R}^d$ 上的可微映射，并且对于任意 $\boldsymbol{x}\in U$ 处的雅可比行列式 $\det\left(\boldsymbol{J}_f(\boldsymbol{x})\right)\neq 0$，都存在开集 $V=f(U)\subseteq\mathbb{R}^d$，使

- $f:U \to V$ 是一个双射。
- f 的逆映射 $f^{-1}:V \to U$ 是可微的。
- f^{-1} 在 $\boldsymbol{y}=f(\boldsymbol{x})$ 处的雅可比矩阵为 $\boldsymbol{J}_{f^{-1}}(\boldsymbol{y})=\left[\boldsymbol{J}_f(\boldsymbol{x})\right]^{-1}$。

除此之外，另一个至关重要的问题是**复合函数的雅可比行列式的计算方法**。正如我们在本章开篇时所提及的，NF 模型中的流映射通常是由一系列可逆变换组合而成的，因此，在推导经过多步变换后的概率分布变化时，计算复合函数的雅可比行列式便显得尤为必要。

假设有两个可微函数 $f:\mathbb{R}^d \to \mathbb{R}^d$ 与 $g:\mathbb{R}^d \to \mathbb{R}^d$，定义它们的复合函数为 $h=g\circ f$，即 $h(\boldsymbol{x})=g(f(\boldsymbol{x}))$，我们希望计算 h 的雅可比矩阵 $\boldsymbol{J}_h(\boldsymbol{x})$ 和雅可比行列式 $\det\left(\boldsymbol{J}_h(\boldsymbol{x})\right)$。根据链式法则，复合函数 h 的雅可比矩阵为

$$\boldsymbol{J}_h(\boldsymbol{x})=\frac{\partial h}{\partial \boldsymbol{x}}=\frac{\partial g}{\partial f}\cdot\frac{\partial f}{\partial \boldsymbol{x}}=\boldsymbol{J}_g(f(\boldsymbol{x}))\cdot\boldsymbol{J}_f(\boldsymbol{x}) \tag{5-16}$$

利用行列式的性质，对于两个 $n\times n$ 的方阵 $\boldsymbol{A}$ 和 $\boldsymbol{B}$，有

$$\det\left(\boldsymbol{A}\cdot\boldsymbol{B}\right)=\det\left(\boldsymbol{A}\right)\cdot\det\left(\boldsymbol{B}\right) \tag{5-17}$$

因此

$$\det\left(\boldsymbol{J}_h(\boldsymbol{x})\right)=\det\left(\boldsymbol{J}_g(f(\boldsymbol{x}))\cdot\boldsymbol{J}_f(\boldsymbol{x})\right)=\det\left(\boldsymbol{J}_g(f(\boldsymbol{x}))\right)\cdot\det\left(\boldsymbol{J}_f(\boldsymbol{x})\right) \tag{5-18}$$

复合函数的雅可比行列式恰等于其各个组成函数在对应点处的雅可比行列式的乘积。

5.1.3 多步变换后的概率分布

在 NF 模型中，如图 5-1 所示，我们通过一系列既可逆又可微的变换 $\{T_k\}_{k=1}^{K}$ 将简单的**基础分布** $p_0(z_0)$ 转换为复杂的**目标分布** $p_K(z_K)$。

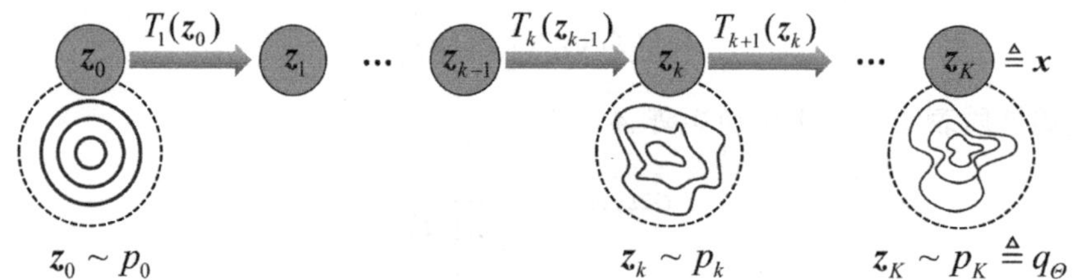

图 5-1 多步变换后的概率分布

具体来说，可逆变换 T_k 的定义如下：

$$z_k=T_k(z_{k-1}) \quad k=1,2,\cdots,K \tag{5-19}$$

那么，这一系列变换所构成的复合变换为

$$z_K=T_K\circ T_{K-1}\circ\cdots\circ T_1(z_0) \tag{5-20}$$

根据式（5-2）与式（5-16），经过 K 次变换后，随机向量 z_K 的概率密度函数为

$$
\begin{aligned}
p_K(z_K) &= p_0(z_0)\cdot\prod_{k=1}^{K}\left|\det\left(J_{T_k}(z_{k-1})\right)\right|^{-1} \\
&= \frac{p_0(T_1^{-1}\circ T_2^{-1}\circ\cdots\circ T_K^{-1}(z_K))}{\prod_{k=1}^{K}\left|\det\left(J_{T_k}\left(T_k^{-1}\circ T_{k+1}^{-1}\circ\cdots\circ T_K^{-1}(z_K)\right)\right)\right|}
\end{aligned}
\tag{5-21}
$$

式中，$z_{k-1}=T_{k-1}^{-1}(z_k)$，$k=1,2,\cdots,K$。

5.2 NF 模型的训练和采样

NF 模型通过一系列既可逆又可微的变换$\{T_k\}_{k=1}^{K}$，将简单的基础分布$p_0(z_0)$转换为复杂的目标分布$p_K(z_K)$。在这一过程中，我们通常采用具有特定结构的神经网络来构建每个变换T_k。因此，变换T_k也被记为$T_{k,\boldsymbol{\theta}_k}$，其中$\boldsymbol{\theta}_k$为模型的可学习参数。那么，这一系列的变换$\{T_k\}_{k=1}^{K}$可被重新记作$\left\{T_{k,\boldsymbol{\theta}_k}\right\}_{k=1}^{K}$，并被称为**流映射**。

若将这K个流映射依次作用于随机样本$\boldsymbol{Z}_0\sim p_0(z_0)$，则可得如下的复合变换：

$$
\boldsymbol{Z}_K=T_{K,\boldsymbol{\theta}_K}\circ\cdots\circ T_{1,\boldsymbol{\theta}_1}(\boldsymbol{Z}_0),\quad \boldsymbol{Z}_0\sim p_0(z_0) \tag{5-22}
$$

式中，输出$\boldsymbol{Z}_K$为服从目标分布$p_K(z_K)$的随机样本。复合变换$T_{K,\boldsymbol{\theta}_K}\circ\cdots\circ T_{1,\boldsymbol{\theta}_1}$事实上定义了 NF 模型的采样过程，因此我们令$\boldsymbol{x}\triangleq z_K$，表示采样得到的样本。另外，由于复合变换$T_{K,\boldsymbol{\theta}_K}\circ\cdots\circ T_{1,\boldsymbol{\theta}_1}$包含可学习参数$\boldsymbol{\Theta}\triangleq\{\boldsymbol{\theta}_1,\boldsymbol{\theta}_2,\cdots,\boldsymbol{\theta}_K\}$，目标分布$p_K(z_K)$也必定与$\boldsymbol{\Theta}$有关。所以，我们将目标分布$p_K(z_K)$改记为$q_{\boldsymbol{\Theta}}(\boldsymbol{x})$，即

$$
q_{\boldsymbol{\Theta}}(\boldsymbol{x})\triangleq p_K(z_K) \tag{5-23}
$$

$q_{\boldsymbol{\Theta}}(\boldsymbol{x})$也常被称为**流分布**（Flow Distribution），其具体表达式可由式（5-21）给出。

NF 模型的一个显著优势在于，它能够推导出流分布的具体数学表达式。相比之下，我们在第 3 章讨论的 VAE 和第 4 章探讨的 GAN，均不具备这一特性。因此，VAE 和 GAN 需要对训练的目标函数或训练流程进行较为复杂的设计。反观 NF 模型，其训练过程显得更为直接明了。

5.2.1 NF 模型的训练

在 NF 模型的训练过程中，我们致力于寻求一组最优参数$\boldsymbol{\Theta}^*$，以使流分布$q_{\boldsymbol{\Theta}}(\boldsymbol{x})$尽可能地接近真实的数据分布$p(\boldsymbol{x})$。在实际操作中，我们通常采用 KL 散度（具体可参考 3.1.2 节）来度量$q_{\boldsymbol{\Theta}}(\boldsymbol{x})$和$p(\boldsymbol{x})$之间的差别。于是，NF 模型的训练过程可以被形式化为以下优化问题：

$$
\begin{aligned}
\boldsymbol{\Theta}^* &= \arg\min_{\boldsymbol{\Theta}}\mathrm{KL}(p(\boldsymbol{x})\,\|\,q_{\boldsymbol{\Theta}}(\boldsymbol{x})) \\
&= \arg\min_{\boldsymbol{\Theta}} E_{\boldsymbol{X}\sim p}\left[\ln p(\boldsymbol{X})-\ln q_{\boldsymbol{\Theta}}(\boldsymbol{X})\right] \\
&= \arg\min_{\boldsymbol{\Theta}}\left\{-E_{\boldsymbol{X}\sim p}\left[\ln q_{\boldsymbol{\Theta}}(\boldsymbol{X})\right]\right\}
\end{aligned}
\tag{5-24}
$$

给定 N 个服从 $p(\boldsymbol{x})$ 的独立同分布随机样本 $\boldsymbol{X}_1,\boldsymbol{X}_2,\cdots,\boldsymbol{X}_N$，我们可以用 MLE 来优化参数 Θ，即

$$\hat{\Theta}_N = \arg\max_{\Theta} \ln \mathcal{L}(\Theta) = \arg\max_{\Theta} \sum_{i=1}^{N} \ln q_{\Theta}(\boldsymbol{X}_i) \tag{5-25}$$

式中，$\mathcal{L}(\Theta)=\prod_{i=1}^{N} q_{\Theta}(\boldsymbol{X}_i)$。在完成对数似然函数 $\ln\mathcal{L}(\Theta)$ 的计算之后，我们接下来利用反向传播算法来精确求解目标函数的梯度，记作 $\nabla \ln\mathcal{L}(\Theta)$。随后，我们采用随机优化算法对模型参数 Θ 进行迭代优化。具体的训练流程概括在算法 5-1 中。

算法 5-1： NF 模型的训练算法

1: 初始化模型参数 Θ；
2: **repeat**
3: 　从训练集中随机采样一个小批量数据 $\{\boldsymbol{x}^{(i)}\}_{i=1}^{M}$；
4: 　计算损失函数 $L=-\dfrac{1}{M}\sum_{i=1}^{M}\ln q_{\Theta}(x^{(i)})$；
5: 　计算梯度 $\nabla_{\Theta}L$（通过反向传播算法）;
6: 　更新参数 $\Theta \leftarrow \Theta - \eta \cdot \nabla_{\Theta}L$；
7: **until** 模型收敛

需要注意的是，通过比较式（5-24）和式（5-25）不难发现，当我们有无穷的训练样本时（$N\to\infty$），MLE 实质上与最小化 KL 散度的操作是等价的，即

$$\lim_{N\to\infty} \hat{\Theta}_N = \Theta^* \tag{5-26}$$

然而，在现实中，确保 $N\to\infty$ 是困难的。因此，我们通常只能期待，当 N 足够大时，$q_{\Theta^*} \approx q_{\hat{\Theta}_N}$。其中涉及的理论超出了本书的范围，我们不在此处展开。

5.2.2 NF 模型的采样

在成功训练完流映射之后，进行 NF 模型的采样变得十分简便。我们只需应用式（5-22），便能轻松实现这一过程。

（1）从基础分布 p_0 中生成一个样本 z_0。

（2）将 z_0 输入训练后的流映射 $T_{K,\hat{\theta}_K} \circ \cdots \circ T_{1,\hat{\theta}_1}$，即可生成样本 $\boldsymbol{x}$。

5.2.3 NF 模型的实现

截至目前，我们阐述了 NF 模型的理论基础，包括其训练方法与采样过程。然而，在实际应用中，真正的挑战在于如何设计和组合特定的神经网络，以确保它们既是可逆的，又具备足够的表达能力来捕捉数据的复杂性。我们将在 5.3 节深入探讨流行的流映射架构。但在此之前，本节将提供一个 NF 模型实现的基本模板。

回顾 5.2.1 节，NF 模型训练的核心在于计算对数似然函数 $\ln q_{\Theta}(\boldsymbol{x})$ 在每个训练数据点 $\boldsymbol{x}$

上的取值。根据式（5-21），获得对数似然函数的取值涉及如下内容。

（1）计算 $\boldsymbol{x}$ 通过流映射的逆变换之后的值，即 $\boldsymbol{z}=T_1^{-1}\circ\cdots\circ T_K^{-1}(\boldsymbol{x})$。

（2）计算基础分布在 $\boldsymbol{z}$ 上的负对数似然函数，即 $-\ln p_0(\boldsymbol{z})$。

（3）计算流映射的雅可比行列式，即 $\sum_{k=1}^{K}\ln\left|\det\left(\boldsymbol{J}_{T_k}\left(T_k^{-1}\circ\cdots\circ T_K^{-1}(\boldsymbol{x})\right)\right)\right|$。

而采样的步骤（详见 5.2.2 节）则需要我们能够计算流映射 $T_K\circ\cdots\circ T_1$。因此，在定义一个流映射的过程中，我们必须实现 3 个关键组件：前向变换、逆变换，以及雅可比行列式的计算。代码清单 5-1 提供了一个 NF 模型的训练和采样模板。

代码清单 5-1 NF 模型的训练和采样模板

```
import torch
import torch.nn as nn
import torch.optim as optim

# 定义流映射
class FlowLayer(nn.Module):
    def forward(self, x):
        # 实现前向变换 T 和雅可比行列式计算 |det J_T|
        ...

    def inverse(self, z):
        # 实现逆变换 T_inv 和 雅可比行列式计算 |det J_{T_inv}|
        ...

# NF 模型
class NormalizingFlow(nn.Module):
    def __init__(self, num_layers):
        super().__init__()

        # 流映射由多个可逆变换复合而成
        self.layers = nn.ModuleList([FlowLayer() for _ in range(num_layers)])

        # 选择 d 维标准正太分布作为基础分布
        self.base_dist = torch.distributions.MultivariateNormal(torch.zeros(d), torch.eye(d))

    def forward(self, x):
        ln_det_jacobian = 0
        for layer in reversed(self.layers):
            x, ldj = layer.inverse(x)
            ln_det_jacobian += ldj
        z = x
        ln_prob = self.base_dist.ln_prob(z) + ln_det_jacobian
        return z, ln_prob
```

```

    def sample(self, num_samples):
        # 从基础分布中采样
        z = self.base_dist.sample((num_samples,))
        x = z
        # 依次通过每个流层的正向变换
        for layer in self.layers:
            x, _ = layer.forward(x)
        return x

# 训练模型
model = NormalizingFlow(num_layers=10)
optimizer = optim.Adam(model.parameters(), lr=1e-3) #使用 Adam 进行优化

for epoch in range(num_epochs):
    for batch_x in data_loader:
        optimizer.zero_grad()
        _, ln_prob = model(batch_x)
        loss = -ln_prob.mean()
        loss.backward()
        optimizer.step()

# 从训练好的模型中采样
num_samples = 100  # 生成样本的数量
with torch.no_grad():
    samples = model.sample(num_samples)

```

5.3 如何构造一个 NF 模型

5.3.1 仿射流

对于可逆函数 $T(\cdot)$，一个非常简单的选择是**仿射变换**（Affine Transformation），即 $T(\boldsymbol{z})=\boldsymbol{A}\boldsymbol{z}+\boldsymbol{b}$，其中 $\boldsymbol{A}$ 是可逆的方阵，$\boldsymbol{b}$ 是偏置项。函数 $T(\cdot)$ 的雅可比行列式记为 $\det(\boldsymbol{A})$，其逆变换为 $\boldsymbol{z}=T^{-1}(\boldsymbol{x})=\boldsymbol{A}^{-1}(\boldsymbol{x}-\boldsymbol{b})$。由可逆仿射变换组成的流被称为**仿射流**（Affine Flow）。当偏置项 $\boldsymbol{b}=\boldsymbol{0}$ 时，仿射流也被称为**线性流**。

仿射流简单直观，但是其表达能力非常有限。仿射流只能表示线性可分的变换，无法捕捉数据的非线性结构。如果基础分布是高斯分布，即 $p_0(\boldsymbol{u})=\mathcal{N}(\boldsymbol{u}\mid\boldsymbol{\mu},\boldsymbol{\Sigma})$，那么经过可逆仿射变换后的分布，又称**推前分布**（Pushforward Distribution），其仍然是高斯分布，记为 $\mathcal{N}(\boldsymbol{x}\mid\boldsymbol{A}\boldsymbol{\mu}+\boldsymbol{b},\boldsymbol{A}\boldsymbol{\Sigma}\boldsymbol{A}^{\mathrm{T}})$。因为单个流映射的表达能力有限，所以我们常常通过函数复合的方式，把多个可逆仿射变换叠加在一起，从而增强整体的表达能力。然而，值得注意的是，尽管可

以将多个可逆仿射变换进行叠加，但这一操作并不会增强其表达能力。但是，如果我们将可逆仿射变换与后文将要介绍的非仿射变换巧妙地结合起来，就能够构建出既具备强大表达能力又便于计算的 NF 模型。

在本章开篇，我们已提及，为了确保 NF 模型的对数似然函数能够高效计算，关键在于流函数的雅可比行列式及其逆变换的计算必须足够迅速。接下来，我们将专门探讨仿射变换在这两方面的计算复杂度。一般来说，显式计算 $\det(\boldsymbol{A})$ 和 $\boldsymbol{A}^{-1}$ 的时间复杂度为 $O(d^3)$，其中 d 是数据的维度。在高维数据分布的情境下（如高分辨率图像），即便是像仿射流这样相对简单的变换，其计算成本也会变得过于庞大，从而难以实际应用。

为了降低计算复杂度，一种常见的策略是对矩阵 $\boldsymbol{A}$ 施加特定的结构约束。接下来，我们将探讨一些具有特定结构的矩阵，以及求解其行列式和逆矩阵时的方法。

（1）**对角矩阵：** 如果矩阵 $\boldsymbol{A}$ 是一个对角矩阵（其对角线上的所有元素均非零，从而确保 $\boldsymbol{A}$ 是可逆的），那么其雅可比行列式就可以简化为对角元素的乘积，即 $\det(A)=\prod_{i=1}^{d}A_{ii}$，这一特性使行列式的计算成本降低至 $O(d)$。逆变换的计算同样简便，只需取矩阵 $\boldsymbol{A}$ 的对角元素的倒数即可得出。然而，对角变换的简洁性也限制了其能力，因为它仅能实现对每个维度的独立缩放，而无法捕捉不同维度之间的复杂相关性。

（2）**三角矩阵：** 更一般地，若将矩阵 $\boldsymbol{A}$ 约束为上三角或下三角矩阵（且保证对角元素均非零），则同样能显著简化行列式及逆矩阵的计算过程。在这种情况下，$\det(A)$ 依然是对角元素的乘积，使计算复杂度保持在较低水平。至于求逆变换，则需要解三角方程组，这一操作可通过后向替代法（Backsubstitution）在 $O(d^2)$ 时间复杂度内高效完成。

（3）**置换矩阵：** 接下来，我们将介绍另一种具有特殊性质的矩阵——置换矩阵（Permutation Matrix），记作 $\boldsymbol{P}$。对于一个 d 维向量 $\boldsymbol{x}$，$\boldsymbol{Px}$ 表示将 $\boldsymbol{x}$ 的各个元素进行重新排列的结果。类似地，对于一个 d 行矩阵 $\boldsymbol{A}$，$\boldsymbol{PA}$ 表示对 $\boldsymbol{A}$ 的行进行置换后的矩阵，这也是“置换矩阵”这一名称的由来。举个例子，下面的矩阵就是一个实现第一行与第二行交换的置换矩阵：

$$\boldsymbol{P}=\begin{bmatrix}0&1&0\\1&0&0\\0&0&1\end{bmatrix} \tag{5-27}$$

置换矩阵 $\boldsymbol{P}$ 的一个性质是 $\boldsymbol{PP}^{\mathrm{T}}=\boldsymbol{I}$，所以置换矩阵行列式的绝对值为 1。对于置换矩阵的设置，常用的置换策略包括反转顺序或随机打乱。

对于任意一个可逆矩阵 $\boldsymbol{A}$，总可以实现如下的 **LU 分解**（Lower-Upper Decomposition）：

$$\boldsymbol{PA}=\boldsymbol{LU} \tag{5-28}$$

式中，$\boldsymbol{L}$ 和 $\boldsymbol{U}$ 分别为下三角矩阵和上三角矩阵；$\boldsymbol{P}$ 为置换矩阵。我们可以观察到，任意一个可逆的线性变换 $\boldsymbol{A}$ 均能够被分解成 3 个更易于计算的线性变换：行置换 $\boldsymbol{P}$，以及 2 个三角变换 $\boldsymbol{L}$ 和 $\boldsymbol{U}$。若将这里的每个矩阵变换都视为一个流变换，则我们能够将这三个更为简单且计算复杂度较低的流变换组合起来，以替代那些虽然功能强大但计算更为复杂的变换。因此，在构建仿射流的过程中，我们针对每个流变换实施如下的仿射变换：

$$T(\boldsymbol{x})=(\boldsymbol{AP})\boldsymbol{x}+\boldsymbol{b} \tag{5-29}$$

式中，$\boldsymbol{A}$ 和 $\boldsymbol{P}$ 分别为三角矩阵和置换矩阵。

5.3.2 平面流和径向流

在本节中，我们将阐述两种基本的非线性标准化流方法：**平面流**（Planar Flow）和**径向流**（Radial Flow）。这两种方法通过引入简洁而高效的可逆变换，显著提升了模型对复杂概率分布的表征能力。它们最初由 Rezende 和 Mohamed 于 2015 年提出，旨在优化 VAE 的后验分布，以更精准地逼近真实数据的复杂分布特性。

平面流和径向流的设计使其雅可比行列式的计算变得直截了当，局限性在于它们并不具备解析形式的逆变换。因此，这两种方法更多地被应用于仅需前向计算的场景，如变分推断（Variational Inference）。在本节中，我们将对这两种方法进行简要介绍，但不对其具体应用做过多展开。

1. 平面流

平面流的核心概念是在潜在空间内实施一个非线性的平面变换（Plane Transformation），从而增强模型的灵活性。具体来说，平面流的变换函数 T 的定义如下：

$$T(\boldsymbol{x})=\boldsymbol{x}+\boldsymbol{u}\cdot h(\boldsymbol{w}^{\mathrm{T}}\boldsymbol{x}+b) \tag{5-30}$$

式中，$\boldsymbol{u},\boldsymbol{w}\in\mathbb{R}^d$ 和 $b\in\mathbb{R}$ 为可学习参数；$h(\cdot)$ 为可微的激活函数［如 $\mathrm{Tanh}(\cdot)$］。在该变换中，我们首先计算 $\boldsymbol{w}^{\mathrm{T}}\boldsymbol{x}+b$，这等价于将输入向量 $\boldsymbol{x}$ 投影至向量 $\boldsymbol{w}$ 上。该过程为基础分布添加了一个非线性扰动，从而使 NF 模型能够捕捉更加复杂的概率结构。

为了在训练过程中计算变换后的概率密度，需要求解雅可比行列式。平面流的雅可比矩阵 $\boldsymbol{J}_T$ 为

$$\boldsymbol{J}_T(\boldsymbol{x})=\boldsymbol{I}+\boldsymbol{u}\boldsymbol{w}^{\mathrm{T}}h'(\boldsymbol{w}^{\mathrm{T}}\boldsymbol{x}+b) \tag{5-31}$$

式中，$\boldsymbol{I}$ 为 $d\times d$ 的单位矩阵；$h'(\cdot)$ 为激活函数 $h(\cdot)$ 的导数。鉴于矩阵 $\boldsymbol{u}\boldsymbol{w}^{\mathrm{T}}h'(\cdot)$ 的秩为 1，我们可以利用矩阵行列式的特殊性质，实现对 $\boldsymbol{J}_T(\boldsymbol{x})$ 的行列式的高效计算。具体来说，对于形如 $\boldsymbol{A}=\boldsymbol{I}+\boldsymbol{u}\boldsymbol{v}^{\mathrm{T}}$ 的矩阵，其行列式为

$$\det\boldsymbol{A}=1+\boldsymbol{v}^{\mathrm{T}}\boldsymbol{u} \tag{5-32}$$

式中，$\boldsymbol{v}$ 为某个长度为 d 的列向量。因此，平面流的雅可比行列式具有如下形式：

$$\det\boldsymbol{J}_T(\boldsymbol{x})=1+h'(\boldsymbol{w}^{\mathrm{T}}\boldsymbol{x}+b)\cdot\boldsymbol{w}^{\mathrm{T}}\boldsymbol{u} \tag{5-33}$$

由于只需计算标量内积 $\boldsymbol{w}^{\mathrm{T}}\boldsymbol{u}$ 和标量导数 $h'(\cdot)$，因此该雅可比行列式的计算复杂度很低。

为了确保变换是可逆的，根据逆函数定理（定理 5-2），我们需要雅可比行列式 $\det\boldsymbol{J}_T(\boldsymbol{x})$［式（5-33）］不为 0。$\det\boldsymbol{J}_T(\boldsymbol{x})$ 不为 0 的一个充分条件是 $\boldsymbol{w}^{\mathrm{T}}\boldsymbol{u}\geqslant-\dfrac{1}{h'(\boldsymbol{w}^{\mathrm{T}}\boldsymbol{x}+b)}$。当 $h(\cdot)=\mathrm{Tanh}(\cdot)$ 时，$h'(\cdot)\in[0,1]$。此时，我们只需保证 $\boldsymbol{w}^{\mathrm{T}}\boldsymbol{u}\geqslant-1$，即可使 $\det\boldsymbol{J}_T(\boldsymbol{x})$ 不为 0。为了满足该约束，我们可以对 $\boldsymbol{u}$ 进行如下的重参数化：

$$\boldsymbol{u}(\boldsymbol{w},\boldsymbol{a})=\boldsymbol{a}+\left[-1+\ln\left(1+\exp(\boldsymbol{w}^{\mathrm{T}}\boldsymbol{a})\right)-\boldsymbol{w}^{\mathrm{T}}\boldsymbol{a}\right]\cdot\frac{\boldsymbol{w}}{\|\boldsymbol{w}\|_2^2} \tag{5-34}$$

式中，$\boldsymbol{w},\boldsymbol{a}\in\mathbb{R}^d$ 为需要在训练过程中被优化的可学习参数。

然而，平面流的逆变换往往不存在解析解。这主要是因为逆变换的求解过程需要获得如下方程的解，即

$$x = x' - uh(w^{\mathrm{T}}x + b) \tag{5-35}$$

然而，由于 x 出现在等式两侧，同时 x 是非线性函数 $h(\cdot)$ 的输入，因此直接求解该等式较为困难。在实际计算中，我们常使用数值方法求解该等式。

2. 径向流

径向流通过在潜在空间内围绕一个特定中心点执行径向变换，从而灵活地调整基准分布的结构与形态。径向流的变换函数 $T:\mathbb{R}^d \to \mathbb{R}^d$ 定义如下：

$$T(x) = x + \beta h(\alpha, r)(x - x_0) \tag{5-36}$$

式中，$x_0 \in \mathbb{R}^d$ 为需要学习的中心点参数；$\alpha \in \mathbb{R}^+$ 和 $\beta \in \mathbb{R}$ 分别为控制变换范围和强度的可学习参数；$r = \|x - x_0\|_2$ 为输入向量和中心点之间的欧式距离；$h(\alpha, r) = \frac{1}{\alpha + r}$。针对式（5-36），一个直观的理解是，对于空间中的每个点 x，根据其与中心点 x_0 的距离 r，沿径向方向进行缩放或拉伸。对于强度参数 β，当 $\beta > 0$ 时，点 x 会向中心靠拢；当 $\beta < 0$ 时，点会远离中心。参数 α 用于控制变换的影响范围，较大的 α 会减弱变换的效果。

径向流的变换函数 T 的雅可比矩阵具有如下形式：

$$J_T(x) = \beta h'(\alpha, r)\frac{(x - x_0)(x - x_0)^{\mathrm{T}}}{r} + \left(1 + \beta h(\alpha, r)\right)I \tag{5-37}$$

式中，$h'(\alpha, r) = -\frac{1}{(\alpha + r)^2}$ 是 $h(\alpha, r)$ 对 r 的导数。可以看出，雅可比矩阵 $J_T(x)$ 由两部分组成：一部分是与径向相关的外积项，另一部分是与单位矩阵相关的缩放项。

鉴于雅可比矩阵具有对称性，我们能够运用特征值分解的方法来求解雅可比行列式。式（5-37）中雅可比矩阵 $J_T(x)$ 的特征值可分为如下两类。

（1）其中一个特征值对应径向方向，即

$$\begin{aligned}\lambda_1 &= 1 + \beta h(\alpha, r) + \beta h'(\alpha, r)r \\ &= 1 + \beta \cdot \left(h(\alpha, r) + h'(\alpha, r)r\right) \\ &= 1 + \beta \cdot \left(\frac{1}{\alpha + r} - \frac{r}{(\alpha + r)^2}\right) \\ &= 1 + \beta \cdot \frac{\alpha}{(\alpha + r)^2}\end{aligned} \tag{5-38}$$

（2）其余 $d-1$ 个特征值对应与径向方向正交的方向，即

$$\lambda_2 = 1 + \beta h(\alpha, r) = 1 + \beta \cdot \frac{1}{\alpha + r} \tag{5-39}$$

因此，雅可比行列式为所有特征值的乘积，即

$$\det J_T(x) = \lambda_1 \lambda_2^{d-1} = \left(1 + \beta \frac{\alpha}{(\alpha + r)^2}\right)\left(1 + \beta \frac{1}{\alpha + r}\right)^{d-1} \tag{5-40}$$

式中，$r = \|x - x_0\|_2$。

事实上，与平面流的变换函数类似，径向流的变换函数［式（5-36）］也不总是可逆的。但是，可以证明，当 $\beta \geqslant -\alpha$ 时，径向流的变换函数是可逆的。我们也可以通过对 β 的重参数

化来保证变换的可逆，即

$$\beta(\alpha,b)=-\alpha+\ln\left(1+\exp(b)\right) \tag{5-41}$$

径向流的变换函数同样涉及非线性方程的求解：

$$\boldsymbol{x}=T(\boldsymbol{x})-\beta h\left(\alpha,\|\boldsymbol{x}-\boldsymbol{x}_0\|_2\right)\cdot\left(\|\boldsymbol{x}-\boldsymbol{x}_0\|_2\right) \tag{5-42}$$

由于等式两边均涉及变量 $\boldsymbol{x}$，并且它嵌套于一个非线性函数之中，因此该方程无法获得解析解。如果需要求解逆变换，则可以采用迭代方法，如牛顿-拉夫森法（Newton-Raphson）来逐步逼近方程的解。

5.3.3 耦合流

为了确保 NF 模型的可逆性，前文阐述的几种 NF 模型均对流变换的形式施加了限制，这在一定程度上制约了 NF 模型的灵活性。在接下来的章节中，我们将探讨当前流行的几种 NF 模型框架，这些框架在保障流变换可逆的同时，力求最大限度减少对网络架构的具体束缚。本节聚焦于自回归流中的核心结构——**耦合流**（Coupling Flow）。耦合流的概念最初由 Laurent Dinh 于 2014 年首次提出，并在后续的相关工作中展现了非凡的影响力，一度成为 NF 模型的主流结构。本节内容主要汲取自关于**仿射耦合流**（Affine Coupling Flow）的三篇经典文献[6、7、14]，以及文献[1]。鉴于篇幅所限，我们将着重解析耦合变换的架构设计，而不涉及上述文献的技术细节探讨。

我们首先来介绍耦合流的核心组成部分——**耦合变换**（Coupling Transformation）。如图 5-2 所示，给定一个输入向量 $\boldsymbol{x}\in\mathbb{R}^d$，我们首先将其进行分割（Partition），具体操作为将 $\boldsymbol{x}$ 分割为两个子向量：一个长度为 m 的子向量，标记为 $\boldsymbol{x}_{I_1}\in\mathbb{R}^m$；一个长度为 $d-m$ 的子向量，标记为 $\boldsymbol{x}_{I\setminus I_1}\in\mathbb{R}^{d-m}$。假设存在一个只作用在 $\boldsymbol{x}_{I_1}$ 上的双射 $f\left(\cdot;\boldsymbol{\theta}\right):\mathbb{R}^m\to\mathbb{R}^m$，其中 $\boldsymbol{\theta}$ 为 f 的参数。那么，一般的耦合变换 $c_{I_1}\left(\cdot;f,\boldsymbol{\theta}\right)$ 可以表示成如下形式：

$$\begin{aligned}c_{I_1}\left(\cdot;f,\boldsymbol{\theta}\right)&:\mathbb{R}^d\to\mathbb{R}^d\\ \boldsymbol{x}_{I\setminus I_1}&\mapsto\boldsymbol{x}_{I\setminus I_1}\\ \boldsymbol{x}_{I_1}&\mapsto f\left(\boldsymbol{x}_{I_1};\boldsymbol{\theta}(\boldsymbol{x}_{I\setminus I_1})\right)\end{aligned} \tag{5-43}$$

式中，耦合变换只对 $\boldsymbol{x}_{I_1}$ 进行变换，而不改变 $\boldsymbol{x}_{I\setminus I_1}$。耦合变换的巧妙之处在于，虽然 $\boldsymbol{x}_{I\setminus I_1}$ 本身维持不变，但它通过参数化的 $\boldsymbol{\theta}(\boldsymbol{x}_{I\setminus I_1})$ 间接地参与了对 $\boldsymbol{x}_{I_1}$ 的变换。$\boldsymbol{x}_{I\setminus I_1}$ 与 $\boldsymbol{x}_{I_1}$ 这两个不同维度上的信息，通过双射 f **耦合**到了一起，这一过程正是“耦合变换”这一术语得名的缘由。双射 f 也被称为**耦合律**（Coupling Law），而将输入变量 $\boldsymbol{x}$ 分割为两个子向量的操作则被称为**掩码**（Mask）。

在耦合变换中，$\boldsymbol{\theta}(\cdot)$ 通常由一个神经网络进行建模，如卷积神经网络、循环神经网络、全连接神经网络等。唯一的约束是 f 必须是一个可逆函数，从而确保耦合变换 $c_{I_1}\left(\cdot;f,\boldsymbol{\theta}\right)$ 的可逆性。耦合变换 c_{I_1} 的逆变换 $c_{I_1}^{-1}$ 具有如下形式：

$$\begin{aligned}c_{I_1}^{-1}\left(\cdot;f,\boldsymbol{\theta}\right)&:\mathbb{R}^d\to\mathbb{R}^d\\ \boldsymbol{y}_{I\setminus I_1}&\mapsto\boldsymbol{y}_{I\setminus I_1}\\ \boldsymbol{y}_{I_1}&\mapsto f^{-1}\left(\boldsymbol{y}_{I_1};\boldsymbol{\theta}(\boldsymbol{y}_{I\setminus I_1})\right)\end{aligned} \tag{5-44}$$

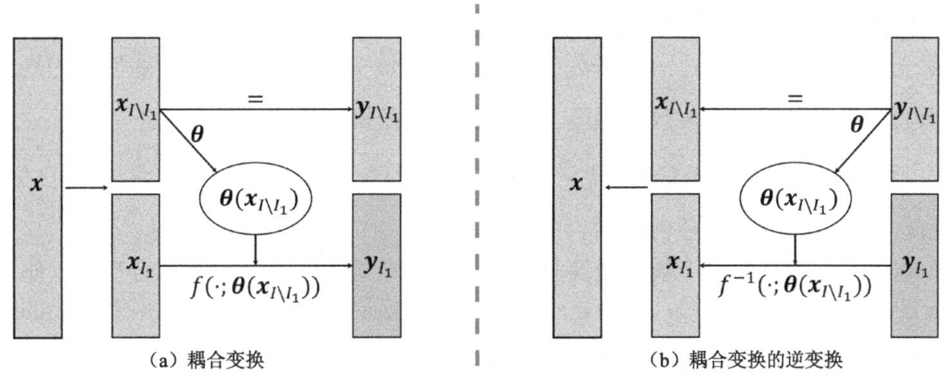

图 5-2　耦合变换及其逆变换的示意图

对于如下的耦合变换 c_{I_1}：

$$\begin{cases} \boldsymbol{y}_{I_1} = f\left(\boldsymbol{x}_{I_1};\boldsymbol{\theta}(\boldsymbol{x}_{I\setminus I_1})\right) \\ \boldsymbol{y}_{I\setminus I_1} = \boldsymbol{x}_{I\setminus I_1} \end{cases} \tag{5-45}$$

其雅可比矩阵是具有如下形式的矩阵：

$$\boldsymbol{J}_{c_{I_1}} = \begin{bmatrix} \dfrac{\partial \boldsymbol{y}_{I_1}}{\partial \boldsymbol{x}_{I_1}} & \dfrac{\partial \boldsymbol{y}_{I_1}}{\partial \boldsymbol{x}_{I\setminus I_1}} \\ \dfrac{\partial \boldsymbol{y}_{I\setminus I_1}}{\partial \boldsymbol{x}_{I_1}} & \dfrac{\partial \boldsymbol{y}_{I\setminus I_1}}{\partial \boldsymbol{x}_{I\setminus I_1}} \end{bmatrix} = \begin{bmatrix} \nabla_{\boldsymbol{x}_{I_1}} f\left(\boldsymbol{x}_{I_1};\boldsymbol{\theta}(\boldsymbol{x}_{I\setminus I_1})\right) & * \\ \boldsymbol{0} & \boldsymbol{I} \end{bmatrix} \tag{5-46}$$

那么，耦合变换 c_{I_1} 的雅可比行列式及其绝对值也只取决于 f，即

$$\left|\det \nabla_{\boldsymbol{x}} c_{I_1}(\boldsymbol{x})\right| = \left|\det \nabla_{\boldsymbol{x}_{I_1}} f\left(\boldsymbol{x}_{I_1};\boldsymbol{\theta}(\boldsymbol{x}_{I\setminus I_1})\right)\right| \tag{5-47}$$

因此，耦合流的计算复杂度主要取决于双射 f 的选择。

一般来说，出于对 f^{-1} 及 $\det \boldsymbol{J}_f$ 计算复杂度的考虑，我们一般将 f 定义为一个**逐元素的双射**（Elementwise Bijection）：

$$\begin{gathered} f(\cdot;\boldsymbol{\theta}):\mathbb{R}^m \to \mathbb{R}^m, \\ f(\boldsymbol{u};\boldsymbol{\theta}) = \begin{bmatrix} f_1(u_1;\boldsymbol{\theta}) \\ \vdots \\ f_m(u_m;\boldsymbol{\theta}) \end{bmatrix} \in \mathbb{R}^m \end{gathered} \tag{5-48}$$

式中，$f_i(\cdot;\boldsymbol{\theta})$，$i=1,2,\cdots,m$ 是一个一维的双射。常见的选择是令 $f_i(\cdot;\boldsymbol{\theta})$ 为一个仿射变换，即**缩放与平移**（Scaling and Translation）：

$$f_i(u_i;\boldsymbol{\theta}) = s_i \cdot u_i + t_i,\quad s_i \in \mathbb{R}\text{且}s_i \neq 0,\ t_i \in \mathbb{R} \tag{5-49}$$

式（5-49）的向量化形式为

$$\begin{aligned} \boldsymbol{x}_{I_1} &\mapsto \boldsymbol{x}_{I_1} \odot s(\boldsymbol{x}_{I\setminus I_1}) + t(\boldsymbol{x}_{I\setminus I_1}) \\ \boldsymbol{x}_{I\setminus I_1} &\mapsto \boldsymbol{x}_{I\setminus I_1} \end{aligned} \tag{5-50}$$

式中，$\odot$ 表示逐元素相乘（Elementwise Multiplication）；$s:\mathbb{R}^{d-m} \to \mathbb{R}^m$ 和 $t:\mathbb{R}^{d-m} \to \mathbb{R}^m$ 可以是任意函数（通常由神经网络进行建模，分别称为“缩放”和“平移”网络）。式（5-50）便是

著名的**仿射耦合变换**（Affine Coupling Transformation）。但是，式（5-50）所定义的仿射耦合变换存在一个问题，如果$s(\boldsymbol{x}_{I\setminus I_1})$不是处处非零，那么该变换可能不具备可逆性。为规避这一问题，我们通常采取以下重参数化手段，以确保缩放变换严格非零：

$$\boldsymbol{x}_{I_1} \mapsto \boldsymbol{x}_{I_1} \odot \exp\left(\ln s(\boldsymbol{x}_{I\setminus I_1})\right) + t(\boldsymbol{x}_{I\setminus I_1}) \tag{5-51}$$

式中，$\ln s : \mathbb{R}^{d-m} \to \mathbb{R}^m$ 没有任何限制。

一个耦合流通常是由多个耦合变换复合而成的复杂结构。鉴于每个耦合变换仅作用于输入向量$\boldsymbol{x}$的某一部分（如$\boldsymbol{x}_{I_1}$），在构建不同的耦合变换层时，我们需要采用多样化的掩码策略（不同的分割方法），以促进不同维度之间的信息交融。这些掩码策略对模型的效能与效率均有显著的影响，接下来，我们将详细探讨几种主流的掩码策略。Dinh 等人于 2014 提出 NICE 模型，其通过在不同的耦合变换层中交错反转I_1与$I\setminus I_1$，来确保每个维度都能够被变换（见图 5-3）。在后续研究中，Dinh 等人于 2017 年发现，在不同的耦合变换层中对变量的维度（对于图像数据，往往只在通道或空间维度上进行）进行随机打乱，能够有效促进信息的充分混合，这一方法被应用于 RealNVP 模型（见图 5-4）。

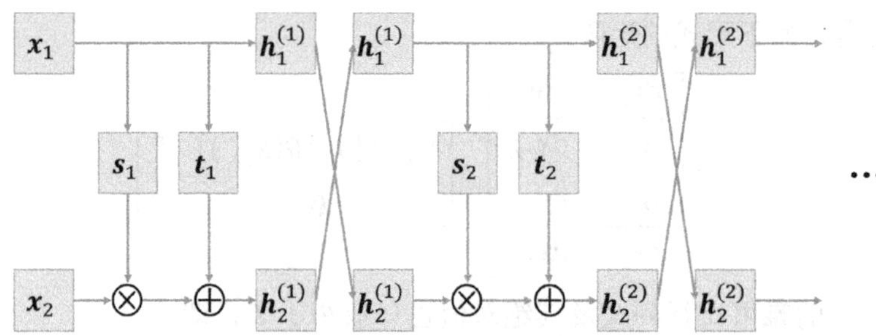

图 5-3　NICE 模型通过交叉融合来融合信息

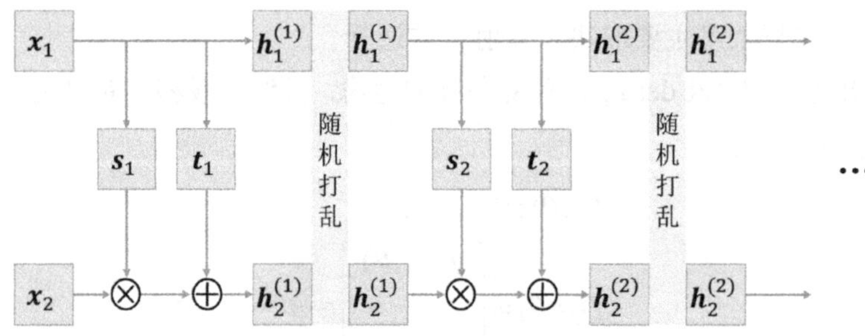

图 5-4　RealNVP 模型通过随机打乱来融合信息

在处理图像数据时，以上两种掩码策略往往只能在通道或空间维度上进行部分变换，这使它们在信息混合方面存在局限性。为了解决该问题，Kingma 等人于 2018 年提出了**可逆的 1×1 卷积**，用于在通道维度上进行**可学习的**线性变换，从而极大地增强了模型的灵活性。给定一个输入张量$\boldsymbol{x} \in \mathbb{R}^{H \times W \times C}$，其中$H$和$W$是空间维度，$C$是通道数。可逆的1×1卷积在每个空间位置上应用一个可逆的线性变换，即

$$\boldsymbol{y}_{h,w} = \boldsymbol{W}\boldsymbol{x}_{h,w} \tag{5-52}$$

式中，$\boldsymbol{x}_{h,w} \in \mathbb{R}^C$是位置为$(h,w)$处的输入向量；$\boldsymbol{y}_{h,w} \in \mathbb{R}^C$是位置为$(h,w)$处的输出向量；$\boldsymbol{W} \in \mathbb{R}^{C \times C}$是可学习的权重矩阵。为了确保式（5-52）具备可逆性，需要确保权重矩阵$\boldsymbol{W}$是可

逆矩阵，即 $\det \boldsymbol{W} \neq 0$。在实践中，为了方便计算和确保可逆性，通常对 $\boldsymbol{W}$ 进行类似 LU 分解［见式（5-28）］的参数化操作：

$$\boldsymbol{W} = \boldsymbol{PL}\left(\boldsymbol{U} + \mathrm{diag}(\boldsymbol{s})\right) \tag{5-53}$$

式中，$\boldsymbol{P}$ 为置换矩阵；$\boldsymbol{L}$ 为对角元素均为 1 的下三角矩阵；$\boldsymbol{U}$ 为对角元素均为 0 的上三角矩阵；$\boldsymbol{s}$ 为一个向量。经过以上参数化操作，可逆的1×1卷积的雅可比行列式的绝对值可由以下公式求得：

$$\ln\left|\det \boldsymbol{W}\right| = \sum_{i} \ln\left|s_i\right| \tag{5-54}$$

式中，s_i 为向量 $\boldsymbol{s}$ 的第 i 个元素。

5.3.4　自回归流

在本节中，我们将介绍一种与耦合流思路相似的 NF 模型——**自回归流**（Autoregressive Flow）。与 5.3.3 节所述的耦合流一样，自回归流同样能够将不同维度的信息，通过任意的非线性函数灵活地组合在一起，并且对所采用的网络结构施加尽可能少的限制。**自回归模型**（Autoregressive Model）在 NF 领域中的最初应用可追溯至文献[15]的研究。本节的内容主要基于两篇重要论文[15, 19]及一部权威教材[17]进行阐述。

自回归流采用了自回归模型的结构特性，逐一处理各个维度的变换，并确保当前维度的变换是依赖前维度已确定的值进行的。对于输入向量 $\boldsymbol{x} = [x_1, x_2, \cdots, x_d]^{\mathrm{T}} \in \mathbb{R}^d$，自回归流定义了一系列一维的可逆变换：

$$\begin{cases} y_1 = f_1(x_1; \boldsymbol{\theta}_1) \\ y_i = f_i(x_i; \boldsymbol{\theta}_i(\boldsymbol{x}_{<i})), \quad i = 2, \cdots, d \end{cases} \tag{5-55}$$

式中，$f_i(\cdot; \boldsymbol{\theta}_i)$ 为一维的可逆双射；$\boldsymbol{\theta}_i$ 为 f_i 的参数，也是 $\boldsymbol{x}_{<i} = [x_1, x_2, \cdots, x_{i-1}]^{\mathrm{T}}$ 的函数。通常，参数函数 $\boldsymbol{\theta}_i(\cdot)$ 被称为**调节器**（Conditioner）。与耦合变换中的参数函数相同，我们对自回归流中的 $\boldsymbol{\theta}_i(\cdot)$ 没有任何限制。因此，$\boldsymbol{\theta}_i(\cdot)$ 可以是任意的神经网络。在式（5-55）所代表的自回归变换中，每个维度的变换都是严格依赖其之前的维度进行的，这种特性正是**自回归**（Autoregressive）的标志，也是“自回归流”这一命名由来的直接体现。

自回归变换［式（5-55）］的雅可比矩阵 $\boldsymbol{J}$ 是一个下三角矩阵：

$$\boldsymbol{J} = \begin{bmatrix} \dfrac{\partial y_1}{\partial x_1} & 0 & \cdots & 0 \\ \dfrac{\partial y_2}{\partial x_1} & \dfrac{\partial y_2}{\partial x_2} & \cdots & 0 \\ \vdots & \vdots & & \vdots \\ \dfrac{\partial y_d}{\partial x_1} & \dfrac{\partial y_d}{\partial x_2} & \cdots & \dfrac{\partial y_d}{\partial x_d} \end{bmatrix} \tag{5-56}$$

由于 $\boldsymbol{J}$ 是下三角矩阵，其行列式就是对角元素的乘积：

$$\det \boldsymbol{J} = \prod_{i=1}^{d} \frac{\partial y_i}{\partial x_i} \tag{5-57}$$

因此，该行列式的计算复杂度为$O(d)$。

当所有的$f_i(\cdot;\boldsymbol{\theta}_i)$都是可逆变换时，自回归变换也是可逆的，其逆变换为

$$\begin{cases} x_1 = f_1^{-1}(y_1;\boldsymbol{\theta}_1) \\ x_i = f_i^{-1}(y_i;\boldsymbol{\theta}_i(\boldsymbol{x}_{<i})), \quad i=2,\cdots,d \end{cases} \tag{5-58}$$

在实际操作中，我们遵循维度的顺序，从前往后逐步进行迭代以求解上述方程。然而，由于式（5-58）的计算本质上是有序的（Sequential），因此我们无法对所有维度实施并行处理。这一限制在利用分布式硬件资源（如 GPU）时显得尤为突出，因为它阻碍了计算效率的最大化。特别是，这导致自回归流在训练阶段（尤其是对数似然函数的计算）的执行速度显著降低。

为了解决这个问题，Kingma 于 2013 年提出了**逆自回归流**（Inverse Autoregressive Flow）。该模型与自回归流存在显著差异在逆自回归流的变换中，每个输出y_i都依赖先前维度的输出$\boldsymbol{y}_{<i}$，而非直接依赖原始输入$\boldsymbol{x}_{<i}$：

$$\begin{cases} y_1 = f_1(x_1;\boldsymbol{\theta}_1) \\ y_i = f_i(x_i;\boldsymbol{\theta}_i(\boldsymbol{y}_{<i})), \quad i=2,\cdots,d \end{cases} \tag{5-59}$$

有趣的是，逆自回归流［式（5-59）］的结构竟然与自回归流的逆运算［式（5-58）］不谋而合。图 5-5 直观地展示了自回归流与逆自回归流的结构对比。通过观察不难发现，逆自回归流的逆运算可以表示为如下形式：

$$\begin{cases} x_1 = f_1^{-1}(y_1;\boldsymbol{\theta}_1) \\ x_i = f_i^{-1}(y_i;\boldsymbol{\theta}_i(\boldsymbol{y}_{<i})), \quad i=2,\cdots,d \end{cases} \tag{5-60}$$

此时，我们惊喜地发现，仅仅通过这一细微的调整，逆自回归流的逆运算便能够实现并行计算，尽管其前向运算［式（5-59）］仍需要按顺序进行。因此，在实际应用中，我们需要根据具体需求精心选择自回归流的类型：若优先考虑前向运算效率，如在采样等场景中，自回归流往往是更优选择；若更看重逆运算效率，如计算 NF 模型的密度函数或进行 NF 模型训练，则逆自回归流展现出更明显的优势。

最后，鉴于自回归变换与输入向量的维度顺序紧密相关，为了更有效地促进各维度之间的信息交融，我们通常会采取策略，如图 5-4 所示，随机打乱每步的输出向量。此外，另一种有效的手段是应用前文提及的可逆的1×1卷积，它同样能助力实现维度之间信息的充分混合。

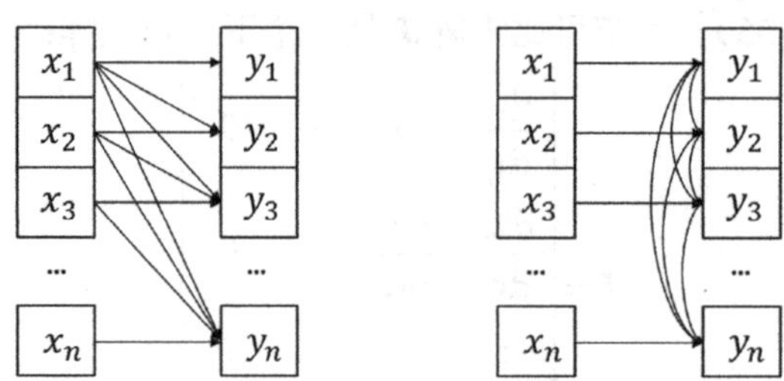

图 5-5　自回归流与逆自回归流的结构对比

1. 仿射自回归流

与在耦合流中的讨论相似，我们可以选择仿射变换作为f_i的具体形式，从而构建出**仿射自回归流**（Affine Autoregressive Flow），其变换为

$$\begin{cases} y_1 = t_1 + s_1 \cdot x_1 \\ y_i = t_i(\boldsymbol{x}_{<i}) + s_i(\boldsymbol{x}_{<i}) \cdot x_i, \quad i = 2,3,\cdots,d \end{cases} \tag{5-61}$$

式中，$t_i(\cdot)$ 和 $s_i(\cdot)$ 为神经网络，它们根据 $\boldsymbol{x}_{<i}$ 分别计算偏移和缩放参数。为了使仿射自回归变换可逆，$s_i(\cdot)$ 的输出必须为正数。我们可以使用式（5-51）中的技巧来确保缩放参数为正数。

同理，我们可以使用相同的方式构建仿射逆自回归流的变换：

$$\begin{cases} y_1 = t_1 + s_1 \cdot x_1 \\ y_i = t_i(\boldsymbol{y}_{<i}) + s_i(\boldsymbol{y}_{<i}) \cdot x_i, \quad i = 2,3,\cdots,d \end{cases} \tag{5-62}$$

在实际操作中，一般令 $t_1 \in \mathbb{R}$ 和 $s_1 \in \mathbb{R}^+$ 为可学习参数，并用神经网络对 $t_i(\cdot)$ 和 $s_i(\cdot)$ 进行建模。

2. 掩码自回归流

正如我们在仿射自回归流中所阐述的，自回归流中的每个参数函数 $\boldsymbol{\theta}_i$ 均是一个神经网络。这意味着，在自回归流的每层，我们都需要并行地训练 d 个不同的神经网络。当维度 d 变得非常大时，这种计算需求将急剧增加，导致计算成本变得极为高昂。

所以一种常见的方法是训练一个**组合调节器**（Combined Conditioner），记为 $\Theta(\cdot)$。这个组合调节器可由单个神经网络表示，输入为整个向量 $\boldsymbol{x} \in \mathbb{R}^d$，输出为所有的单个调节器 $\boldsymbol{\theta}_1, \boldsymbol{\theta}_2, \cdots, \boldsymbol{\theta}_d$：

$$\Theta(\boldsymbol{x}) = \begin{bmatrix} \boldsymbol{\theta}_1 \\ \boldsymbol{\theta}_2(\boldsymbol{x}_{<2}) \\ \vdots \\ \boldsymbol{\theta}_d(\boldsymbol{x}_{<d}) \end{bmatrix} \tag{5-63}$$

训练这样一个组合调节器的难点在于如何确保它的回归性，即 $\boldsymbol{\theta}_i$ 只与 $\boldsymbol{x}_{<i}$ 有关，而与 $\boldsymbol{x}_{i:d}$ 无关。常见的方法是用一个任意结构的网络来表示 Θ，但是在前向运算 Θ 的时候，断开一些中间层的连接，从而保证输出的 $\boldsymbol{\theta}_i$ 只与 $\boldsymbol{x}_{<i}$ 连接。为了达到这个效果，Papamakarios 等人于 2017 年创新性地引入了掩码技术，以巧妙地实现自回归性质，并在此基础上成功构建了**掩码自回归流**（Masked Autoregressive Flow，MAF）**模型**。

MAF 模型的核心建立在仿射自回归流［见式（5-61）］的基础之上，它通过设计一个组合调节器来优化并加速模型的推理过程。该组合调节器的核心架构是一个全面连接的 MLP。在 MLP 的每层级中，我们采用了一种机制，即将权重矩阵 $\boldsymbol{W}$ 与一个尺寸相同的二进制掩码矩阵（Binary Masking Matrix）$\boldsymbol{M}$ 进行逐元素相乘（Elementwise Multiplication），以此来精细调控神经元之间的关联性。这种创新性的掩码应用策略，用于调整 MLP 输入与输出之间的计算相关性，最初是由 Germain 等人于 2015 年提出的。

假设原始 MLP 的第 l 层为

$$\boldsymbol{h}^l = \text{activation}^l\left(\boldsymbol{W}^l \boldsymbol{h}^{l-1} + \boldsymbol{b}^l\right), \quad \boldsymbol{h}^{l-1} \in \mathbb{R}^3, \boldsymbol{h}^l \in \mathbb{R}^2 \tag{5-64}$$

对该层施加二进制掩码矩阵 $\boldsymbol{M}^l = \begin{bmatrix} 0 & 1 \\ 0 & 1 \\ 0 & 1 \end{bmatrix}$ 后，第 l 层可以被写为

$$
\begin{aligned}
\boldsymbol{h}^l &= \text{activation}^l\left(\boldsymbol{W}^l \odot \boldsymbol{M}^l \cdot \boldsymbol{h}^{l-1} + \boldsymbol{b}^l\right) \\
&= \text{activation}^l\left(\begin{bmatrix} W_{1,1}^l & W_{1,2}^l \\ W_{2,1}^l & W_{2,2}^l \\ W_{3,1}^l & W_{3,2}^l \end{bmatrix} \odot \begin{bmatrix} 0 & 1 \\ 0 & 1 \\ 0 & 1 \end{bmatrix} \cdot \begin{bmatrix} h_1^{l-1} \\ h_2^{l-1} \end{bmatrix} + \boldsymbol{b}^l\right) \\
&= \text{activation}^l\left(\begin{bmatrix} 0 & W_{1,2}^l \\ 0 & W_{2,2}^l \\ 0 & W_{3,2}^l \end{bmatrix} \cdot \begin{bmatrix} h_1^{l-1} \\ h_2^{l-1} \end{bmatrix} + \boldsymbol{b}^l\right) \\
&= \text{activation}^l\left(\begin{bmatrix} W_{1,2}^l h_2^{l-1} \\ W_{2,2}^l h_2^{l-1} \\ W_{3,2}^l h_2^{l-1} \end{bmatrix} + \boldsymbol{b}^l\right)
\end{aligned} \tag{5-65}
$$

可以看出，第 l 层的输出 $\boldsymbol{h}^l$ 与 h_1^{l-1} 之间的连接被全部断开。通过对 MLP 的每层设计相应的二进制掩码矩阵，我们可以确保当 $j \geqslant i$ 时，从输入变量 $\boldsymbol{x}_j$ 到调节器 $\boldsymbol{\theta}_i$ 之间的所有计算路径都被置为 0。换言之，$\boldsymbol{\theta}_i$ 只依赖输入变量的前 $i-1$ 个维度 $\boldsymbol{x}_{<i}$。在图 5-6 中，我们演示了如何利用一个包含三层结构的 MLP 来构建一个三维的组合调节器。

采用上述方法，MAF 模型成功地具备自回归特性，确保每个条件函数仅依赖其前置输入变量。值得注意的是，这一经过掩码处理的组合调节器 $\boldsymbol{\Theta}$ 在计算成本上与原始 MLP 保持一致，有效避免了任何额外计算负担的产生。

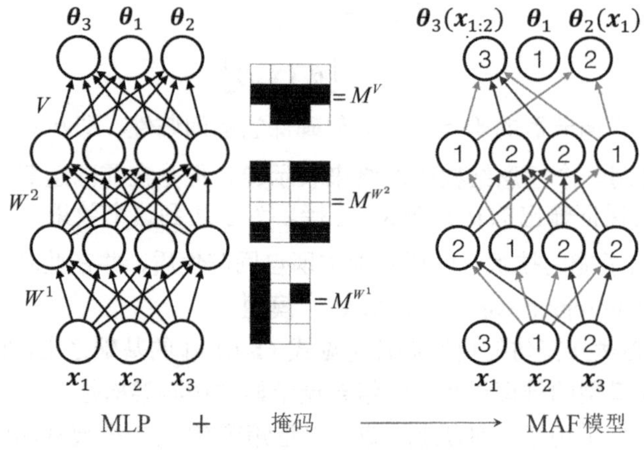

图 5-6　组合调节器示意图

5.3.5　可逆残差流

前述 NF 模型均遵循一个核心原则：通过对输入维度进行分割，模型在每层实施的逆变换变得比较简单，同时确保雅可比矩阵呈现易于处理的三角化形态，从而极大地简化雅可比行列式的计算过程。然而，这种设计策略伴随两个主要问题：首先，NF 模型的性能紧密依赖每层维度的划分方法及维度之间的置换策略；其次，为了维持逆变换和雅可比行列式计算的高效性，单个变换步骤中的非线性变换能力通常较弱。例如，在我们探讨的耦合流模型中，每层仅对部分输入进行变换。因此，为了增强模型的拟合能力，往往需要构建非常深的网络架构，这不仅大幅提高了整体计算需求，还常常引发训练过程中的梯度爆炸或梯度消失等棘手问题。

为了应对前述问题，Behrmann 等人及 Chen 等人于 2019 年探索了将残差网络（Residual Network，ResNet）应用于 NF 模型的可能性，提出了**可逆残差流**（Invertible Residual Flow，i-ResNet）。ResNet 最初由何凯明等人于 2015 年提出，旨在缓解深度神经网络在训练过程中的退化现象，并成功支持深层网络（如 50 层、101 层、152 层等）的训练，在多个视觉任务中展现了良好的性能。i-ResNet 在 ResNet 的基础上进行了谨慎的修改，主要集中在对归一化机制的调整上，而对 ResNet 的基本结构几乎没有施加额外的约束。这种设计策略旨在保持深层网络的优势，同时引入可逆性，以增强模型的表达能力。本节将详细阐述这些设计考虑及其潜在影响。

我们首先介绍 ResNet。ResNet 的核心构成单元为残差块（Residual Block），其形式如下：

$$\boldsymbol{y}=T(\boldsymbol{x})=\boldsymbol{x}+g(\boldsymbol{x}) \tag{5-66}$$

式中，$g(\boldsymbol{x})$ 被称为**残差函数**（Residual Function），其目的是让每层网络学习其输入与输出之间的差值，而非直接学习从输入 $\boldsymbol{x}$ 到输出 $\boldsymbol{y}$ 的完整映射关系。这种残差连接机制促进了信息在网络中的直接流通，有效缓解了因网络层数加深而引发的性能衰退现象。i-ResNet 所采用的流变换如式（5-66）所示。

为了能够将式（5-66）的结构使用在 NF 模型中，我们需要回答以下 3 个问题。

（1）式（5-66）是否可逆？

（2）如何计算式（5-66）的逆变换？

（3）如何计算式（5-66）的雅可比行列式？

Behrmann 等人及 Chen 等人的主要贡献在于他们成功地解答了以上 3 个问题。接下来，我们将对此进行详细阐述。

1. ResNet 的可逆性

首先值得注意的是，若不对函数 $g(\boldsymbol{x})$ 施加任何约束条件，则式（5-66）所描述的变换并不能自动确保可逆性。一个简单的例子是，若 $g(\boldsymbol{x})=-\boldsymbol{x}$，则会导致 $\boldsymbol{y}=T(\boldsymbol{x})=0$，显然这样的变换是不可逆的。然而，通过对 $g(\boldsymbol{x})$ 的 Lipschitz 常数 $\|g\|_{\mathrm{L}}$ 施加限制，我们可以确保 $\boldsymbol{x}\mapsto\boldsymbol{x}+g(\boldsymbol{x})$ 的可逆性。关于 Lipschitz 连续函数及 Lipschitz 常数的介绍请参见 4.1.3 节。

Behrmann 等人及 Chen 等人证明了，当 $\|g\|_{\mathrm{L}}<1$ 时，式（5-66）是可逆的。

【定理 5-3】 当 $\|g\|_{\mathrm{L}}<1$ 时，$T(\boldsymbol{x})=\boldsymbol{x}+g(\boldsymbol{x})$ 是可逆的。

证明： 如果 $g(\boldsymbol{x})$ 是可微的，则 $T(\boldsymbol{x})$ 也是可微的，其雅可比矩阵为

$$\boldsymbol{J}_T=\boldsymbol{I}+\boldsymbol{J}_g \tag{5-67}$$

式中，$\boldsymbol{I}$ 为单位矩阵；$\boldsymbol{J}_g$ 为 $g(\boldsymbol{x})$ 的雅可比矩阵。根据我们在 4.1.3 节介绍的 Lipschitz 常数的相关性质，我们可以推导出以下结论：

$$\|\boldsymbol{J}_g(\boldsymbol{x})\|_2=\|\nabla g(\boldsymbol{x})\|_2\leqslant\|g\|_{\mathrm{L}},\quad \forall\boldsymbol{x}\in\mathbb{R}^d \tag{5-68}$$

因此，对于所有 $\boldsymbol{x}$，$\boldsymbol{J}_g$ 特征值的绝对值一定小于 1。这保证了 $\boldsymbol{J}_T(\boldsymbol{x})=\boldsymbol{I}+\boldsymbol{J}_g(\boldsymbol{x})$ 的特征值严格为正，即 $\det\boldsymbol{J}_T(\boldsymbol{x})>0$。那么，依据逆函数定理（参见 5.1.2 节中的定理 5-2），我们可以断定 T 是一个双射，从而证明了其可逆性。

在实际操作中，为了确保残差函数 g 的 Lipschitz 常数小于 1，我们可以采取一种策略：鉴于 g 通常由多层神经网络构成，利用链式法则，我们只需确保每层神经网络的 Lipschitz 常数都小于 1。而每层网络基本上是由一个激活函数和一个线性变换组合而成的：

$$\text{activation}(\boldsymbol{W}\boldsymbol{x}+\boldsymbol{b}) \tag{5-69}$$

如果我们选用 Lipschitz 常数小于 1 的激活函数，如 ReLU、ELU 或 Tanh 等，那么剩下的任务就仅仅是确保线性变换部分 $\boldsymbol{x}\mapsto \boldsymbol{W}\boldsymbol{x}+\boldsymbol{b}$ 的 Lipschitz 常数同样小于 1。对此，Behrmann 等人对权重矩阵 $\boldsymbol{W}$ 采用了如下的谱归一化（参见 4.4.2 节）：

$$\overline{\boldsymbol{W}}=\frac{c\boldsymbol{W}}{\sigma(\boldsymbol{W})},\quad c\in(0,1) \tag{5-70}$$

式中，$\sigma(\boldsymbol{W})$ 为 $\boldsymbol{W}$ 的谱范数（$\boldsymbol{W}$ 的最大奇异值）；$\overline{\boldsymbol{W}}$ 为归一化后的矩阵。鉴于直接计算 $\sigma(\boldsymbol{W})$ 涉及繁重的计算负担，Behrmann 等人采纳了文献[10]所引入的方法来近似这一谱范数，具体细节在此不做赘述。

2. ResNet 逆的计算

在上一节中，我们阐述了使 ResNet 具备可逆性的充分条件。在本节中，我们将介绍如何求解式（5-66）的逆变换。若函数 $\boldsymbol{y}=\boldsymbol{x}+g(\boldsymbol{x})$ 为可逆函数，要求得其逆函数 $\boldsymbol{x}=h(\boldsymbol{y})$，则需要解一个非线性方程组。通常情况下，该方程组并无显式解，但可以通过数值方法进行求解。考虑如下迭代：

$$\begin{cases}\boldsymbol{x}_0=\boldsymbol{y}\\ \boldsymbol{x}_{n+1}=f_{\boldsymbol{y}}(\boldsymbol{x}_n)\triangleq \boldsymbol{y}-g(\boldsymbol{x}_n),\ \ n=1,2,\cdots\end{cases} \tag{5-71}$$

可以看出，式（5-71）中的每步都可以被看作一个变换 $f_{\boldsymbol{y}}$，寻找式（5-66）的逆等价于求解 $f_{\boldsymbol{y}}$ 的不动点 $\boldsymbol{x}^*$，即

$$\boldsymbol{x}^*=\boldsymbol{y}-g(\boldsymbol{x}^*) \tag{5-72}$$

可以证明，当 $\|g\|_{\mathrm{L}}<1$ 时，$\|f_{\boldsymbol{y}}\|_{\mathrm{L}}<1$（$f_{\boldsymbol{y}}$ 是一个收缩映射）。著名的 Banach 不动点定理（参见定理 5-4）可以保证映射 $f_{\boldsymbol{y}}$ 一定存在不动点，并且由式（5-71）定义的序列 $\{\boldsymbol{x}_n\}_{n\in\mathbb{N}}$ 会收敛至这个不动点 $\boldsymbol{x}^*$，即

$$\lim_{n\to\infty}\boldsymbol{x}_n=\boldsymbol{x}^* \tag{5-73}$$

【定理 5-4】（Banach 不动点定理） 在一个完备度量空间中（如 $\mathbb{R}^d$），如果一个映射 f 是收缩映射，即 $\|f\|_{\mathrm{L}}<1$，那么存在唯一的不动点 $\boldsymbol{x}^*$，即 $f(\boldsymbol{x}^*)=\boldsymbol{x}^*$。此外，对于任意初始点 $\boldsymbol{x}_0$，序列

$$\boldsymbol{x}_{n+1}=f(\boldsymbol{x}_n) \tag{5-74}$$

收敛到不动点 $\boldsymbol{x}^*$，并且满足对于任何正整数 n，都有

$$\|\boldsymbol{x}^*-\boldsymbol{x}_n\|_2\leqslant\frac{\|f\|_L^n}{1-\|f\|_{\mathrm{L}}}\|\boldsymbol{x}_1-\boldsymbol{x}_0\|_2 \tag{5-75}$$

i-ResNet 正是采用了前文所述的数值迭代方法［具体见式（5-71）］，以此来求解残差块的逆运算。

3. 雅可比行列式的解

最后，我们将阐述如何计算式（5-66）所对应的雅可比行列式。值得注意的是，在密度估计的实际应用中，我们真正需要求解的是雅可比行列式的对数：

$$\ln\left|\det \boldsymbol{J}_T\right| = \ln\left|\det\left(\boldsymbol{I}+\boldsymbol{J}_g\right)\right| = \ln\det\left(\boldsymbol{I}+\boldsymbol{J}_g\right) \tag{5-76}$$

其中，最后一个等号的成立是因为 $\boldsymbol{J}_g$ 的谱范数 $\sigma(\boldsymbol{J}_g)<1$，所以 $\det\left(\boldsymbol{I}+\boldsymbol{J}_g\right)>0$。为了计算 $\ln\det\left(\boldsymbol{I}+\boldsymbol{J}_g\right)$，接下来我们将引入一个关于矩阵对数行列式的重要恒等式。

【定理 5-5】设有一个方阵 $\boldsymbol{M}\in\mathbb{R}^{d\times d}$，如果谱范数 $\sigma(\boldsymbol{M})<1$，则

$$\ln\det\left(\boldsymbol{I}+\boldsymbol{M}\right) = \mathrm{tr}\left(\ln\left(\boldsymbol{I}+\boldsymbol{M}\right)\right) \tag{5-77}$$

式中，$\mathrm{tr}(\cdot)$ 为矩阵的迹，且

$$\ln\left(\boldsymbol{I}+\boldsymbol{M}\right) = \sum_{n=1}^{\infty}(-1)^{n-1}\frac{\boldsymbol{M}^n}{n} \tag{5-78}$$

根据定理 5-5，式（5-76）可以通过如下方式计算：

$$\begin{aligned}\ln\det\left(\boldsymbol{I}+\boldsymbol{J}_g\right) &= \mathrm{tr}\left(\ln\left(\boldsymbol{I}+\boldsymbol{J}_g\right)\right)\\ &= \sum_{n=1}^{\infty}(-1)^{n-1}\frac{\mathrm{tr}(\boldsymbol{J}_g^n)}{n}\\ &= \sum_{n=1}^{N}(-1)^{n-1}\frac{\mathrm{tr}(\boldsymbol{J}_g^n)}{n}+O\left(\|f\|_{\mathrm{L}}^N\right)\end{aligned} \tag{5-79}$$

在实际应用中，由于无法计算这个无穷级数，因此我们需要截断 N 项来做逼近。当 $\boldsymbol{J}_g$ 的谱范数较小时，我们甚至可以令 $N=1$，即

$$\ln\det\left(\boldsymbol{I}+\boldsymbol{J}_g\right) \approx \mathrm{tr}\left(\boldsymbol{J}_g\right) \tag{5-80}$$

然而，当数据维度极高时，计算矩阵 $\boldsymbol{J}_g$ 的 n 次方会涉及极其庞大的计算量。但是，考虑到式(5-79)只需计算 $\boldsymbol{J}_g^n$ 的迹，我们可以采用一个极为普遍有效的方法进行计算，即 Hutchinson 估计。

【定理 5-6】（Hutchinson 估计）对于任意方阵 $\boldsymbol{M}$，只要多元概率分布 $p(\boldsymbol{u})$ 满足均值为 0，协方差为单位矩阵（如标准高斯分布或 Rademacher 分布），就有

$$\mathrm{tr}(\boldsymbol{M}) = E_{\boldsymbol{u}\sim p(\boldsymbol{u})}\left[\boldsymbol{u}^{\mathrm{T}}\boldsymbol{M}\boldsymbol{u}\right] \tag{5-81}$$

在实际操作中，为显著降低计算成本，我们往往采用少量的随机向量 $\boldsymbol{u}$，甚至仅需一个随机向量就能进行估算。因此，我们有

$$\mathrm{tr}\left(\ln\left(\boldsymbol{I}+\boldsymbol{J}_g\right)\right) \approx \sum_{n=1}^{N}(-1)^{n-1}\frac{\boldsymbol{u}^{\mathrm{T}}\boldsymbol{J}_g^n\boldsymbol{u}}{n},\quad \boldsymbol{u}\sim p(\boldsymbol{u}) \tag{5-82}$$

并且

$$\boldsymbol{u}^{\mathrm{T}}\boldsymbol{J}_g^n\boldsymbol{u} = \boldsymbol{u}^{\mathrm{T}}\boldsymbol{J}_g(\cdots(\boldsymbol{J}_g(\boldsymbol{J}_g\boldsymbol{u}))) \tag{5-83}$$

只涉及矩阵 $\boldsymbol{J}_g$ 与随机向量 $\boldsymbol{u}$ 的乘法，不涉及矩阵与矩阵的乘法，从而大大降低了计算复杂度。

至此，我们已全面介绍了 i-ResNet 的设计理念。显而易见，尽管 i-ResNet 在网络架构的约束上有所放宽，但在计算层面引入了诸多限制，使其具体实现过程相对更为复杂。

4. i-ResNet 的变体模型

最后，我们将介绍 i-ResNet 的一种变体模型——**汉密尔顿可逆神经网络**（Hamiltonian Reversible Neural Network）。这一模型由 Haber 等人及 Chang 等人基于汉密尔顿流（Hamiltonian Flow）提出。与 ResNet 相似，该模型的每层网络都具有如下形式：

$$
\begin{aligned}
\boldsymbol{y}_{I \setminus I_1} &= \boldsymbol{x}_{I \setminus I_1} + f(\boldsymbol{x}_{I_1}) \\
\boldsymbol{y}_{I_1} &= \boldsymbol{x}_{I_1} + g(\boldsymbol{y}_{I \setminus I_1})
\end{aligned}
\tag{5-84}
$$

其中，与耦合流相同，$\boldsymbol{x}_{I_1}$ 与 $\boldsymbol{x}_{I \setminus I_1}$ 是对输入向量的划分，f 和 g 可以是任意神经网络。

无须添加任何约束，式（5-84）本身就具有可逆性，它的逆变换可以写为

$$
\begin{aligned}
\boldsymbol{x}_{I \setminus I_1} &= \boldsymbol{y}_{I \setminus I_1} - f(\boldsymbol{x}_{I_1}) \\
\boldsymbol{x}_{I_1} &= \boldsymbol{y}_{I_1} - g(\boldsymbol{y}_{I \setminus I_1})
\end{aligned}
\tag{5-85}
$$

式（5-84）的雅可比矩阵为

$$
\begin{bmatrix}
\boldsymbol{I} & \boldsymbol{J}_f(\boldsymbol{x}_{I_1}) \\
\boldsymbol{J}_g(\boldsymbol{y}_{I \setminus I_1}) & \boldsymbol{I}
\end{bmatrix}
\tag{5-86}
$$

可以看出，该矩阵是一个稠密矩阵，这导致其行列式的计算量较大。虽然，该雅可比矩阵的行列式可以写为

$$
\det\begin{bmatrix}
\boldsymbol{I} & \boldsymbol{J}_f(\boldsymbol{x}_{I_1}) \\
\boldsymbol{J}_g(\boldsymbol{y}_{I \setminus I_1}) & \boldsymbol{I}
\end{bmatrix} = \det\left(\boldsymbol{I} - \boldsymbol{J}_f(\boldsymbol{x}_{I_1}) \cdot \boldsymbol{J}_g(\boldsymbol{y}_{I \setminus I_1})\right)
\tag{5-87}
$$

但是，若 $\boldsymbol{J}_f$ 和 $\boldsymbol{J}_g$ 不具备特殊结构，则在高维情形下，计算该行列式将会变得极为困难。

5.4 连续时间下的 NF 模型

在上文中，我们详细介绍了 ResNet 中残差模块的目的，即学习每层网络的输入与输出之间的残差。如果把第 l 层的输入记作 $\boldsymbol{x}_l$，那么残差模块可以写为

$$
\boldsymbol{x}_{l+1} - \boldsymbol{x}_l = g_l(\boldsymbol{x}_l)
\tag{5-88}
$$

我们可以将这个离散的下标 l 视为连续时间 t 的一种离散化表示，即

$$
\frac{\boldsymbol{x}_{t+\delta} - \boldsymbol{x}_t}{\delta} = g_t(\boldsymbol{x}_t), \quad \delta > 0
\tag{5-89}
$$

那么，一个无限深度的 ResNet 可以被看作一个遵循如下形式的常微分方程（ODE）：

$$
\frac{\mathrm{d}\boldsymbol{x}_t}{\mathrm{d}t} = \lim_{\delta \to \infty} \frac{\boldsymbol{x}_{t+\delta} - \boldsymbol{x}_t}{\delta} = g_t(\boldsymbol{x}_t)
\tag{5-90}
$$

一个有限层的 ResNet 则可以被看作该常微分方程通过欧拉方法（Euler Method）进行离散化的结果。事实上，给定初始值 $\boldsymbol{x}_0$，由式（5-90）定义的常微分方程的解可以构成一个序

列 $\{\boldsymbol{x}_t\}_{t>0}$。这个序列被称为常微分方程的轨迹，其定义了一个双射 $\varphi_t(\boldsymbol{x}_0)=\boldsymbol{x}_t$。

【定理 5-7】（Picard 存在性定理）设 $g:[0,T]\times\mathbb{R}^d\to\mathbb{R}^d$ 关于 t 连续，$\exists L>0$，$\forall t\in[0,T]$，$\forall \boldsymbol{x}_1,\boldsymbol{x}_2$，有

$$\left\|g_t(\boldsymbol{x}_1)-g_t(\boldsymbol{x}_2)\right\|_2\leqslant L\left\|\boldsymbol{x}_1-\boldsymbol{x}_2\right\|_2 \tag{5-91}$$

那么，对于任意的初始值 $\boldsymbol{x}_0$，常微分方程 $\frac{\mathrm{d}\boldsymbol{x}_t}{\mathrm{dt}}=g_t(\boldsymbol{x}_t)$ 都存在唯一解。

我们可以定义如下映射：

$$\varphi_t(\boldsymbol{x}_0)\triangleq\boldsymbol{x}_0+\int_0^t g_s(\boldsymbol{x}_s)\mathrm{d}s=\boldsymbol{x}_t \tag{5-92}$$

需要注意的是，常微分方程解的存在性确保了该映射 φ_t 是可以被定义的，而解的唯一性又保证了对于任何 $t\in[0,T]$，φ_t 都是一个双射。

事实上，众多研究人员致力于利用神经网络来学习这一常微分方程，由此催生了著名的**神经常微分方程**（Neural ODE）。此外，由于 φ_t 是一个双射，Grathwohl 等人于 2019 年提出了基于常微分方程的 NF 模型，由此开启了**连续时间流**（Continuous Normalizing Flow，CNF）的时代。接下来，我们将对连续时间流的基本理论与架构进行简要阐述。

假设 $\boldsymbol{x}_0\sim p_0$，与离散的基于多个双射符合的变量替换定理不同，对于任意 $\boldsymbol{x}\in\mathbb{R}^d,t\in\mathbb{R}^+$，我们可以用如下的微分方程来描述 $\boldsymbol{x}_t$ 的概率密度 p_t 随时间 t 的变化：

$$\begin{aligned}\frac{\partial}{\partial t}p_t(\boldsymbol{x})&=-\mathrm{div}\big(g(\boldsymbol{x},t)\cdot p_t(\boldsymbol{x})\big)\\&=-\sum_{i=1}^d\frac{\partial}{\partial x_i}\left[g_i(\boldsymbol{x},t)\cdot p_t(\boldsymbol{x})\right]\end{aligned} \tag{5-93}$$

式中，div 表示向量场的发散度；x_i 为向量 $\boldsymbol{x}$ 的第 i 个元素。式（5-93）是动力学中著名的刘维尔（Liouville）公式。

将式（5-93）写成对数形式，并采用全微分。另外，由于 $\boldsymbol{x}_t$ 也是 t 的函数，因此我们在下文中会将其记作 $\boldsymbol{x}(t)$。Chen 等人及 Grathwohl 等人推导出了以下等式：

$$\frac{\partial\ln p_t(\boldsymbol{x}(t))}{\partial t}=-\mathrm{tr}\left(\frac{\partial g(\boldsymbol{x}(t),t)}{\partial\boldsymbol{x}}\right) \tag{5-94}$$

需要注意的是，与式（5-93）不同，式（5-94）只对常微分方程的解 $\boldsymbol{x}(t)$ 成立，而式（5-93）则对任意的 $\boldsymbol{x}$ 均成立。所以，式（5-94）被称为**瞬时换元公式**（Instantaneous Change of Variable，ICV）。根据以上结果，我们可得

$$\begin{aligned}\ln p_t(\boldsymbol{x}_t)&=\ln p_0(\boldsymbol{x}_0)-\int_0^t\mathrm{tr}\left(\frac{\partial g(\boldsymbol{x}(s),s)}{\partial\boldsymbol{x}}\right)\mathrm{d}s\\&=\ln p_0(\boldsymbol{x}_0)-\int_0^t E_{\boldsymbol{u}\sim p(\boldsymbol{u})}\left[\boldsymbol{u}^{\mathrm{T}}\frac{\partial g(\boldsymbol{x}(s),s)}{\partial\boldsymbol{x}}\boldsymbol{u}\right]\mathrm{d}s\\&=\ln p_0(\boldsymbol{x}_0)-E_{\boldsymbol{u}\sim p(\boldsymbol{u})}\left[\int_0^t\boldsymbol{u}^{\mathrm{T}}\frac{\partial g(\boldsymbol{x}(s),s)}{\partial\boldsymbol{x}}\boldsymbol{u}\mathrm{d}s\right]\end{aligned} \tag{5-95}$$

其中，第二个等式应用了我们在 5.3.5 节介绍的 Hutchinson 估计，$p(\boldsymbol{u})$ 一般选择标准高斯分布或 Rademacher 分布。另外，我们通常用一个神经网络对 $g(\boldsymbol{x},t)$ 进行建模，并将该网络记为 $g_{\boldsymbol{\theta}}(\boldsymbol{x},t)$，其中 $\boldsymbol{\theta}$ 为网络权重。此时，参数化后的概率分布为

$$\ln p_t(\boldsymbol{x}_t;\boldsymbol{\theta}) = \ln p_0(\boldsymbol{x}_0) - E_{\boldsymbol{u}\sim p(\boldsymbol{u})}\left[\int_0^t \boldsymbol{u}^{\mathrm{T}} \frac{\partial g_{\boldsymbol{\theta}}(\boldsymbol{x}(s),s)}{\partial \boldsymbol{x}} \boldsymbol{u} \mathrm{d}s\right] \tag{5-96}$$

连续时间流的训练目标是优化参数 $\boldsymbol{\theta}$，并使通过求解常微分方程

$$\boldsymbol{x}_t = \boldsymbol{x}_0 + \int_0^t g_{\boldsymbol{\theta}}(\boldsymbol{x}_s, s)\mathrm{d}s, \quad \boldsymbol{x}_0 \sim p_0 \tag{5-97}$$

能够生成与训练数据相似的样本。

在实际应用中，我们通过 MLE 来估计 $\boldsymbol{\theta}$。给定有限样本 $\boldsymbol{X}_1, \boldsymbol{X}_2, \cdots, \boldsymbol{X}_N$，我们最大化如下似然函数：

$$L_N(\boldsymbol{\theta}) = \sum_{i=1}^{N} \ln p_t(\boldsymbol{X}_i;\boldsymbol{\theta}) \tag{5-98}$$

当计算该似然函数及其梯度时，我们需要同时逆向求解 $\boldsymbol{x}_t$ 和 $\ln p_t$ 随时间 t 的变化：

$$\frac{\mathrm{d}}{\mathrm{d}t}\begin{pmatrix} \boldsymbol{x}_t \\ \ln p_t(\boldsymbol{x}_t;\boldsymbol{\theta}) \end{pmatrix} = \begin{pmatrix} g_{\boldsymbol{\theta}}(\boldsymbol{x}_t, t) \\ -\mathrm{div}\left(g_{\boldsymbol{\theta}}(\boldsymbol{x}_t, t)\right) \end{pmatrix} \tag{5-99}$$

在求解过程中，每步优化都涉及一个联合常微分方程的求解，具体细节在此不再赘述。对于希望深入了解的读者，建议参考文献[2]和文献[5]。

相较于 i-ResNet，连续事件流具有如下优势。

（1）在 i-ResNet 架构中，我们必须手动设定 ResNet 的层数，这一参数成为需要精细调整的超参数之一。然而，在连续时间框架下的连续事件流中，通过设定一个误差阈值 ε，可以利用自适应常微分方程求解器（Adaptive ODE Solver）来自动确定离散化过程中的步长 δ_t，从而高效地生成 T/δ_t 个计算步骤。这一特性相当于自动确定了残差网络的层数，极大地简化了模型设计的复杂度，并减轻了超参数调优的负担。

（2）在连续事件流中，常微分方程的速度场 $g(\boldsymbol{x}_t, t)$ 的参数在整个连续时间域内是共享的，这与 ResNet 在每层使用不同参数的做法形成了鲜明对比。得益于这种参数共享机制，g 的参数能够分摊到 T/δ_t 个离散化步骤中，从而显著减少了模型的总参数数量。这一特性不仅提升了模型在训练和推理过程中的效率，还促进了模型的泛化能力。

（3）连续事件流放宽了对 Lipschitz 连续性的要求，简化了可逆性的条件。在离散残差流中，为确保每个变换函数 g 构成有效的标准化流，必须严格保证其为 1-Lipschitz 连续，否则变换可能变得不可逆。然而，在连续事件流框架下，虽然仍要求向量场 g 关于 $\boldsymbol{x}$ 满足 Lipschitz 连续性，但不再需要精确控制 Lipschitz 常数的具体数值。这一改进使在构建神经网络架构时更容易满足可逆性要求，无须对 Lipschitz 常数实施严格的约束，从而大大简化了模型的设计与训练流程。

这些优势赋予了连续事件流在处理复杂密度估计及生成式建模任务时更高的灵活度与实用性。

5.5 代码实践：RealNVP

5.5.1 实验设置

在本节中，我们将在 Fashion MNIST 数据集上训练一个 RealNVP。参数设置及数据载入的代码可以参见代码清单 5-2。

代码清单 5-2 参数设置及数据载入

```
# 参数设置
IMG_SIZE=28
NUM_CLASS=10
NC=1

INPUT_DIM = IMG_SIZE**2 # 将图像拉平成向量后的长度
HIDDEN_DIM = 1024 # 隐藏层维度
N_COUPLING_LAYERS = 30

EPOCHS=500
RESUME_EPOCH=500
LR = 5e-5
WEIGHT_DECAY=1e-4
BATCH_SIZE = 256

NFAKE=10000 #生成样本的数量，用于计算 FID 和 IS
```

5.5.2 NF 模型的构建

在代码清单 5-3 中，我们定义了仿射耦合层、置换层及 RealNVP 的 Python 类。

代码清单 5-3 NF 模型的构建

```
# 定义仿射耦合层
class AffineCoupling(nn.Module):
    def __init__(self, input_dim, hidden_dim):
        super(AffineCoupling, self).__init__()

        self.scale_net = nn.Sequential(
            nn.Linear(input_dim//2, hidden_dim),
            nn.GroupNorm(16, hidden_dim),
            nn.ReLU(),
            nn.Linear(hidden_dim, hidden_dim),
            nn.GroupNorm(16, hidden_dim),
```

```
                nn.ReLU(),
                nn.Linear(hidden_dim, input_dim//2),
                nn.Tanh()  # 为保持训练稳定性，限制尺度输出的范围
            )

            self.translate_net = nn.Sequential(
                nn.Linear(input_dim // 2, hidden_dim),
                nn.GroupNorm(16, hidden_dim),
                nn.ReLU(),
                nn.Linear(hidden_dim, hidden_dim),
                nn.GroupNorm(16, hidden_dim),
                nn.ReLU(),
                nn.Linear(hidden_dim, input_dim // 2)
            )

        def forward(self, x):
            """
            Affine Coupling 层的正向传播
            从训练样本到噪声（x_k -> x_0）
            """
            # 将输入分成两半
            x1, x2 = x.chunk(2, dim=1)

            # 计算缩放和平移
            ln_scale = self.scale_net(x1)
            translate = self.translate_net(x1)

            # 对 x2 应用仿射变换
            # 使用 exp 重参数化技巧确保缩放因子为正，从而使仿射变换可逆
            z1 = x1
            z2 = x2 * torch.exp(ln_scale) + translate

            # 计算雅可比矩阵的对数行列式
            ln_det_jacobian = ln_scale.sum(dim=1)

            return torch.cat([z1, z2], dim=1), ln_det_jacobian

        def inverse(self, z):
            z1, z2 = z.chunk(2, dim=1)

            ln_scale = self.scale_net(z1)
            translate = self.translate_net(z1)

            x1 = z1
```

```
        x2 = (z2 - translate) * torch.exp(-ln_scale)

        return torch.cat([x1, x2], dim=1)


class RandomPermutation(nn.Module):
    """
    在 RealNVP 模型中，层与层之间采用固定的随机置换
    我们将在每个仿射耦合层之间添加一个置换层
    """

    def __init__(self, input_dim):
        super(RandomPermutation, self).__init__()
        self.permutation = torch.randperm(input_dim)

    def forward(self, x):
        return x[:, self.permutation]

    def inverse(self, x):
        inverse_permutation = torch.argsort(self.permutation)
        return x[:, inverse_permutation]

  定义 RealNVP 的 Python 类
class RealNVP(nn.Module):
    def __init__(self, input_dim, hidden_dim, n_coupling_layers):
        super(RealNVP, self).__init__()
        self.input_dim = input_dim

        # 创建一个由仿射耦合层和置换层组成的序列
        layers = []
        for _ in range(n_coupling_layers):
            layers.append(AffineCoupling(input_dim, hidden_dim))
            layers.append(RandomPermutation(input_dim))
        self.layers = nn.ModuleList(layers)

    def forward(self, x):
        ln_det_jacobian_total = 0

        # 应用耦合层和置换层的序列
        for layer in self.layers:
            if isinstance(layer, AffineCoupling):
                x, ln_det_jacobian = layer(x)
                ln_det_jacobian_total += ln_det_jacobian
            else:
```

```
                x = layer(x)

        return x, ln_det_jacobian_total

    def inverse(self, z):
        # 通过各层进行逆向传播
        for layer in reversed(self.layers):
            z = layer.inverse(z)
        return z
```

5.5.3 训练过程

在代码清单 5-4 中，我们首先实例化模型与优化器，然后定义训练函数，最后开始训练模型。

代码清单 5-4 训练过程

```
# 实例化模型
model = RealNVP(input_dim=INPUT_DIM, hidden_dim=HIDDEN_DIM, n_coupling_layers=N_COUPLING_LAYERS)
model = model.to(device)

# 定义优化器
optimizer = optim.Adam(model.parameters(), lr=LR, weight_decay=WEIGHT_DECAY)

# 训练函数
def train(model, optimizer, epochs, resume_epoch, device):

    # 用于存储每个训练轮次的平均损失
    loss_over_epochs = []
    start_time = timeit.default_timer()
    for epoch in range(resume_epoch, epochs):
        model.train()
        overall_loss = 0
        for batch_idx, (x, _) in enumerate(train_loader):
            x = x.to(device)
            batch_size = x.size(0)
            x = x.view(x.size(0), -1)
            optimizer.zero_grad()

            # 计算对数似然
            # Transform data and compute the ln likelihood
            z, ln_det_jacobian = model(x)
            ln_prob_reference = -0.5 * (z**2 + torch.ln(torch.tensor(2 * np.pi))).sum(dim=1)
```

```
            ln_likelihood = ln_prob_reference + ln_det_jacobian

            # Minimize the negative ln likelihood
            loss = -ln_likelihood.mean()

            overall_loss += loss.item()
            loss.backward()
            optimizer.step()
        ##end for

        loss_over_epochs.append(overall_loss/(batch_idx*batch_size))

        print("\r Epoch:{}/{}, Avg. Loss: {:.3f}, Time: {:.3f}".format(epoch + 1, EPOCHS, overall_loss/(batch_idx*batch_size), timeit.default_timer()-start_time ))
    ##end for

    return np.array(loss_over_epochs)

# 开始训练
loss_over_epochs = train(model, optimizer, epochs=EPOCHS, resume_epoch=RESUME_EPOCH, device=device)
```

5.5.4　性能比较

与 4.5 节相似，为了评估 RealNVP 生成样本的质量，我们使用训练好的模型生成了 1 万张虚假图像，并采用 FID 和 IS 作为评价指标。经计算，RealNVP 的 FID 为 1.385，IS 为 7.540。根据 4.5 节中展示的评价标准，RealNVP 的性能优于 VAE 和 DCGAN 的性能，但略逊于 SNGAN 的性能。完整的评价结果请参见表 6-1。

5.6　习　　题

1．假设随机变量 X 服从指数分布 $\mathrm{Exp}(\lambda)$，即

$$p_X(x)=\begin{cases}\lambda \mathrm{e}^{-\lambda x}, & x\geqslant 0\\ 0, & x<0\end{cases} \tag{5-100}$$

请给出 $Y=cX$，$c>0$ 的概率密度函数。

2．给定两个服从 d 维高斯分布的随机向量 $\boldsymbol{X},\boldsymbol{Y}:\boldsymbol{X}\sim\mathcal{N}(\boldsymbol{0},\boldsymbol{I})$，$Y\sim\mathcal{N}(\boldsymbol{\mu},\boldsymbol{\Sigma})$。请给出一个变换 $T(\cdot)$，使 $T(\boldsymbol{X})$ 与 $\boldsymbol{Y}$ 服从相同的概率分布，并且使用式（5-2）给出验证。

3．假设基础分布 $p_0=\mathcal{N}(\boldsymbol{0},\boldsymbol{I}_d)$，证明流分布的对数概率函数 $\ln q_{\boldsymbol{\Theta}}(\boldsymbol{x})$ 可以被表示为

$$-\frac{d}{2}\ln(2\pi)-\frac{1}{2}\left\|T_1^{-1}\circ\cdots\circ T_K^{-1}(\boldsymbol{x})\right\|_2^2-\sum_{k=1}^{K}\ln\left|\det\left(J_{T_k}\left(T_k^{-1}\circ\cdots\circ T_K^{-1}(\boldsymbol{x})\right)\right)\right| \tag{5-101}$$

4．证明 N 个仿射变换 $T_i(\boldsymbol{x})=\boldsymbol{A}_i\boldsymbol{x}+\boldsymbol{b}_i$ ，$i=1,2,\cdots,N$ 的复合依旧是仿射变换，并给出标准高斯分布 $\mathcal{N}(\boldsymbol{0},\boldsymbol{I})$ 在依次经过 $T_1,T_2,\cdots,T_N$ 个仿射变换后的分布表达式。

5．若按照式（5-34）定义 $\boldsymbol{u}(\boldsymbol{w},\boldsymbol{a})$ ，试证明 $\boldsymbol{w}^{\mathrm{T}}\boldsymbol{u}\geqslant -1$ 。

6．证明当 $\beta\geqslant-\alpha$ 时，径向流变换［见式（5-36）］是可逆的。

7．证明仿射耦合变换

$$\begin{cases}\boldsymbol{y}_{I_1}=\boldsymbol{x}_{I_1}\odot\exp\left(\ln s(\boldsymbol{x}_{I\backslash I_1})\right)+t(\boldsymbol{x}_{I\backslash I_1})\\ \boldsymbol{y}_{I\backslash I_1}=\boldsymbol{x}_{I\backslash I_1}\end{cases} \tag{5-102}$$

的雅可比行列式为

$$\exp\left(\sum_i \ln s_i(\boldsymbol{x}_{I\backslash I_1})\right) \tag{5-103}$$

并写出式（5-102）的逆变换。

5.7 参考文献

[1] 苏剑林. 细水长 Flow 之 RealNVP 与 Glow：流模型的传承与升华[EB/OL]. 科学空间，2018.

[2] BEHRMANN J, GRATHWOHL W, CHEN R T, et al. Invertible residual networks[C]//International Conference on Machine Learning, 2019.

[3] CHANG B, MENG L, HABER E, et al. Reversible architectures for arbitrarily deep residual neural networks[C]//Proceedings of the AAAI Conference on Artificial Intelligence, 2018.

[4] CHEN R T Q, BEHRMANN J, DUVENAUD D K, et al. Residual Flows for Invertible Generative Modeling[C]//Advances in Neural Information Processing Systems, 2019.

[5] CHEN R T, RUBANOVA Y, BETTENCOURT J, et al. Neural ordinary differential equations[C]//Advances in Neural Information Processing Systems, 2018.

[6] DINH L, KRUEGER D, BENGIO Y. Nice: Non-linear independent components estimation[J]. arXiv preprint arXiv:1410.8516, 2014.

[7] DINH L, SOHL-DICKSTEIN J, BENGIO S. Density estimation using Real NVP[C]//International Conference on Learning Representations, 2017.

[8] GERMAIN M, GREGOR K, MURRAY I, et al. Made: Masked autoencoder for distribution estimation[C]//International Conference on Machine Learning, 2015.

[9] GRATHWOHL W, CHEN R T Q, BETTENCOURT J, et al. Scalable reversible generative models with free-form continuous dynamics[C]//International Conference on Learning Representations, 2019.

[10] GOUK H, FRANK E, PFAHRINGER B, et al. Regularization of neural networks by enforcing Lipschitz continuity[J]. Machine Learning, 2021, 110: 393-416.

[11] HABER E, RUTHOTTO L. Stable architectures for deep neural networks[J]. Inverse Problems, 2017, 34(1): 014004.

[12] HE K, ZHANG X, REN S, et al. Deep residual learning for image recognition[C]//Proceedings

of the IEEE Conference on Computer Vision and Pattern Recognition, 2016.

[13] KINGMA D P. Auto-encoding variational Bayes[J]. arXiv:1312.6114, 2013.

[14] KINGMA D P, DHARIWAL P. Glow: Generative Flow with Invertible 1x1 Convolutions[C]//Advances in Neural Information Processing Systems, 2018.

[15] KINGMA D P, SALIMANS T, JOZEFOWICZ R, et al. Improved variational inference with inverse autoregressive flow[C]//Advances in Neural Information Processing Systems, 2016.

[16] KOBYZEV I, PRINCE S J, BRUBAKER M A. Normalizing flows: An introduction and review of current methods [J]. IEEE Transactions on Pattern Analysis and Machine Intelligence, 2021, 43(11): 3964-3979. DOI: 10.1109/TPAMI.2020.2992934.

[17] MURPHY K P. Probabilistic machine learning: Advanced topics[M]. Cambridge: MIT Press, 2023.

[18] PAPAMAKARIOS G, NALISNICK E, REZENDE D J, et al. Normalizing flows for probabilistic modeling and inference[J]. Journal of Machine Learning Research, 2021, 22(57): 1-64.

[19] PAPAMAKARIOS G, PAVLAKOU T, MURRAY I. Masked Autoregressive Flow for Density Estimation[C]//Advances in Neural Information Processing Systems, 2017.

[20] REZENDE D, MOHAMED S. Variational inference with normalizing flows[C]//International Conference on Machine Learning, 2015.

[21] WENG L. Flow-based Deep Generative Models[J//OL]. Lil' Log, 2018.

第 6 章

扩散模型

在本章中，我们将介绍赫赫有名的扩散模型（Diffusion Model，DM）。DM 是生成模型的一种，灵感源于热力学中的扩散过程。它通过逐步向数据中添加噪声，将数据转化为一种简单的、易于建模的分布（如高斯噪声），然后学习如何从这个简单分布中逐步去除噪声，以生成高质量的样本。这一过程可以看作数据在不同时间步长上的逆向扩散。DM 在图像生成、音频合成等领域表现出色，能够生成高质量、多样化的样本。其独特的优势在于能够捕捉数据的复杂结构，同时保持生成结果的稳定性和一致性，是当前生成模型研究中的热点之一。

本章的内容安排如下：首先，回顾 Stein's 分数函数、Tweedie's 公式及随机微分方程等基础知识；然后，详细介绍看待 DM 的两种不同视角——变分扩散模型与基于分数的生成模型；此外，阐述两种噪声添加机制，即分类器指导法与无分类器指导法；最后，通过 Fashion MNIST 数据集上的代码实现，让读者亲身体验经典 DM 的实际效果。

特别说明，本章的 6.2 节与 6.4 节的部分内容重点参考了文献[13]。而 6.3 节重点参考了文献[21]。此外，本章涉及大量的数学推导细节，旨在为感兴趣的读者提供全面而详尽的步骤解析。对于初次接触 DM 的读者，我们建议您可以选择性地略过这些数学推导细节，以便更顺畅地掌握核心概念。

6.1 预备知识

6.1.1 Stein's 分数函数

Stein's 分数函数（Stein's Score Function）简称**分数函数**或**分数**，指的是概率密度函数的对数关于观测值的梯度（Gradient）。对于概率密度函数 $p(\boldsymbol{x})$，其分数函数的定义如下：

$$\nabla_{\boldsymbol{x}} \ln p(\boldsymbol{x}) \tag{6-1}$$

其中，分数函数的输出应具有和输入 $\boldsymbol{x}$ 一样的维度。

需要注意的是，Stein's 分数函数并不同于 Fisher 分数函数。Fisher 分数函数指的是对数似然函数 $\ln \mathcal{L}(\boldsymbol{\theta} \mid \boldsymbol{X})$ 关于参数 $\boldsymbol{\theta}$ 的梯度，即

$$\nabla_{\boldsymbol{\theta}} \ln \mathcal{L}(\boldsymbol{\theta} \mid \boldsymbol{X}) \tag{6-2}$$

在 DM 中，当提及分数函数时，通常指的是 Stein's 分数函数。

6.1.2 Tweedie's 公式

考虑如下的数据去噪问题：假定我们所观测到的数据 $\tilde{\boldsymbol{X}}$ 其实是由一个真实的原始数据 $\boldsymbol{X}$ 与高斯噪声 $\boldsymbol{Z}$ 叠加生成的，也就是说

$$\tilde{\boldsymbol{X}} = \boldsymbol{X} + \boldsymbol{Z} \tag{6-3}$$

式中，$\boldsymbol{Z} \sim \mathcal{N}(\boldsymbol{0}, \boldsymbol{\Sigma}_z)$。在以上设定下，去噪的目的就是从含有噪声的数据 $\tilde{\boldsymbol{X}}$ 中重建原始数据 $\boldsymbol{X}$。针对此问题，**Tweedie's 公式**（Tweedie's Formula）提供了一种方法，具体如下。

【定理 6-1】（Tweedie's 公式）

$$E[\boldsymbol{X} \mid \tilde{\boldsymbol{x}}] \triangleq E\left[\boldsymbol{X} \mid \tilde{\boldsymbol{X}} = \tilde{\boldsymbol{x}}\right] = \tilde{\boldsymbol{x}} + \boldsymbol{\Sigma}_z \nabla_{\tilde{\boldsymbol{x}}} \ln p(\tilde{\boldsymbol{x}}) \tag{6-4}$$

式中，$E[\boldsymbol{X} \mid \tilde{\boldsymbol{x}}]$ 为对原始数据 $\boldsymbol{X}$ 的重建；$\tilde{\boldsymbol{x}}$ 为 $\tilde{\boldsymbol{X}}$ 的某个取值；$p(\tilde{\boldsymbol{x}})$ 为 $\tilde{\boldsymbol{X}}$ 所服从分布的密度函数；$\nabla_{\tilde{\boldsymbol{x}}} \ln p(\tilde{\boldsymbol{x}})$ 为 $p(\tilde{\boldsymbol{x}})$ 的分数函数。

Tweedie's 公式的证明可以参见文献[11]。

6.1.3 随机微分方程

随机微分方程（Stochastic Differential Equation，SDE）是描述随机过程的一种数学工具，它在金融、物理、生物等领域都有广泛应用。与**常微分方程**不同，随机微分方程中包含随机项，通常是以布朗运动（Brownian Motion）或白噪声（White Noise）的形式出现的。

一个基本的一维随机微分方程可以表示为

$$\mathrm{d}X(t) = \mu(t, X(t))\mathrm{d}t + \sigma(t, X(t))\mathrm{d}W(t) \tag{6-5}$$

式中，$X(t)$ 为随时间 t 变化的随机过程；$\mu(t, X(t))$ 为**漂移项**（Drift Term）；$\sigma(t, X(t))$ 为**扩散项**（Diffusion Term）；$W(t)$ 为一个**标准布朗运动**，又称**维纳过程**（Wiener Process），满足 $W(0)=0$，且具有独立增量和正态分布。这个方程可以理解为在微小的时间间隔 $\mathrm{d}t$ 内，$X(t)$ 的变化由两部分组成。一部分是确定性的 $\mu(t, X(t))\mathrm{d}t$，另一部分是随机性的 $\sigma(t, X(t))\mathrm{d}W(t)$。另外，我们会将随机微分方程随时间变化生成的随机变量序列 $\{X(t)\}_t$ 称为该随机微分方程的**轨迹**（Trajectories）。

对于更一般的情况，可以考虑多维随机微分方程或包含更复杂随机项的方程。但上述一维随机微分方程已经能够很好地展示随机微分方程的基本结构和特点。

随机微分方程的研究通常涉及解的存在性、唯一性、稳定性及数值模拟等方法。在实际应用中，需要根据具体问题的背景和需求选择合适的模型和方法。

6.2 VDM

6.2.1 从 VAE 到 VDM

在 3.8.3 节中，我们介绍了一种具有层级式结构和马尔可夫性质的 VAE，即 MHVAE。在 MHVAE 中，可观测的随机向量 $\boldsymbol{X}$ 与 T 个隐变量 $\boldsymbol{Z}_t$ 共同构成了一个随机过程，即 $\{\boldsymbol{X},\boldsymbol{Z}_1,\boldsymbol{Z}_2,\cdots,\boldsymbol{Z}_T\}$，其中 $\boldsymbol{X}$ 的边际分布记为 $p(\boldsymbol{x})$，$\boldsymbol{Z}_t$ 的边际分布记为 $p(z_t)$。如图 6-1 所示，该随机过程包含两部分：**正向过程**（从 $\boldsymbol{X}$ 到 $\boldsymbol{Z}_T$）和**逆向过程**（从 $\boldsymbol{Z}_T$ 到 $\boldsymbol{X}$）。

（1）**正向过程**（Forward Process）：随机过程从 $t=0$ 时刻开始，并在 $t=T$ 时刻结束。$t=0$ 时刻的系统状态为 $\boldsymbol{X}$ 的观测值 $\boldsymbol{x}$，即 $\boldsymbol{X}=\boldsymbol{x}$，其中 $\boldsymbol{x}$ 可以看作从边际分布 $p(\boldsymbol{x})$ 中采样得到的一个具体观测值。在 $t=1$ 时刻，系统状态 $\boldsymbol{Z}_1=z_1$ 依赖 $t=0$ 时刻的系统状态 $\boldsymbol{X}=\boldsymbol{x}$，$z_1$ 是一个从条件分布 $q(z_1\mid\boldsymbol{X}=\boldsymbol{x})$ 中采样得到的具体观测值。我们一般将 $q(z_1\mid\boldsymbol{X}=\boldsymbol{x})$ 简记为 $q(z_1\mid\boldsymbol{x})$。类似地，在 $t\in[2,T]$ 时刻，系统状态 $\boldsymbol{Z}_t=z_t$ 依赖 $t-1$ 时刻的系统状态 $\boldsymbol{Z}_{t-1}=z_{t-1}$，$z_t$ 是一个从条件分布 $q(z_t\mid z_{t-1})$ 中采样得到的具体观测值。在正向过程中，$q(z_1\mid\boldsymbol{x})$ 和所有 $q(z_t\mid z_{t-1})$ 共同反映了系统状态的转移过程。

（2）**逆向过程**（Reverse Process）：随机过程从 $t=T$ 时刻开始，并在 $t=0$ 时刻结束。在 $t=T$ 时刻，系统状态为 $\boldsymbol{Z}_T=z_T$，其中 z_T 是从边际分布 $p(z_T)$ 中采样得到的具体观测值。在 $t\in[1,T-1]$ 时刻，系统状态 $\boldsymbol{Z}_t=z_t$ 依赖 $t+1$ 时刻的系统状态 $\boldsymbol{Z}_{t+1}=z_{t+1}$，$z_t$ 是一个从条件分布 $p(z_t\mid z_{t+1})$ 中采样得到的具体观测值。在 $t=0$ 时刻，系统状态 $\boldsymbol{X}=\boldsymbol{x}$ 依赖 $t=1$ 时刻的系统状态 $\boldsymbol{Z}_1=z_1$，$\boldsymbol{x}$ 是一个从条件分布 $p(\boldsymbol{x}\mid z_1)$ 中采样得到的观测值。在逆向过程中，$p(\boldsymbol{x}\mid z_1)$ 与所有 $p(z_t\mid z_{t+1})$ 共同反映了系统状态的转移过程。

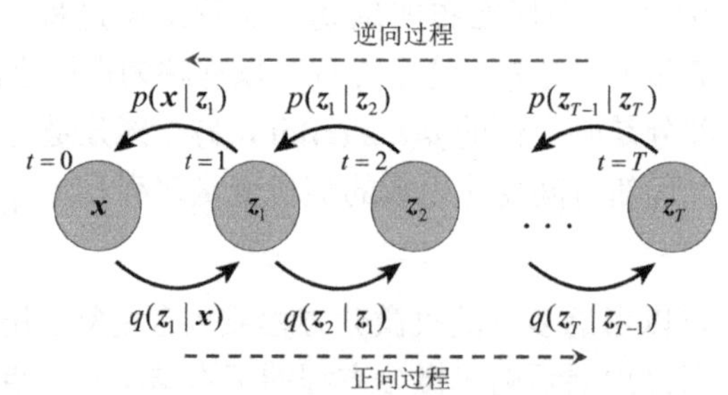

图 6-1　具有 T 个隐变量的 MHVAE

早期的 DM，如**扩散概率模型**（Diffusion Probabilistic Model，DPM）和**去噪扩散概率模型**（Denoising Diffusion Probabilistic Model，DDPM），均可被视为一种特殊的 MHVAE，并且这种特殊的 MHVAE 一般需要满足以下 3 个条件。

（1）所有隐变量 $\boldsymbol{Z}_t$ 的维度和输入 $\boldsymbol{X}$ 的维度保持一致。

（2）在正向过程中，$q(z_1\mid\boldsymbol{x})$ 与所有 $q(z_t\mid z_{t-1})$ 均被预先定义为高斯分布，且该高斯分布的参数只与前一时刻的系统状态有关。

（3）假设条件（2）中预先设定的高斯分布会随时间 t 逐渐发生变化，并且当 T 足够大后，

T 时刻的隐变量服从标准高斯分布。

满足以上三个条件的 MHVAE，我们统称**变分扩散模型**（Variational Diffusion Model，VDM）。需要注意的是，我们之所以采用以上的正向/逆向过程，主要原因在于直接学习数据分布 $p(\boldsymbol{x})$ 是极具挑战性的。然而，借助这一正向/逆向过程，我们能够巧妙地将复杂数据分布的学习任务，分解为对多个较为简单的条件分布的学习，进而实现问题的有效简化。

在接下来的章节中，我们将对 VDM 进行详细介绍。

1. 扩散过程

与 MHVAE 相似，VDM 由**正向扩散过程**（Forward Diffusion Process）和**逆向扩散过程**（Reverse Diffusion Process）两部分组成。

需要注意的是，此处，我们采用了与 MHVAE 略有差异的数学符号。具体来说，我们使用随机向量 $\boldsymbol{X}_0$ 及其观测值 $\boldsymbol{x}_0$ 来表示真实图像，而 $\boldsymbol{X}_0$ 所服从的边际分布记为 $p(\boldsymbol{x}_0)$。另外，我们用 $\boldsymbol{X}_t$ 替代隐变量 $\boldsymbol{Z}_t$，用 $\boldsymbol{x}_t$ 替代 $\boldsymbol{z}_t$，并且 $\boldsymbol{X}_t$ 的边际分布记为 $p(\boldsymbol{x}_t)$，$t\in[1,T]$。在此符号约定下，VDM 的正向扩散过程和逆向扩散过程如图 6-2 所示。

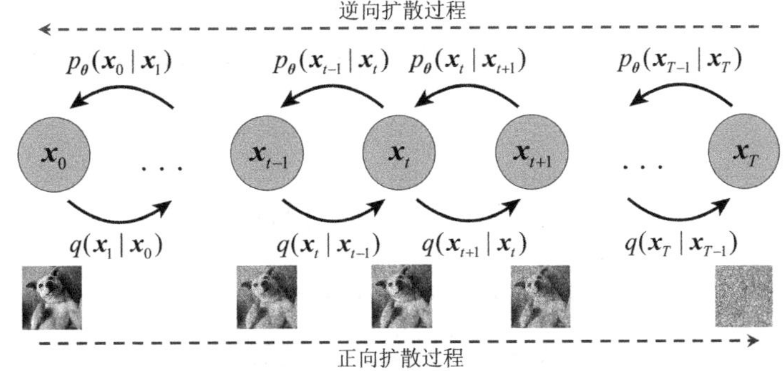

图 6-2 VDM 的正向扩散过程和逆向扩散过程

（1）正向扩散过程。

在正向扩散过程中，我们首先从图像的真实分布 $p(\boldsymbol{x}_0)$ 中采样得到一幅真实图像 $\boldsymbol{x}_0$，并逐步向其添加高斯噪声，最终形成一个噪声图像（Noisy Image）序列 $\{\boldsymbol{x}_1,\boldsymbol{x}_2,\cdots,\boldsymbol{x}_T\}$，且该序列满足马尔可夫性质。在 t 时刻，向 $t-1$ 时刻的噪声图像 $\boldsymbol{x}_{t-1}$ 进一步添加高斯噪声以得到 $\boldsymbol{x}_t$ 的过程，实际上是马尔可夫链的一个状态转移（Transition）。该步骤可以被视为从条件分布 $q(\boldsymbol{x}_t|\boldsymbol{x}_{t-1})$ 中进行采样的过程，其中该条件分布被定义为一个与 $\boldsymbol{x}_{t-1}$ 相关的高斯分布，即

$$q(\boldsymbol{x}_t|\boldsymbol{x}_{t-1})=\mathcal{N}(\boldsymbol{x}_t;\boldsymbol{\mu}_t(\boldsymbol{x}_{t-1}),\boldsymbol{\Sigma}_t(\boldsymbol{x}_{t-1})) \tag{6-6}$$

其中，该高斯分布的均值向量和协方差矩阵分别被定义为如下形式：

$$\begin{cases}\boldsymbol{\mu}_t(\boldsymbol{x}_{t-1})\triangleq\sqrt{1-\beta_t}\,\boldsymbol{x}_{t-1}\\ \boldsymbol{\Sigma}_t(\boldsymbol{x}_{t-1})\triangleq\beta_t\boldsymbol{I}\end{cases} \tag{6-7}$$

参数 $0\leqslant\beta_t\leqslant1$ 可以看作 $\boldsymbol{x}_t$ 每个分量的方差，其越大意味着 $\boldsymbol{x}_t$ 偏离 $\boldsymbol{x}_{t-1}$ 的可能性越大（高斯噪声强度越大）。通常，方差参数 β_t 会根据一个固定的或可学习的时间表（Schedule）逐渐增大，且相邻时刻之间 β_t 的变化很小。这一系列缓慢增大的 β_t，最终构成了序列 $0\leqslant\beta_1<\beta_2<\cdots<\beta_T\leqslant1$，该序列被称为**方差表**（Variance Schedule）。当 $T\to\infty$ 时，一个合适

的方差表 $\{\beta_t \in [0,1]\}_{t=1}^{T}$ 会使 $\boldsymbol{x}_T$ 近似为一个高斯白噪声（White Gaussian Noise），即 $\boldsymbol{X}_T$ 的边际分布 $p(\boldsymbol{x}_T)$ 收敛为标准高斯分布 $\mathcal{N}(\boldsymbol{0},\boldsymbol{I})$。

需要注意的是，与 VAE 不同，在 VDM 的正向扩散过程中，状态转移分布 $q(\boldsymbol{x}_t \mid \boldsymbol{x}_{t-1})$ 并不包含可学习参数。这是因为 $q(\boldsymbol{x}_t \mid \boldsymbol{x}_{t-1})$ 被假设为高斯分布 $\mathcal{N}(\boldsymbol{x}_t;\sqrt{1-\beta_t}\boldsymbol{x}_{t-1},\beta_t\boldsymbol{I})$，其均值和方差参数 β_t 已被预先设定。因此，上述定义的扩散过程也被称为**高斯扩散过程**（Gaussian Diffusion Process）。

另外，根据马尔可夫性质，在已知 $\boldsymbol{X}_0 = \boldsymbol{x}_0$ 的条件下，正向扩散过程中的噪声图像 $\boldsymbol{X}_1,\boldsymbol{X}_2,\cdots,\boldsymbol{X}_T$ 的联合分布可以表示为如下形式：

$$q(\boldsymbol{x}_{1:T} \mid \boldsymbol{x}_0) \triangleq q(\boldsymbol{x}_1,\boldsymbol{x}_2,\cdots,\boldsymbol{x}_T \mid \boldsymbol{x}_0) = \prod_{t=1}^{T} q(\boldsymbol{x}_t \mid \boldsymbol{x}_{t-1}) \tag{6-8}$$

式中，$\boldsymbol{x}_1,\boldsymbol{x}_2,\cdots,\boldsymbol{x}_T$ 被简写为 $\boldsymbol{x}_{1:T}$。在后文中，我们将在推导 VDM 的损失函数时用到式（6-8）。

基于式（6-6），给定一个初始图像 $\boldsymbol{x}_0$，我们可以获得任意时刻 t 的噪声图像 $\boldsymbol{x}_t$。然而，这一过程需要构造一个完整的噪声图像序列 $\{\boldsymbol{x}_1,\boldsymbol{x}_2,\cdots,\boldsymbol{x}_t\}$，显得过于烦琐。我们是否有一种更直接的方法，能够根据 $\boldsymbol{x}_0$ 直接得到一个特定时刻 t 的噪声图像 $\boldsymbol{x}_t$，而无须构造中间的噪声图像序列 $\{\boldsymbol{x}_1,\boldsymbol{x}_2,\cdots,\boldsymbol{x}_{t-1}\}$ 呢？答案是肯定的。这需要用到重参数化技巧（见 3.1.6 节）及高斯随机向量的性质。

首先，令

$$\alpha_t \triangleq 1-\beta_t, \quad \bar{\alpha}_t \triangleq \prod_{i=1}^{t} \alpha_i \tag{6-9}$$

根据重参数化技巧，$\boldsymbol{x}_t$ 可以通过以下方式采样得到：

$$\boldsymbol{x}_t = \sqrt{\alpha_t}\boldsymbol{x}_{t-1} + \sqrt{1-\alpha_t}\boldsymbol{\varepsilon}_{t-1}^{*} \tag{6-10}$$

式中，$\boldsymbol{\varepsilon}_{t-1}^{*}$ 为从标准高斯分布中采样得到的高斯白噪声，$\boldsymbol{\varepsilon}_{t-1}^{*} \sim \mathcal{N}(\boldsymbol{0},\boldsymbol{I})$；$\boldsymbol{x}_{t-1}$ 为前一时刻的噪声图像。类似地，$\boldsymbol{x}_{t-1}$ 也可以通过以下方式采样得到，即

$$\boldsymbol{x}_{t-1} = \sqrt{\alpha_{t-1}}\boldsymbol{x}_{t-2} + \sqrt{1-\alpha_{t-1}}\boldsymbol{\varepsilon}_{t-2}^{*} \tag{6-11}$$

式中，$\boldsymbol{\varepsilon}_{t-2}^{*} \sim \mathcal{N}(\boldsymbol{0},\boldsymbol{I})$，且 $\boldsymbol{\varepsilon}_{t-2}^{*}$ 与 $\boldsymbol{\varepsilon}_{t-1}^{*}$ 相互独立。将式（6-11）代入式（6-10）可得

$$\begin{aligned}
\boldsymbol{x}_t &= \sqrt{\alpha_t}\boldsymbol{x}_{t-1} + \sqrt{1-\alpha_t}\boldsymbol{\varepsilon}_{t-1}^{*} \\
&= \sqrt{\alpha_t}\left(\sqrt{\alpha_{t-1}}\boldsymbol{x}_{t-2} + \sqrt{1-\alpha_{t-1}}\boldsymbol{\varepsilon}_{t-2}^{*}\right) + \sqrt{1-\alpha_t}\boldsymbol{\varepsilon}_{t-1}^{*} \\
&= \sqrt{\alpha_t\alpha_{t-1}}\boldsymbol{x}_{t-2} + \sqrt{\alpha_t(1-\alpha_{t-1})}\boldsymbol{\varepsilon}_{t-2}^{*} + \sqrt{1-\alpha_t}\boldsymbol{\varepsilon}_{t-1}^{*} \\
&= \sqrt{\alpha_t\alpha_{t-1}}\boldsymbol{x}_{t-2} + \sqrt{1-\alpha_t\alpha_{t-1}}\boldsymbol{\varepsilon}_{t-2}
\end{aligned} \tag{6-12}$$

式中，$\boldsymbol{\varepsilon}_{t-2}$ 也是高斯白噪声，$\boldsymbol{\varepsilon}_{t-2} \sim \mathcal{N}\left(\boldsymbol{0},\boldsymbol{I}\right)$。在式（6-12）中，最后一个等式利用了高斯随机向量的性质。对于两个独立的高斯随机向量 $\boldsymbol{X} \sim \mathcal{N}(\boldsymbol{0},\sigma_{\boldsymbol{X}}^2\boldsymbol{I})$ 和 $\boldsymbol{Y} \sim \mathcal{N}(\boldsymbol{0},\sigma_{\boldsymbol{Y}}^2\boldsymbol{I})$，它们的和 $\boldsymbol{Z} = \boldsymbol{X}+\boldsymbol{Y}$ 也服从高斯分布，且 $\boldsymbol{Z} \sim \mathcal{N}(\boldsymbol{0},(\sigma_{\boldsymbol{X}}^2+\sigma_{\boldsymbol{Y}}^2)\boldsymbol{I})$。在式（6-12）中，因为 $\sqrt{\alpha_t(1-\alpha_{t-1})}\boldsymbol{\varepsilon}_{t-2}^{*} \sim \mathcal{N}(\boldsymbol{0},\alpha_t(1-\alpha_{t-1})\boldsymbol{I})$，$\sqrt{1-\alpha_t}\boldsymbol{\varepsilon}_{t-1}^{*} \sim \mathcal{N}(\boldsymbol{0},(1-\alpha_t)\boldsymbol{I})$，以及 $\boldsymbol{\varepsilon}_{t-2}^{*}$ 与 $\boldsymbol{\varepsilon}_{t-1}^{*}$ 相互独立，根据以上高斯分布的性质可以得到

$$\underbrace{\sqrt{1-\alpha_t\alpha_{t-1}}\boldsymbol{\varepsilon}_{t-2}}_{Z}=\underbrace{\sqrt{\alpha_t(1-\alpha_{t-1})}\boldsymbol{\varepsilon}_{t-2}^*}_{X}+\underbrace{\sqrt{1-\alpha_t}\boldsymbol{\varepsilon}_{t-1}^*}_{Y}\sim\mathcal{N}(\mathbf{0},(1-\alpha_t\alpha_{t-1})\boldsymbol{I}) \tag{6-13}$$

式中，$\boldsymbol{\varepsilon}_{t-2}\sim\mathcal{N}(\mathbf{0},\boldsymbol{I})$。类似地，我们可以将式（6-12）中的 $\boldsymbol{x}_{t-2}$ 进一步展开，直到展开到 $\boldsymbol{x}_0$，即

$$\begin{aligned}
\boldsymbol{x}_t&=\sqrt{\alpha_t}\boldsymbol{x}_{t-1}+\sqrt{1-\alpha_t}\boldsymbol{\varepsilon}_{t-1}^*\\
&=\sqrt{\alpha_t}\left(\sqrt{\alpha_{t-1}}\boldsymbol{x}_{t-2}+\sqrt{1-\alpha_{t-1}}\boldsymbol{\varepsilon}_{t-2}^*\right)+\sqrt{1-\alpha_t}\boldsymbol{\varepsilon}_{t-1}^*\\
&=\sqrt{\alpha_t\alpha_{t-1}}\boldsymbol{x}_{t-2}+\sqrt{\alpha_t(1-\alpha_{t-1})}\boldsymbol{\varepsilon}_{t-2}^*+\sqrt{1-\alpha_t}\boldsymbol{\varepsilon}_{t-1}^*\\
&=\sqrt{\alpha_t\alpha_{t-1}}\boldsymbol{x}_{t-2}+\sqrt{1-\alpha_t\alpha_{t-1}}\boldsymbol{\varepsilon}_{t-2}\\
&=\dots\\
&=\sqrt{\prod_{i=1}^{t}\alpha_i}\boldsymbol{x}_0+\sqrt{1-\prod_{i=1}^{t}\alpha_i}\boldsymbol{\varepsilon}_0\\
&=\sqrt{\bar{\alpha}_t}\boldsymbol{x}_0+\sqrt{1-\bar{\alpha}_t}\boldsymbol{\varepsilon}_0\\
&\sim\mathcal{N}(\boldsymbol{x}_t;\sqrt{\bar{\alpha}_t}\boldsymbol{x}_0,(1-\bar{\alpha}_t)\boldsymbol{I})
\end{aligned} \tag{6-14}$$

式中，$\boldsymbol{\varepsilon}_0\sim\mathcal{N}(\mathbf{0},\boldsymbol{I})$，也被称为**源噪声**（Source Noise）。因此，在正向扩散过程中，给定 $\boldsymbol{X}_0=\boldsymbol{x}_0$，$\boldsymbol{X}_t$ 的条件分布为

$$q(\boldsymbol{x}_t\mid\boldsymbol{x}_0)=\mathcal{N}(\boldsymbol{x}_t;\sqrt{\bar{\alpha}_t}\boldsymbol{x}_0,(1-\bar{\alpha}_t)\boldsymbol{I}) \tag{6-15}$$

这也意味着，给定一个 $\boldsymbol{x}_0$，我们只要从高斯分布 $\mathcal{N}(\boldsymbol{x}_t;\sqrt{\bar{\alpha}_t}\boldsymbol{x}_0,(1-\bar{\alpha}_t)\boldsymbol{I})$ 中采样，就可以得到 t 时刻的噪声图像 $\boldsymbol{x}_t$。另外，若将式（6-14）进行改写，则可以得到与 $\boldsymbol{x}_t$ 对应的 $\boldsymbol{x}_0$，即

$$\boldsymbol{x}_0=\frac{\boldsymbol{x}_t-\sqrt{1-\bar{\alpha}_t}\boldsymbol{\varepsilon}_0}{\sqrt{\bar{\alpha}_t}} \tag{6-16}$$

式（6-16）将在下文的推导过程中被使用。

（2）逆向扩散过程。

正向扩散过程是一个向真实图像 $\boldsymbol{x}_0$ 中逐步添加噪声，最终将 $\boldsymbol{x}_0$ 转变为高斯白噪声 $\boldsymbol{x}_T$ 的过程。那么，是否存在一个逆向扩散过程，能够从高斯白噪声 $\boldsymbol{x}_T$ 中逐步去除噪声，最终恢复回原本的真实图像 $\boldsymbol{x}_0$ 呢？这个问题实际上等价于，在给定 $\boldsymbol{X}_t=\boldsymbol{x}_t$ 的条件下，我们是否能够求得 $\boldsymbol{X}_{t-1}$ 的条件分布 $q(\boldsymbol{x}_{t-1}\mid\boldsymbol{x}_t)$。如果能够求得 $q(\boldsymbol{x}_{t-1}\mid\boldsymbol{x}_t)$，那么我们可以从任意一个高斯白噪声 $\boldsymbol{x}_T$ 出发，通过马尔可夫链逐步采样出 $\boldsymbol{x}_{T-1},\boldsymbol{x}_{T-2},\cdots,\boldsymbol{x}_1$，最后得到 $\boldsymbol{x}_0$。

根据贝叶斯法则，可得

$$q(\boldsymbol{x}_{t-1}\mid\boldsymbol{x}_t)=\frac{q(\boldsymbol{x}_t\mid\boldsymbol{x}_{t-1})p(\boldsymbol{x}_{t-1})}{p(\boldsymbol{x}_t)} \tag{6-17}$$

式中，$p(\boldsymbol{x}_{t-1})$ 和 $p(\boldsymbol{x}_t)$ 分别为 $\boldsymbol{X}_{t-1}$ 和 $\boldsymbol{X}_t$ 的边际分布。然而，$p(\boldsymbol{x}_{t-1})$ 和 $p(\boldsymbol{x}_t)$ 的解析形式是未知的。因此，我们很难精确计算或估计 $q(\boldsymbol{x}_{t-1}\mid\boldsymbol{x}_t)$。

那么，我们退而求其次，在给定 $\boldsymbol{X}_0=\boldsymbol{x}_0$ 的条件下，运用贝叶斯法则，可得

$$q(\boldsymbol{x}_{t-1}\mid\boldsymbol{x}_t,\boldsymbol{x}_0)=\frac{q(\boldsymbol{x}_t\mid\boldsymbol{x}_{t-1},\boldsymbol{x}_0)q(\boldsymbol{x}_{t-1}\mid\boldsymbol{x}_0)}{q(\boldsymbol{x}_t\mid\boldsymbol{x}_0)} \tag{6-18}$$

式中，$q(\boldsymbol{x}_t \mid \boldsymbol{x}_{t-1}, \boldsymbol{x}_0)$、$q(\boldsymbol{x}_{t-1} \mid \boldsymbol{x}_0)$ 及 $q(\boldsymbol{x}_t \mid \boldsymbol{x}_0)$ 均为已知分布参数的高斯分布。经过推导［见式（6-35）］，我们可以证明 $q(\boldsymbol{x}_{t-1} \mid \boldsymbol{x}_t, \boldsymbol{x}_0)$ 也是高斯分布，即

$$q(\boldsymbol{x}_{t-1} \mid \boldsymbol{x}_t, \boldsymbol{x}_0) = \mathcal{N}(\boldsymbol{x}_{t-1}; \boldsymbol{\mu}_q(\boldsymbol{x}_t, \boldsymbol{x}_0), \boldsymbol{\Sigma}_q(t)) \tag{6-19}$$

其中，均值向量 $\boldsymbol{\mu}_q(\boldsymbol{x}_t, \boldsymbol{x}_0)$ 和协方差矩阵 $\boldsymbol{\Sigma}_q(t)$ 的具体表达式分别如式（6-33）和式（6-34）所示。另外，由于 $q(\boldsymbol{x}_{t-1} \mid \boldsymbol{x}_t, \boldsymbol{x}_0)$ 是在已知真实图像 $\boldsymbol{x}_0$ 的条件下，t 时刻到 $t-1$ 时刻的状态转移分布，因此我们将 $q(\boldsymbol{x}_{t-1} \mid \boldsymbol{x}_t, \boldsymbol{x}_0)$ 命名为**真实去噪转移分布**（Ground Truth Denoising Transition Distribution）。然而，由于在实际采样中无法知道 $\boldsymbol{x}_0$（否则也不需要构建逆向扩散过程了），直接用 $q(\boldsymbol{x}_{t-1} \mid \boldsymbol{x}_t, \boldsymbol{x}_0)$ 作为逆向扩散过程的状态转移分布是不现实的。因此，我们可以构造一个参数化模型 $p_{\boldsymbol{\theta}}(\boldsymbol{x}_{t-1} \mid \boldsymbol{x}_t)$ 来逼近真实去噪转移分布 $q(\boldsymbol{x}_{t-1} \mid \boldsymbol{x}_t, \boldsymbol{x}_0)$，并将 $p_{\boldsymbol{\theta}}(\boldsymbol{x}_{t-1} \mid \boldsymbol{x}_t)$ 作为逆向扩散过程的状态转移分布。我们将 $p_{\boldsymbol{\theta}}(\boldsymbol{x}_{t-1} \mid \boldsymbol{x}_t)$ 定义为如下高斯分布：

$$p_{\boldsymbol{\theta}}(\boldsymbol{x}_{t-1} \mid \boldsymbol{x}_t) = \mathcal{N}(\boldsymbol{x}_{t-1}; \boldsymbol{\mu}_{\boldsymbol{\theta}}(\boldsymbol{x}_t, t), \boldsymbol{\Sigma}_{\boldsymbol{\theta}}(\boldsymbol{x}_t, t)) \tag{6-20}$$

式中，$\boldsymbol{\theta}$ 为可学习参数；$\boldsymbol{\mu}_{\boldsymbol{\theta}}(\boldsymbol{x}_t, t)$ 和 $\boldsymbol{\Sigma}_{\boldsymbol{\theta}}(\boldsymbol{x}_t, t)$ 分别为包含参数 $\boldsymbol{\theta}$ 的期望向量和协方差矩阵，且它们不依赖 $\boldsymbol{x}_0$ 已知。我们将在 6.2.1 节详细介绍 $\boldsymbol{\mu}_{\boldsymbol{\theta}}(\boldsymbol{x}_t, t)$ 和 $\boldsymbol{\Sigma}_{\boldsymbol{\theta}}(\boldsymbol{x}_t, t)$ 的具体形式［见式（6-42）和式（6-43）］及推导过程。

$p_{\boldsymbol{\theta}}(\boldsymbol{x}_{t-1} \mid \boldsymbol{x}_t)$ 使我们能够在已知 $\boldsymbol{x}_t$ 的条件下，有效地采样出 $t-1$ 时刻的噪声图像 $\boldsymbol{x}_{t-1}$，且无须依赖 $\boldsymbol{x}_0$，此过程可视为一个“去噪”步骤。若我们从 $p(\boldsymbol{x}_T) = \mathcal{N}(\boldsymbol{x}_T; \boldsymbol{0}, \boldsymbol{I})$ 中采样得到一个高斯白噪声 $\boldsymbol{x}_T$，然后以 $\boldsymbol{x}_T$ 为出发点，不断利用 $p_{\boldsymbol{\theta}}(\boldsymbol{x}_{t-1} \mid \boldsymbol{x}_t)$ 进行采样（执行“去噪”操作），则经过 T 步后，我们可以得到一张真实图像 $\boldsymbol{x}_0$。这个过程便是 VDM 的逆向扩散过程。

在逆向扩散过程中，基于马尔可夫性质，$\boldsymbol{X}_0, \boldsymbol{X}_1, \cdots, \boldsymbol{X}_T$ 的联合分布可以写成如下形式：

$$p_{\boldsymbol{\theta}}(\boldsymbol{x}_{0:T}) = p(\boldsymbol{x}_T) \prod_{t=1}^{T} p_{\boldsymbol{\theta}}(\boldsymbol{x}_{t-1} \mid \boldsymbol{x}_t) \tag{6-21}$$

当 $T \to \infty$ 时，有

$$p(\boldsymbol{x}_T) \approx \mathcal{N}(\boldsymbol{x}_T; \boldsymbol{0}, \boldsymbol{I}) \tag{6-22}$$

式（6-21）将在下文的损失函数推导中被使用。

2．损失函数

与 VAE（参见第 3 章）类似，VDM 的训练，实际上也是在最大化 ELBO，即

$$\begin{aligned}
\ln p_{\boldsymbol{\theta}}(\boldsymbol{x}_0) &= \ln \int p_{\boldsymbol{\theta}}(\boldsymbol{x}_{0:T}) \mathrm{d}\boldsymbol{x}_{1:T} \\
&= \ln \int \frac{p_{\boldsymbol{\theta}}(\boldsymbol{x}_{0:T}) q(\boldsymbol{x}_{1:T} \mid \boldsymbol{x}_0)}{q(\boldsymbol{x}_{1:T} \mid \boldsymbol{x}_0)} \mathrm{d}\boldsymbol{x}_{1:T} \\
&= \ln E_{q(\boldsymbol{x}_{1:T} \mid \boldsymbol{x}_0)} \left[\frac{p_{\boldsymbol{\theta}}(\boldsymbol{x}_{0:T})}{q(\boldsymbol{x}_{1:T} \mid \boldsymbol{x}_0)} \right] \\
&\geqslant \underbrace{E_{q(\boldsymbol{x}_{1:T} \mid \boldsymbol{x}_0)} \left[\ln \frac{p_{\boldsymbol{\theta}}(\boldsymbol{x}_{0:T})}{q(\boldsymbol{x}_{1:T} \mid \boldsymbol{x}_0)} \right]}_{\text{ELBO}}
\end{aligned} \tag{6-23}$$

式中，$q(\boldsymbol{x}_{1:T} \mid \boldsymbol{x}_0)$ 和 $p_{\boldsymbol{\theta}}(\boldsymbol{x}_{0:T})$ 已分别在式（6-8）和式（6-21）中定义，且最后一个不等式可根

据琴生不等式得到。另外，在式（6-23）中，我们将 $E_{\boldsymbol{X}_{1:T}\sim q(\boldsymbol{x}_{1:T}|\boldsymbol{x}_0)}\left[\frac{p_\theta(\boldsymbol{x}_0,\boldsymbol{X}_{1:T})}{q(\boldsymbol{X}_{1:T}|\boldsymbol{x}_0)}\right]$ 简记为 $E_{q(\boldsymbol{x}_{1:T}|\boldsymbol{x}_0)}\left[\frac{p_\theta(\boldsymbol{x}_{0:T})}{q(\boldsymbol{x}_{1:T}|\boldsymbol{x}_0)}\right]$。

式（6-23）中的 ELBO 无法直接被优化，因此我们需要对其进行分解和化简，以便获得最终的损失函数。接下来，我们将详细介绍 VDM 损失函数的推导过程。

（1）ELBO 的分解。

如果把式（6-8）和式（6-21）代入式（6-23），则可得 ELBO 的一种分解，即

$$
\begin{aligned}
\ln p_\theta(\boldsymbol{x}_0) &\geqslant E_{q(\boldsymbol{x}_{1:T}|\boldsymbol{x}_0)}\left[\ln\frac{p_\theta(\boldsymbol{x}_{0:T})}{q(\boldsymbol{x}_{1:T}|\boldsymbol{x}_0)}\right]\\
&=E_{q(\boldsymbol{x}_{1:T}|\boldsymbol{x}_0)}\left[\ln\frac{p(\boldsymbol{x}_T)\prod_{t=1}^{T}p_\theta(\boldsymbol{x}_{t-1}|\boldsymbol{x}_t)}{\prod_{t=1}^{T}q(\boldsymbol{x}_t|\boldsymbol{x}_{t-1})}\right]\\
&=E_{q(\boldsymbol{x}_{1:T}|\boldsymbol{x}_0)}\left[\ln\frac{p(\boldsymbol{x}_T)p_\theta(\boldsymbol{x}_0|\boldsymbol{x}_1)\prod_{t=2}^{T}p_\theta(\boldsymbol{x}_{t-1}|\boldsymbol{x}_t)}{q(\boldsymbol{x}_T|\boldsymbol{x}_{T-1})\prod_{t=1}^{T-1}q(\boldsymbol{x}_t|\boldsymbol{x}_{t-1})}\right]\\
&=E_{q(\boldsymbol{x}_{1:T}|\boldsymbol{x}_0)}\left[\ln\frac{p(\boldsymbol{x}_T)p_\theta(\boldsymbol{x}_0|\boldsymbol{x}_1)\prod_{t=1}^{T-1}p_\theta(\boldsymbol{x}_t|\boldsymbol{x}_{t+1})}{q(\boldsymbol{x}_T|\boldsymbol{x}_{T-1})\prod_{t=1}^{T-1}q(\boldsymbol{x}_t|\boldsymbol{x}_{t-1})}\right]\\
&=E_{q(\boldsymbol{x}_{1:T}|\boldsymbol{x}_0)}\left[\ln\frac{p(\boldsymbol{x}_T)p_\theta(\boldsymbol{x}_0|\boldsymbol{x}_1)}{q(\boldsymbol{x}_T|\boldsymbol{x}_{T-1})}\right]+E_{q(\boldsymbol{x}_{1:T}|\boldsymbol{x}_0)}\left[\ln\prod_{t=1}^{T-1}\frac{p_\theta(\boldsymbol{x}_t|\boldsymbol{x}_{t+1})}{q(\boldsymbol{x}_t|\boldsymbol{x}_{t-1})}\right]\\
&=E_{q(\boldsymbol{x}_{1:T}|\boldsymbol{x}_0)}[\ln p_\theta(\boldsymbol{x}_0|\boldsymbol{x}_1)]+E_{q(\boldsymbol{x}_{1:T}|\boldsymbol{x}_0)}\left[\ln\frac{p(\boldsymbol{x}_T)}{q(\boldsymbol{x}_T|\boldsymbol{x}_{T-1})}\right]\\
&\quad+E_{q(\boldsymbol{x}_{1:T}|\boldsymbol{x}_0)}\left[\sum_{t=1}^{T-1}\ln\frac{p_\theta(\boldsymbol{x}_t|\boldsymbol{x}_{t+1})}{q(\boldsymbol{x}_t|\boldsymbol{x}_{t-1})}\right]\\
&=E_{q(\boldsymbol{x}_{1:T}|\boldsymbol{x}_0)}[\ln p_\theta(\boldsymbol{x}_0|\boldsymbol{x}_1)]+E_{q(\boldsymbol{x}_{1:T}|\boldsymbol{x}_0)}\left[\ln\frac{p(\boldsymbol{x}_T)}{q(\boldsymbol{x}_T|\boldsymbol{x}_{T-1})}\right]\\
&\quad+\sum_{t=1}^{T-1}E_{q(\boldsymbol{x}_{1:T}|\boldsymbol{x}_0)}\left[\ln\frac{p_\theta(\boldsymbol{x}_t|\boldsymbol{x}_{t+1})}{q(\boldsymbol{x}_t|\boldsymbol{x}_{t-1})}\right]\\
&=E_{q(\boldsymbol{x}_1|\boldsymbol{x}_0)}[\ln p_\theta(\boldsymbol{x}_0|\boldsymbol{x}_1)]+E_{q(\boldsymbol{x}_{T-1},\boldsymbol{x}_T|\boldsymbol{x}_0)}\left[\ln\frac{p(\boldsymbol{x}_T)}{q(\boldsymbol{x}_T|\boldsymbol{x}_{T-1})}\right]\\
&\quad+\sum_{t=1}^{T-1}E_{q(\boldsymbol{x}_{t-1},\boldsymbol{x}_t,\boldsymbol{x}_{t+1}|\boldsymbol{x}_0)}\left[\ln\frac{p_\theta(\boldsymbol{x}_t|\boldsymbol{x}_{t+1})}{q(\boldsymbol{x}_t|\boldsymbol{x}_{t-1})}\right]
\end{aligned}
$$

$$= \underbrace{E_{q(\boldsymbol{x}_1|\boldsymbol{x}_0)}\left[\ln p_{\boldsymbol{\theta}}(\boldsymbol{x}_0 \mid \boldsymbol{x}_1)\right]}_{\text{重构项}} - \underbrace{E_{q(\boldsymbol{x}_{T-1}|\boldsymbol{x}_0)}\left[\mathrm{KL}\left(q(\boldsymbol{x}_T \mid \boldsymbol{x}_{T-1}) \,\|\, p(\boldsymbol{x}_T)\right)\right]}_{\text{先验匹配项}} - \sum_{t=1}^{T-1} \underbrace{E_{q(\boldsymbol{x}_{t-1},\boldsymbol{x}_{t+1}|\boldsymbol{x}_0)}\left[\mathrm{KL}\left(q(\boldsymbol{x}_t \mid \boldsymbol{x}_{t-1}) \,\|\, p_{\boldsymbol{\theta}}(\boldsymbol{x}_t \mid \boldsymbol{x}_{t+1})\right)\right]}_{\text{一致性项}} \tag{6-24}$$

在式（6-24）中，我们将 ELBO 分解为 3 个组成部分：重构项、先验匹配项及一致性项，这三项的含义如下。

（1）$E_{q(\boldsymbol{x}_1|\boldsymbol{x}_0)}\left[\ln p_{\boldsymbol{\theta}}(\boldsymbol{x}_0 \mid \boldsymbol{x}_1)\right]$被称为**重构项**（Reconstruction Term），用于预测在给定第一层隐变量观测值 $\boldsymbol{x}_1$ 的情况下，原始数据样本的观测值 $\boldsymbol{x}_0$ 所对应的对数似然函数。这一项与 VAE 损失函数中的重构项相似［见式（3-33）］。在实际训练过程中，我们可以通过计算样本均值来估计重构项。

（2）$E_{q(\boldsymbol{x}_{T-1}|\boldsymbol{x}_0)}\left[\mathrm{KL}\left(q(\boldsymbol{x}_T \mid \boldsymbol{x}_{T-1}) \,\|\, p(\boldsymbol{x}_T)\right)\right]$被称为**先验匹配项**（Prior Matching Term），最小化该项可以使扩散过程的最后一步状态转移分布 $q(\boldsymbol{x}_T \mid \boldsymbol{x}_{T-1})$ 与 $\boldsymbol{x}_T$ 的边际分布 $p(\boldsymbol{x}_T)$ 相匹配。由于 $\boldsymbol{x}_T$ 被假设为高斯白噪声，因此 $p(\boldsymbol{x}_T)$ 又被称为高斯先验（Gaussian Prior）。需要注意的是，先验匹配项与可学习参数 $\boldsymbol{\theta}$ 无关，当 $q(\boldsymbol{x}_T \mid \boldsymbol{x}_{T-1}) = p(\boldsymbol{x}_T)$ 时，先验匹配为 0。

（3）$E_{q(\boldsymbol{x}_{t-1},\boldsymbol{x}_{t+1}|\boldsymbol{x}_0)}\left[\mathrm{KL}\left(q(\boldsymbol{x}_t \mid \boldsymbol{x}_{t-1}) \,\|\, p_{\boldsymbol{\theta}}(\boldsymbol{x}_t \mid \boldsymbol{x}_{t+1})\right)\right]$被称为**一致性项**（Consistency Term），其目的是确保在正向扩散过程和逆向扩散过程中，$\boldsymbol{x}_t$ 处的分布保持一致。具体而言，对于每个中间时刻，从一张噪声水平较高的图像上进行去噪的步骤，应当与从一张相对干净的图像上进行加噪的步骤相匹配，这种一致性在数学上通过 KL 散度来体现。当 $p_{\boldsymbol{\theta}}(\boldsymbol{x}_t \mid \boldsymbol{x}_{t+1}) = q(\boldsymbol{x}_t \mid \boldsymbol{x}_{t-1})$ 时，一致性项达到最小。

在式（6-24）的分解中，ELBO 的所有分解项均表示为数学期望。为了近似这些期望，我们可以采用蒙特卡罗估计（Monte Carlo Estimation），即首先采样得到固定数量的样本，然后计算这些样本的均值，并用此样本均值来估计对应的数学期望。然而，尽管看似可以通过优化式（6-24）来训练 VDM，但实际上这种方法并非最优方法，因为 ELBO 的分解形式并不是最优化的选择。通过观察一致性项可以看出，该数学期望涉及两个随机向量，即 $\{\boldsymbol{x}_{t-1}, \boldsymbol{x}_{t+1}\}$。这意味着，当使用蒙特卡罗估计来近似这个期望时，我们需要同时考虑这两个随机向量的采样结果。由于这两个随机向量都可能独立地变动，因此估计的结果会有较大的不确定性（方差）。相比之下，如果一致性项只涉及一个随机向量，那么采样的结果就只受这一个随机变量变动的影响，方差可能会更小。因此，为了获得稳定的训练效果，我们需要对 ELBO 进行另一种更优的分解。

（2）改进的 ELBO 分解。

下面，让我们来尝试推导一种更优的 ELBO 分解形式，其中每项期望的计算都仅针对一个随机向量进行。推导这个更优分解的关键步骤在于，我们可以将正向扩散过程中的状态转移分布 $q(\boldsymbol{x}_t \mid \boldsymbol{x}_{t-1})$ 改写为 $q(\boldsymbol{x}_t \mid \boldsymbol{x}_{t-1}, \boldsymbol{x}_0)$，即

$$q(\boldsymbol{x}_t \mid \boldsymbol{x}_{t-1}) = q(\boldsymbol{x}_t \mid \boldsymbol{x}_{t-1}, \boldsymbol{x}_0) \tag{6-25}$$

式（6-25）之所以成立，正是因为 VDM 的正向扩散过程满足马尔可夫性质，即以 $t-1$ 时刻为当前时刻，未来 t 时刻的系统状态只与当前时刻的系统状态 $\boldsymbol{x}_{t-1}$ 有关，而与历史时刻的系统状态 $\boldsymbol{x}_0$ 无关。接着，基于贝叶斯法则，我们可以对 $q(\boldsymbol{x}_t \mid \boldsymbol{x}_{t-1}, \boldsymbol{x}_0)$ 进行进一步改写：

$$q(\boldsymbol{x}_t \mid \boldsymbol{x}_{t-1}, \boldsymbol{x}_0) = \frac{q(\boldsymbol{x}_{t-1} \mid \boldsymbol{x}_t, \boldsymbol{x}_0) q(\boldsymbol{x}_t \mid \boldsymbol{x}_0)}{q(\boldsymbol{x}_{t-1} \mid \boldsymbol{x}_0)} \tag{6-26}$$

利用式（6-26），我们可以重新对 ELBO 的分解进行推导。从式（6-24）中已有的结果出发，可得

$$\begin{aligned}
\ln p_{\boldsymbol{\theta}}(\boldsymbol{x}_0) &\geqslant E_{q(\boldsymbol{x}_{1:T} \mid \boldsymbol{x}_0)}\left[\ln \frac{p_{\boldsymbol{\theta}}(\boldsymbol{x}_{0:T})}{q(\boldsymbol{x}_{1:T} \mid \boldsymbol{x}_0)}\right] \\
&= E_{q(\boldsymbol{x}_{1:T} \mid \boldsymbol{x}_0)}\left[\ln \frac{p(\boldsymbol{x}_T) \prod_{t=1}^{T} p_{\boldsymbol{\theta}}(\boldsymbol{x}_{t-1} \mid \boldsymbol{x}_t)}{\prod_{t=1}^{T} q(\boldsymbol{x}_t \mid \boldsymbol{x}_{t-1})}\right] \\
&= E_{q(\boldsymbol{x}_{1:T} \mid \boldsymbol{x}_0)}\left[\ln \frac{p(\boldsymbol{x}_T) p_{\boldsymbol{\theta}}(\boldsymbol{x}_0 \mid \boldsymbol{x}_1) \prod_{t=2}^{T} p_{\boldsymbol{\theta}}(\boldsymbol{x}_{t-1} \mid \boldsymbol{x}_t)}{q(\boldsymbol{x}_1 \mid \boldsymbol{x}_0) \prod_{t=2}^{T} q(\boldsymbol{x}_t \mid \boldsymbol{x}_{t-1})}\right] \\
&= E_{q(\boldsymbol{x}_{1:T} \mid \boldsymbol{x}_0)}\left[\ln \frac{p(\boldsymbol{x}_T) p_{\boldsymbol{\theta}}(\boldsymbol{x}_0 \mid \boldsymbol{x}_1) \prod_{t=2}^{T} p_{\boldsymbol{\theta}}(\boldsymbol{x}_{t-1} \mid \boldsymbol{x}_t)}{q(\boldsymbol{x}_1 \mid \boldsymbol{x}_0) \prod_{t=2}^{T} q(\boldsymbol{x}_t \mid \boldsymbol{x}_{t-1}, \boldsymbol{x}_0)}\right] \\
&= E_{q(\boldsymbol{x}_{1:T} \mid \boldsymbol{x}_0)}\left[\ln \frac{p(\boldsymbol{x}_T) p_{\boldsymbol{\theta}}(\boldsymbol{x}_0 \mid \boldsymbol{x}_1)}{q(\boldsymbol{x}_1 \mid \boldsymbol{x}_0)} + \ln \prod_{t=2}^{T} \frac{p_{\boldsymbol{\theta}}(\boldsymbol{x}_{t-1} \mid \boldsymbol{x}_t)}{q(\boldsymbol{x}_t \mid \boldsymbol{x}_{t-1}, \boldsymbol{x}_0)}\right]
\end{aligned} \tag{6-27}$$

其中，第二个等式右侧的分母 $q(\boldsymbol{x}_1 \mid \boldsymbol{x}_0) \prod_{t=2}^{T} q(\boldsymbol{x}_t \mid \boldsymbol{x}_{t-1})$ 与式（6-24）中第二个等式右侧的分母 $q(\boldsymbol{x}_T \mid \boldsymbol{x}_{T-1}) \prod_{t=1}^{T-1} q(\boldsymbol{x}_t \mid \boldsymbol{x}_{t-1})$ 略有不同，第三个等式利用了式（6-25）。接下来，将式（6-26）代入式（6-27），可得

$$\begin{aligned}
&\ln p_{\boldsymbol{\theta}}(\boldsymbol{x}_0) \\
&\geqslant E_{q(\boldsymbol{x}_{1:T} \mid \boldsymbol{x}_0)}\left[\ln \frac{p(\boldsymbol{x}_T) p_{\boldsymbol{\theta}}(\boldsymbol{x}_0 \mid \boldsymbol{x}_1)}{q(\boldsymbol{x}_1 \mid \boldsymbol{x}_0)} + \ln \prod_{t=2}^{T} \frac{p_{\boldsymbol{\theta}}(\boldsymbol{x}_{t-1} \mid \boldsymbol{x}_t)}{q(\boldsymbol{x}_t \mid \boldsymbol{x}_{t-1}, \boldsymbol{x}_0)}\right] \\
&= E_{q(\boldsymbol{x}_{1:T} \mid \boldsymbol{x}_0)}\left[\ln \frac{p(\boldsymbol{x}_T) p_{\boldsymbol{\theta}}(\boldsymbol{x}_0 \mid \boldsymbol{x}_1)}{q(\boldsymbol{x}_1 \mid \boldsymbol{x}_0)} + \ln \prod_{t=2}^{T} \frac{p_{\boldsymbol{\theta}}(\boldsymbol{x}_{t-1} \mid \boldsymbol{x}_t)}{\frac{q(\boldsymbol{x}_{t-1} \mid \boldsymbol{x}_t, \boldsymbol{x}_0) q(\boldsymbol{x}_t \mid \boldsymbol{x}_0)}{q(\boldsymbol{x}_{t-1} \mid \boldsymbol{x}_0)}}\right] \\
&= E_{q(\boldsymbol{x}_{1:T} \mid \boldsymbol{x}_0)}\left[\ln \frac{p(\boldsymbol{x}_T) p_{\boldsymbol{\theta}}(\boldsymbol{x}_0 \mid \boldsymbol{x}_1)}{\cancel{q(\boldsymbol{x}_1 \mid \boldsymbol{x}_0)}} + \ln \frac{\cancel{q(\boldsymbol{x}_1 \mid \boldsymbol{x}_0)}}{q(\boldsymbol{x}_T \mid \boldsymbol{x}_0)} + \ln \prod_{t=2}^{T} \frac{p_{\boldsymbol{\theta}}(\boldsymbol{x}_{t-1} \mid \boldsymbol{x}_t)}{q(\boldsymbol{x}_{t-1} \mid \boldsymbol{x}_t, \boldsymbol{x}_0)}\right] \\
&= E_{q(\boldsymbol{x}_{1:T} \mid \boldsymbol{x}_0)}\left[\ln \frac{p(\boldsymbol{x}_T) p_{\boldsymbol{\theta}}(\boldsymbol{x}_0 \mid \boldsymbol{x}_1)}{q(\boldsymbol{x}_T \mid \boldsymbol{x}_0)} + \sum_{t=2}^{T} \ln \frac{p_{\boldsymbol{\theta}}(\boldsymbol{x}_{t-1} \mid \boldsymbol{x}_t)}{q(\boldsymbol{x}_{t-1} \mid \boldsymbol{x}_t, \boldsymbol{x}_0)}\right]
\end{aligned}$$

$$
\begin{aligned}
&= E_{q(\boldsymbol{x}_{1:T}|\boldsymbol{x}_0)}\left[\ln p_{\boldsymbol{\theta}}(\boldsymbol{x}_0 \mid \boldsymbol{x}_1)\right] + E_{q(\boldsymbol{x}_{1:T}|\boldsymbol{x}_0)}\left[\ln \frac{p(\boldsymbol{x}_T)}{q(\boldsymbol{x}_T \mid \boldsymbol{x}_0)}\right] \\
&\quad + \sum_{t=2}^{T} E_{q(\boldsymbol{x}_{1:T}|\boldsymbol{x}_0)}\left[\ln \frac{p_{\boldsymbol{\theta}}(\boldsymbol{x}_{t-1} \mid \boldsymbol{x}_t)}{q(\boldsymbol{x}_{t-1} \mid \boldsymbol{x}_t, \boldsymbol{x}_0)}\right] \\
&= E_{q(\boldsymbol{x}_1|\boldsymbol{x}_0)}\left[\ln p_{\boldsymbol{\theta}}(\boldsymbol{x}_0 \mid \boldsymbol{x}_1)\right] + E_{q(\boldsymbol{x}_T|\boldsymbol{x}_0)}\left[\ln \frac{p(\boldsymbol{x}_T)}{q(\boldsymbol{x}_T \mid \boldsymbol{x}_0)}\right] \\
&\quad + \sum_{t=2}^{T} E_{q(\boldsymbol{x}_t, \boldsymbol{x}_{t-1}|\boldsymbol{x}_0)}\left[\ln \frac{p_{\boldsymbol{\theta}}(\boldsymbol{x}_{t-1} \mid \boldsymbol{x}_t)}{q(\boldsymbol{x}_{t-1} \mid \boldsymbol{x}_t, \boldsymbol{x}_0)}\right] \\
&= E_{q(\boldsymbol{x}_1|\boldsymbol{x}_0)}\left[\ln p_{\boldsymbol{\theta}}(\boldsymbol{x}_0 \mid \boldsymbol{x}_1)\right] + E_{q(\boldsymbol{x}_T|\boldsymbol{x}_0)}\left[\ln \frac{p(\boldsymbol{x}_T)}{q(\boldsymbol{x}_T \mid \boldsymbol{x}_0)}\right] \\
&\quad + \sum_{t=2}^{T}\left[\int q(\boldsymbol{x}_t \mid \boldsymbol{x}_0)\left[\int q(\boldsymbol{x}_{t-1} \mid \boldsymbol{x}_t, \boldsymbol{x}_0) \ln \frac{p_{\boldsymbol{\theta}}(\boldsymbol{x}_{t-1} \mid \boldsymbol{x}_t)}{q(\boldsymbol{x}_{t-1} \mid \boldsymbol{x}_t, \boldsymbol{x}_0)} \mathrm{d}\boldsymbol{x}_{t-1}\right] \mathrm{d}\boldsymbol{x}_t\right] \\
&= \underbrace{E_{q(\boldsymbol{x}_1|\boldsymbol{x}_0)}\left[\ln p_{\boldsymbol{\theta}}(\boldsymbol{x}_0 \mid \boldsymbol{x}_1)\right]}_{\text{重构项}} - \underbrace{\mathrm{KL}\left(q(\boldsymbol{x}_T \mid \boldsymbol{x}_0) \,\|\, p(\boldsymbol{x}_T)\right)}_{\text{先验匹配项}} \\
&\quad - \sum_{t=2}^{T} \underbrace{E_{q(\boldsymbol{x}_t|\boldsymbol{x}_0)}\left[\mathrm{KL}\left(q(\boldsymbol{x}_{t-1} \mid \boldsymbol{x}_t, \boldsymbol{x}_0) \,\|\, p_{\boldsymbol{\theta}}(\boldsymbol{x}_{t-1} \mid \boldsymbol{x}_t)\right)\right]}_{\text{去噪匹配项}}
\end{aligned} \tag{6-28}
$$

在以上的 ELBO 分解中，每个分解项的数学期望仅针对一个随机向量，因此其蒙特卡罗估计具有较小的方差。这三个分解项的含义如下。

（1）$E_{q(\boldsymbol{x}_1|\boldsymbol{x}_0)}[\ln p_{\boldsymbol{\theta}}(\boldsymbol{x}_0 \mid \boldsymbol{x}_1)]$ 是**重构项**，其已包含在上一个 ELBO 的分解中，此处不再赘述。

（2）$\mathrm{KL}(q(\boldsymbol{x}_T \mid \boldsymbol{x}_0) \| p(\boldsymbol{x}_T))$ 是**先验匹配项**，表示在正向扩散过程中，已知 $\boldsymbol{x}_0$ 后，$\boldsymbol{X}_T$ 的条件分布 $q(\boldsymbol{x}_T \mid \boldsymbol{x}_0)$ 与先验高斯分布 $p(\boldsymbol{x}_T)$ 的差别。先验匹配项没有可训练的参数，且我们假设 $q(\boldsymbol{x}_T \mid \boldsymbol{x}_0) \approx p(\boldsymbol{x}_T) = \mathcal{N}(\boldsymbol{0}, \boldsymbol{I})$，因此先验匹配项应近似为零。

（3）$E_{q(\boldsymbol{x}_t|\boldsymbol{x}_0)}\left[\mathrm{KL}(q(\boldsymbol{x}_{t-1} \mid \boldsymbol{x}_t, \boldsymbol{x}_0) \| p_{\boldsymbol{\theta}}(\boldsymbol{x}_{t-1} \mid \boldsymbol{x}_t))\right]$ 是**去噪匹配项**（Denoising Matching Term）。最小化去噪匹配项实际上相当于在 KL 散度下，令 $p_{\boldsymbol{\theta}}(\boldsymbol{x}_{t-1} \mid \boldsymbol{x}_t)$ 尽可能地逼近 $q(\boldsymbol{x}_{t-1} \mid \boldsymbol{x}_t, \boldsymbol{x}_0)$，其中 $q(\boldsymbol{x}_{t-1} \mid \boldsymbol{x}_t, \boldsymbol{x}_0)$ 是在已知真实图像 $\boldsymbol{x}_0$ 的条件下，t 时刻到 $t-1$ 时刻的转移分布，也被称为**真实去噪转移分布**。与 $q(\boldsymbol{x}_{t-1} \mid \boldsymbol{x}_t)$ 不同，基于贝叶斯法则和上文的相关定义，我们可以很容易地求出 $q(\boldsymbol{x}_{t-1} \mid \boldsymbol{x}_t, \boldsymbol{x}_0)$ 的显式表达式。首先，根据贝叶斯法则可得

$$
q(\boldsymbol{x}_{t-1} \mid \boldsymbol{x}_t, \boldsymbol{x}_0) = \frac{q(\boldsymbol{x}_t \mid \boldsymbol{x}_{t-1}, \boldsymbol{x}_0) q(\boldsymbol{x}_{t-1} \mid \boldsymbol{x}_0)}{q(\boldsymbol{x}_t \mid \boldsymbol{x}_0)} \tag{6-29}
$$

其中，根据正向扩散过程的马尔可夫性质及式（6-6），可得

$$
q(\boldsymbol{x}_t \mid \boldsymbol{x}_{t-1}, \boldsymbol{x}_0) = q(\boldsymbol{x}_t \mid \boldsymbol{x}_{t-1}) = \mathcal{N}(\boldsymbol{x}_t; \sqrt{\alpha_t}\boldsymbol{x}_{t-1}, (1-\alpha_t)\boldsymbol{I}) \tag{6-30}
$$

另外，根据式（6-15），有

$$
\begin{aligned}
q(\boldsymbol{x}_{t-1} \mid \boldsymbol{x}_0) &= \mathcal{N}(\boldsymbol{x}_{t-1}; \sqrt{\bar{\alpha}_{t-1}}\boldsymbol{x}_0, (1-\bar{\alpha}_{t-1})\boldsymbol{I}) \\
q(\boldsymbol{x}_t \mid \boldsymbol{x}_0) &= \mathcal{N}(\boldsymbol{x}_t; \sqrt{\bar{\alpha}_t}\boldsymbol{x}_0, (1-\bar{\alpha}_t)\boldsymbol{I})
\end{aligned} \tag{6-31}
$$

最后，将式（6-30）和式（6-31）代入式（6-29），可推导出 $q(\boldsymbol{x}_{t-1} \mid \boldsymbol{x}_t, \boldsymbol{x}_0)$ 也是一个高斯分布：

$$
\begin{aligned}
q(\boldsymbol{x}_{t-1} \mid \boldsymbol{x}_t, \boldsymbol{x}_0) &= \frac{q(\boldsymbol{x}_t \mid \boldsymbol{x}_{t-1}, \boldsymbol{x}_0) q(\boldsymbol{x}_{t-1} \mid \boldsymbol{x}_0)}{q(\boldsymbol{x}_t \mid \boldsymbol{x}_0)} \\
&= \frac{\mathcal{N}(\boldsymbol{x}_t; \sqrt{\alpha_t}\boldsymbol{x}_{t-1}, (1-\alpha_t)\boldsymbol{I}) \cdot \mathcal{N}(\boldsymbol{x}_{t-1}; \sqrt{\bar{\alpha}_{t-1}}\boldsymbol{x}_0, (1-\bar{\alpha}_{t-1})\boldsymbol{I})}{\mathcal{N}(\boldsymbol{x}_t; \sqrt{\bar{\alpha}_t}\boldsymbol{x}_0, (1-\bar{\alpha}_t)\boldsymbol{I})} \\
&= \mathcal{N}(\boldsymbol{x}_{t-1}; \boldsymbol{\mu}_q(\boldsymbol{x}_t, \boldsymbol{x}_0), \boldsymbol{\Sigma}_q(t))
\end{aligned} \tag{6-32}
$$

其中，均值向量和协方差矩阵分别为

$$
\boldsymbol{\mu}_q(\boldsymbol{x}_t, \boldsymbol{x}_0) = \frac{\sqrt{\alpha_t}(1-\bar{\alpha}_{t-1})\boldsymbol{x}_t + \sqrt{\bar{\alpha}_{t-1}}(1-\alpha_t)\boldsymbol{x}_0}{1-\bar{\alpha}_t} \tag{6-33}
$$

$$
\boldsymbol{\Sigma}_q(t) = \sigma_q^2(t)\boldsymbol{I} = \frac{(1-\alpha_t)(1-\bar{\alpha}_{t-1})}{1-\bar{\alpha}_t}\boldsymbol{I} \tag{6-34}
$$

式（6-32）的详细推导过程如下：

$$
\begin{aligned}
& q(\boldsymbol{x}_{t-1} \mid \boldsymbol{x}_t, \boldsymbol{x}_0) \\
&= \frac{q(\boldsymbol{x}_t \mid \boldsymbol{x}_{t-1}, \boldsymbol{x}_0) q(\boldsymbol{x}_{t-1} \mid \boldsymbol{x}_0)}{q(\boldsymbol{x}_t \mid \boldsymbol{x}_0)} \\
&= \frac{\mathcal{N}(\boldsymbol{x}_t; \sqrt{\alpha_t}\boldsymbol{x}_{t-1}, (1-\alpha_t)\boldsymbol{I}) \cdot \mathcal{N}(\boldsymbol{x}_{t-1}; \sqrt{\bar{\alpha}_{t-1}}\boldsymbol{x}_0, (1-\bar{\alpha}_{t-1})\boldsymbol{I})}{\mathcal{N}(\boldsymbol{x}_t; \sqrt{\bar{\alpha}_t}\boldsymbol{x}_0, (1-\bar{\alpha}_t)\boldsymbol{I})} \\
&= C_1 \cdot \exp\left\{-\frac{1}{2}\left[\frac{\left\|\boldsymbol{x}_t - \sqrt{\alpha_t}\boldsymbol{x}_{t-1}\right\|_2^2}{1-\alpha_t} + \frac{\left\|\boldsymbol{x}_{t-1} - \sqrt{\bar{\alpha}_{t-1}}\boldsymbol{x}_0\right\|_2^2}{1-\bar{\alpha}_{t-1}} - \frac{\left\|\boldsymbol{x}_t - \sqrt{\bar{\alpha}_t}\boldsymbol{x}_0\right\|_2^2}{1-\bar{\alpha}_t}\right]\right\} \\
&= C_1 \cdot \exp\left\{-\frac{1}{2}\left[\frac{-2\sqrt{\alpha_t}\boldsymbol{x}_t^{\mathrm{T}}\boldsymbol{x}_{t-1} + \alpha_t\left\|\boldsymbol{x}_{t-1}\right\|_2^2}{1-\alpha_t} + \frac{\left\|\boldsymbol{x}_{t-1}\right\|_2^2 - 2\sqrt{\bar{\alpha}_{t-1}}\boldsymbol{x}_{t-1}^{\mathrm{T}}\boldsymbol{x}_0}{1-\bar{\alpha}_{t-1}} + C_2\right]\right\} \\
&= C_1 \cdot \exp\left\{-\frac{1}{2}\left[-\frac{2\sqrt{\alpha_t}\boldsymbol{x}_t^{\mathrm{T}}\boldsymbol{x}_{t-1}}{1-\alpha_t} + \frac{\alpha_t\left\|\boldsymbol{x}_{t-1}\right\|_2^2}{1-\alpha_t} + \frac{\left\|\boldsymbol{x}_{t-1}\right\|_2^2}{1-\bar{\alpha}_{t-1}} - \frac{2\sqrt{\bar{\alpha}_{t-1}}\boldsymbol{x}_{t-1}^{\mathrm{T}}\boldsymbol{x}_0}{1-\bar{\alpha}_{t-1}} + C_2\right]\right\} \\
&= C_1 \cdot \exp\left\{-\frac{1}{2}\left[\left(\frac{\alpha_t}{1-\alpha_t} + \frac{1}{1-\bar{\alpha}_{t-1}}\right)\left\|\boldsymbol{x}_{t-1}\right\|_2^2 - 2\left(\frac{\sqrt{\alpha_t}\boldsymbol{x}_t}{1-\alpha_t} + \frac{\sqrt{\bar{\alpha}_{t-1}}\boldsymbol{x}_0}{1-\bar{\alpha}_{t-1}}\right)^{\mathrm{T}}\boldsymbol{x}_{t-1} + C_2\right]\right\} \\
&= C_1 \cdot \exp\left\{-\frac{1}{2}\left[\frac{\alpha_t(1-\bar{\alpha}_{t-1}) + 1 - \alpha_t}{(1-\alpha_t)(1-\bar{\alpha}_{t-1})}\left\|\boldsymbol{x}_{t-1}\right\|_2^2 - 2\left(\frac{\sqrt{\alpha_t}\boldsymbol{x}_t}{1-\alpha_t} + \frac{\sqrt{\bar{\alpha}_{t-1}}\boldsymbol{x}_0}{1-\bar{\alpha}_{t-1}}\right)^{\mathrm{T}}\boldsymbol{x}_{t-1} + C_2\right]\right\} \\
&= C_1 \cdot \exp\left\{-\frac{1}{2}\left[\frac{\alpha_t - \bar{\alpha}_t + 1 - \alpha_t}{(1-\alpha_t)(1-\bar{\alpha}_{t-1})}\left\|\boldsymbol{x}_{t-1}\right\|_2^2 - 2\left(\frac{\sqrt{\alpha_t}\boldsymbol{x}_t}{1-\alpha_t} + \frac{\sqrt{\bar{\alpha}_{t-1}}\boldsymbol{x}_0}{1-\bar{\alpha}_{t-1}}\right)^{\mathrm{T}}\boldsymbol{x}_{t-1} + C_2\right]\right\} \\
&= C_1 \cdot \exp\left\{-\frac{1}{2}\left[\frac{1 - \bar{\alpha}_t}{(1-\alpha_t)(1-\bar{\alpha}_{t-1})}\left\|\boldsymbol{x}_{t-1}\right\|_2^2 - 2\left(\frac{\sqrt{\alpha_t}\boldsymbol{x}_t}{1-\alpha_t} + \frac{\sqrt{\bar{\alpha}_{t-1}}\boldsymbol{x}_0}{1-\bar{\alpha}_{t-1}}\right)^{\mathrm{T}}\boldsymbol{x}_{t-1} + C_2\right]\right\}
\end{aligned}
$$

$$
\begin{aligned}
&= C_1 \cdot \exp\left\{-\frac{1}{2\sigma_q^2}\left[\|\boldsymbol{x}_{t-1}\|_2^2 - 2\boldsymbol{\mu}_q(\boldsymbol{x}_t,\boldsymbol{x}_0)^{\mathrm{T}}\boldsymbol{x}_{t-1} + C_3\right]\right\} \\
&= C_1 \cdot \exp\left\{-\frac{1}{2\sigma_q^2}\|\boldsymbol{x}_{t-1} - \boldsymbol{\mu}_q(\boldsymbol{x}_t,\boldsymbol{x}_0)\|_2^2\right\} \\
&= \frac{1}{(2\pi)^{\frac{D}{2}}\left|\sigma_q^2(t)\boldsymbol{I}\right|^{\frac{1}{2}}}\exp\left\{-\frac{1}{2}\left(\boldsymbol{x}_{t-1} - \boldsymbol{\mu}_q(\boldsymbol{x}_t,\boldsymbol{x}_0)\right)^{\mathrm{T}}\left(\sigma_q^2(t)\boldsymbol{I}\right)^{-1}\left(\boldsymbol{x}_{t-1} - \boldsymbol{\mu}_q(\boldsymbol{x}_t,\boldsymbol{x}_0)\right)\right\} \\
&= \frac{1}{(2\pi)^{\frac{D}{2}}\left|\boldsymbol{\Sigma}_q(t)\right|^{\frac{1}{2}}}\exp\left\{-\frac{1}{2}\left(\boldsymbol{x}_{t-1} - \boldsymbol{\mu}_q(\boldsymbol{x}_t,\boldsymbol{x}_0)\right)^{\mathrm{T}}\boldsymbol{\Sigma}_q^{-1}(t)\left(\boldsymbol{x}_{t-1} - \boldsymbol{\mu}_q(\boldsymbol{x}_t,\boldsymbol{x}_0)\right)\right\} \\
&= \mathcal{N}(\boldsymbol{x}_{t-1};\boldsymbol{\mu}_q(\boldsymbol{x}_t,\boldsymbol{x}_0),\boldsymbol{\Sigma}_q(t))
\end{aligned} \tag{6-35}
$$

式中，D 为 $\boldsymbol{x}_t$ 的维度；$\boldsymbol{\mu}_q(\boldsymbol{x}_t,\boldsymbol{x}_0)$ 和 $\boldsymbol{\Sigma}_q(t)$ 已分别在式（6-33）和式（6-34）中定义；C_1、C_2、C_3 均为不包含 $\boldsymbol{x}_{t-1}$ 的项，且具有如下形式：

$$
C_1 \triangleq \frac{1}{(2\pi)^{\frac{D}{2}}\sqrt{\frac{(1-\alpha_t)(1-\bar{\alpha}_{t-1})}{1-\bar{\alpha}_{t-1}}}} = \frac{1}{(2\pi)^{\frac{D}{2}}\left|\sigma_q^2(t)\boldsymbol{I}\right|^{\frac{1}{2}}} \tag{6-36}
$$

$$
C_2 \triangleq \frac{\|\boldsymbol{x}_t\|_2^2}{1-\alpha_t} + \frac{\bar{\alpha}_{t-1}\|\boldsymbol{x}_0\|_2^2}{1-\bar{\alpha}_{t-1}} - \frac{\|\boldsymbol{x}_t\|_2^2 - 2\sqrt{\bar{\alpha}_t}\boldsymbol{x}_t^{\mathrm{T}}\boldsymbol{x}_0 + \bar{\alpha}_t\|\boldsymbol{x}_0\|_2^2}{1-\bar{\alpha}_t} \tag{6-37}
$$

$$
\begin{aligned}
C_3 &\triangleq \left(\frac{(1-\alpha_t)(1-\bar{\alpha}_{t-1})}{1-\bar{\alpha}_t}\right)\cdot C_2 \\
&= \left(\frac{(1-\alpha_t)(1-\bar{\alpha}_{t-1})}{1-\bar{\alpha}_t}\right)\left(\frac{\|\boldsymbol{x}_t\|_2^2}{1-\alpha_t} + \frac{\bar{\alpha}_{t-1}\|\boldsymbol{x}_0\|_2^2}{1-\bar{\alpha}_{t-1}} - \frac{\|\boldsymbol{x}_t\|_2^2 - 2\sqrt{\bar{\alpha}_t}\boldsymbol{x}_t^{\mathrm{T}}\boldsymbol{x}_0 + \bar{\alpha}_t\|\boldsymbol{x}_0\|_2^2}{1-\bar{\alpha}_t}\right) \\
&= \frac{(1-\alpha_t)(1-\bar{\alpha}_{t-1})}{(1-\bar{\alpha}_t)^2}\|\boldsymbol{x}_t\|_2^2 + \frac{\bar{\alpha}_{t-1}(1-\alpha_t)(1-\bar{\alpha}_t)}{(1-\bar{\alpha}_t)^2}\|\boldsymbol{x}_0\|_2^2 \\
&\quad - \frac{(1-\alpha_t)(1-\bar{\alpha}_{t-1})\|\boldsymbol{x}_t\|_2^2 - 2\sqrt{\bar{\alpha}_t}(1-\alpha_t)(1-\bar{\alpha}_{t-1})\boldsymbol{x}_t^{\mathrm{T}}\boldsymbol{x}_0 + \bar{\alpha}_t(1-\alpha_t)(1-\bar{\alpha}_{t-1})\|\boldsymbol{x}_0\|_2^2}{(1-\bar{\alpha}_t)^2} \\
&= \frac{(-2\bar{\alpha}_t + \bar{\alpha}_{t-1}\bar{\alpha}_t + \alpha_t)}{(1-\bar{\alpha}_t)^2}\|\boldsymbol{x}_t\|_2^2 + \frac{2\sqrt{\bar{\alpha}_t}(1-\alpha_t)(1-\bar{\alpha}_{t-1})}{(1-\bar{\alpha}_t)^2}\boldsymbol{x}_t^{\mathrm{T}}\boldsymbol{x}_0 + \frac{\bar{\alpha}_{t-1}(1-\alpha_t)^2}{(1-\bar{\alpha}_t)^2}\|\boldsymbol{x}_0\|_2^2 \\
&= \frac{\alpha_t(\bar{\alpha}_{t-1}^2 - 2\bar{\alpha}_t + 1)}{(1-\bar{\alpha}_t)^2}\|\boldsymbol{x}_t\|_2^2 + \frac{2\sqrt{\bar{\alpha}_t}(1-\alpha_t)(1-\bar{\alpha}_{t-1})}{(1-\bar{\alpha}_t)^2}\boldsymbol{x}_t^{\mathrm{T}}\boldsymbol{x}_0 + \frac{\bar{\alpha}_{t-1}(1-\alpha_t)^2}{(1-\bar{\alpha}_t)^2}\|\boldsymbol{x}_0\|_2^2 \\
&= \frac{\alpha_t(1-\bar{\alpha}_{t-1})^2}{(1-\bar{\alpha}_t)^2}\|\boldsymbol{x}_t\|_2^2 + \frac{2\sqrt{\bar{\alpha}_t}(1-\alpha_t)(1-\bar{\alpha}_{t-1})}{(1-\bar{\alpha}_t)^2}\boldsymbol{x}_t^{\mathrm{T}}\boldsymbol{x}_0 + \frac{\bar{\alpha}_{t-1}(1-\alpha_t)^2}{(1-\bar{\alpha}_t)^2}\|\boldsymbol{x}_0\|_2^2 \\
&= \left(\frac{\sqrt{\alpha_t}(1-\bar{\alpha}_{t-1})\boldsymbol{x}_t + \sqrt{\bar{\alpha}_{t-1}}(1-\alpha_t)\boldsymbol{x}_0}{1-\bar{\alpha}_t}\right)^{\mathrm{T}}\left(\frac{\sqrt{\alpha_t}(1-\bar{\alpha}_{t-1})\boldsymbol{x}_t + \sqrt{\bar{\alpha}_{t-1}}(1-\alpha_t)\boldsymbol{x}_0}{1-\bar{\alpha}_t}\right) \\
&= \|\boldsymbol{\mu}_q(\boldsymbol{x}_t,\boldsymbol{x}_0)\|_2^2
\end{aligned} \tag{6-38}
$$

（3）损失函数推导。

训练 VDM 需要我们最大化 ELBO，这等价于最小化 ELBO 的负数。另外，通过观察式（6-28）可知，ELBO 的分解主要由$T-1$个“去噪匹配项的和”占主导地位。因此 Ho 等人在实际训练模型时，只最小化$T-1$个去噪匹配项的和，而忽略了重构项和先验匹配项，即

$$\min_{\boldsymbol{\theta}}\sum_{t=2}^{T}E_{q(\boldsymbol{x}_t|\boldsymbol{x}_0)}\left[\mathrm{KL}\left(q(\boldsymbol{x}_{t-1}\mid\boldsymbol{x}_t,\boldsymbol{x}_0)\,\|\,p_{\boldsymbol{\theta}}(\boldsymbol{x}_{t-1}\mid\boldsymbol{x}_t)\right)\right] \tag{6-39}$$

接下来，我们将对式（6-39）进行进一步化简，以得到最终的损失函数。

根据上文推导，真实去噪转移分布$q(\boldsymbol{x}_{t-1}\mid\boldsymbol{x}_t,\boldsymbol{x}_0)$具有如下形式：

$$\begin{aligned}&q(\boldsymbol{x}_{t-1}\mid\boldsymbol{x}_t,\boldsymbol{x}_0)\\&=\mathcal{N}(\boldsymbol{x}_{t-1};\boldsymbol{\mu}_q(\boldsymbol{x}_t,\boldsymbol{x}_0),\boldsymbol{\Sigma}_q(t))\\&=\mathcal{N}\left(\boldsymbol{x}_{t-1};\frac{\sqrt{\alpha_t}(1-\bar{\alpha}_{t-1})\boldsymbol{x}_t+\sqrt{\bar{\alpha}_{t-1}}(1-\alpha_t)\boldsymbol{x}_0}{1-\bar{\alpha}_t},\frac{(1-\alpha_t)(1-\bar{\alpha}_{t-1})}{1-\bar{\alpha}_t}\boldsymbol{I}\right)\end{aligned} \tag{6-40}$$

同时，逆向扩散过程的状态转移分布$p_{\boldsymbol{\theta}}(\boldsymbol{x}_{t-1}\mid\boldsymbol{x}_t)$也被定义为含有可学习参数$\boldsymbol{\theta}$的高斯分布：

$$p_{\boldsymbol{\theta}}(\boldsymbol{x}_{t-1}\mid\boldsymbol{x}_t)=\mathcal{N}(\boldsymbol{x}_{t-1};\boldsymbol{\mu}_{\boldsymbol{\theta}}(\boldsymbol{x}_t,t),\boldsymbol{\Sigma}_{\boldsymbol{\theta}}(\boldsymbol{x}_t,t)) \tag{6-41}$$

但在 6.2.1 节中，我们并未介绍$\boldsymbol{\mu}_{\boldsymbol{\theta}}(\boldsymbol{x}_t,t)$和$\boldsymbol{\Sigma}_{\boldsymbol{\theta}}(\boldsymbol{x}_t,t)$的具体形式。经过 6.2.1 节的推导，我们知道训练 VDM 需要最小化$\mathrm{KL}\left(q(\boldsymbol{x}_{t-1}\mid\boldsymbol{x}_t,\boldsymbol{x}_0)\,\|\,p_{\boldsymbol{\theta}}(\boldsymbol{x}_{t-1}\mid\boldsymbol{x}_t)\right)$，而让两个高斯分布接近，只需这两个高斯分布的均值和方差接近。因此，我们可以将$\boldsymbol{\mu}_{\boldsymbol{\theta}}(\boldsymbol{x}_t,t)$和$\boldsymbol{\Sigma}_{\boldsymbol{\theta}}(\boldsymbol{x}_t,t)$定义为如下形式：

$$\boldsymbol{\mu}_{\boldsymbol{\theta}}(\boldsymbol{x}_t,t)=\frac{\sqrt{\alpha_t}(1-\bar{\alpha}_{t-1})\boldsymbol{x}_t+\sqrt{\bar{\alpha}_{t-1}}(1-\alpha_t)\hat{\boldsymbol{x}}_{\boldsymbol{\theta}}(\boldsymbol{x}_t,t)}{1-\bar{\alpha}_t} \tag{6-42}$$

$$\boldsymbol{\Sigma}_{\boldsymbol{\theta}}(\boldsymbol{x}_t,t)=\sigma_q^2(t)\boldsymbol{I}=\frac{(1-\alpha_t)(1-\bar{\alpha}_{t-1})}{1-\bar{\alpha}_t}\boldsymbol{I} \tag{6-43}$$

式中，$\hat{\boldsymbol{x}}_{\boldsymbol{\theta}}(\boldsymbol{x}_t,t)$为一个 U-Net 卷积神经网络，它根据输入$\boldsymbol{x}_t$和$t$来预测$\boldsymbol{x}_0$。由于在式（6-40）中，协方差矩阵$\boldsymbol{\Sigma}_q(t)$的表达式不包含$\boldsymbol{x}_t$、$t$及可学习参数$\boldsymbol{\theta}$，因此$p_{\boldsymbol{\theta}}(\boldsymbol{x}_{t-1}\mid\boldsymbol{x}_t)$不需要估计$\boldsymbol{\Sigma}_q(t)$，只需将$\boldsymbol{\Sigma}_{\boldsymbol{\theta}}(\boldsymbol{x}_t,t)$设置为与$\boldsymbol{\Sigma}_q(t)$相同［见式（6-43）］。

另外，由于$q(\boldsymbol{x}_{t-1}\mid\boldsymbol{x}_t,\boldsymbol{x}_0)$和$p_{\boldsymbol{\theta}}(\boldsymbol{x}_{t-1}\mid\boldsymbol{x}_t)$均为高斯分布，因此我们可以求出它们之间的 KL 散度的显式表达式。根据 KL 散度的定义，在D维空间中的两个高斯分布$\mathcal{N}(\boldsymbol{x};\boldsymbol{\mu}_1,\boldsymbol{\Sigma}_1)$和$\mathcal{N}(\boldsymbol{y};\boldsymbol{\mu}_2,\boldsymbol{\Sigma}_2)$的 KL 散度的显式表达式为

$$\begin{aligned}&\mathrm{KL}(\mathcal{N}(\boldsymbol{x};\boldsymbol{\mu}_1,\boldsymbol{\Sigma}_1)\,\|\,\mathcal{N}(\boldsymbol{y};\boldsymbol{\mu}_2,\boldsymbol{\Sigma}_2))\\&=\frac{1}{2}\left(\mathrm{tr}(\boldsymbol{\Sigma}_2^{-1}\boldsymbol{\Sigma}_1)+(\boldsymbol{\mu}_2-\boldsymbol{\mu}_1)^{\mathrm{T}}\boldsymbol{\Sigma}_2^{-1}(\boldsymbol{\mu}_2-\boldsymbol{\mu}_1)-D+\ln\frac{|\boldsymbol{\Sigma}_2|}{|\boldsymbol{\Sigma}_1|}\right)\end{aligned} \tag{6-44}$$

式中，$\mathrm{tr}(\cdot)$表示矩阵的迹；$|\cdot|$表示矩阵的行列式。那么

$$\begin{aligned}&\arg\min_{\boldsymbol{\theta}}\mathrm{KL}\left(q(\boldsymbol{x}_{t-1}\mid\boldsymbol{x}_t,\boldsymbol{x}_0)\,\|\,p_{\boldsymbol{\theta}}(\boldsymbol{x}_{t-1}\mid\boldsymbol{x}_t)\right)\\&=\arg\min_{\boldsymbol{\theta}}\mathrm{KL}\left(\mathcal{N}(\boldsymbol{x}_{t-1};\boldsymbol{\mu}_q,\boldsymbol{\Sigma}_q(t))\,\|\,\mathcal{N}(\boldsymbol{x}_{t-1};\boldsymbol{\mu}_{\boldsymbol{\theta}},\boldsymbol{\Sigma}_q(t))\right)\end{aligned}$$

$$
\begin{aligned}
&= \arg\min_{\boldsymbol{\theta}} \frac{1}{2}\left[\operatorname{tr}(\boldsymbol{\Sigma}_q^{-1}(t)\boldsymbol{\Sigma}_q(t)) + (\boldsymbol{\mu}_{\boldsymbol{\theta}} - \boldsymbol{\mu}_q)^{\mathrm{T}} \boldsymbol{\Sigma}_q^{-1}(t)(\boldsymbol{\mu}_{\boldsymbol{\theta}} - \boldsymbol{\mu}_q) - D + \ln\frac{|\boldsymbol{\Sigma}_q(t)|}{|\boldsymbol{\Sigma}_q(t)|}\right] \\
&= \arg\min_{\boldsymbol{\theta}} \frac{1}{2}\left[\cancel{D} + (\boldsymbol{\mu}_{\boldsymbol{\theta}} - \boldsymbol{\mu}_q)^{\mathrm{T}} \boldsymbol{\Sigma}_q^{-1}(t)(\boldsymbol{\mu}_{\boldsymbol{\theta}} - \boldsymbol{\mu}_q) - \cancel{D} + \cancel{\ln 1}\right] \\
&= \arg\min_{\boldsymbol{\theta}} \frac{1}{2}\left[(\boldsymbol{\mu}_{\boldsymbol{\theta}} - \boldsymbol{\mu}_q)^{\mathrm{T}} \boldsymbol{\Sigma}_q^{-1}(t)(\boldsymbol{\mu}_{\boldsymbol{\theta}} - \boldsymbol{\mu}_q)\right] \\
&= \arg\min_{\boldsymbol{\theta}} \frac{1}{2\sigma_q^2(t)}\left\|\boldsymbol{\mu}_{\boldsymbol{\theta}} - \boldsymbol{\mu}_q\right\|_2^2
\end{aligned} \tag{6-45}
$$

式中，$\boldsymbol{\mu}_q$ 和 $\boldsymbol{\mu}_{\boldsymbol{\theta}}$ 分别为 $\boldsymbol{\mu}_q(\boldsymbol{x}_t, \boldsymbol{x}_0)$ 和 $\boldsymbol{\mu}_{\boldsymbol{\theta}}(\boldsymbol{x}_t, t)$ 的缩写。将式（6-42）代入式（6-45）可得

$$
\begin{aligned}
&\arg\min_{\boldsymbol{\theta}} \mathrm{KL}\big(q(\boldsymbol{x}_{t-1} \mid \boldsymbol{x}_t, \boldsymbol{x}_0) \,\|\, p_{\boldsymbol{\theta}}(\boldsymbol{x}_{t-1} \mid \boldsymbol{x}_t)\big) \\
&= \arg\min_{\boldsymbol{\theta}} \mathrm{KL}\big(\mathcal{N}(\boldsymbol{x}_{t-1}; \boldsymbol{\mu}_q, \boldsymbol{\Sigma}_q(t)) \,\|\, \mathcal{N}(\boldsymbol{x}_{t-1}; \boldsymbol{\mu}_{\boldsymbol{\theta}}, \boldsymbol{\Sigma}_q(t))\big) \\
&= \arg\min_{\boldsymbol{\theta}} \frac{1}{2\sigma_q^2(t)}\left\|\boldsymbol{\mu}_{\boldsymbol{\theta}} - \boldsymbol{\mu}_q\right\|_2^2 \\
&= \arg\min_{\boldsymbol{\theta}} \frac{1}{2\sigma_q^2(t)} \cdot \frac{\bar{\alpha}_{t-1}(1-\alpha_t)^2}{(1-\bar{\alpha}_t)^2}\left\|\hat{\boldsymbol{x}}_{\boldsymbol{\theta}}(\boldsymbol{x}_t, t) - \boldsymbol{x}_0\right\|_2^2
\end{aligned} \tag{6-46}
$$

因此，优化 VDM 转变为训练一个神经网络 $\hat{\boldsymbol{x}}_{\boldsymbol{\theta}}(\boldsymbol{x}_t, t)$，使其能够根据任意时刻的噪声图像 $\boldsymbol{x}_t$ 预测产生这张噪声图像的真实图像 $\boldsymbol{x}_0$。

此外，最小化去噪匹配项在所有时刻上的期望，可以近似地实现最小化我们推导出的 ELBO 目标［见式（6-39）］在所有噪声水平上的求和项：

$$
\arg\min_{\boldsymbol{\theta}} E_{t\sim \mathrm{DU}(2,T)}\left[E_{\boldsymbol{X}_t\sim q(\boldsymbol{x}_t|\boldsymbol{x}_0)}\left[\frac{1}{2\sigma_q^2(t)} \cdot \frac{\bar{\alpha}_{t-1}(1-\alpha_t)^2}{(1-\bar{\alpha}_t)^2}\left\|\hat{\boldsymbol{x}}_{\boldsymbol{\theta}}(\boldsymbol{X}_t, t) - \boldsymbol{x}_0\right\|_2^2\right]\right] \tag{6-47}
$$

式中，$\mathrm{DU}(2,T)$ 为 t 时刻所服从的离散均匀分布。并且，求解式（6-47）中的优化问题需要基于在 t 时刻上的随机采样（Stochastic Sampling），即随机从 $\mathrm{DU}(2,T)$ 中采样 t 时刻，然后计算内层期望 $E_{\boldsymbol{X}_t\sim q(\boldsymbol{x}_t|\boldsymbol{x}_0)}[\cdot]$。同时，我们需要考虑模型的实际训练需要基于多个从 $p(\boldsymbol{x}_0)$ 中采样得到的随机样本 $\boldsymbol{X}_0$。因此，最终损失函数可以被表示为如下形式：

$$
L^{x_0}(\boldsymbol{\theta}) = E_{\boldsymbol{X}_0\sim p(\boldsymbol{x}_0),\, t\sim \mathrm{DU}(2,T)}\left[E_{\boldsymbol{X}_t\sim q(\boldsymbol{x}_t|\boldsymbol{X}_0)}\left[C_1(\sigma_q, \alpha_t) \cdot \left\|\hat{\boldsymbol{x}}_{\boldsymbol{\theta}}(\boldsymbol{X}_t, t) - \boldsymbol{X}_0\right\|_2^2\right]\right] \tag{6-48}
$$

式中

$$
C_1(\sigma_q, \alpha_t) \triangleq \frac{1}{2\sigma_q^2(t)} \cdot \frac{\bar{\alpha}_{t-1}(1-\alpha_t)^2}{(1-\bar{\alpha}_t)^2} \tag{6-49}
$$

我们将 $L^{x_0}(\boldsymbol{\theta})$ 称为"$\boldsymbol{x}_0$ 预测"损失函数，并将在后文中介绍它的一些变种。我们可以利用随机梯度下降法（Stochastic Gradient Descent，SGD）来最小化 $L^{x_0}(\boldsymbol{\theta})$。首先，从数据集中随机抽取一个 $\boldsymbol{x}_0$。然后，从 $\mathrm{DU}(2,T)$ 中采样一个 t 时刻。接着，用式（6-14）将 $\boldsymbol{x}_0$ 加噪为 $\boldsymbol{x}_t$，并计算 $L^{x_0}(\boldsymbol{\theta})$ 关于 $\boldsymbol{\theta}$ 的梯度。最后，用反向传播算法更新 $\boldsymbol{\theta}$。

3. 网络结构

在 VDM 中，我们需要通过最小化损失函数 $L^{x_0}(\boldsymbol{\theta})$ 来训练一个神经网络 $\hat{\boldsymbol{x}}_{\boldsymbol{\theta}}(\boldsymbol{x}_t, t)$，使其能

够根据任意时刻的噪声图像 $\boldsymbol{x}_t$ 预测出生成该噪声图像的真实图像 $\boldsymbol{x}_0$。因此，这个神经网络的输入维度和输出维度是相同的。那么，为了完成这项任务，我们应该选择哪种类型的神经网络呢？一个常见的选择是 U-Net。U-Net 因其独特的 U 形结构而得名，最初由 Olaf Ronneberger 等人于 2015 年提出，并主要应用于医学图像分割任务。Jonathan Ho 等人所采用的神经网络 $\hat{\boldsymbol{x}}_{\boldsymbol{\theta}}(\boldsymbol{x}_t,t)$ 基于传统的 U-Net 改良而成，以适应 DM 的需求。相比于传统的 U-Net，VDM 中的 U-Net（见图 6-3）在以下几个方面有所不同。

（1）**归一化方式：**VDM 的 U-Net 通常倾向于使用**组归一化**（Group Normalization）而非传统的**批量归一化**，因为组归一化在处理小批量数据时表现出更优的性能，有助于模型的稳定训练。

（2）**残差连接与注意力机制：**在每个卷积块中，VDM 的 U-Net 都引入了残差连接与注意力机制（如自注意力或线性注意力机制），旨在增强模型的特征提取能力和长期依赖建模能力。

（3）**时间编码：**为了让模型能够感知到扩散过程中的不同时刻（噪声水平的变化），VDM 的 U-Net 采用了一种策略，将时刻信息编码成一个嵌入向量（Embedding Vector），并将此向量作为模型输入的一部分。这一过程通常通过位置编码技术实现，如采用正弦位置嵌入（Sinusoidal Position Embedding）。

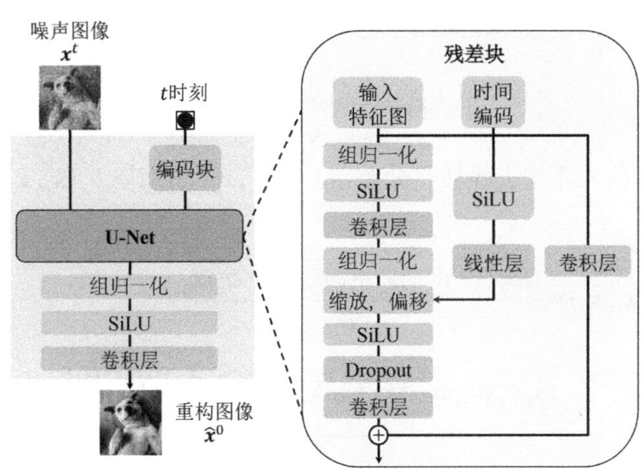

图 6-3 VDM 的 U-Net 结构示意图

4. 数据生成

当我们完成了 U-Net $\hat{\boldsymbol{x}}_{\boldsymbol{\theta}}(\boldsymbol{x}_t,t)$ 的训练后，我们可以根据在 6.2.1 节中定义的逆向扩散过程生成新的数据。在式（6-41）中，我们给出了逆向扩散过程的状态转移分布 $p_{\boldsymbol{\theta}}(\boldsymbol{x}_{t-1}\mid\boldsymbol{x}_t)$ 的具体形式：

$$p_{\boldsymbol{\theta}}(\boldsymbol{x}_{t-1}\mid\boldsymbol{x}_t)=\mathcal{N}\left(\boldsymbol{x}_{t-1};\frac{\sqrt{\alpha_t}(1-\alpha_{t-1})\boldsymbol{x}_t+\sqrt{\bar{\alpha}_{t-1}}(1-\alpha_t)\hat{\boldsymbol{x}}_{\boldsymbol{\theta}}(\boldsymbol{x}_t,t)}{1-\bar{\alpha}_t},\sigma_q^2(t)\boldsymbol{I}\right) \tag{6-50}$$

根据 $p_{\boldsymbol{\theta}}(\boldsymbol{x}_{t-1}\mid\boldsymbol{x}_t)$ 的形式，在采样过程中，我们可以用如下公式从 $\boldsymbol{x}_t$ 中生成 $\boldsymbol{x}_{t-1}$：

$$\boldsymbol{x}_{t-1}=\frac{\sqrt{\alpha_t}(1-\bar{\alpha}_{t-1})\boldsymbol{x}_t+\sqrt{\bar{\alpha}_{t-1}}(1-\alpha_t)\hat{\boldsymbol{x}}_{\boldsymbol{\theta}}(\boldsymbol{x}_t,t)}{1-\bar{\alpha}_t}+\sigma_q(t)\cdot\boldsymbol{\varepsilon}_0 \tag{6-51}$$

式中，$\boldsymbol{\varepsilon}_0\sim\mathcal{N}(\boldsymbol{0},\boldsymbol{I})$。那么，我们可以从任意一个高斯白噪声 $\boldsymbol{x}_T$ 出发，通过式（6-51）逐步采

样出 $\boldsymbol{x}_{T-1},\boldsymbol{x}_{T-2},\cdots,\boldsymbol{x}_1$，最后得到随机生成的样本数据 $\boldsymbol{x}_0$。

6.2.2 变种损失函数

正如我们在 6.2.1 节中所推导的结果那样［具体参见式（6-47）和式（6-48）]，训练一个 VDM 在本质上等同于训练一个 U-Net $\hat{\boldsymbol{x}}_{\boldsymbol{\theta}}(\boldsymbol{x}_t,t)$，该网络能够根据任意给定时刻的噪声图像 $\boldsymbol{x}_t$ 及其对应的时间索引 t，准确地预测出原始的、未受噪声干扰的真实图像 $\boldsymbol{x}_0$，我们将这种损失函数命名为 $\boldsymbol{x}_0$ 预测［见式（6-48)]。实际上，由于 $\boldsymbol{x}_0$ 拥有两种不同的表达形式，因此我们能够进一步推导出除 $\boldsymbol{x}_0$ 预测外的另外两种等价的损失函数，即“噪声预测”与“分数预测”。此外，通过极坐标表示法，我们还可以构造出第四种损失函数，即“速度预测”。

1. 噪声预测

在 6.2.1 节中，我们阐述了如何在正向扩散过程中，自真实图像 $\boldsymbol{x}_0$ 推导出任意时刻的噪声图像 $\boldsymbol{x}_t$，即

$$\boldsymbol{x}_t=\sqrt{\bar{\alpha}_t}\boldsymbol{x}_0+\sqrt{1-\bar{\alpha}_t}\boldsymbol{\varepsilon}_0 \tag{6-52}$$

式中，$\boldsymbol{\varepsilon}_0\sim\mathcal{N}(\boldsymbol{0},\boldsymbol{I})$。对式（6-52）进行移项，我们可将 $\boldsymbol{x}_0$ 表示成 $\boldsymbol{x}_t$ 和 $\boldsymbol{\varepsilon}_0$ 的线性组合，即

$$\boldsymbol{x}_0=\frac{\boldsymbol{x}_t-\sqrt{1-\bar{\alpha}_t}\boldsymbol{\varepsilon}_0}{\sqrt{\bar{\alpha}_t}} \tag{6-53}$$

若将式（6-53）代入真实去噪转移分布 $q(\boldsymbol{x}_{t-1}\mid\boldsymbol{x}_t,\boldsymbol{x}_0)$ 的期望 $\boldsymbol{\mu}_q(\boldsymbol{x}_t,\boldsymbol{x}_0)$［见式（6-33)]，则可得

$$\begin{aligned}
\boldsymbol{\mu}_q(\boldsymbol{x}_t,\boldsymbol{x}_0)&=\frac{\sqrt{\alpha_t}(1-\bar{\alpha}_{t-1})\boldsymbol{x}_t+\sqrt{\bar{\alpha}_{t-1}}(1-\alpha_t)\boldsymbol{x}_0}{1-\bar{\alpha}_t}\\
&=\frac{\sqrt{\alpha_t}(1-\bar{\alpha}_{t-1})\boldsymbol{x}_t+\sqrt{\bar{\alpha}_{t-1}}(1-\alpha_t)\dfrac{\boldsymbol{x}_t-\sqrt{1-\bar{\alpha}_t}\boldsymbol{\varepsilon}_0}{\sqrt{\bar{\alpha}_t}}}{1-\bar{\alpha}_t}\\
&=\frac{\sqrt{\alpha_t}(1-\bar{\alpha}_{t-1})\boldsymbol{x}_t+(1-\alpha_t)\dfrac{\boldsymbol{x}_t-\sqrt{1-\bar{\alpha}_t}\boldsymbol{\varepsilon}_0}{\sqrt{\alpha_t}}}{1-\bar{\alpha}_t}\\
&=\left(\frac{\sqrt{\alpha_t}(1-\bar{\alpha}_{t-1})}{1-\bar{\alpha}_t}+\frac{1-\alpha_t}{(1-\bar{\alpha}_t)\sqrt{\alpha_t}}\right)\boldsymbol{x}_t-\frac{(1-\alpha_t)\sqrt{1-\bar{\alpha}_t}}{(1-\bar{\alpha}_t)\sqrt{\alpha_t}}\boldsymbol{\varepsilon}_0\\
&=\left(\frac{\alpha_t(1-\bar{\alpha}_{t-1})}{(1-\bar{\alpha}_t)\sqrt{\alpha_t}}+\frac{1-\alpha_t}{(1-\bar{\alpha}_t)\sqrt{\alpha_t}}\right)\boldsymbol{x}_t-\frac{1-\alpha_t}{\sqrt{1-\bar{\alpha}_t}\sqrt{\alpha_t}}\boldsymbol{\varepsilon}_0\\
&=\frac{1-\bar{\alpha}_t}{(1-\bar{\alpha}_t)\sqrt{\alpha_t}}\boldsymbol{x}_t-\frac{1-\alpha_t}{\sqrt{1-\bar{\alpha}_t}\sqrt{\alpha_t}}\boldsymbol{\varepsilon}_0\\
&=\frac{1}{\sqrt{\alpha_t}}\boldsymbol{x}_t-\frac{1-\alpha_t}{\sqrt{1-\bar{\alpha}_t}\sqrt{\alpha_t}}\boldsymbol{\varepsilon}_0
\end{aligned} \tag{6-54}$$

正如我们在 6.2.1 节中所推导的那样，为了使逆向扩散过程的状态转移分布 $p_{\boldsymbol{\theta}}(\boldsymbol{x}_{t-1}\mid\boldsymbol{x}_t)$ 逼近去噪转移分布 $q(\boldsymbol{x}_{t-1}\mid\boldsymbol{x}_t,\boldsymbol{x}_0)$，关键在于确保这两个高斯分布的均值相匹配。基于此，我们可以将 $p_{\boldsymbol{\theta}}(\boldsymbol{x}_{t-1}\mid\boldsymbol{x}_t)$ 的均值 $\boldsymbol{\mu}_{\boldsymbol{\theta}}(\boldsymbol{x}_t,t)$ 定义为如下形式：

$$\boldsymbol{\mu}_{\boldsymbol{\theta}}(\boldsymbol{x}_t,t)=\frac{1}{\sqrt{\alpha_t}}\boldsymbol{x}_t-\frac{1-\alpha_t}{\sqrt{1-\bar{\alpha}_t}\sqrt{\alpha_t}}\hat{\boldsymbol{\varepsilon}}_{\boldsymbol{\theta}}(\boldsymbol{x}_t,t) \tag{6-55}$$

并且，根据式（6-46）中的推导，可得

$$\begin{aligned}
&\arg\min_{\boldsymbol{\theta}}\mathrm{KL}\left(q(\boldsymbol{x}_{t-1}\mid\boldsymbol{x}_t,\boldsymbol{x}_0)\,\|\,p_{\boldsymbol{\theta}}(\boldsymbol{x}_{t-1}\mid\boldsymbol{x}_t)\right)\\
&=\arg\min_{\boldsymbol{\theta}}\mathrm{KL}\left(\mathcal{N}(\boldsymbol{x}_{t-1};\boldsymbol{\mu}_q,\boldsymbol{\Sigma}_q(t))\,\|\,\mathcal{N}(\boldsymbol{x}_{t-1};\boldsymbol{\mu}_{\boldsymbol{\theta}},\boldsymbol{\Sigma}_q(t))\right)\\
&=\arg\min_{\boldsymbol{\theta}}\frac{1}{2\sigma_q^2(t)}\left\|\boldsymbol{\mu}_{\boldsymbol{\theta}}-\boldsymbol{\mu}_q\right\|_2^2\\
&=\arg\min_{\boldsymbol{\theta}}\frac{1}{2\sigma_q^2(t)}\left\|\frac{1}{\sqrt{\alpha_t}}\boldsymbol{x}_t-\frac{1-\alpha_t}{\sqrt{1-\bar{\alpha}_t}\sqrt{\alpha_t}}\hat{\boldsymbol{\varepsilon}}_{\boldsymbol{\theta}}(\boldsymbol{x}_t,t)-\frac{1}{\sqrt{\alpha_t}}\boldsymbol{x}_t+\frac{1-\alpha_t}{\sqrt{1-\bar{\alpha}_t}\sqrt{\alpha_t}}\boldsymbol{\varepsilon}_0\right\|_2^2\\
&=\arg\min_{\boldsymbol{\theta}}\frac{1}{2\sigma_q^2(t)}\left\|\frac{1-\alpha_t}{\sqrt{1-\bar{\alpha}_t}\sqrt{\alpha_t}}(\boldsymbol{\varepsilon}_0-\hat{\boldsymbol{\varepsilon}}_{\boldsymbol{\theta}}(\boldsymbol{x}_t,t))\right\|_2^2\\
&=\arg\min_{\boldsymbol{\theta}}C_2(\sigma_q,\alpha_t)\left\|\boldsymbol{\varepsilon}_0-\hat{\boldsymbol{\varepsilon}}_{\boldsymbol{\theta}}(\sqrt{\bar{\alpha}_t}\boldsymbol{x}_0+\sqrt{1-\bar{\alpha}_t}\boldsymbol{\varepsilon}_0,t)\right\|_2^2
\end{aligned} \tag{6-56}$$

式中，$\hat{\boldsymbol{\varepsilon}}_{\boldsymbol{\theta}}(\boldsymbol{x}_t,t)$ 为神经网络，其根据给定的噪声图像 $\boldsymbol{x}_t$ 来预测将 $\boldsymbol{x}_0$ 转换为 $\boldsymbol{x}_t$ 的源噪声 $\boldsymbol{\varepsilon}_0$，即进行“噪声预测”。我们在 6.2.1 节中介绍了用于“ $\boldsymbol{x}_0$ 预测”损失函数的 U-Net，其也可用于对 $\hat{\boldsymbol{\varepsilon}}_{\boldsymbol{\theta}}(\boldsymbol{x}_t,t)$ 的建模，只需将输出调整为源噪声 $\boldsymbol{\varepsilon}_0$。另外，常数项 $C_2(\sigma_q,\alpha_t)$ 的定义如下：

$$C_2(\sigma_q,\alpha_t)\triangleq\frac{1}{2\sigma_q^2(t)}\cdot\frac{(1-\alpha_t)^2}{(1-\bar{\alpha}_t)\alpha_t} \tag{6-57}$$

那么，最终的**“噪声预测”**损失函数 $L^{\varepsilon_0}(\boldsymbol{\theta})$ 的定义为

$$L^{\varepsilon_0}(\boldsymbol{\theta})=E_{\boldsymbol{\varepsilon}_0\sim\mathcal{N}(\mathbf{0},\boldsymbol{I}),\,t\sim\mathrm{DU}(2,T),\,\boldsymbol{X}_0\sim p(\boldsymbol{x}_0)}\left[C_2(\sigma_q,\alpha_t)\cdot\left\|\boldsymbol{\varepsilon}_0-\hat{\boldsymbol{\varepsilon}}_{\boldsymbol{\theta}}(\sqrt{\bar{\alpha}_t}\boldsymbol{X}_0+\sqrt{1-\bar{\alpha}_t}\boldsymbol{\varepsilon}_0,t)\right\|_2^2\right] \tag{6-58}$$

式中，t 为从离散均匀分布 $\mathrm{DU}(2,T)$ 中随机采样得到的某个时刻；$\boldsymbol{\varepsilon}_0$ 为从标准高斯分布中采样得到的白噪声；$\boldsymbol{X}_0$ 为从真实图像分布中采样得到的随机样本。

2．分数预测

接下来，我们将基于 Tweedie's 公式（见 6.1.2 节），推导出与“ $\boldsymbol{x}_0$ 预测”和“噪声预测”等价的第三种损失函数——“分数预测”损失函数。

我们首先回顾一下 Tweedie's 公式。对于去噪问题 $\tilde{\boldsymbol{X}}=\boldsymbol{X}+\boldsymbol{Z}$，其中 $\tilde{\boldsymbol{X}}$ 为加噪的观测数据，$\boldsymbol{X}$ 为真实数据，$\boldsymbol{Z}\sim\mathcal{N}(\mathbf{0},\boldsymbol{\Sigma}_z)$。Tweedie's 公式通过条件期望 $E[\boldsymbol{X}\mid\tilde{\boldsymbol{x}}]$ 对 $\boldsymbol{X}$ 进行重建，即

$$E[\boldsymbol{X}\mid\tilde{\boldsymbol{x}}]\triangleq E\left[\boldsymbol{X}\mid\tilde{\boldsymbol{X}}=\tilde{\boldsymbol{x}}\right]=\tilde{\boldsymbol{x}}+\boldsymbol{\Sigma}_z\nabla_{\tilde{\boldsymbol{x}}}\ln p(\tilde{\boldsymbol{x}}) \tag{6-59}$$

另外，在 6.2.1 节中，我们已推导出 $q(\boldsymbol{x}_t\mid\boldsymbol{x}_0)=\mathcal{N}\left(\boldsymbol{x}_t;\sqrt{\bar{\alpha}_t}\boldsymbol{x}_0,(1-\bar{\alpha}_t)\boldsymbol{I}\right)$。对式（6-59）中的符号进行如下替换：令 $\tilde{\boldsymbol{X}}=\boldsymbol{X}_t$，$\tilde{\boldsymbol{x}}=\boldsymbol{x}_t$，$\boldsymbol{X}=\sqrt{\bar{\alpha}_t}\boldsymbol{x}_0$，$\boldsymbol{\Sigma}_z=(1-\bar{\alpha}_t)\boldsymbol{I}$，可得

$$E\left[\sqrt{\bar{\alpha}_t}\boldsymbol{x}_0 \mid \boldsymbol{x}_t\right]=\boldsymbol{x}_t+(1-\bar{\alpha}_t)\nabla \ln p(\boldsymbol{x}_t) \tag{6-60}$$

为使公式更加简洁，我们将分数函数 $\nabla_{\boldsymbol{x}_t}\ln p(\boldsymbol{x}_t)$ 简记为 $\nabla \ln p(\boldsymbol{x}_t)$，即

$$\nabla \ln p(\boldsymbol{x}_t)\triangleq \nabla_{\boldsymbol{x}_t}\ln p(\boldsymbol{x}_t) \tag{6-61}$$

此处，由于 $\boldsymbol{x}_0$ 是确定的常数，所以 $\boldsymbol{X}=\sqrt{\bar{\alpha}_t}\boldsymbol{x}_0$ 并非随机向量，那么

$$E\left[\sqrt{\bar{\alpha}_t}\boldsymbol{x}_0 \mid \boldsymbol{x}_t\right]=\sqrt{\bar{\alpha}_t}\boldsymbol{x}_0 \tag{6-62}$$

若将式（6-62）代入式（6-60），则可得

$$\sqrt{\bar{\alpha}_t}\boldsymbol{x}_0=\boldsymbol{x}_t+(1-\bar{\alpha}_t)\nabla \ln p(\boldsymbol{x}_t) \tag{6-63}$$

因此，$\boldsymbol{x}_0$ 可以表示成 $\boldsymbol{x}_t$ 与分数函数 $\nabla \ln p(\boldsymbol{x}_t)$ 的线性组合，即

$$\boldsymbol{x}_0=\frac{\boldsymbol{x}_t+(1-\bar{\alpha}_t)\nabla \ln p(\boldsymbol{x}_t)}{\sqrt{\bar{\alpha}_t}} \tag{6-64}$$

接下来，将式（6-64）代入分布 $q(\boldsymbol{x}_{t-1}\mid \boldsymbol{x}_t,\boldsymbol{x}_0)$ 的期望 $\boldsymbol{\mu}_q(\boldsymbol{x}_t,\boldsymbol{x}_0)$ ［见式（6-33）］，可得

$$\begin{aligned}
\boldsymbol{\mu}_q(\boldsymbol{x}_t,\boldsymbol{x}_0)&=\frac{\sqrt{\alpha_t}(1-\bar{\alpha}_{t-1})\boldsymbol{x}_t+\sqrt{\bar{\alpha}_{t-1}}(1-\alpha_t)\boldsymbol{x}_0}{1-\bar{\alpha}_t}\\
&=\frac{\sqrt{\alpha_t}(1-\bar{\alpha}_{t-1})\boldsymbol{x}_t+\sqrt{\bar{\alpha}_{t-1}}(1-\alpha_t)\dfrac{\boldsymbol{x}_t+(1-\bar{\alpha}_t)\nabla \ln p(\boldsymbol{x}_t)}{\sqrt{\bar{\alpha}_t}}}{1-\bar{\alpha}_t}\\
&=\frac{\sqrt{\alpha_t}(1-\bar{\alpha}_{t-1})\boldsymbol{x}_t+(1-\alpha_t)\dfrac{\boldsymbol{x}_t+(1-\bar{\alpha}_t)\nabla \ln p(\boldsymbol{x}_t)}{\sqrt{\alpha_t}}}{1-\bar{\alpha}_t}\\
&=\frac{\sqrt{\alpha_t}(1-\bar{\alpha}_{t-1})\boldsymbol{x}_t}{1-\bar{\alpha}_t}+\frac{(1-\alpha_t)\boldsymbol{x}_t}{(1-\bar{\alpha}_t)\sqrt{\alpha_t}}+\frac{(1-\alpha_t)\cancel{(1-\bar{\alpha}_t)}\nabla \ln p(\boldsymbol{x}_t)}{\cancel{(1-\bar{\alpha}_t)}\sqrt{\alpha_t}}\\
&=\left(\frac{\sqrt{\alpha_t}(1-\bar{\alpha}_{t-1})}{1-\bar{\alpha}_t}+\frac{1-\alpha_t}{(1-\bar{\alpha}_t)\sqrt{\alpha_t}}\right)\boldsymbol{x}_t+\frac{1-\alpha_t}{\sqrt{\alpha_t}}\nabla \ln p(\boldsymbol{x}_t)\\
&=\left(\frac{\alpha_t(1-\bar{\alpha}_{t-1})}{(1-\bar{\alpha}_t)\sqrt{\alpha_t}}+\frac{1-\alpha_t}{(1-\bar{\alpha}_t)\sqrt{\alpha_t}}\right)\boldsymbol{x}_t+\frac{1-\alpha_t}{\sqrt{\alpha_t}}\nabla \ln p(\boldsymbol{x}_t)\\
&=\frac{\cancel{1-\bar{\alpha}_t}}{\cancel{(1-\bar{\alpha}_t)}\sqrt{\alpha_t}}\boldsymbol{x}_t+\frac{1-\alpha_t}{\sqrt{\alpha_t}}\nabla \ln p(\boldsymbol{x}_t)\\
&=\frac{1}{\sqrt{\alpha_t}}\boldsymbol{x}_t+\frac{1-\alpha_t}{\sqrt{\alpha_t}}\nabla \ln p(\boldsymbol{x}_t)
\end{aligned} \tag{6-65}$$

类似地，我们可以将逆向扩散过程中的状态转移分布 $p_{\boldsymbol{\theta}}(\boldsymbol{x}_{t-1}\mid \boldsymbol{x}_t)$ 的均值 $\boldsymbol{\mu}_{\boldsymbol{\theta}}(\boldsymbol{x}_t,t)$ 设定为如下形式：

$$\boldsymbol{\mu}_{\boldsymbol{\theta}}(\boldsymbol{x}_t,t)=\frac{1}{\sqrt{\alpha_t}}\boldsymbol{x}_t+\frac{1-\alpha_t}{\sqrt{\alpha_t}}\boldsymbol{s}_{\boldsymbol{\theta}}(\boldsymbol{x}_t,t) \tag{6-66}$$

式中，$\boldsymbol{s}_{\boldsymbol{\theta}}(\boldsymbol{x}_t,t)$ 也是一个 U-Net，用来预测分数函数 $\nabla_{\boldsymbol{x}_t}\ln p(\boldsymbol{x}_t)$ 在 $\boldsymbol{x}_t$ 处的取值。那么，相应的

优化问题可以变为如下形式：

$$\begin{aligned}
&\arg\min_{\theta} \mathrm{KL}\left(q(\boldsymbol{x}_{t-1} \mid \boldsymbol{x}_t, \boldsymbol{x}_0) \| p_{\theta}(\boldsymbol{x}_{t-1} \mid \boldsymbol{x}_t)\right) \\
&= \arg\min_{\theta} \mathrm{KL}\left(\mathcal{N}(\boldsymbol{x}_{t-1}; \boldsymbol{\mu}_q, \boldsymbol{\Sigma}_q(t)) \| \mathcal{N}(\boldsymbol{x}_{t-1}; \boldsymbol{\mu}_{\theta}, \boldsymbol{\Sigma}_q(t))\right) \\
&= \arg\min_{\theta} \frac{1}{2\sigma_q^2(t)} \left\| \boldsymbol{\mu}_{\theta} - \boldsymbol{\mu}_q \right\|_2^2 \\
&= \arg\min_{\theta} \frac{1}{2\sigma_q^2(t)} \left\| \frac{1}{\sqrt{\alpha_t}} \boldsymbol{x}_t + \frac{1-\alpha_t}{\sqrt{\alpha_t}} \boldsymbol{s}_{\theta}(\boldsymbol{x}_t, t) - \frac{1}{\sqrt{\alpha_t}} \boldsymbol{x}_t - \frac{1-\alpha_t}{\sqrt{\alpha_t}} \nabla \ln p(\boldsymbol{x}_t) \right\|_2^2 \\
&= \arg\min_{\theta} \frac{1}{2\sigma_q^2(t)} \left\| \frac{1-\alpha_t}{\sqrt{\alpha_t}} \boldsymbol{s}_{\theta}(\boldsymbol{x}_t, t) - \frac{1-\alpha_t}{\sqrt{\alpha_t}} \nabla \ln p(\boldsymbol{x}_t) \right\|_2^2 \\
&= \arg\min_{\theta} C_3(\sigma_q, \alpha_t) \left\| \boldsymbol{s}_{\theta}(\boldsymbol{x}_t, t) - \nabla \ln p(\boldsymbol{x}_t) \right\|_2^2
\end{aligned} \tag{6-67}$$

式中，$C_3(\sigma_q,\alpha_t)$为常数项，其具有如下形式：

$$C_3(\sigma_q, \alpha_t) \triangleq \frac{1}{2\sigma_q^2(t)} \cdot \frac{(1-\alpha_t)^2}{\alpha_t} \tag{6-68}$$

那么，最终的**“分数预测”**损失函数 $L^s(\boldsymbol{\theta})$ 可被定义为如下形式：

$$L^s(\boldsymbol{\theta}) = E_{\boldsymbol{X}_0 \sim p(\boldsymbol{x}_0),\, t \sim \mathrm{DU}(2,T)} \left[E_{\boldsymbol{X}_t \sim q(\boldsymbol{x}_t \mid \boldsymbol{X}_0)} \left[C_3(\sigma_q, \alpha_t) \cdot \left\| \boldsymbol{s}_{\theta}(\boldsymbol{X}_t, t) - \nabla \ln p(\boldsymbol{X}_t) \right\|_2^2 \right] \right] \tag{6-69}$$

另外，根据以上推导可知，$\boldsymbol{x}_0$ 既可以表示成 $\boldsymbol{x}_t$ 与分数函数 $\nabla \ln p(\boldsymbol{x}_t)$ 的线性组合［见式（6-64）］，又可以表示成 $\boldsymbol{x}_t$ 和 $\boldsymbol{\varepsilon}_0$ 的线性组合［见式（6-53）］，因此我们可以得出

$$\boldsymbol{x}_0 = \frac{\boldsymbol{x}_t + (1-\bar{\alpha}_t)\nabla \ln p(\boldsymbol{x}_t)}{\sqrt{\bar{\alpha}_t}} = \frac{\boldsymbol{x}_t - \sqrt{1-\bar{\alpha}_t}\,\boldsymbol{\varepsilon}_0}{\sqrt{\bar{\alpha}_t}} \tag{6-70}$$

接着，我们可以得到 $\nabla \ln p(\boldsymbol{x}_t)$ 与 $\boldsymbol{\varepsilon}_0$ 之间的线性关系：

$$\nabla \ln p(\boldsymbol{x}_t) = -\frac{1}{\sqrt{1-\bar{\alpha}_t}} \boldsymbol{\varepsilon}_0 \tag{6-71}$$

式(6-71)将最大化对数似然函数与图像去噪巧妙地关联了起来。根据分数函数 $\nabla \ln p(\boldsymbol{x})$，我们可以知道如何在像素空间中移动以最大化对数似然函数 $\ln p(\boldsymbol{x})$。由于噪声被添加到真实图像中从而破坏了图像，式（6-71）告诉我们，向 $\nabla \ln p(\boldsymbol{x})$ 的相反方向移动就能去噪图像。这也正是“分数预测”与“噪声预测”两者等价的原因。

到目前为止，我们已成功推导出用于优化 VDM 的 3 种彼此等价的损失函数，它们分别是：通过学习一个 U-Net 来预测原始图像 $\boldsymbol{x}_0$（$\boldsymbol{x}_0$ 预测）；对源噪声 $\boldsymbol{\varepsilon}_0$ 进行预测（噪声预测）；预测分数函数在 $\boldsymbol{x}_t$ 处的取值 $\nabla \ln p(\boldsymbol{x}_t)$（分数预测）。

3．速度预测

在正向扩散过程中，我们推导出了加噪公式［见式（6-14）］：

$$\boldsymbol{x}_t = \sqrt{\bar{\alpha}_t}\,\boldsymbol{x}_0 + \sqrt{1-\bar{\alpha}_t}\,\boldsymbol{\varepsilon}_0 \tag{6-72}$$

我们可以观察到，在加噪公式中，真实图像 $\boldsymbol{x}_0$ 和高斯噪声 $\boldsymbol{\varepsilon}_0$ 之前的系数平方和恰好等于

1，这一特性与三角函数中的恒等式$\cos^2\varphi+\sin^2\varphi=1$存在有趣的相似性。如图 6-4 所示，我们可以将$\boldsymbol{x}_t$视为一个单位圆上的向量，并将权重系数$\sqrt{\bar{\alpha}_t}$和$\sqrt{1-\bar{\alpha}_t}$分别看作$\boldsymbol{x}_t$在纵轴和横轴上的投影。那么，我们可以令

$$\begin{cases}\cos\varphi=\sqrt{\bar{\alpha}_t}\\ \sin\varphi=\sqrt{1-\bar{\alpha}_t}\end{cases} \tag{6-73}$$

式中，φ为$\boldsymbol{x}_t$与纵轴的夹角，$\varphi=\arctan\left(\dfrac{\sqrt{1-\bar{\alpha}_t}}{\sqrt{\bar{\alpha}_t}}\right)$。

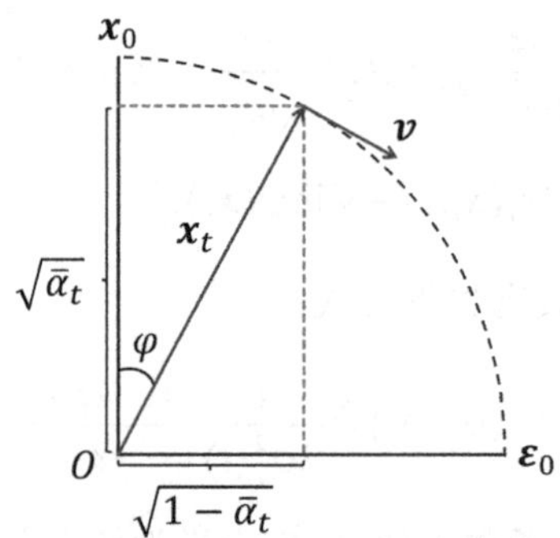

图 6-4 “速度预测”示意图

那么，式（6-72）可以被改写为

$$\boldsymbol{x}_t=\cos\varphi\cdot\boldsymbol{x}_0+\sin\varphi\cdot\boldsymbol{\varepsilon}_0 \tag{6-74}$$

噪声图像$\boldsymbol{x}_t$的变化过程就是从纵轴$\boldsymbol{x}_0$转为横轴$\boldsymbol{\varepsilon}_0$的过程，而在$(\sqrt{1-\bar{\alpha}_t},\sqrt{\bar{\alpha}_t})$点的切线为速度$\boldsymbol{v}$，其被定义为$\boldsymbol{x}_t$对$\varphi$的导数，即

$$\begin{aligned}\boldsymbol{v}&\triangleq\frac{\mathrm{d}\boldsymbol{x}_t}{\mathrm{d}\varphi}\\&=\frac{\mathrm{d}\cos\varphi}{\mathrm{d}\varphi}\boldsymbol{x}_t+\frac{\mathrm{d}\sin\varphi}{\mathrm{d}\varphi}\boldsymbol{\varepsilon}_0\\&=\cos\varphi\cdot\boldsymbol{\varepsilon}_0-\sin\varphi\cdot\boldsymbol{x}_0\\&=\sqrt{\bar{\alpha}_t}\boldsymbol{\varepsilon}_0-\sqrt{1-\bar{\alpha}_t}\boldsymbol{x}_0\end{aligned} \tag{6-75}$$

接下来，将式（6-72）等号两侧同时乘以$\sqrt{\bar{\alpha}_t}$，式（6-75）等号两侧同时乘以$\sqrt{1-\bar{\alpha}_t}$，我们可以得到

$$\sqrt{\bar{\alpha}_t}\boldsymbol{x}_t=\bar{\alpha}_t\boldsymbol{x}_0+\sqrt{\bar{\alpha}_t}\sqrt{1-\bar{\alpha}_t}\boldsymbol{\varepsilon}_0 \tag{6-76}$$

$$\sqrt{1-\bar{\alpha}_t}\boldsymbol{v}=\sqrt{\bar{\alpha}_t}\sqrt{1-\bar{\alpha}_t}\boldsymbol{\varepsilon}_0-(1-\bar{\alpha}_t)\boldsymbol{x}_0 \tag{6-77}$$

将式（6-77）减去式（6-76），整理可得$\boldsymbol{x}_0$关于速度$\boldsymbol{v}$的表达式，即

$$\boldsymbol{x}_0=\sqrt{\bar{\alpha}_t}\boldsymbol{x}_t-\sqrt{1-\bar{\alpha}_t}\boldsymbol{v} \tag{6-78}$$

若将式（6-78）代入真实去噪转移分布$q(\boldsymbol{x}_{t-1}\mid\boldsymbol{x}_t,\boldsymbol{x}_0)$的期望$\boldsymbol{\mu}_q(\boldsymbol{x}_t,\boldsymbol{x}_0)$［见式（6-33）］，则可得

$$
\begin{aligned}
\boldsymbol{\mu}_q(\boldsymbol{x}_t,\boldsymbol{x}_0) &= \frac{\sqrt{\alpha_t}(1-\bar{\alpha}_{t-1})\boldsymbol{x}_t + \sqrt{\bar{\alpha}_{t-1}}(1-\alpha_t)\boldsymbol{x}_0}{1-\bar{\alpha}_t} \\
&= \frac{\sqrt{\alpha_t}(1-\bar{\alpha}_{t-1})\boldsymbol{x}_t + \sqrt{\bar{\alpha}_{t-1}}(1-\alpha_t)\left(\sqrt{\bar{\alpha}_t}\boldsymbol{x}_t - \sqrt{1-\bar{\alpha}_t}\boldsymbol{v}\right)}{1-\bar{\alpha}_t} \\
&= \frac{\sqrt{\alpha_t} - \bar{\alpha}_{t-1}\sqrt{\alpha_t} + \sqrt{\bar{\alpha}_{t-1}}\sqrt{\bar{\alpha}_t} - \alpha_t\sqrt{\bar{\alpha}_{t-1}}\sqrt{\bar{\alpha}_t}}{1-\bar{\alpha}_t}\boldsymbol{x}_t \\
&\quad - \frac{\sqrt{\bar{\alpha}_{t-1}}(1-\alpha_t)\sqrt{1-\bar{\alpha}_t}}{1-\bar{\alpha}_t}\boldsymbol{v} \\
&= \frac{\sqrt{\alpha_t} - \bar{\alpha}_{t-1}\sqrt{\alpha_t} + \bar{\alpha}_{t-1}\sqrt{\alpha_t} - \bar{\alpha}_t\sqrt{\alpha_t}}{1-\bar{\alpha}_t}\boldsymbol{x}_t - \sqrt{\bar{\alpha}_{t-1}}\sqrt{1-\bar{\alpha}_t}\boldsymbol{v} \\
&= \sqrt{\alpha_t}\boldsymbol{x}_t - \sqrt{\bar{\alpha}_{t-1}}\sqrt{1-\bar{\alpha}_t}\boldsymbol{v}
\end{aligned} \tag{6-79}
$$

因此，我们可以将逆向扩散过程中的状态转移分布 $p_{\boldsymbol{\theta}}(\boldsymbol{x}_{t-1}\mid\boldsymbol{x}_t)$ 的均值 $\boldsymbol{\mu}_{\boldsymbol{\theta}}(\boldsymbol{x}_t,t)$ 设定为如下形式：

$$
\boldsymbol{\mu}_{\boldsymbol{\theta}}(\boldsymbol{x}_t,t) = \sqrt{\alpha_t}\boldsymbol{x}_t - \sqrt{\bar{\alpha}_{t-1}}\sqrt{1-\bar{\alpha}_t}\hat{\boldsymbol{v}}_{\boldsymbol{\theta}}(\boldsymbol{x}_t,t) \tag{6-80}
$$

式中，$\hat{\boldsymbol{v}}_{\boldsymbol{\theta}}(\boldsymbol{x}_t,t)$ 是一个 U-Net，用来预测真实速度 $\boldsymbol{v}$ 。那么，相应的优化问题可以变为如下形式：

$$
\begin{aligned}
&\arg\min_{\boldsymbol{\theta}} \mathrm{KL}\left(q(\boldsymbol{x}_{t-1}\mid\boldsymbol{x}_t,\boldsymbol{x}_0)\,\|\,p_{\boldsymbol{\theta}}(\boldsymbol{x}_{t-1}\mid\boldsymbol{x}_t)\right) \\
&= \arg\min_{\boldsymbol{\theta}} \mathrm{KL}\left(\mathcal{N}(\boldsymbol{x}_{t-1};\boldsymbol{\mu}_q,\boldsymbol{\Sigma}_q(t))\,\|\,\mathcal{N}(\boldsymbol{x}_{t-1};\boldsymbol{\mu}_{\boldsymbol{\theta}},\boldsymbol{\Sigma}_q(t))\right) \\
&= \arg\min_{\boldsymbol{\theta}} \frac{1}{2\sigma_q^2(t)}\left\|\boldsymbol{\mu}_{\boldsymbol{\theta}} - \boldsymbol{\mu}_q\right\|_2^2 \\
&= \arg\min_{\boldsymbol{\theta}} \frac{1}{2\sigma_q^2(t)}\left\|\sqrt{\alpha_t}\boldsymbol{x}_t - \sqrt{\bar{\alpha}_{t-1}}\sqrt{1-\bar{\alpha}_t}\hat{\boldsymbol{v}}_{\boldsymbol{\theta}}(\boldsymbol{x}_t,t) - \sqrt{\alpha_t}\boldsymbol{x}_t + \sqrt{\bar{\alpha}_{t-1}}\sqrt{1-\bar{\alpha}_t}\boldsymbol{v}\right\|_2^2 \\
&= \arg\min_{\boldsymbol{\theta}} \frac{1}{2\sigma_q^2(t)}\left\|\sqrt{\bar{\alpha}_{t-1}}\sqrt{1-\bar{\alpha}_t}\boldsymbol{v} - \sqrt{\bar{\alpha}_{t-1}}\sqrt{1-\bar{\alpha}_t}\hat{\boldsymbol{v}}_{\boldsymbol{\theta}}(\boldsymbol{x}_t,t)\right\|_2^2 \\
&= \arg\min_{\boldsymbol{\theta}} C_4(\sigma_q,\alpha_t)\left\|\boldsymbol{v} - \hat{\boldsymbol{v}}_{\boldsymbol{\theta}}(\boldsymbol{x}_t,t)\right\|_2^2
\end{aligned} \tag{6-81}
$$

式中，$C_4(\sigma_q,\alpha_t)$ 为常数项，其具有如下形式：

$$
C_4(\sigma_q,\alpha_t) \triangleq \frac{\bar{\alpha}_{t-1}(1-\bar{\alpha}_t)}{2\sigma_q^2(t)} \tag{6-82}
$$

那么，最终的**“速度预测”**损失函数 $L^v(\boldsymbol{\theta})$ 可被定义为如下形式：

$$
L^v(\boldsymbol{\theta}) = E_{\boldsymbol{X}_0\sim p(\boldsymbol{x}_0),\,t\sim\mathrm{DU}(2,T)}\left[E_{\boldsymbol{X}_t\sim q(\boldsymbol{x}_t\mid\boldsymbol{X}_0)}\left[C_4(\sigma_q,\alpha_t)\cdot\left\|\boldsymbol{v} - \hat{\boldsymbol{v}}_{\boldsymbol{\theta}}(\boldsymbol{X}_t,t)\right\|_2^2\right]\right] \tag{6-83}
$$

6.2.3 方差表

1. 预设的方差表

在正向扩散过程中，马尔可夫链的一个状态转移被定义为如下条件分布：

$$q(\boldsymbol{x}_t \mid \boldsymbol{x}_{t-1}) = \mathcal{N}(\boldsymbol{x}_t; \sqrt{1-\beta_t}\boldsymbol{x}_{t-1}, \beta_t \boldsymbol{I}) \tag{6-84}$$

方差表 $\{\beta_t\}_{t=1}^{T}$ 决定了每个状态转移的噪声强度。

方差表可以被预先设定，且存在线性表（Linear Schedule）、二次表（Linear Schedule）、余弦表（Cosine Schedule）等多种预设方法。原始 DDPM 的作者采用的是线性表，其使 β_t 从 $\beta_1 = 10^{-4}$ 到 $\beta_T = 0.02$ 线性增长。而 Nichol 与 Dhariwal 于 2021 年指出线性表在低分辨率下表现不佳，进而提出了余弦表，其定义如下：

$$\begin{aligned}
&\bar{\alpha}_t = \frac{f(t)}{f(0)}, f(t) = \cos\left(\frac{t/T+s}{1+s} \cdot \frac{\pi}{2}\right)^2 \\
&\beta_t = 1 - \frac{\bar{\alpha}_t}{\bar{\alpha}_{t-1}}
\end{aligned} \tag{6-85}$$

式中，s 是一个很小的值，用于防止 β_t 在 $t=0$ 附近过小。在实际操作中，我们将 β_t 限制为不超过 0.999，以防在扩散过程结束时（t 接近 T 时）出现不稳定情况。

在代码清单 6-1 中，我们基于 PyTorch 给出了几种不同预设方差表的实现代码。

代码清单 6-1 不同预设方差表的 PyTorch 代码

```python
## 余弦表
def cosine_beta_schedule(timesteps, s=0.008):
    steps = timesteps + 1
    x = torch.linspace(0, timesteps, steps)
    alphas_cumprod = torch.cos(((x / timesteps) + s) / (1 + s) * torch.pi * 0.5) ** 2
    alphas_cumprod = alphas_cumprod / alphas_cumprod[0]
    betas = 1 - (alphas_cumprod[1:] / alphas_cumprod[:-1])
    return torch.clip(betas, 0.0001, 0.9999)

## 线性表
def linear_beta_schedule(timesteps):
    beta_start = 0.0001
    beta_end = 0.02
    return torch.linspace(beta_start, beta_end, timesteps)

## 二次表
def quadratic_beta_schedule(timesteps):
    beta_start = 0.0001
    beta_end = 0.02
    return torch.linspace(beta_start**0.5, beta_end**0.5, timesteps) ** 2

## Sigmoid 表
def sigmoid_beta_schedule(timesteps):
    beta_start = 0.0001
    beta_end = 0.02
    betas = torch.linspace(-6, 6, timesteps)
```

```
27.     return torch.sigmoid(betas) * (beta_end - beta_start) + beta_start
```

2. 可学习的方差表

除了预先设定，方差表还可以通过学习获得。通过对式（6-47）进行改写，我们可以在学习 VDM 参数 $\boldsymbol{\theta}$ 的同时，学习并得到一个方差表。具体来说，我们将 $\sigma_q^2(t)$ 的表达式 $\sigma_q^2(t)=\dfrac{(1-\alpha_t)(1-\bar{\alpha}_{t-1})}{1-\bar{\alpha}_t}$ 代入式（6-47）中的 $\dfrac{1}{2\sigma_q^2(t)}\cdot\dfrac{\bar{\alpha}_{t-1}(1-\alpha_t)^2}{(1-\bar{\alpha}_t)^2}$，可得

$$
\begin{aligned}
&\frac{1}{2\sigma_q^2(t)}\cdot\frac{\bar{\alpha}_{t-1}(1-\alpha_t)^2}{(1-\bar{\alpha}_t)^2}\cdot\left\|\hat{\boldsymbol{x}}_{\boldsymbol{\theta}}(\boldsymbol{x}_t,t)-\boldsymbol{x}_0\right\|_2^2\\
&=\frac{1}{2}\cdot\frac{1-\bar{\alpha}_t}{(1-\alpha_t)(1-\bar{\alpha}_{t-1})}\cdot\frac{\bar{\alpha}_{t-1}(1-\alpha_t)^2}{(1-\bar{\alpha}_t)^2}\cdot\left\|\hat{\boldsymbol{x}}_{\boldsymbol{\theta}}(\boldsymbol{x}_t,t)-\boldsymbol{x}_0\right\|_2^2\\
&=\frac{1}{2}\cdot\frac{\bar{\alpha}_{t-1}(1-\alpha_t)}{(1-\bar{\alpha}_{t-1})(1-\bar{\alpha}_t)}\cdot\left\|\hat{\boldsymbol{x}}_{\boldsymbol{\theta}}(\boldsymbol{x}_t,t)-\boldsymbol{x}_0\right\|_2^2\\
&=\frac{1}{2}\cdot\frac{\bar{\alpha}_{t-1}-\bar{\alpha}_t}{(1-\bar{\alpha}_{t-1})(1-\bar{\alpha}_t)}\cdot\left\|\hat{\boldsymbol{x}}_{\boldsymbol{\theta}}(\boldsymbol{x}_t,t)-\boldsymbol{x}_0\right\|_2^2\\
&=\frac{1}{2}\cdot\frac{\bar{\alpha}_{t-1}-\bar{\alpha}_{t-1}\bar{\alpha}_t+\bar{\alpha}_{t-1}\bar{\alpha}_t-\bar{\alpha}_t}{(1-\bar{\alpha}_{t-1})(1-\bar{\alpha}_t)}\cdot\left\|\hat{\boldsymbol{x}}_{\boldsymbol{\theta}}(\boldsymbol{x}_t,t)-\boldsymbol{x}_0\right\|_2^2\\
&=\frac{1}{2}\cdot\frac{\bar{\alpha}_{t-1}(1-\bar{\alpha}_t)-\bar{\alpha}_t(1-\bar{\alpha}_{t-1})}{(1-\bar{\alpha}_{t-1})(1-\bar{\alpha}_t)}\cdot\left\|\hat{\boldsymbol{x}}_{\boldsymbol{\theta}}(\boldsymbol{x}_t,t)-\boldsymbol{x}_0\right\|_2^2\\
&=\frac{1}{2}\cdot\left(\frac{\bar{\alpha}_{t-1}}{1-\bar{\alpha}_{t-1}}-\frac{\bar{\alpha}_t}{1-\bar{\alpha}_t}\right)\cdot\left\|\hat{\boldsymbol{x}}_{\boldsymbol{\theta}}(\boldsymbol{x}_t,t)-\boldsymbol{x}_0\right\|_2^2\\
&=\frac{1}{2}\cdot\left(\mathrm{SNR}(t-1)-\mathrm{SNR}(t)\right)\cdot\left\|\hat{\boldsymbol{x}}_{\boldsymbol{\theta}}(\boldsymbol{x}_t,t)-\boldsymbol{x}_0\right\|_2^2
\end{aligned}
\tag{6-86}
$$

式中，$\mathrm{SNR}(t)$ 被称为 t 时刻的**信噪比**（Signal-to-Noise Ratio，SNR），且具有如下公式：

$$
\mathrm{SNR}(t)\triangleq\frac{\bar{\alpha}_t}{1-\bar{\alpha}_t}\tag{6-87}
$$

根据式（6-15），正向扩散过程中的状态转移分布 $q(\boldsymbol{x}_t\mid\boldsymbol{x}_0)$ 为 $\mathcal{N}(\boldsymbol{x}_t;\sqrt{\bar{\alpha}_t}\boldsymbol{x}_0,(1-\bar{\alpha}_t)\boldsymbol{I})$。当 $\bar{\alpha}_t$ 接近 1 时，方差 $1-\bar{\alpha}_t$ 接近 0，表示噪声强度较低，此时噪声图像 $\boldsymbol{x}_t$ 趋近 $\boldsymbol{x}_0$。而当 $\bar{\alpha}_t$ 接近 0 时，方差 $1-\bar{\alpha}_t$ 接近 1，表示噪声强度较高，此时噪声图像 $\boldsymbol{x}_t$ 趋近高斯白噪声。因此，$\mathrm{SNR}(t)$ 代表输入信号强度（$\bar{\alpha}_t$）与噪声强度（$1-\bar{\alpha}_t$）的比值。较高的信噪比表示信号较强，而较低的信噪比则表示噪声较多。由于方差参数 β_t 小于 1，并且是关于 t 时刻单调递增的（Monotonically Increasing），根据式（6-9），可以推断出 $\bar{\alpha}_t$ 是关于 t 时刻单调递减的（Monotonically Decreasing）。因此，可以进一步推断出，信噪比 $\mathrm{SNR}(t)$ 也是关于 t 时刻单调递减的。根据 $\mathrm{SNR}(t)$ 的单调性，我们可以将其建模为如下形式：

$$
\mathrm{SNR}(t)=\exp(-w_{\boldsymbol{\eta}}(t))\tag{6-88}
$$

式中，$w_{\boldsymbol{\eta}}(t)$ 是一个可学习参数为 $\boldsymbol{\eta}$ 且单调递增的神经网络。

根据以上定义，我们可以在优化 VDM 参数 $\boldsymbol{\theta}$ 的同时，一并优化 $\boldsymbol{\eta}$，即

$$\min_{\boldsymbol{\theta},\boldsymbol{\eta}} E_{X_0\sim p(x_0),\, t\sim \mathrm{DU}(2,T)}\left[E_{X_t\sim q(x_t|X_0)}\left[\frac{1}{2}\cdot\left(\mathrm{SNR}(t-1)-\mathrm{SNR}(t)\right)\cdot\left\|\hat{\boldsymbol{x}}_{\boldsymbol{\theta}}(\boldsymbol{X}_t,t)-\boldsymbol{X}_0\right\|_2^2\right]\right] \tag{6-89}$$

另外，根据式（6-87），我们可以计算$1-\bar{\alpha}_t$的取值，即

$$\begin{aligned}&\frac{\bar{\alpha}_t}{1-\bar{\alpha}_t}=\exp(-w_{\eta}(t))\\ &\Rightarrow \bar{\alpha}_t=s(-w_{\eta}(t))\\ &\Rightarrow 1-\bar{\alpha}_t=s(w_{\eta}(t))\end{aligned} \tag{6-90}$$

式中，$s(x)$为 Sigmoid 函数，其定义为

$$s(x)=\frac{\mathrm{e}^x}{\mathrm{e}^x+1} \tag{6-91}$$

$1-\bar{\alpha}_t$的值可以在计算式（6-14）与式（6-16）时用到。

6.2.4 经典模型：DDPM

去噪扩散概率模型（Denoising Diffusion Probabilistic Model，DDPM）在 DM 的发展进程中占据重要地位。该模型也属于 VDM，它采用简化版的“噪声预测”损失函数，并定义了简洁的训练与采样算法，极大增强了 VDM 的实用性。

1. 原始 DDPM

DDPM 最初由 Jonathan Ho 等人于 2020 年提出，其正向扩散过程与逆向扩散过程正如 6.2.1 节所详细阐述的那样。DDPM 采用了“噪声预测”损失函数［具体形式见式（6-58）]，但在实际应用中省略了常数项$C_2(\sigma_q,\alpha_t)$，从而得到了如下的简化版损失函数$L^{\mathrm{DDPM}}(\boldsymbol{\theta})$：

$$L^{\mathrm{DDPM}}(\boldsymbol{\theta})=E_{\boldsymbol{\varepsilon}_0\sim\mathcal{N}(\mathbf{0},\boldsymbol{I}),\, t\sim\mathrm{DU}(0,T),\, \boldsymbol{X}_0\sim p(\boldsymbol{x}_0)}\left[\left\|\boldsymbol{\varepsilon}_0-\hat{\boldsymbol{\varepsilon}}_{\boldsymbol{\theta}}(\sqrt{\bar{\alpha}_t}\boldsymbol{X}_0+\sqrt{1-\bar{\alpha}_t}\boldsymbol{\varepsilon}_0,t)\right\|_2^2\right] \tag{6-92}$$

式中，$\hat{\boldsymbol{\varepsilon}}_{\boldsymbol{\theta}}$为具有 U-Net 结构的神经网络；$\bar{\alpha}_t$为预设的参数；$\boldsymbol{\varepsilon}_0$为源噪声；$t$的取值范围放宽为$[0,T]$。

尽管扩散过程及损失函数的推导显得颇为复杂，正如 6.2.1 节与 6.2.2 节所介绍的那样。然而，DDPM 的训练算法与采样算法却展现出了惊人的简洁性，这一点在算法 6-1 与算法 6-2 中得到了清晰的体现。

在算法 6-1 中，DDPM 利用随机梯度下降法来训练噪声预测模型$\hat{\boldsymbol{\varepsilon}}_{\boldsymbol{\theta}}$。整个训练过程是一个 while 循环，在每层循环中，我们只需采样 3 个样本：真实图像$\boldsymbol{x}_0$、t时刻及源噪声$\boldsymbol{\varepsilon}_0$，即可计算损失函数的梯度信息，并据此对模型参数$\boldsymbol{\theta}$进行更新。这一过程将持续迭代，直到达成预设的收敛标准。

算法 6-1：DDPM 的训练算法

1: **while** 不收敛
2: 从训练集中随机抽取样本$\boldsymbol{x}_0$；
3: 从离散均匀分布中采样时刻$t\sim\mathrm{DU}(2,T)$；
4: 从标准高斯分布中采样源噪声$\boldsymbol{\varepsilon}_0\sim\mathcal{N}(\mathbf{0},\boldsymbol{I})$；

根据以下梯度进行梯度下降（Gradient Descent）

$$\nabla_\theta \left\| \boldsymbol{\varepsilon}_0 - \hat{\boldsymbol{\varepsilon}}_\theta(\sqrt{\bar{\alpha}_t}\boldsymbol{x}_0 + \sqrt{1-\bar{\alpha}_t}\boldsymbol{\varepsilon}_0, t) \right\|_2^2$$

end while

在算法 6-2 中，DDPM 构造了一条逆向马尔可夫链，旨在从高斯白噪声 $\boldsymbol{x}_T$ 中逐步复原出真实图像 $\boldsymbol{x}_0$，即执行**采样过程**。具体而言，从 $\boldsymbol{x}_t$ 中生成 $\boldsymbol{x}_{t-1}$ 的步骤，实质上是依据逆向扩散过程中的状态转移分布 $p_\theta(\boldsymbol{x}_{t-1} \mid \boldsymbol{x}_t) = \mathcal{N}(\boldsymbol{x}_{t-1}; \boldsymbol{\mu}_\theta(\boldsymbol{x}_t, t), \sigma_q(t)\boldsymbol{I})$ 进行采样的过程。根据式(6-55)，有

$$\boldsymbol{\mu}_\theta(\boldsymbol{x}_t, t) = \frac{1}{\sqrt{\alpha_t}}\boldsymbol{x}_t - \frac{1-\alpha_t}{\sqrt{1-\bar{\alpha}_t}\sqrt{\alpha_t}}\hat{\boldsymbol{\varepsilon}}_\theta(\boldsymbol{x}_t, t) \tag{6-93}$$

根据重参数化技巧（见 3.1.6 节），我们能够借助以下表达式有效地采样得到 $\boldsymbol{x}_{t-1}$：

$$\begin{aligned} \boldsymbol{x}_{t-1} &= \boldsymbol{\mu}_\theta(\boldsymbol{x}_t, t) + \sigma_q(t) \cdot \boldsymbol{z} \\ &= \frac{1}{\sqrt{\alpha_t}}\left(\boldsymbol{x}_t - \frac{1-\alpha_t}{\sqrt{1-\bar{\alpha}_t}}\hat{\boldsymbol{\varepsilon}}_\theta(\boldsymbol{x}_t, t)\right) + \sigma_q(t) \cdot \boldsymbol{z} \end{aligned} \tag{6-94}$$

式中，$\boldsymbol{z}$ 是一个从标准高斯分布中采样得到的白噪声。

算法 6-2：DDPM 的采样算法

采样高斯白噪声 $\boldsymbol{x}_T \sim \mathcal{N}(\boldsymbol{0}, \boldsymbol{I})$；

// 从 T 时刻出发，构建一条逆向马尔可夫链

for $t = T$ to 1 **do**

　　if $t > 1$

　　　　采样高斯白噪声 $\boldsymbol{z} \sim \mathcal{N}(\boldsymbol{0}, \boldsymbol{I})$；

　　else

　　　　$\boldsymbol{z} = \boldsymbol{0}$；

// 根据式（6-55）及重参数化技巧，从 $\boldsymbol{x}_t$ 中生成 $\boldsymbol{x}_{t-1}$

$$\boldsymbol{x}_{t-1} = \frac{1}{\sqrt{\alpha_t}}\left(\boldsymbol{x}_t - \frac{1-\alpha_t}{\sqrt{1-\bar{\alpha}_t}}\hat{\boldsymbol{\varepsilon}}_\theta(\boldsymbol{x}_t, t)\right) + \sigma_q(t) \cdot \boldsymbol{z} \tag{6-95}$$

end for

return $\boldsymbol{x}_0$

2．改进模型

Nichol 与 Dhariwal 提出了**改进的 DDPM**（Improved DDPM），对原始 DDPM 在可学习方差、余弦方差表及降低梯度噪声等方面进行了优化。

（1）可学习方差。

DDPM 将逆向扩散过程中的状态转移分布的协方差矩阵设置为如下形式：

$$\boldsymbol{\Sigma}_\theta(\boldsymbol{x}_t, t) = \sigma_q^2(t)\boldsymbol{I} = \frac{(1-\alpha_t)(1-\bar{\alpha}_{t-1})}{1-\bar{\alpha}_t}\boldsymbol{I} \tag{6-96}$$

式中，$\sigma_q^2(t)$ 是预先设定的，而不是可学习的。Nichol 与 Dhariwal 指出，形如式（6-96）的对角化的协方差矩阵可能会引发训练过程中的不稳定性，并且产生质量较低的生成样本。

针对以上问题，Nichol 与 Dhariwal 提出将 $\boldsymbol{\Sigma}_\theta(\boldsymbol{x}_t,t)$ 定义为与噪声预测模型 $\hat{\boldsymbol{\varepsilon}}_\theta$ 相关的形式。具体来说，Nichol 与 Dhariwal 让 U-Net $\hat{\boldsymbol{\varepsilon}}_\theta$ 不仅输出预测的噪声，还输出一个维度与 $\boldsymbol{\Sigma}_\theta(\boldsymbol{x}_t,t)$ 一致的数组 $\boldsymbol{v}$。那么，协方差矩阵 $\boldsymbol{\Sigma}_\theta(\boldsymbol{x}_t,t)$ 的定义如下：

$$\boldsymbol{\Sigma}_\theta(\boldsymbol{x}_t,t)=\exp\left(\boldsymbol{v}\ln\beta_t+(1-\boldsymbol{v})\ln\tilde{\beta}_t\right) \tag{6-97}$$

$\tilde{\beta}_t$ 的定义为

$$\tilde{\beta}_t=\frac{1-\bar{\alpha}_{t-1}}{1-\bar{\alpha}_t}\beta_t \tag{6-98}$$

尽管协方差矩阵 $\boldsymbol{\Sigma}_\theta(\boldsymbol{x}_t,t)$ 由 $\hat{\boldsymbol{\varepsilon}}_\theta$ 的输出 $\boldsymbol{v}$ 构成，但值得注意的是，DDPM 的损失函数 L^{DDPM}［见式（6-92）］实际上与 $\hat{\boldsymbol{\varepsilon}}_\theta$ 并无直接联系。因此，单纯通过最小化损失函数 L^{DDPM} 并不能实现对协方差矩阵 $\boldsymbol{\Sigma}_\theta(\boldsymbol{x}_t,t)$ 的优化。基于以上考虑，Nichol 与 Dhariwal 在 L^{DDPM} 的基础上加入了一个惩罚项，即

$$L^{\text{hybrid}}=L^{\text{DDPM}}+\lambda\cdot L^{\text{VLD}} \tag{6-99}$$

式中，$\lambda=0.001$；L^{VLD} 是式（6-28）中的重构项、先验匹配项及去噪匹配项之和的负数。在该设置下，协方差矩阵 $\boldsymbol{\Sigma}_\theta(\boldsymbol{x}_t,t)$ 和均值向量 $\boldsymbol{\mu}_\theta(\boldsymbol{x}_t,t)$ 可以被一起优化。

（2）余弦方差表。

Nichol 与 Dhariwal 指出原始 DDPM 采用的线性方差表在低分辨率下表现不佳，进而提出了余弦方差表。有关此内容的详细讨论，请参阅 6.2.3 节。

（3）降低梯度噪声。

Nichol 与 Dhariwal 指出，以 L^{VLD} 为损失函数虽然能够提升对数似然，但会导致梯度噪声增大，从而影响训练稳定性。

针对该问题，Nichol 与 Dhariwal 提出，可以通过引入**重要性采样**（Importance Sampling）来降低梯度噪声。具体来说，模型根据每个时刻损失的平方的期望来动态调整时刻的采样概率，使损失较大的时刻被采样的频率降低。这种方法有效地稳定了训练过程，同时保持了训练损失的稳定下降。

6.2.5 跨步采样：DDIM

VDM 表面上显得相当完美，然而，它存在一个根本性的缺陷——推理速度缓慢，这主要归因于其过长的迭代流程。迭代之所以成为必然，是因为 VDM 本质上遵循马尔可夫链机制，这意味着数据在时间序列上前后紧密相连，无法实现如从 $\boldsymbol{x}_t$ 直接跳跃预测 $\boldsymbol{x}_{t-2}$ 这样的操作。

追求高质量图像生成往往需要设定一个较大的 T 值，但在实践中，使用如英伟达 RTX 4090 这样的高端显卡，在 $T=1000$ 的条件下，生成 64 张 32 像素×32 像素的图像需要耗时 20 秒，这样的时间成本显然难以接受。

为了加速这一推理过程，Song 等人于 2021 年提出了 DDIM（Denoising Diffusion Implicit Models）。DDIM 通过严谨的数学推导，成功打破了马尔可夫链的束缚。其精妙之处在于，无须对原有的 VDM 进行重新训练（保持前向加噪过程不变），仅通过调整采样器，便能用更少

的时间步长去采样一个预训练的 VDM，从而显著提升采样速度。

下面我们分析 DDIM 的原理。在 6.2.1 节中，VDM 的推导路线可以简单归纳如下：

$$q(\boldsymbol{x}_t \mid \boldsymbol{x}_{t-1}) \xrightarrow{\text{推导}} q(\boldsymbol{x}_t \mid \boldsymbol{x}_0) \xrightarrow{\text{推导}} q(\boldsymbol{x}_{t-1} \mid \boldsymbol{x}_t, \boldsymbol{x}_0) \xleftarrow{\text{近似}} p_{\boldsymbol{\theta}}(\boldsymbol{x}_{t-1} \mid \boldsymbol{x}_t) \\ \text{替代}\searrow \\ q(\boldsymbol{x}_{t-1} \mid \boldsymbol{x}_t) \tag{6-100}$$

尽管整个推导过程是以正向扩散过程的状态转移分布 $q(\boldsymbol{x}_t \mid \boldsymbol{x}_{t-1})$ 为起始点，并逐步展开得出的。但是，我们可以发现最终的结果具有两个特点。

（1）训练损失 $L^{\boldsymbol{x}_0}(\boldsymbol{\theta})$ ［见式（6-48）］只依赖 $q(\boldsymbol{x}_t \mid \boldsymbol{x}_0)$。

（2）采样过程（逆向扩散过程）只依赖 $p_{\boldsymbol{\theta}}(\boldsymbol{x}_{t-1} \mid \boldsymbol{x}_t)$。

这也意味着，VDM 的最终结果，无论是训练过程还是采样过程，实质上都与 $q(\boldsymbol{x}_t \mid \boldsymbol{x}_{t-1})$ 没有直接的联系。因此，一个顺理成章的思考方向便是探索是否能在推导流程中摒弃 $q(\boldsymbol{x}_t \mid \boldsymbol{x}_{t-1})$ 的依赖。

在式（6-35）中，我们根据贝叶斯法则

$$q(\boldsymbol{x}_{t-1} \mid \boldsymbol{x}_t, \boldsymbol{x}_0) = \frac{q(\boldsymbol{x}_t \mid \boldsymbol{x}_{t-1}, \boldsymbol{x}_0) q(\boldsymbol{x}_{t-1} \mid \boldsymbol{x}_0)}{q(\boldsymbol{x}_t \mid \boldsymbol{x}_0)} = \frac{q(\boldsymbol{x}_t \mid \boldsymbol{x}_{t-1}) q(\boldsymbol{x}_{t-1} \mid \boldsymbol{x}_0)}{q(\boldsymbol{x}_t \mid \boldsymbol{x}_0)} \tag{6-101}$$

推导出真实去噪转移分布 $q(\boldsymbol{x}_{t-1} \mid \boldsymbol{x}_t, \boldsymbol{x}_0)$ 是高斯分布，且该推导需要基于正向扩散过程的马尔可夫性质并依赖 $q(\boldsymbol{x}_t \mid \boldsymbol{x}_{t-1})$ 的具体形式。Song 等人于 2021 年提出抛弃式（6-101）中的推导，**直接假设真实去噪转移分布是具有以下形式的高斯分布：**

$$q_\sigma(\boldsymbol{x}_{t-1} \mid \boldsymbol{x}_t, \boldsymbol{x}_0) = \mathcal{N}(\boldsymbol{x}_{t-1}; k_t \boldsymbol{x}_0 + m_t \boldsymbol{x}_t, \sigma_t^2 \boldsymbol{I}) \tag{6-102}$$

式中，k_t、m_t 及 σ_t^2 都是待定系数。根据重参数化技巧，我们可得

$$\boldsymbol{x}_{t-1} = k_t \boldsymbol{x}_0 + m_t \boldsymbol{x}_t + \sigma_t \boldsymbol{\varepsilon}, \quad \boldsymbol{\varepsilon} \sim \mathcal{N}(\boldsymbol{0}, \boldsymbol{I}) \tag{6-103}$$

同时，我们已知加噪过程满足

$$\boldsymbol{x}_t = \sqrt{\bar{\alpha}_t} \boldsymbol{x}_0 + \sqrt{1-\bar{\alpha}_t} \boldsymbol{\varepsilon}_0, \quad \boldsymbol{\varepsilon}_0 \sim \mathcal{N}(\boldsymbol{0}, \boldsymbol{I}) \tag{6-104}$$

将式（6-104）代入式（6-103）可得

$$\begin{aligned} \boldsymbol{x}_{t-1} &= k_t \boldsymbol{x}_0 + m_t \boldsymbol{x}_t + \sigma_t \boldsymbol{\varepsilon}_0 \\ &= k_t \boldsymbol{x}_0 + m_t \left(\sqrt{\bar{\alpha}_t} \boldsymbol{x}_0 + \sqrt{1-\bar{\alpha}_t} \boldsymbol{\varepsilon}_0 \right) + \sigma_t \boldsymbol{\varepsilon} \\ &= \left(k_t + m_t \sqrt{\bar{\alpha}_t} \right) \boldsymbol{x}_0 + m_t \sqrt{1-\bar{\alpha}_t} \boldsymbol{\varepsilon}_0 + \sigma_t \boldsymbol{\varepsilon} \\ &= \left(k_t + m_t \sqrt{\bar{\alpha}_t} \right) \boldsymbol{x}_0 + \tilde{\boldsymbol{\varepsilon}}, \quad \tilde{\boldsymbol{\varepsilon}} \sim \mathcal{N}\left(\boldsymbol{0}, \left(m_t^2 (1-\bar{\alpha}_t) + \sigma_t^2 \right) \boldsymbol{I} \right) \end{aligned} \tag{6-105}$$

式中，$\tilde{\boldsymbol{\varepsilon}} \triangleq m_t \sqrt{1-\bar{\alpha}_t} \boldsymbol{\varepsilon}_0 + \sigma_t \boldsymbol{\varepsilon}$。另外，我们已知加噪过程也满足

$$\boldsymbol{x}_{t-1} = \sqrt{\bar{\alpha}_{t-1}} \boldsymbol{x}_0 + \sqrt{1-\bar{\alpha}_{t-1}} \boldsymbol{\varepsilon}_0, \quad \boldsymbol{\varepsilon}_0 \sim \mathcal{N}(\boldsymbol{0}, \boldsymbol{I}) \tag{6-106}$$

因此，可得

$$\begin{gathered} k_t + m_t \sqrt{\bar{\alpha}_t} = \sqrt{\bar{\alpha}_{t-1}} \\ m_t^2 (1-\bar{\alpha}_t) + \sigma_t^2 = 1 - \bar{\alpha}_{t-1} \end{gathered} \tag{6-107}$$

经过整理，m_t 和 k_t 具有如下形式：

$$m_t = \frac{\sqrt{1-\bar{\alpha}_{t-1}-\sigma_t^2}}{\sqrt{1-\bar{\alpha}_t}}$$

$$k_t = \sqrt{\bar{\alpha}_{t-1}} - \frac{\sqrt{1-\bar{\alpha}_{t-1}-\sigma_t^2}}{\sqrt{1-\bar{\alpha}_t}}\sqrt{\bar{\alpha}_t} \tag{6-108}$$

所以，$q_\sigma(\boldsymbol{x}_{t-1} \mid \boldsymbol{x}_t, \boldsymbol{x}_0)$ 具有如下形式：

$$\begin{aligned}
& q_\sigma(\boldsymbol{x}_{t-1} \mid \boldsymbol{x}_t, \boldsymbol{x}_0) \\
&= \mathcal{N}\left(\boldsymbol{x}_{t-1}; \left(\sqrt{\bar{\alpha}_{t-1}} - \frac{\sqrt{1-\bar{\alpha}_{t-1}-\sigma_t^2}}{\sqrt{1-\bar{\alpha}_t}}\sqrt{\bar{\alpha}_t}\right)\boldsymbol{x}_0 + \left(\frac{\sqrt{1-\bar{\alpha}_{t-1}-\sigma_t^2}}{\sqrt{1-\bar{\alpha}_t}}\right)\boldsymbol{x}_t, \sigma_t^2 \boldsymbol{I}\right) \\
&= \mathcal{N}\left(\boldsymbol{x}_{t-1}; \sqrt{\bar{\alpha}_{t-1}}\boldsymbol{x}_0 + \sqrt{1-\bar{\alpha}_{t-1}-\sigma_t^2}\,\frac{\boldsymbol{x}_t - \sqrt{\bar{\alpha}_t}\boldsymbol{x}_0}{\sqrt{1-\bar{\alpha}_t}}, \sigma_t^2 \boldsymbol{I}\right)
\end{aligned} \tag{6-109}$$

在采样过程中，与 VDM 类似，DDIM 使用预训练的 U-Net $\hat{\boldsymbol{x}}_\theta(\boldsymbol{x}_t, t)$ 来根据 $\boldsymbol{x}_t$ 预测 $\boldsymbol{x}_0$。根据 $q_\sigma(\boldsymbol{x}_{t-1} \mid \boldsymbol{x}_t, \boldsymbol{x}_0)$ 的形式，我们可以用如下公式来从 $\boldsymbol{x}_t$ 中生成 $\boldsymbol{x}_{t-1}$：

$$\boldsymbol{x}_{t-1} = \sqrt{\bar{\alpha}_{t-1}}\hat{\boldsymbol{x}}_\theta(\boldsymbol{x}_t, t) + \sqrt{1-\bar{\alpha}_{t-1}-\sigma_t^2}\,\frac{\boldsymbol{x}_t - \sqrt{\bar{\alpha}_t}\hat{\boldsymbol{x}}_\theta(\boldsymbol{x}_t, t)}{\sqrt{1-\bar{\alpha}_t}} + \sigma_t \cdot \boldsymbol{\varepsilon}_0 \tag{6-110}$$

式中，$\boldsymbol{\varepsilon}_0 \sim \mathcal{N}(\boldsymbol{0}, \boldsymbol{I})$。

需要注意的是，Song 等人将 σ_t^2 定义为

$$\sigma_t^2 = \eta \cdot \tilde{\beta}_t \tag{6-111}$$

式中，η 是一个非负的超参数，用于控制采样的随机性；$\tilde{\beta}_t$ 的定义为

$$\tilde{\beta}_t = \frac{(1-\alpha_t)(1-\bar{\alpha}_{t-1})}{1-\bar{\alpha}_t} \tag{6-112}$$

若 $\eta = 1$，$\sigma_t^2 = \tilde{\beta}_t$，则此时的采样过程就等同于 VDM 的数据生成过程（见 6.2.1.3 节）。若 $\eta = 0$，则式（6-110）变为

$$\boldsymbol{x}_{t-1} = \sqrt{\bar{\alpha}_{t-1}}\hat{\boldsymbol{x}}_\theta(\boldsymbol{x}_t, t) + \sqrt{1-\bar{\alpha}_{t-1}}\,\frac{\boldsymbol{x}_t - \sqrt{\bar{\alpha}_t}\hat{\boldsymbol{x}}_\theta(\boldsymbol{x}_t, t)}{\sqrt{1-\bar{\alpha}_t}} \tag{6-113}$$

从上式可以看出，若 $\eta = 0$，则数据的生成过程不再含有随机性。Song 等人将这种情况下的模型命名为 DDIM。一旦最初的高斯噪声 $\boldsymbol{x}_T$ 被确定下来，DDIM 的样本生成过程便转变为一个确定性的过程（Deterministic Process）。

正如上文所述，DDIM 不再基于正向扩散过程的马尔可夫性质及 $q(\boldsymbol{x}_t \mid \boldsymbol{x}_{t-1})$ 的具体形式来推导 $q(\boldsymbol{x}_{t-1} \mid \boldsymbol{x}_t, \boldsymbol{x}_0)$，而是直接假设 $q(\boldsymbol{x}_{t-1} \mid \boldsymbol{x}_t, \boldsymbol{x}_0)$ 具有某种形式［见式（6-102）］。这样的设置使 DDIM 并没有明确的正向扩散过程，但也意味着**我们可以定义一个具有更短步数的正向扩散过程**。具体来说，我们可以从长度为 T 的原始序列 $\Upsilon = \{1, 2, \cdots, T\}$ 中采样一个长度为 S 的子序列，即

$$\Upsilon_\tau = \{\tau_1, \tau_2, \cdots, \tau_S\},\quad \tau_i \in \Upsilon,\quad i = 1, 2, \cdots, S \tag{6-114}$$

并使 $\boldsymbol{x}_{\tau_1}, \boldsymbol{x}_{\tau_2}, \cdots, \boldsymbol{x}_{\tau_S}$ 的正向扩散过程满足

$$q(\boldsymbol{x}_{\tau_i} \mid \boldsymbol{x}_0) = N(x_t; \sqrt{\bar{\alpha}_{\tau_i}} \boldsymbol{x}_0, (1-\bar{\alpha}_{\tau_i})\boldsymbol{I}) \tag{6-115}$$

那么，采样过程也可以用这个子序列的逆向过程来替代，即

$$\boldsymbol{x}_{\tau_i-1} = \sqrt{\bar{\alpha}_{\tau_i-1}} \hat{\boldsymbol{x}}_\theta(\boldsymbol{x}_{\tau_i}, \tau_i) + \sqrt{1-\bar{\alpha}_{\tau_i-1} - \sigma_{\tau_i}^2} \frac{\boldsymbol{x}_t - \sqrt{\bar{\alpha}_{\tau_i}} \hat{\boldsymbol{x}}_\theta(\boldsymbol{x}_{\tau_i}, \tau_i)}{\sqrt{1-\bar{\alpha}_{\tau_i}}} + \sigma_{\tau_i} \cdot \boldsymbol{\varepsilon}_0 \tag{6-116}$$

由于 S 的值可以被设定得远小于原来的采样步长 T，因此能够加快整个生成过程。

Song 等人提出了如下两种子序列的构建方法。

- **线性序列**（Linear）：$\tau_i = \lfloor ci \rfloor$。
- **二次序列**（Quadratic）：$\tau_i = \lfloor ci^2 \rfloor$。

其中，c 是一个定值，它的设定使 τ_{-1} 接近 T。Song 等人在实验时只在 CIFAR-10 数据集上使用二次序列，而在其他数据集上使用线性序列。图 6-5 展示了 DDIM 采样示意图，其中子序列 $\Upsilon_\tau = \{1,3\}$，因此我们可以直接从 $\boldsymbol{x}_3$ 中生成 $\boldsymbol{x}_1$，进而生成 $\boldsymbol{x}_0$。

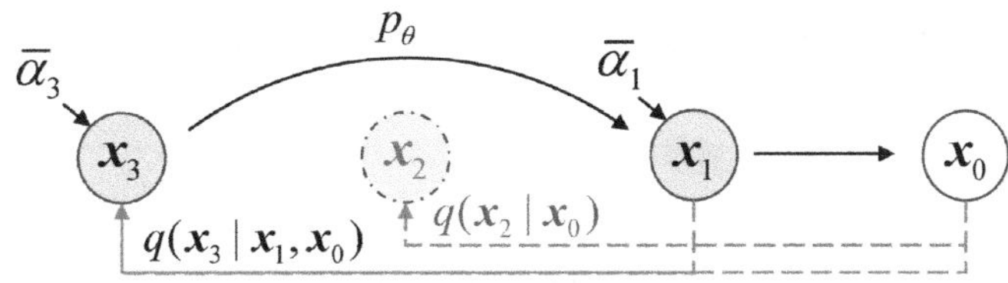

图 6-5　DDIM 采样示意图

6.2.6　隐扩散模型：LDM

VDM 利用马尔可夫链来构建其正向扩散过程与逆向扩散过程，这一构建过程严格依赖输入数据、输出数据及所有隐状态保持维度上的一致性。该方法在处理低维数据时展现出良好的适用性；然而，当面对高分辨率图像这类高维数据时，该方法将产生巨大的计算开销与内存占用，从而使其在实际应用中的可行性大打折扣。

为了有效降低 DM 的计算成本，并提升其在处理高分辨率图像及执行可控生成任务时的实用性，Rombach 等人提出了隐扩散模型（Latent Diffusion Model，LDM）。如图 6-6 所示，LDM 通过编码器 $\mathcal{E}$ 和解码器 $\mathcal{D}$ 将扩散过程转移到低维的隐空间（Latent Space）中进行，从而在高维场景中显著降低了训练和推理的复杂度。此外，LDM 还利用了领域专用编码器 τ_θ 及交叉注意力（Cross-Attention）机制，使其能够接纳多种条件作为输入，这些条件包括类别标签、文本描述、图像和布局等。这些条件的引入，以及**无分类器指导**（Classifier-Free Guidance，CFG）方法的应用（将在 6.4.2 节中介绍），使 LDM 能够在生成过程中有效控制图像的某些属性，从而增强其在可控生成任务中的实用性。

基于上述改进，相较于传统的 VDM，LDM 展现出了生成更为细腻、更高分辨率图像的能力。此外，LDM 的功能范畴也更为广泛，它不仅能够胜任无条件图像生成的任务，还能够实现文本到图像的合成（文生图）、图像修复及图像超分辨率处理等多种任务，体现了强大的生成能力。需要注意的是，目前流行的文生图大模型 Stable Diffusion 正是以 LDM 为基础而构建的（见 7.5 节）。

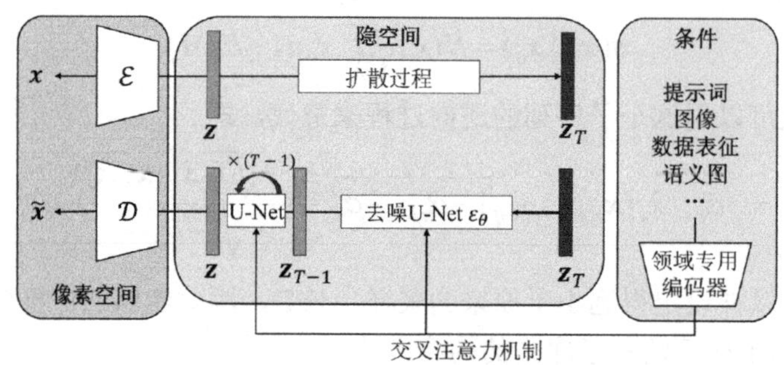

图 6-6 隐扩散模型的结构示意图

6.3 SGM

在 6.2 节中，我们探讨了如何从 VAE 的角度来理解 DM。在本节中，我们将从一个新的角度来解释 DM，即**基于分数的生成模型**（Score-Based Generative Model，SGM）。

6.3.1 SGLD

郎之万动力学（Langevin Dynamics）是一个源自物理学的概念，旨在对分子系统进行统计建模。当它与**随机梯度下降法**相结合时，便形成了**随机梯度郎之万动力学**（Stochastic Gradient Langevin Dynamics，SGLD）。SGLD 使我们能够在马尔可夫链（见 3.1.5 节）的更新过程中，仅凭对数似然的梯度（Stein's 分数函数，见 6.1.1 节）$\nabla_{\boldsymbol{x}} \ln p(\boldsymbol{x})$ 就能从概率密度 $p(\boldsymbol{x})$ 中生成样本，即

$$\boldsymbol{x}_t = \boldsymbol{x}_{t-1} + \delta \nabla_{\boldsymbol{x}} \ln p(\boldsymbol{x}_{t-1}) + \sqrt{2\delta}\boldsymbol{\varepsilon}_t \tag{6-117}$$

式中，$\boldsymbol{\varepsilon}_t \sim \mathcal{N}(\boldsymbol{0}, \boldsymbol{I})$；$\delta$ 为步长；$t = 1,2,\cdots,T$。在满足一些正则化条件的前提下，当 $T \to \infty$，$\delta \to 0$ 时，$\boldsymbol{x}_T$ 近似服从真实的概率密度 $p(\boldsymbol{x})$。与标准的随机梯度下降法相比，SGLD 在更新过程中注入了高斯噪声（$\sqrt{2\delta}\boldsymbol{\varepsilon}_t$），从而可以避免陷入局部最小。

6.3.2 SBM 与分数匹配

根据 SGLD，只要能够对 $p(\boldsymbol{x})$ 的分数函数 $\nabla_{\boldsymbol{x}} \ln p(\boldsymbol{x})$ 进行有效建模，我们便可以通过式（6-117）获得服从分布 $p(\boldsymbol{x})$ 的样本。对 $\nabla_{\boldsymbol{x}} \ln p(\boldsymbol{x})$ 进行建模的模型被称为**基于分数的模型**（Score-Based Model，SBM），并被记为 $\boldsymbol{s}_\theta(\boldsymbol{x})$。该模型的训练目的是使 $\boldsymbol{s}_\theta(\boldsymbol{x})$ 尽可能地逼近分数函数 $\nabla_{\boldsymbol{x}} \ln p(\boldsymbol{x})$，即

$$\boldsymbol{s}_\theta(\boldsymbol{x}) \approx \nabla_{\boldsymbol{x}} \ln p(\boldsymbol{x}) \tag{6-118}$$

在完成 $\boldsymbol{s}_\theta(\boldsymbol{x})$ 的训练后，我们便可以采用 SGLD 进行样本采样，即

$$\boldsymbol{x}_t = \boldsymbol{x}_{t-1} + \delta \boldsymbol{s}_\theta(\boldsymbol{x}_{t-1}) + \sqrt{2\delta}\boldsymbol{\varepsilon}_t \tag{6-119}$$

此处，我们用 $\boldsymbol{s}_\theta(\boldsymbol{x}_{t-1})$ 来近似 $\nabla_{\boldsymbol{x}} \ln p(\boldsymbol{x}_{t-1})$。

为了学习一个最优的 $s_\theta(x)$，一个直观的训练策略是最小化 $\nabla_x \ln p(x)$ 和 $s_\theta(x)$ 之间的**费舍尔散度**（Fisher Divergence），即

$$\mathcal{L}(\theta) = E_{X\sim p(x)}\left[\left\|\nabla_x \ln p(X) - s_\theta(X)\right\|_2^2\right] \tag{6-120}$$

式中，$\|\cdot\|_2^2$ 表示 L2 范数的平方。但是，直接计算这个散度仍然是困难的，因为我们并不知道真实的分数函数 $\nabla_x \ln p(x)$。值得庆幸的是，存在一类被称为**分数匹配**（Score Matching，SM）的方法，这类方法能够在不知道 $\nabla_x \ln p(x)$ 的情况下，最小化费舍尔散度。具体来说，Hyvärinen 提出了一种技巧，通过积分变换，可以将上述损失函数 $\mathcal{L}(\theta)$ 转换为一个不包含 $\nabla_x \ln p(x)$ 的表达式 $\mathcal{J}(\theta)$，即

$$\mathcal{J}(\theta) = E_{X\sim p(x)}\left[\frac{1}{2}\left\|s_\theta(X)\right\|_2^2 + \mathrm{tr}\left(\nabla_x s_\theta(X)\right)\right] \tag{6-121}$$

分数匹配的目标函数可以直接在数据集上进行估计，并通过随机梯度下降法进行优化，这与基于似然的模型训练时使用的对数似然目标类似。我们可以通过最小化分数匹配目标来训练 SBN，而无须进行对抗性优化。

此外，采用分数匹配目标极大地增强了我们的建模灵活性。费舍尔散度的特性在于，它并不苛求 $s_\theta(x)$ 必须是某一标准化分布的精确分数函数；相反，它仅仅计算 $\nabla_x \ln p(x)$ 与 $s_\theta(x)$ 之差的 L2 范数，而不对 $s_\theta(x)$ 的具体形式做任何额外假设。事实上，我们仅仅要求 $s_\theta(x)$ 的输入维度和输出维度保持一致，而这一条件在实际操作中往往易于达成。

在完成 $s_\theta(x)$ 的训练后，我们可以运用 SGLD，从所估计的分布中有效地进行采样。

6.3.3 朴素 SGM 及其问题

在 6.3.1 节与 6.3.2 节中，我们阐述了如何运用分数匹配来训练一个 SBM，随后采用 SGLD 进行样本的生成。我们将这一系列建模流程统称**基于分数的朴素生成模型**（Naïve Score-based Generative Model，Naïve SGM）或**朴素 SGM**。

然而，朴素 SGM 在实际中的表现并不尽如人意，甚至无法在 MNIST 这样的简单数据集上取得较好的生成效果。这一不尽如人意的表现，根本缘由是**朴素 SGM 在低密度区域所估计的分数往往缺乏准确性**。我们可以通过分析分数匹配的目标函数来一窥该问题的缘由。在上文中，我们介绍了分数匹配通过最小化费舍尔散度来优化分数函数，即

$$\min_\theta E_{X\sim p(x)}\left[\left\|\nabla_x \ln p(X) - s_\theta(X)\right\|_2^2\right] \tag{6-122}$$

如果我们将目标函数写成积分形式，则可得

$$\begin{aligned} &E_{X\sim p(x)}\left[\left\|\nabla_x \ln p(X) - s_\theta(X)\right\|_2^2\right] \\ &= \int p(x)\left\|\nabla_x \ln p(x) - s_\theta(x)\right\|_2^2 \mathrm{d}x \end{aligned} \tag{6-123}$$

从上式中可以看出，$\left\|\nabla_x \ln p(x) - s_\theta(x)\right\|_2^2$ 被密度函数 $p(x)$ 加权。换言之，如果密度函数 $p(x)$ 在某点 x（低密度区域）的取值非常小，那么即使 $\nabla_x \ln p(x)$ 与 $s_\theta(x)$ 在该点的 L2 距离很大，这种较大的估计误差在优化过程中也会被忽略。因此，在高密度区域（High Density Region，即 $p(x)$ 较大），$s_\theta(x)$ 对 $\nabla_x \ln p(x)$ 的近似效果较好；而在低密度区域（Low Density

Region，即 $p(\boldsymbol{x})$ 较小），$\boldsymbol{s}_{\boldsymbol{\theta}}(\boldsymbol{x})$ 无法准确估计 $\nabla_{\boldsymbol{x}} \ln p(\boldsymbol{x})$。

当使用朗之万动力学进行采样时，如果数据位于高维空间，那么我们的初始样本点很可能位于低密度区域。因此，如果分数估计不准确，从一开始就会破坏朗之万动力学的进程，从而无法生成高质量、能代表数据的样本。

6.3.4 带有多尺度噪声扰动的 SGM

那么，我们该如何提升在低密度区域上分数估计的准确性呢？一种简单的解决方案是对数据点添加**噪声扰动**（Noise Perturbations），并在这些带噪声的数据点上训练 SBM。当噪声尺度合适时，它可以填充数据分布的低密度区域，从而提高分数估计的准确性。

但是，我们该如何为扰动过程选择一个合适的噪声尺度呢？一方面，更大的噪声能够覆盖更多的低密度区域，从而得到更好的分数估计，但它会过度破坏数据，使加噪数据与原始数据分布产生显著偏差。另一方面，较小的噪声对原始数据分布的破坏较小，但它无法像我们希望的那样充分覆盖低密度区域。

相较于仅施加单一尺度的噪声扰动，Song 与 Ermon 提出了对数据点添加**多尺度的噪声扰动**（Multiple Scales of Noise Perturbations）。具体来说，Song 与 Ermon 首先定义了一个标准差序列 $\sigma_1 < \sigma_2 < \cdots < \sigma_L$，表示 L 个从小到大的噪声尺度。然后，我们可以定义经过噪声扰动之后的数据样本，其服从一个经过噪声扰动之后的分布（Noise-Perturbed Distribution）$p_{\sigma_i}(\boldsymbol{x})$，即

$$\boldsymbol{X} + \sigma_i \boldsymbol{\varepsilon} \sim p_{\sigma_i}(\boldsymbol{x}) \triangleq \int p(\boldsymbol{u}) \mathcal{N}(\boldsymbol{x}; \boldsymbol{u}, \sigma_i^2 \boldsymbol{I}) \mathrm{d}\boldsymbol{u} \tag{6-124}$$

式中，$\boldsymbol{X} \sim p(\boldsymbol{x})$；$\boldsymbol{\varepsilon} \sim \mathcal{N}(\boldsymbol{0}, \boldsymbol{I})$；$i = 1, 2, \cdots, L$。

接着，Song 与 Ermon 通过训练一个以**噪声为条件的分数网络**（Noise Conditional Score Network，NCSN）$\boldsymbol{s}_{\boldsymbol{\theta}}(\boldsymbol{x}, \sigma_i)$ 来对噪声扰动分布 $p_{\sigma_i}(\boldsymbol{x})$ 的分数函数 $\nabla_{\boldsymbol{x}} \ln p_{\sigma_i}(\boldsymbol{x})$ 进行估计，即

$$\boldsymbol{s}_{\boldsymbol{\theta}}(\boldsymbol{x}, \sigma_i) \approx \nabla_{\boldsymbol{x}} \ln p_{\sigma_i}(\boldsymbol{x}), \quad \forall i = 1, 2, \cdots, L \tag{6-125}$$

训练 $\boldsymbol{s}_{\boldsymbol{\theta}}(\boldsymbol{x}, \sigma_i)$ 的损失函数被定义为在所有噪声尺度下费舍尔散度的加权和，即

$$\sum_{i=1}^{L} \lambda(i) E_{\boldsymbol{X} \sim p_{\sigma_i}(\boldsymbol{x})} \left[\left\| \nabla_{\boldsymbol{x}} \ln p_{\sigma_i}(\boldsymbol{X}) - \boldsymbol{s}_{\boldsymbol{\theta}}(\boldsymbol{X}, \sigma_i) \right\|_2^2 \right] \tag{6-126}$$

式中，$\lambda(i)$ 是一个大于零的权重函数，常被设定为 $\lambda(i) = \sigma_i^2$。类似朴素 SGM，我们也可以利用分数匹配来优化式（6-126）所代表的目标函数。

完成 $\boldsymbol{s}_{\boldsymbol{\theta}}(\boldsymbol{x}, \sigma_i)$ 的训练后，我们可以通过依次对 $i = L, L-1, \cdots, 1$ 运行朗之万动力学来生成样本。这种采样方法被称为**退火朗之万动力学**（Annealed Langevin Dynamics），因为噪声尺度 σ_i 会随时间 i 逐渐减小（退火）。具体采样算法参见算法 6-3。

算法 6-3：退火郎之万动力学的训练算法

输入：噪声标准差 $\{\sigma_i\}_{i=1}^{L}$、参数 δ、参数 T、预训练的 $\boldsymbol{s}_{\boldsymbol{\theta}}(\boldsymbol{x}, \sigma_i)$；

输出：输出 $\tilde{\boldsymbol{x}}_T$；

1: 初始化 $\tilde{\boldsymbol{x}}_0$；

2:     **for** $i = L$ to 1 **do**

$\alpha_i \leftarrow \delta \cdot \sigma_i^2 / \sigma_1^2$;　　　　//$\alpha_i$是更新步长
　　for $t=1$ **to** T **do**
　　　　采样高斯噪声 $\boldsymbol{\varepsilon}_t \sim \mathcal{N}(\mathbf{0},\boldsymbol{I})$；
　　　　$\tilde{\boldsymbol{x}}_t \leftarrow \tilde{\boldsymbol{x}}_{t-1} + \alpha_i \cdot \boldsymbol{s}_{\boldsymbol{\theta}}(\boldsymbol{x},\sigma_i) + \sqrt{2\alpha_i}\boldsymbol{\varepsilon}_t$；
　　end for
　　$\tilde{\boldsymbol{x}}_0 \leftarrow \tilde{\boldsymbol{x}}_T$；
end for

对于训练带有多尺度噪声扰动的 SGM，Song 给出了以下三条建议。

（1）令标准差序列$\sigma_1 < \sigma_2 < \cdots < \sigma_L$为等比序列，其中$\sigma_1$需要足够小，而$\sigma_L$一般被设置为与所有训练数据点两两之间的最大欧式距离相当的值。另外，L表示噪声尺度的数量，通常被设置为几百或上千。

（2）使用带有 U-Net 跳跃连接的参数化模型对$\boldsymbol{s}_{\boldsymbol{\theta}}(\boldsymbol{x},\sigma_i)$进行建模。

（3）在推理阶段，对 SGM $\boldsymbol{s}_{\boldsymbol{\theta}}(\boldsymbol{x},\sigma_i)$的权重应用**指数移动平均**（Exponential Moving Average，EMA）。

另外，以上建模过程在一些文献中又被称为**分数匹配郎之万动力学**（Score Matching Langevin Dynamics，SMLD），因为它同时采用了分数匹配和郎之万动力学这两种方法。

6.3.5 基于随机微分方程的 SGM

随机微分方程是描述随机过程的数学工具，它能够模拟和分析随机变量随时间变化的规律。在 DM 中，我们可以将扩散过程连续化，并用正向随机微分方程来描述数据从原始数据分布逐渐扩散到噪声分布的过程，以及用逆向随机微分方程来描述从噪声分布反向扩散回原始数据分布的过程。

1．正向随机微分方程：加噪过程

在 VDM 中（见 6.2.1 节），正向扩散过程和逆向扩散过程的定义均是基于离散时间下的随机向量序列，即$\{\boldsymbol{X}_0,\boldsymbol{X}_1,\cdots,\boldsymbol{X}_T\}$。对于该序列，记$p_i(\boldsymbol{x})$为$\boldsymbol{X}_i$的边际概率密度函数，即$\boldsymbol{X}_i \sim p_i(\boldsymbol{x})$，$i=0,1,\cdots,T$。在$i=0$时刻，数据未被加噪，所以$p_0(\boldsymbol{x})=p(\boldsymbol{x})$代表真实数据分布。在$i=T$时刻，如果加噪过程足够长（$T\to\infty$），则$p_T(\boldsymbol{x})\approx\pi(\boldsymbol{x})$，其中$\pi(\boldsymbol{x})$被称为**先验分布**，一般是标准高斯分布。事实上，边际分布序列$p_0,p_1,\cdots,p_T$可以看作某个随着时间变化（Time-Evolving）的概率密度函数$p(\boldsymbol{x};t)$的离散形式，即$p_i(\boldsymbol{x})=p\left(\boldsymbol{x};\frac{i}{T}\right)$，其中$i=0,1,\cdots,T$，$t=\frac{i}{T}\in[0,1]$。记服从分布$p(\boldsymbol{x};t)$的随机向量为$\boldsymbol{X}(t)$，即$\boldsymbol{X}(t)\sim p(\boldsymbol{x};t)$，其中$t\in[0,1]$。

如果定义$\Delta t \triangleq \frac{1}{T}$，并令$\delta=\Delta t$，则我们可以将离散时间下针对正向扩散过程的郎之万动力学迭代公式

$$\boldsymbol{X}_i = \boldsymbol{X}_{i-1} + \delta\nabla_{\boldsymbol{x}} \ln p\left(\boldsymbol{X}_{i-1}\right) + \sqrt{2\delta}\boldsymbol{\varepsilon}_i,\quad i=1,2,\cdots,T \tag{6-127}$$

改写为

$$\boldsymbol{X}(t+\Delta t)-\boldsymbol{X}(t)=\nabla_{\boldsymbol{x}}\ln p\left(\boldsymbol{X}(t);t\right)\Delta t+\sqrt{2}\sqrt{\Delta t}\boldsymbol{\varepsilon}_i \tag{6-128}$$

接着，我们将上式中的 $\nabla_{\boldsymbol{x}}\ln p\left(\boldsymbol{X}(t);t\right)$ 和 $\sqrt{2}$ 分别一般化为函数 $f(\boldsymbol{X},t)$ 和 $g(t)$，可得

$$\boldsymbol{X}(t+\Delta t)-\boldsymbol{X}(t)=f(\boldsymbol{X},t)\Delta t+g(t)\sqrt{\Delta t}\boldsymbol{\varepsilon}_i \tag{6-129}$$

式中，$\sqrt{\Delta t}\boldsymbol{\varepsilon}_i\sim\mathcal{N}(\boldsymbol{0},\Delta t\boldsymbol{I})$。

然后，我们令 $\boldsymbol{W}$ 表示一个**标准布朗运动**，又称**维纳过程**。根据布朗运动的性质可知

$$\boldsymbol{W}(t+\Delta t)-\boldsymbol{W}(t)\sim\mathcal{N}(\boldsymbol{0},\Delta t\boldsymbol{I}) \tag{6-130}$$

因为 $\sqrt{\Delta t}\boldsymbol{\varepsilon}_i\sim\mathcal{N}(\boldsymbol{0},\Delta t\boldsymbol{I})$，所以我们可将式（6-130）改写为

$$\sqrt{\Delta t}\boldsymbol{\varepsilon}_i=\boldsymbol{W}(t+\Delta t)-\boldsymbol{W}(t) \tag{6-131}$$

将式（6-131）代入式（6-129），可得

$$\underbrace{\boldsymbol{X}(t+\Delta t)-\boldsymbol{X}(t)}_{\mathrm{d}\boldsymbol{X}}=f(\boldsymbol{X},t)\underbrace{\Delta t}_{\mathrm{d}t}+g(t)\underbrace{\left(\boldsymbol{W}(t+\Delta t)-\boldsymbol{W}(t)\right)}_{\mathrm{d}\boldsymbol{W}} \tag{6-132}$$

如果 $T\to\infty$，则 $\Delta t\to 0$，式（6-132）可以被改写为如下随机微分方程，即

$$\mathrm{d}\boldsymbol{X}=f(\boldsymbol{X},t)\mathrm{d}t+g(t)\mathrm{d}\boldsymbol{W} \tag{6-133}$$

式中，$f(\cdot,t):\mathbb{R}^d\to\mathbb{R}^d$ 是一个被称为**漂移系数**（Drift Coefficient）的向量值函数；$g(t)\in\mathbb{R}$ 是一个被称为**扩散系数**（Diffusion Coefficient）的实值函数；$\mathrm{d}\boldsymbol{W}$ 可以被看作一个无穷小的白噪声。事实上，式（6-133）的解构成了一个在连续时间下的随机过程 $\{\boldsymbol{X}(t)\}_{t\in[0,1]}$，这个随机过程描述了数据不断受到噪声干扰的过程，对应 VDM 中的正向扩散过程。因此，式（6-133）被称为**正向随机微分方程**（Forward SDE）。

正向随机微分方程中的 $f(\boldsymbol{x},t)$ 和 $g(t)$ 需要预先设置，且不同的设置对应不同的加噪过程。事实上，6.2.4 节中的 DDPM 和 6.3.4 节中的 SMLD 均可被表示为随机微分方程的形式。

（1）DDPM：对于 DDPM，其正向扩散过程的加噪方式为

$$\boldsymbol{X}_i=\sqrt{1-\beta_i}\boldsymbol{X}_{i-1}+\sqrt{\beta_i}\boldsymbol{\varepsilon}_{t-1} \tag{6-134}$$

式中，$i=1,2,\cdots,T$；$\boldsymbol{\varepsilon}_{t-1}\sim\mathcal{N}(\boldsymbol{0},\boldsymbol{I})$。Song 等人指出，在一定条件或假设下，DDPM 的正向扩散过程可以看作如下随机微分方程的解：

$$\mathrm{d}\boldsymbol{X}=-\frac{1}{2}\beta(t)\boldsymbol{X}\mathrm{d}t+\sqrt{\beta(t)}\mathrm{d}\boldsymbol{W} \tag{6-135}$$

式中，$f(\boldsymbol{X},t)=-\frac{1}{2}\beta(t)\boldsymbol{X}$；$g(t)=\sqrt{\beta(t)}$，$\beta_i$ 被转换为随时间变化的函数 $\beta(t)\in[0,1]$。式（6-135）被称作**方差保持随机微分方程**（Variance Preserving SDE，VP SDE）。

（2）SMLD：对于 SMLD，其加噪方式为

$$\begin{cases}\boldsymbol{X}_{i-1}=\boldsymbol{X}+\sigma_{i-1}\boldsymbol{\varepsilon}\\ \boldsymbol{X}_i=\boldsymbol{X}+\sigma_i\boldsymbol{\varepsilon}\end{cases} \tag{6-136}$$

将下式减去上式，可得

$$\boldsymbol{X}_i-\boldsymbol{X}_{i-1}=\sigma_i\boldsymbol{\varepsilon}-\sigma_{i-1}\boldsymbol{\varepsilon} \tag{6-137}$$

移项，并根据高斯随机变量的性质，可得加噪过程的迭代公式为

$$X_i = X_{i-1} + \sqrt{\sigma_i^2 - \sigma_{i-1}^2}\varepsilon \tag{6-138}$$

Song 等人指出，若满足一定条件，则以上正向扩散过程实际上是如下随机微分方程的解：

$$\mathrm{d}X = \sqrt{\frac{\mathrm{d}\sigma^2(t)}{\mathrm{d}t}}\mathrm{d}W \tag{6-139}$$

式中，$f(X,t)=0$；$g(t)=\sqrt{\frac{\mathrm{d}\sigma^2(t)}{\mathrm{d}t}}$，$\sigma_i^2$ 被转换为随时间单调递增的函数 $\sigma^2(t)$。式（6-139）被称作**方差爆炸随机微分方程**（Variance Exploding SDE，VE SDE）。

2．逆向随机微分方程：去噪过程

在 6.3.4 节中，针对噪声尺度数量有限的情况，我们采用退火朗之万动力学来生成样本（具体参考算法 6-3）。这一方法的核心在于，利用朗之万动力学顺序地从每个受到噪声扰动的分布中进行采样。而当面对无限噪声尺度，即连续时间的场景时，我们可以通过**逆向随机微分方程**来逆转噪声扰动过程，从而实现样本的生成。这一过程本质上类似一个去噪步骤。为了更直观地展示这一过程，图 6-7 描绘了正向随机微分方程与逆向随机微分方程的运作机制。

Anderson 指出，任何一个形如式（6-133）的正的随机微分方程都存在一个与之对应的逆向随机微分方程。可以证明，式（6-133）具有如下逆向形式：

$$\mathrm{d}X = \left[f(X,t) - g^2(t)\nabla_x \ln p(X;t)\right]\mathrm{d}t + \mathrm{g}(t)\mathrm{d}\overline{W} \tag{6-140}$$

式中，$\overline{W}$ 为逆时间（Reverse-Time）的布朗运动。此处，我们需要在逆向时间维度（从 $t=1$ 到 $t=0$）求解式（6-140），因此 dt 表示一个负无穷小的时间步长。

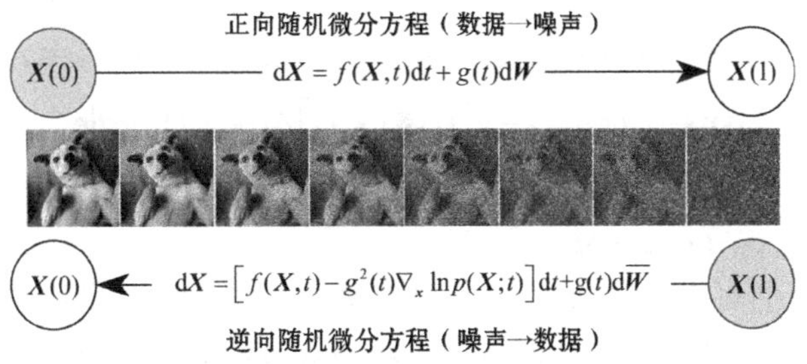

图 6-7　正向随机微分方程与逆向随机微分方程的运作机制

为了计算逆向随机微分方程，我们需要估计 $\nabla_x \ln p(x;t)$，即 t 时刻边际分布 $p(x;t)$ 的分数函数。Song 于 2021 年提出了一种方法，即训练一个**时间依赖的 SBM**（Time-Dependent Score-Based Model，TDSBM）$s_\theta(x,t)$，以使 $s_\theta(x,t) \approx \nabla_x \ln p(x;t)$。我们对 $s_\theta(x,t)$ 的网络架构没有限制，只要求其以时间为条件，且输出维度与输入维度应该相同。

我们针对 $s_\theta(x,t)$ 的训练目标是一个**加权费舍尔散度**：

$$E_{t\sim U(0,1)}E_{X\sim p(x,t)}\left[\lambda(t)\cdot\left\|\nabla_x \ln p(X;t) - s_\theta(X,t)\right\|_2^2\right] \tag{6-141}$$

式中，$U(0,1)$ 为定义在时间区间 $[0,1]$ 上的（连续）均匀分布；$\lambda(t)>0$ 是一个加权函数。

为了优化式（6-141），我们可以采用**去噪分数匹配**（Denoising Score Matching）与**切片分数匹配**（Sliced Score Matching）等方法。当完成 $s_\theta(x,t)$ 的训练后，我们可以将其代入式（6-140），得到

$$\mathrm{d}\boldsymbol{X}=\left[f(\boldsymbol{X},t)-g^2(t)\boldsymbol{s}_{\theta}(\boldsymbol{x},t)\right]\mathrm{d}t+g(t)\mathrm{d}\overline{\boldsymbol{W}} \tag{6-142}$$

在采样时，我们首先从先验分布 $\pi(\boldsymbol{x})$ 中采样得到随机样本 $\boldsymbol{X}(1)$；然后求解以上逆向随机微分方程以得到 $t=0$ 时刻的随机样本 $\boldsymbol{X}(0)$。针对逆向随机微分方程，我们记 $\boldsymbol{X}(0)$ 服从的分布为 $p_{\boldsymbol{\theta}}(\boldsymbol{x})$。如果 $\boldsymbol{s}_{\theta}(\boldsymbol{x},t)$ 被很好地优化，则 $p_{\boldsymbol{\theta}}(\boldsymbol{x})$ 应该逼近真实数据分布 $p(\boldsymbol{x})$，即 $p_{\boldsymbol{\theta}}(\boldsymbol{x})\approx p(\boldsymbol{x})$。

当 $\lambda(t)=g^2(t)$ 时，若满足一定的正则条件，则可以获得 $\mathrm{KL}\left(p(\boldsymbol{x})\,\|\,p_{\boldsymbol{\theta}}(\boldsymbol{x})\right)$ 与加权费舍尔散度［见式（6-141）］之间的一个重要关系：

$$\begin{aligned}&\mathrm{KL}\left(p(\boldsymbol{x})\,\|\,p_{\boldsymbol{\theta}}(\boldsymbol{x})\right)\\ &\leqslant\underbrace{\frac{1}{2}E_{t\sim U(0,1)}E_{\boldsymbol{X}\sim p(\boldsymbol{x},t)}\left[\lambda(t)\cdot\left\|\nabla_{\boldsymbol{x}}\ln p(\boldsymbol{X};t)-\boldsymbol{s}_{\theta}(\boldsymbol{X},t)\right\|_2^2\right]}_{\text{加权费舍尔散度}}+\underbrace{\mathrm{KL}(p(\boldsymbol{x};1)\,\|\,\pi(\boldsymbol{x}))}_{\text{KL散度}}\end{aligned} \tag{6-143}$$

由于与 KL 散度的这种特殊联系，以及在模型训练中最小化 KL 散度与最大化似然之间的等价性，我们称 $\lambda(t)$ 为**似然加权函数**（Likelihood Weighting Function）。通过运用这一似然加权函数，我们能够训练出 SGM，这些模型能够实现极大的似然，其性能可与当前最先进的**自回归模型**（Autoregressive Model）相媲美，甚至更胜一筹。

3．求解逆向随机微分方程

通过**数值随机微分方程求解器**（Numerical SDE Solver）来求解估计出的逆向随机微分方程，我们能够模拟反向随机过程以生成样本。或许最简单的数值随机微分方程求解器是**欧拉-丸山法**（Euler-Maruyama Method）。若将该方法应用于估计出的逆向随机微分方程，则可以使用有限的时间步长和较小的高斯噪声对随机微分方程进行离散化操作。具体而言，我们选择一个接近 0 的负时间步长 $\Delta t\approx 0$，初始化 $t\leftarrow 1$，并重复以下过程直至 $t=0$：

$$\begin{aligned}\Delta\boldsymbol{x}&\leftarrow\left[f(\boldsymbol{X},t)-g^2(t)\boldsymbol{s}_{\theta}(\boldsymbol{x},t)\right]\Delta t+g(t)\sqrt{|\Delta t|}\boldsymbol{\varepsilon}_t\\ \boldsymbol{x}&\leftarrow\boldsymbol{x}+\Delta\boldsymbol{x}\\ t&\leftarrow t+\Delta t\end{aligned} \tag{6-144}$$

式中，$\boldsymbol{\varepsilon}_t\sim\mathcal{N}(\boldsymbol{0},\boldsymbol{I})$。我们可以发现欧拉-丸山法与朗之万动力学都是通过被噪声扰动的分数函数来更新 $\boldsymbol{x}$ 的。除了欧拉-丸山法，其他数值随机微分方程求解器也可以直接用于求解逆向随机微分方程，如**米尔斯坦法**（Milstein Method）和**随机龙格-库塔法**（Stochastic Runge-Kutta Method）。

此外，逆向随机微分方程所具有的两个特殊属性使我们的样本采样更加灵活。

（1）我们可以通过神经网络 $\boldsymbol{s}_{\theta}(\boldsymbol{x},t)$ 来估计 $\nabla_{\boldsymbol{x}}\ln p(\boldsymbol{x};t)$。

（2）在样本生成时，我们只需关注如何从每个时刻的边际分布 $p(\boldsymbol{x};t)$ 中采样，而无须顾虑不同时刻样本之间的相关性，也不要求这些样本构成何种特定的轨迹。

鉴于以上两个特殊属性，我们可以应用**马尔可夫链蒙特卡罗**（Markov Chain Monte Carlo，MCMC）方法来微调我们从数值随机微分方程求解器中获得的样本轨迹。特别地，Song 等人提出了**“预测器-校准器”**（Predictor-Corrector，PC）采样法，该采样法的流程参见算法 6-4。其中，预测器可以是任何数值随机微分方程求解器，它能够从一个已知样本 $\boldsymbol{X}(t)\sim p(\boldsymbol{x};t)$ 中精确预测 $\boldsymbol{X}(t+\Delta t)\sim p(\boldsymbol{x};t+\Delta t)$。而校准器可以是任何仅依赖分数函数的 MCMC 方法，如朗之万动力学和哈密顿蒙特卡罗（Hamiltonian Monte Carlo）方法。

在“预测器-校准器”采样法中，我们首先用预测器来选择一个合适的步长 $\Delta t < 0$，并且基于 $\boldsymbol{x}(t)$ 预测 $\boldsymbol{x}(t+\Delta t)$。接着我们通过运行多个校准器，根据 $\boldsymbol{s}_{\theta}(\boldsymbol{x}, t+\Delta t)$ 的结果提升样本 $\boldsymbol{x}(t+\Delta t)$，从而使 $\boldsymbol{x}(t+\Delta t)$ 是一个从 $p(\boldsymbol{x}; t+\Delta t)$ 中采样得到的高质量样本。

算法 6-4：“预测器-校准器”采样法

输入： 逆向随机微分方程的离散步长 N、校准步长 M；

输出： 输出 $\boldsymbol{x}_0$；

从 $p(\boldsymbol{x};1)$ 中随机采样一个样本并记作 $\boldsymbol{x}_N$；
  for $i = N-1$ to 0 **do**
      $\boldsymbol{x}_i \leftarrow \text{Predictor}(\boldsymbol{x}_{i+1})$；
      for $j = 1$ to M **do**
          $\boldsymbol{x}_i \leftarrow \text{Corrector}(\boldsymbol{x}_i)$；
      end for
  end for

4．从随机微分方程到常微分方程

尽管基于郎之万动力学和数值随机微分方程求解器的采样方法能够生成高质量的样本，但它们无法提供一种方法来精确计算 SGM 的对数似然。接下来，我们将介绍一种基于**常微分方程**的采样器，该采样器允许进行精确的对数似然计算。

Song 等人指出，对于具有以下形式的随机微分方程

$$\mathrm{d}\boldsymbol{X} = f(\boldsymbol{X}, t)\mathrm{d}t + g(t)\mathrm{d}\boldsymbol{W} \tag{6-145}$$

我们可以将其转换为一个常微分方程，即

$$\mathrm{d}\boldsymbol{X} = \left[f(\boldsymbol{X}, t) - \frac{1}{2} g^2(t) \nabla_{\boldsymbol{x}} \ln p(\boldsymbol{X}; t) \right] \mathrm{d}t \tag{6-146}$$

该常微分方程被称作**概率流常微分方程**（Probability Flow ODE，PF-ODE）。图 6-8 描绘了随机微分方程和概率流常微分方程的轨迹。尽管概率流常微分方程的轨迹（白色）明显比随机微分方程的轨迹更平滑，但是它们形成的轨迹具有相同的边际分布 $\{p(\boldsymbol{x};t)\}_{t\in[0,1]}$。这意味着，假设以上随机微分方程与概率流常微分方程在 t 时刻产生的样本分别为 $\boldsymbol{X}(t)$ 和 $\tilde{\boldsymbol{X}}(t)$，则这两个随机样本服从相同的边际分布 $p(\boldsymbol{x};t)$。

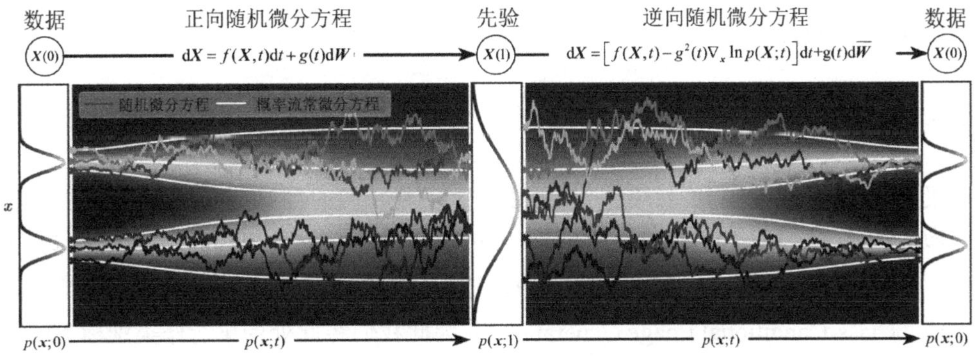

图 6-8　随机微分方程和概率流常微分方程的轨迹

需要注意的是，当 $\nabla_{x} \ln p(\boldsymbol{x};t)$ 被其近似值 $\boldsymbol{s}_{\theta}(\boldsymbol{x},t)$ 替换时，概率流常微分方程就变成了**神经常微分方程**（Neural ODE）的一个特例。特别地，它也是**连续标准化流**（Continuous Normalizing Flow，CNF）的一个特例，因为概率流常微分方程将数据分布 $p(\boldsymbol{x};0)$ 转换为先验噪声分布 $p(\boldsymbol{x};1)$（由于概率流常微分方程与随机微分方程共享相同的边缘分布）并且是完全可逆的。因此，概率流常微分方程继承了神经常微分方程或连续标准化流的所有属性，包括**精确的对数似然计算**（Exact Log-Likelihood Computation）。具体来说，我们可以利用**瞬时换元公式**（Instantaneous Change of Variable，ICV），通过数值常微分方程求解器，从已知的先验密度 $p(\boldsymbol{x};1)$ 中计算出未知的数据密度 $p(\boldsymbol{x};0)$。

6.4 条件扩散模型

到目前为止，我们主要讨论了如何利用 DM 对数据的边际分布 $p(\boldsymbol{x})$ 进行估计。但是，我们往往更加关注如何去学习一个数据的条件分布 $p(\boldsymbol{x}\mid\boldsymbol{y})$，其中 $\boldsymbol{y}$ 表示条件。

对于 DM，一个自然的想法是，将条件 $\boldsymbol{y}$ 与时刻 t 一起添加进 DM。回顾一下我们在 6.2.1 节介绍的内容，在 VDM 的逆向扩散过程中，基于马尔可夫性质，$\boldsymbol{X}_0,\boldsymbol{X}_1,\cdots,\boldsymbol{X}_T$ 的联合分布可以写成如下形式：

$$p_{\theta}(\boldsymbol{x}_{0:T}) = p(\boldsymbol{x}_T)\prod_{t=1}^{T} p_{\theta}(\boldsymbol{x}_{t-1}\mid\boldsymbol{x}_t) \tag{6-147}$$

基于以上的朴素想法，我们在每步的状态转移分布中加入条件 $\boldsymbol{y}$，可得

$$p_{\theta}(\boldsymbol{x}_{0:T}\mid\boldsymbol{y}) = p(\boldsymbol{x}_T)\prod_{t=1}^{T} p_{\theta}(\boldsymbol{x}_{t-1}\mid\boldsymbol{x}_t,\boldsymbol{y}) \tag{6-148}$$

接着，我们学习一个同时以时刻 t 和条件 $\boldsymbol{y}$ 为输入的预测网络，该网络可以是 $\boldsymbol{x}_0$ 预测网络 $\hat{\boldsymbol{x}}_{\theta}(\boldsymbol{x}_t,t,\boldsymbol{y})\approx\boldsymbol{x}_0$，也可以是源噪声预测网络 $\hat{\boldsymbol{\varepsilon}}_{\theta}(\boldsymbol{x}_t,t,\boldsymbol{y})\approx\boldsymbol{\varepsilon}_0$，还可以是条件分数预测网络 $\boldsymbol{s}_{\theta}(\boldsymbol{x}_t,t,\boldsymbol{y})\approx\nabla_{\boldsymbol{x}_t}\ln p(\boldsymbol{x}_t\mid\boldsymbol{y})$。

但是，以这种方式训练的条件扩散模型往往会产生多样性严重不足的样本，或者直接忽略任何给定的条件。因此，有人提出了在条件扩散模型的训练或采样过程中，以无条件扩散模型为基础，引入条件作为“指导”（Guidance），并最终实现基于条件的样本生成。目前，两种最流行的“指导”形式是**分类器指导**（Classifier Guidance，CG）和**无分类器指导**（Classifier-Free Guidance，CFG）。

6.4.1 分类器指导

若采用基于分数预测的扩散模型（见 6.2.2 节），则我们的目标是在任意时刻 t，通过学习一个记为 $\boldsymbol{s}_{\theta}(\boldsymbol{x}_t,t,\boldsymbol{y})$ 的 U-Net 来准确预测 $\nabla_{\boldsymbol{x}_t}\ln p(\boldsymbol{x}_t\mid\boldsymbol{y})$。与 6.2.2 节相同，为了使公式简洁，我们将分数函数 $\nabla_{\boldsymbol{x}_t}\ln p(\boldsymbol{x}_t\mid\boldsymbol{y})$ 简记为 $\nabla\ln p(\boldsymbol{x}_t\mid\boldsymbol{y})$。分类器指导主要是针对**以类别为条件的图像生成**（Class-Conditional Image Generation），因此我们将此处的 $\boldsymbol{y}$ 看作类别标签的某种编码向量（如独热编码）。

根据贝叶斯法则，我们可以推导出$\nabla \ln p(\boldsymbol{x}_t \mid \boldsymbol{y})$具有如下的等价形式：

$$\begin{aligned}\nabla \ln p(\boldsymbol{x}_t \mid \boldsymbol{y}) &= \nabla \ln\left(\frac{p(\boldsymbol{x}_t)p(\boldsymbol{y} \mid \boldsymbol{x}_t)}{p(\boldsymbol{y})}\right) \\ &= \underbrace{\nabla \ln p(\boldsymbol{x}_t)}_{\text{无条件分数}} + \underbrace{\nabla \ln p(\boldsymbol{y} \mid \boldsymbol{x}_t)}_{\text{对抗梯度}} - \underbrace{\nabla p(\boldsymbol{y})}_{=0} \\ &= \nabla \ln p(\boldsymbol{x}_t) + \nabla \ln p(\boldsymbol{y} \mid \boldsymbol{x}_t)\end{aligned} \tag{6-149}$$

式中，$\nabla \ln p(\boldsymbol{x}_t)$为无条件分数函数；$p(\boldsymbol{y} \mid \boldsymbol{x}_t)$可以看作一个分类器；$\nabla \ln p(\boldsymbol{y} \mid \boldsymbol{x}_t)$一般被称为**对抗梯度**（Adversarial Gradient），它是一个来自对抗攻击领域的概念。根据式（6-149），我们可以得出结论，学习一个有条件分数$\nabla \ln p(\boldsymbol{x}_t \mid \boldsymbol{y})$等价于学习一个无条件分数$\nabla \ln p(\boldsymbol{x}_t)$与一个分类器$p(\boldsymbol{y} \mid \boldsymbol{x}_t)$。因此，在分类器指导中，我们可以基于 6.3 节中的方法学习一个无条件分数函数。然后，我们还需要预训练一个分类器$p(\boldsymbol{y} \mid \boldsymbol{x}_t)$，其可以预测任意时刻的噪声$\boldsymbol{x}_t$的类别标签。最后，基于估计的条件分数，我们可以通过 6.3.4 节的退火郎之万动力学进行采样。

另外，为了引入细粒度控制，以便鼓励或阻止模型考虑条件信息，分类器指导通过一个超参数$\gamma \geqslant 0$来调整对抗梯度$\nabla \ln p(\boldsymbol{y} \mid \boldsymbol{x}_t)$对条件分数估计的影响。那么，在分类器指导中，我们通过如下公式来计算条件分数：

$$\nabla \ln p(\boldsymbol{x}_t \mid \boldsymbol{y}) \approx \nabla \ln p(\boldsymbol{x}_t) + \gamma \cdot \nabla \ln p(\boldsymbol{y} \mid \boldsymbol{x}_t) \tag{6-150}$$

当$\gamma = 0$时，条件扩散模型退化为无条件扩散模型；而随着γ的增大，条件信息对样本生成的控制力度随之增强，与此同时，样本的多样性损失相应增加。事实上，通过控制超参数γ，我们可以对生成图像的标签一致性与多样性进行取舍。其中，标签一致性指的是生成样本与给定条件的吻合程度。

需要注意的是，分类器指导的一个显著缺点是它依赖一个单独学习的分类器$p(\boldsymbol{y} \mid \boldsymbol{x}_t)$。由于分类器必须处理任意噪声输入$\boldsymbol{x}_t$，而大多数现有的预训练分类模型并未对此进行优化，因此它必须与 DM 一起进行临时学习。

6.4.2　无分类器指导

事实上，即便没有预训练分类模型，我们仍然能够对条件分数进行有效估计，这便是所谓的无分类器指导。

根据式（6-149）可得

$$\nabla \ln p(\boldsymbol{y} \mid \boldsymbol{x}_t) = \nabla \ln p(\boldsymbol{x}_t \mid \boldsymbol{y}) - \nabla \ln p(\boldsymbol{x}_t) \tag{6-151}$$

将式（6-151）代入式（6-150）可得

$$\begin{aligned}\nabla \ln p(\boldsymbol{x}_t \mid \boldsymbol{y}) &= \nabla \ln p(\boldsymbol{x}_t) + \gamma \cdot \left(\nabla \ln p(\boldsymbol{x}_t \mid \boldsymbol{y}) - \nabla \ln p(\boldsymbol{x}_t)\right) \\ &= \nabla \ln p(\boldsymbol{x}_t) + \gamma \cdot \nabla \ln p(\boldsymbol{x}_t \mid \boldsymbol{y}) - \gamma \cdot \nabla \ln p(\boldsymbol{x}_t) \\ &= \gamma \cdot \underbrace{\nabla \ln p(\boldsymbol{x}_t \mid \boldsymbol{y})}_{\text{条件分数}} + (1-\gamma) \cdot \underbrace{\nabla \ln p(\boldsymbol{x}_t)}_{\text{无条件分数}}\end{aligned} \tag{6-152}$$

式中，γ是一个控制已学习的条件模型对条件信息关注程度的参数。当$\gamma = 0$时，无分类器指导完全忽略条件信息，并学习一个无条件扩散模型。当$\gamma = 1$时，无分类器指导退化为在 6.4 节开头介绍的朴素建模方法，其会有多样性低或条件信息被忽略的问题。当$\gamma > 1$时，无分类器指导不仅优先考虑条件分数，还会向远离无条件分数的方向移动（因为$1 - \gamma < 0$）。在这种情

况下，无分类器指导会倾向于生成与条件信息相匹配的样本，但会牺牲一定的样本多样性。

式（6-152）告诉我们，无分类器指导要求对条件分数与无条件分数均进行建模。但是，在实践中，我们能够利用单一的神经网络 $\boldsymbol{s}_\theta(\boldsymbol{x}_t, t, \boldsymbol{y})$ 巧妙地实现对这两个分数的同步建模。具体而言，为了建模无条件分数，我们只需将 $\boldsymbol{y}$ 设定为某个固定值（如零）；当我们专注于条件分数的建模时，将 $\boldsymbol{y}$ 设定为具体的条件信息。这种方法不仅高效，而且通过调整 $\boldsymbol{y}$ 的值，我们能够灵活地在条件扩散模型与无条件扩散模型之间切换，无须分别构建两个独立的模型。

无分类器指导的优雅之处，在于它赋予了我们对条件生成更为广泛的操控能力，而这一切仅需训练一个单一 DM，而无须其他任何额外要求。相较于分类器指导，无分类器指导展现出更强的灵活性，能够适应更多种类的条件输入，正因如此，无分类器指导在现代 DM 中得到了广泛应用，其中就包括我们在 6.2.6 节详细介绍的 LDM 及 Stable Diffusion。

6.5 代码实践：DDPM

在本节中，我们将深入阐述如何利用 PyTorch 框架，在 Fashion MNIST 数据集（具体参见 3.9.1 节）上实现 6.2.4 节介绍的 DDPM。本实验所采用的代码主要参考了 xiaohu2015 在 GitHub 上的代码库 nngen。鉴于完整的训练代码较为冗长，且受限于本书的版面，以下仅展示部分核心代码片段。对于完整的代码内容，请读者参阅本书附带的代码库。

6.5.1 实验设置

在本实验中，我们在 Fashion MNIST 的训练集上训练 DM，并将训练图像的像素值归一化至[−1,1]。在训练中，我们将训练轮次设置为 200，批量（Batch Size）设置为 128，学习率（Learning Rate）设置为 5e-5，扩散步长（Timesteps）设置为 $T = 1000$。另外，我们使用余弦表来定义正向扩散过程的 $\{\beta_i\}_{i=1}^T$。

主要的实验配置详情可参阅代码清单 6-2。

代码清单 6-2　参数设置及数据载入

```
## 参数设置
IMG_SIZE=28
NUM_CLASS=10
NC=1
EPOCHS=200  #训练轮次
RESUME_EPOCH=0
BATCH_SIZE=128  #批量
LR=5e-5  #学习率
TIMESTEPS=1000
VAR_SCHEDULER="cosine" #方差表类型
NFAKE=10000 #生成 11.           NFAKE 数据用于评价

## 指定设备
```

```
device = torch.device("cuda" if torch.cuda.is_available() else "cpu")

# 数据载入与预处理
transform = transforms.Compose([
    transforms.ToTensor(),
    transforms.Normalize((0.5,), (0.5,))
])
train_dataset = datasets.FashionMNIST(root=data_path, train=True, download=True, transform=transform)
train_loader = torch.utils.data.DataLoader(train_dataset, batch_size=BATCH_SIZE, shuffle=True)
test_dataset = datasets.FashionMNIST(root=data_path, train=False, download=True, transform=transform)
test_loader = torch.utils.data.DataLoader(test_dataset, batch_size=100, shuffle=False)
```

6.5.2 网络定义

在本实验中，我们选用了一个 U-Net 来充当噪声预测网络 $\hat{\varepsilon}_\theta$，该网络的具体结构详细展示在代码清单 6-3 中。

代码清单 6-3　U-Net 定义

```
# 使用正弦位置嵌入来编码时间步长
def timestep_embedding(timesteps, dim, max_period=10000):
    """
    timesteps: 一个长度为 N 的一维张量
    dim: 输出维度
    max_prediod: 编码的一个参数，它控制着嵌入的最小频率
    输出: 一个[N x dim]的时间编码
    """
    half = dim // 2
    freqs = torch.exp(
        -math.ln(max_period) * torch.arange(start=0, end=half, dtype=torch.float32) / half
    ).to(device=timesteps.device)
    args = timesteps[:, None].float() * freqs[None]
    embedding = torch.cat([torch.cos(args), torch.sin(args)], dim=-1)
    if dim % 2:
        embedding = torch.cat([embedding, torch.zeros_like(embedding[:, :1])], dim=-1)
    return embedding

# 将 TimestepEmbedSequential 定义为支持 time_emb，并作为额外输入
class TimestepBlock(nn.Module):
```

```
    """
    任何模块的 forward 方法都将时间嵌入作为第二输入参数
    """
    @abstractmethod
    def forward(self, x, emb):
        """
        将该模块应用于`x`，同时给定`emb`作为时间嵌入
        """

# 一个 Sequential 模块，它将时间嵌入传递给子模块以作为其额外的输入
class TimestepEmbedSequential(nn.Sequential, TimestepBlock):
    def forward(self, x, emb):
        for layer in self:
            if isinstance(layer, TimestepBlock):
                x = layer(x, emb)
            else:
                x = layer(x)
        return x

# 残差块（Residual block）
class ResidualBlock(TimestepBlock):
    def __init__(self, in_channels, out_channels, time_channels, dropout):
        super().__init__()
        self.conv1 = nn.Sequential(
            nn.GroupNorm(32, in_channels),
            nn.SiLU(),
            nn.Conv2d(in_channels, out_channels, kernel_size=3, padding=1) )

        self.time_emb = nn.Sequential(
            nn.SiLU(),
            nn.Linear(time_channels, out_channels) )

        self.conv2 = nn.Sequential(
            nn.GroupNorm(32, out_channels)
            nn.SiLU(),
            nn.Dropout(p=dropout),
            nn.Conv2d(out_channels, out_channels, kernel_size=3, padding=1) )

        if in_channels != out_channels:
            self.shortcut = nn.Conv2d(in_channels, out_channels, kernel_size=1)
        else:
            self.shortcut = nn.Identity()

    def forward(self, x, t):
```

```
        """
        `x` 的维度是 `[batch_size, in_dim, height, width]`
        `t` 的维度是 `[batch_size, time_dim]`
        """
        h = self.conv1(x)
        # 加入时间嵌入
        h += self.time_emb(t)[:, :, None, None]
        h = self.conv2(h)
        return h + self.shortcut(x)

# 注意力模块
class AttentionBlock(nn.Module):
    def __init__(self, channels, num_heads=1):
        super().__init__()
        self.num_heads = num_heads
        assert channels % num_heads == 0
        self.norm = nn.GroupNorm(32, channels)
        self.qkv = nn.Conv2d(channels, channels * 3, kernel_size=1, bias=False)
        self.proj = nn.Conv2d(channels, channels, kernel_size=1)

    def forward(self, x):
        B, C, H, W = x.shape
        qkv = self.qkv(self.norm(x))
        q, k, v = qkv.reshape(B*self.num_heads, -1, H*W).chunk(3, dim=1)
        scale = 1. / math.sqrt(math.sqrt(C // self.num_heads))
        attn = torch.einsum("bct,bcs->bts", q * scale, k * scale)
        attn = attn.softmax(dim=-1)
        h = torch.einsum("bts,bcs->bct", attn, v)
        h = h.reshape(B, -1, H, W)
        h = self.proj(h)
        return h + x

# 上采样
class Upsample(nn.Module):
    def __init__(self, channels, use_conv):
        super().__init__()
        self.use_conv = use_conv
        if use_conv:
            self.conv = nn.Conv2d(channels, channels, kernel_size=3, padding=1)

    def forward(self, x):
        x = F.interpolate(x, scale_factor=2, mode="nearest")
        if self.use_conv:
            x = self.conv(x)
```

```
        return x

# 下采样
class Downsample(nn.Module):
    def __init__(self, channels, use_conv):
        super().__init__()
        self.use_conv = use_conv
        if use_conv:
            self.op = nn.Conv2d(channels, channels, kernel_size=3, stride=2, padding=1)
        else:
            self.op = nn.AvgPool2d(stride=2)

    def forward(self, x):
        return self.op(x)


# 带有注意力机制和时间嵌入的完整 U-Net
class UNetModel(nn.Module):
    def __init__(
        self,
        in_channels=3,
        model_channels=128,
        out_channels=3,
        num_res_blocks=2,
        attention_resolutions=(8, 16),
        dropout=0,
        channel_mult=(1, 2, 2, 2),
        conv_resample=True,
        num_heads=4
    ):
        super().__init__()

        self.in_channels = in_channels
        self.model_channels = model_channels
        self.out_channels = out_channels
        self.num_res_blocks = num_res_blocks
        self.attention_resolutions = attention_resolutions
        self.dropout = dropout
        self.channel_mult = channel_mult
        self.conv_resample = conv_resample
        self.num_heads = num_heads

        # 时间嵌入
```

```
        time_embed_dim = model_channels * 4
        self.time_embed = nn.Sequential(
            nn.Linear(model_channels, time_embed_dim),
            nn.SiLU(),
            nn.Linear(time_embed_dim, time_embed_dim),
        )

        # 下采样层
        self.down_blocks = nn.ModuleList([
            TimestepEmbedSequential(nn.Conv2d(in_channels, model_channels,
    kernel_size=3, padding=1))
        ])
        down_block_chans = [model_channels]
        ch = model_channels
        ds = 1
        for level, mult in enumerate(channel_mult):
            for _ in range(num_res_blocks):
                layers = [
                    ResidualBlock(ch, mult * model_channels, time_embed_dim,
    dropout)
                ]
                ch = mult * model_channels
                if ds in attention_resolutions:
                    layers.append(AttentionBlock(ch, num_heads=num_heads))
                self.down_blocks.append(TimestepEmbedSequential(*layers))
                down_block_chans.append(ch)
            if level != len(channel_mult) - 1:
                self.down_blocks.append(TimestepEmbedSequential(Downsample(ch,
    conv_resample)))
                down_block_chans.append(ch)
                ds *= 2

        # 瓶颈层
        self.middle_block = TimestepEmbedSequential(
            ResidualBlock(ch, ch, time_embed_dim, dropout),
            AttentionBlock(ch, num_heads=num_heads),
            ResidualBlock(ch, ch, time_embed_dim, dropout)
        )

        # 上采样层
        self.up_blocks = nn.ModuleList([])
        for level, mult in list(enumerate(channel_mult))[::-1]:
            for i in range(num_res_blocks + 1):
                layers = [
```

```
                    ResidualBlock(
                        ch + down_block_chans.pop(),
                        model_channels * mult,
                        time_embed_dim,
                        dropout
                    )
                ]
                ch = model_channels * mult
                if ds in attention_resolutions:
                    layers.append(AttentionBlock(ch, num_heads=num_heads))
                if level and i == num_res_blocks:
                    layers.append(Upsample(ch, conv_resample))
                    ds //= 2
                self.up_blocks.append(TimestepEmbedSequential(*layers))

        self.out = nn.Sequential(
            nn.GroupNorm(32, ch),
            nn.SiLU(),
            nn.Conv2d(model_channels, out_channels, kernel_size=3, padding=1),
        )

    def forward(self, x, timesteps):
        hs = []
        # 时间嵌入
        emb = self.time_embed(timestep_embedding(timesteps, self.model_channels))

        # 下采样
        h = x
        for module in self.down_blocks:
            h = module(h, emb)
            hs.append(h)
        # 瓶颈层
        h = self.middle_block(h, emb)
        # 上采样
        for module in self.up_blocks:
            cat_in = torch.cat([h, hs.pop()], dim=1)
            h = module(cat_in, emb)
        return self.out(h)
```

6.5.3 扩散过程

在代码清单 6-4 中，我们给出了正向扩散过程和逆向扩散过程的实现代码。

代码清单 6-4　扩散过程

```
## 设置方差表
# 线性表
def linear_beta_schedule(timesteps):
    scale = 1000 / timesteps
    beta_start = scale * 0.0001
    beta_end = scale * 0.02
    return torch.linspace(beta_start, beta_end, timesteps, dtype=torch.float64)
# 余弦表
def cosine_beta_schedule(timesteps, s=0.008):
    steps = timesteps + 1
    x = torch.linspace(0, timesteps, steps, dtype=torch.float64)
    alphas_cumprod = torch.cos(((x / timesteps) + s) / (1 + s) * math.pi * 0.5) ** 2
    alphas_cumprod = alphas_cumprod / alphas_cumprod[0]
    betas = 1 - (alphas_cumprod[1:] / alphas_cumprod[:-1])
    return torch.clip(betas, 0, 0.999)

## 定义 Python 类：高斯扩散过程
class GaussianDiffusion:
    def __init__(
        self,
        timesteps=1000,
        beta_schedule='cosine'
    ):
        self.timesteps = timesteps

        # 计算方差表 beta：线性表或余弦表
        if beta_schedule == 'linear':
            betas = linear_beta_schedule(timesteps)
        elif beta_schedule == 'cosine':
            betas = cosine_beta_schedule(timesteps)
        else:
            raise ValueError(f'unknown beta schedule {beta_schedule}')
        self.betas = betas

        #参照式（6-9）
        self.alphas = 1. - self.betas
        self.alphas_cumprod = torch.cumprod(self.alphas, axis=0)
        self.alphas_cumprod_prev = F.pad(self.alphas_cumprod[:-1], (1, 0), value=1.)

        # 计算一些与 alpha 相关的常数，以支撑后续计算
        self.sqrt_alphas_cumprod = torch.sqrt(self.alphas_cumprod)
        self.sqrt_one_minus_alphas_cumprod = torch.sqrt(1.0 - self.alphas_cumprod)
```

```
        self.ln_one_minus_alphas_cumprod = torch.ln(1.0 - self.alphas_cumprod)
        self.sqrt_recip_alphas_cumprod = torch.sqrt(1.0 / self.alphas_cumprod)
        self.sqrt_recipm1_alphas_cumprod = torch.sqrt(1.0 / self.alphas_cumprod - 1)

        # 计算q(x_{t-1} | x_t, x_0) 的方差与均值
        # 方差：参照式（6-34）
        self.posterior_variance = (
            self.betas * (1.0 - self.alphas_cumprod_prev) / (1.0 - self.alphas_cumprod)
        )
        # 因为在扩散开始时后验方差为0，所以此处对数计算被截断，以防NaN
        self.posterior_ln_variance_clipped = torch.ln(self.posterior_variance.clamp(min =1e-20))
        # 均值：根据式（6-33）
        self.posterior_mean_coef1 = (self.betas * torch.sqrt(self.alphas_cumprod_prev) / (1.0 - self.alphas_cumprod))
        self.posterior_mean_coef2 = ((1.0 - self.alphas_cumprod_prev)  * torch.sqrt(self.alphas) / (1.0 - self.alphas_cumprod))

    # 在给定时刻t下，获取一些与alpha相关的常数，如sqrt{bar{alpha}_t}
    def _extract(self, a, t, x_shape):
        batch_size = t.shape[0]
        out = a.to(t.device).gather(0, t).float()
        out = out.reshape(batch_size, *((1,) * (len(x_shape) - 1)))
        return out

    # 正向扩散过程：q(x_t | x_0)
    # 根据式（6-14）及x_0，生成x_t
    def q_sample(self, x_start, t, noise=None):
        if noise is None:
            noise = torch.randn_like(x_start)
        sqrt_alphas_cumprod_t = self._extract(self.sqrt_alphas_cumprod, t, x_start.shape)
        sqrt_one_minus_alphas_cumprod_t = self._extract(self.sqrt_one_minus_alphas_cumprod, t, x_start.shape)
        return sqrt_alphas_cumprod_t * x_start + sqrt_one_minus_alphas_cumprod_t * noise

    # 计算q(x_t | x_0)的均值与方差，参照式（6-15）
    def q_mean_variance(self, x_start, t):
        mean = self._extract(self.sqrt_alphas_cumprod, t, x_start.shape) * x_start
        variance = self._extract(1.0 - self.alphas_cumprod, t, x_start.shape)
        ln_variance = self._extract(self.ln_one_minus_alphas_cumprod, t, x_start.shape)
```

```
        return mean, variance, ln_variance

    # 计算q(x_{t-1} | x_t, x_0)的均值和方差，参照式（6-33）与式（6-34）
    def q_posterior_mean_variance(self, x_start, x_t, t):
        posterior_mean = ( self._extract(self.posterior_mean_coef1, t, x_t.shape) * x_start + self._extract(self.posterior_mean_coef2, t, x_t.shape) * x_t )
        posterior_variance = self._extract(self.posterior_variance, t, x_t.shape)
        posterior_ln_variance_clipped = self._extract(self.posterior_ln_variance_clipped, t, x_t.shape)
        return posterior_mean, posterior_variance, posterior_ln_variance_clipped

    # 根据x_t和预测的噪声，计算x_0，参照式（6-53）
    def predict_start_from_noise(self, x_t, t, noise):
        return (self._extract(self.sqrt_recip_alphas_cumprod, t, x_t.shape) * x_t - self._extract(self.sqrt_recipm1_alphas_cumprod, t, x_t.shape) * noise)

    # 计算p_theta(x_{t-1} | x_t)的均值和方差
    # 参照式（6-42）和式（6-43）
    def p_mean_variance(self, model, x_t, t, clip_denoised=True):
        # 根据x_t，预测噪声epsilon
        pred_noise = model(x_t, t)
        # 根据x_t、预测噪声及式（6-53），计算x_0的预测值
        x_recon = self.predict_start_from_noise(x_t, t, pred_noise)
        if clip_denoised:
            x_recon = torch.clamp(x_recon, min=-1., max=1.)
        model_mean, posterior_variance, posterior_ln_variance = \
                    self.q_posterior_mean_variance(x_recon, x_t, t)
        return model_mean, posterior_variance, posterior_ln_variance

    # 去噪：根据加噪图像x_t和预测噪声pred_noise，采样t-1时刻的样本x_{t-1}
    @torch.no_grad()
    def p_sample(self, model, x_t, t, clip_denoised=True):
        # 获得均值和方差
        model_mean, _, model_ln_variance = self.p_mean_variance(model, x_t, t, clip_denoised=clip_denoised)
        noise = torch.randn_like(x_t)
        # 当 t == 0时，无噪声
        nonzero_mask = ((t != 0).float().view(-1, *([1] * (len(x_t.shape) - 1))))
        # 采样 x_{t-1}
        pred_img = model_mean + nonzero_mask * (0.5 * model_ln_variance).exp() * noise
        return pred_img

    # 逆向扩散过程
```

```
    @torch.no_grad()
    def p_sample_loop(self, model, shape):
        batch_size = shape[0]
        device = next(model.parameters()).device
        # 从纯噪声开始，按照 t=T,…,0 的顺序采样，直到 x_0
        img = torch.randn(shape, device=device)
        for i in tqdm(reversed(range(0, self.timesteps)), desc='sampling loop time step', total=self.timesteps):
            img = self.p_sample(model, img, torch.full((batch_size,), i, device=device, dtype=torch.long))
        return img.cpu()

    # 采样函数
    @torch.no_grad()
    def sample(self, model, nfake, image_size, batch_size=100, channels=3, to_numpy=False, unnorm_to_zero2one=True):

        if batch_size>nfake:
            batch_size = nfake
        assert nfake%batch_size==0

        fake_images = [] #存放采样的图像
        ngot=0 # 已获得样本的数量
        while ngot<nfake:
            batch_fake_images = self.p_sample_loop(model, shape=(batch_size, channels, image_size, image_size))
            fake_images.append(batch_fake_images)
            ngot+=len(batch_fake_images)
            print("\r Got {}/{} fake images.".format(ngot, nfake))
        fake_images=torch.cat(fake_images,dim=0)

        # 去归一化至[0,1]
        if unnorm_to_zero2one:
            fake_images = (fake_images + 1) * 0.5
        # 将 torch tensor 转换为 numpy array
        if to_numpy:
            fake_images = fake_images.numpy()

        return fake_images

    # 计算训练损失，参照式（6-92）
    def train_losses(self, model, x_start, t):
        # 采样源噪声
        noise = torch.randn_like(x_start)
```

```
        # 获得加噪图像 x_t
        x_noisy = self.q_sample(x_start, t, noise=noise)
        # 根据 x_t，用模型预测源噪声
        predicted_noise = model(x_noisy, t)
        # 计算预测源噪声与真实源噪声之间的 MSE 损失
        loss = F.mse_loss(noise, predicted_noise)
        return loss
```

模型与扩散过程的实例化如代码清单 6-5 所示。

代码清单 6-5　模型与扩散过程的实例化

```
# 模型实例化
model = UNetModel(
    in_channels=1,
    model_channels=64,
    out_channels=1,
    channel_mult=(1, 2, 2),
    attention_resolutions=[])
model.to(device)
# 扩散过程示例化
gaussian_diffusion = GaussianDiffusion(timesteps=1000, beta_schedule='cosine')
# 使用 Adam 优化器
optimizer = torch.optim.Adam(model.parameters(), lr=5e-5)
```

6.5.4　训练过程

DDPM 的训练过程可由代码清单 6-6 实现。

代码清单 6-6　训练过程

```
start_time = timeit.default_timer()
for epoch in range(RESUME_EPOCH, EPOCHS):
    model.train()
    for step, (images, labels) in enumerate(train_loader):
        optimizer.zero_grad()
        batch_size = images.shape[0]
        images = images.to(device)
        # 对训练批次中的每个样本均匀地采样 t
        t = torch.randint(0,TIMESTEPS, (batch_size,), device=device).long()
        loss = gaussian_diffusion.train_losses(model, images, t)
        loss.backward()
        optimizer.step()
    ##end for
    print("epoch:[{}/{}], Loss:{}, [Time: {:.4f}]".format(epoch+1, EPOCHS, loss.item(), timeit.default_timer()-start_time))
##end for
```

6.5.5 性能比较

为评估 DDPM 所生成的 10000 张虚假图像的质量，我们选用了 FID 和 IS 作为评价指标，并将其与 VAE、GAN 及 NF 模型进行性能对比。除了 DDPM，我们还采用代码成功构建了基于随机微分方程的 SGM（详细内容请参阅 6.3.5 节），并运用了“预测器-校准器”采样法（具体流程参见算法 6-4）进行样本生成。有关 SGM 的全部代码已包含在随书附带的代码库中，供读者参考与实践。

在表 6-1 中，我们综合展示了 VAE、DCGAN、SNGAN、RealNVP、DDPM 及 SGM 在 Fashion MNIST 数据集上的图像生成效果及采样速度。为确保比较的公正性，所有模型的采样速度均在同一张 NVIDIA RTX 3090Ti 显卡上进行测试。此外，我们还在图 6-9 中集中展示了各模型所生成的样本实例，以便进行直观的视觉比较。表 6-1 的数据显示，SNGAN、DDPM 及 SGM 在生成样本的质量上达到了相当的水平，而其余模型在生成质量上稍显逊色。然而，在采样速度方面，DM 相较于其他模型展现出显著的劣势。因此，探索如何有效提升 DM 的采样速度，成为当前研究中的一个重要课题。

表 6-1　Fashion MNIST 数据集上不同生成模型的 FID 与 IS

模型	类型	FID（↓）	IS（↑）	采样速度（张/秒）（↑）
测试集	—	0.011	9.389	—
VAE	VAE	3.186	5.799	3.65×10^4
DCGAN	GAN	2.379	7.525	4.92×10^4
SNGAN	GAN	0.487	8.499	3.52×10^4
RealNVP	NF 模型	1.385	7.540	3.32×10^4
DDPM	DM	0.647	8.672	7.18
SGM	DM	0.525	9.058	10.10

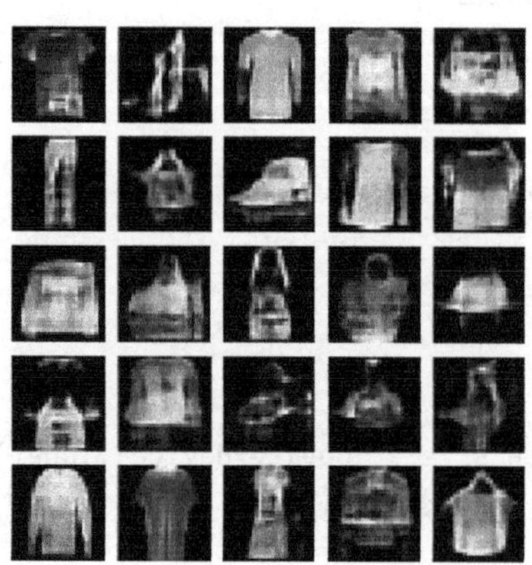

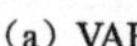
（a）VAE

（b）DCGAN

图 6-9　不同生成模型的生成样本示例

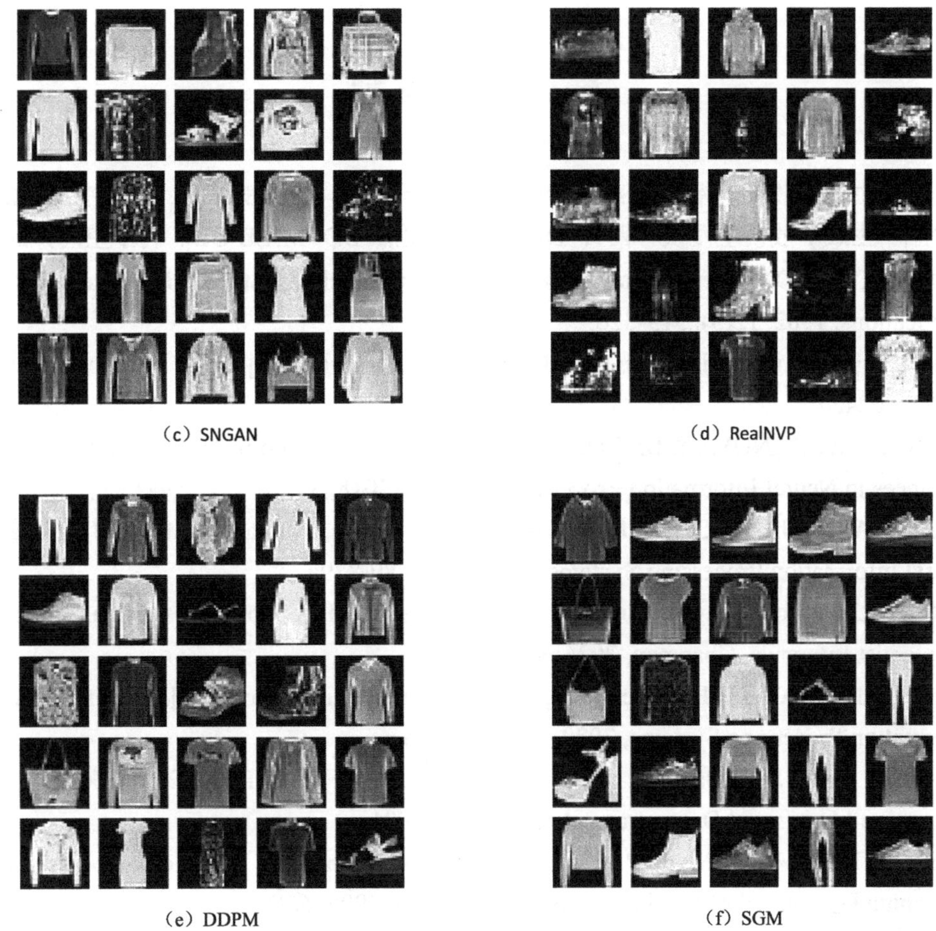

（c）SNGAN　（d）RealNVP　（e）DDPM　（f）SGM

图 6-9　不同生成模型的生成样本示例（续）

6.6 习　题

1．推导式（6-8）。

2．参照式（6-12），推导 $\boldsymbol{x}_t$ 的表达式，需要展开至 $\boldsymbol{x}_{t-3}$。

3．假设在正向扩散过程中，每步添加的噪声都服从标准正态分布，且每步的噪声方差都由参数 $\{\beta_t\}_{t=1}^{T}$ 控制。请推导出从 $\boldsymbol{x}_{t-1}$ 到 $\boldsymbol{x}_t$ 的递推公式，并解释公式中各个符号的含义。

4．给定一张原始图像 $\boldsymbol{x}_0$，以及正向扩散过程中的参数 $\{\beta_t\}_{t=1}^{T}$，请计算在第 T 步时，图像 $\boldsymbol{x}_t$ 的期望和方差。

5．假设我们已经训练好一个逆向生成过程的神经网络，现在给定一张完全由噪声组成的图像 $\boldsymbol{x}_T$，请使用该神经网络逐步去噪，恢复出原始图像 $\boldsymbol{x}_0$ 的近似值。请详细描述这一过程，并给出关键的计算步骤。

6.7 参考文献

[1] 苏剑林. 生成扩散模型漫谈（三）：DDPM = 贝叶斯 + 去噪[EB/OL]. 科学空间，2022.

[2] 苏剑林. 生成扩散模型漫谈（四）：DDIM = 高观点 DDPM[EB/OL]. 科学空间，2022.

[3] ANDERSON B D. Reverse-time diffusion equation models[J]. Stochastic Processes and their Applications, 1982, 12(3): 313-326.

[4] CHAN S H. Tutorial on diffusion models for imaging and vision[J]. arXiv preprint arXiv:2403. 18103, 2024.

[5] CHEN R T, RUBANOVA Y, BETTENCOURT J, et al. Neural ordinary differential equations[J]. Advances in Neural Information Processing Systems, 2018, 31.

[6] DHARIWAL P, NICHOL A. Diffusion models beat GANs on image synthesis[J]. Advances in Neural Information Processing Systems, 2021, 34: 8780-8794.

[7] EFRON B. Empirical bayes: Concepts and methods[G]//Handbook of Bayesian, Fiducial, and Frequentist Inference. Chapman, 2024, 8-34.

[8] HO J, JAIN A, ABBEEL P. Denoising diffusion probabilistic models[J]. Advances in Neural Information Processing Systems, 2020, 33: 6840-6851.

[9] HO J, SALIMANS T. Classifier-free diffusion guidance[C]//NeurIPS 2021 Workshop on Deep Generative Models and Downstream Applications, 2021.

[10] HYVÄRINEN A, DAYAN P. Estimation of non-normalized statistical models by score matching.[J]. Journal of Machine Learning Research, 2005, 6(4).

[11] HYVÄRINEN A. A noise-corrected Langevin algorithm and sampling by half-denoising[J]. arXiv preprint arXiv:2410.05837, 2024.

[12] KINGMA D, SALIMANS T, POOLE B, et al. Variational diffusion models[J]. Advances in Neural Information Processing Systems, 2021, 34: 21696-21707.

[13] LUO C. Understanding diffusion models: A unified perspective[J]. arXiv preprint arXiv:2208. 11970, 2022.

[14] MURPHY K P. Probabilistic machine learning: Advanced topics[M]. Cambridge: MIT Press, 2023.

[15] NAKKIRAN P, BRADLEY A, ZHOU H, et al. Step-by-step diffusion: An elementary tutorial[J]. arXiv preprint arXiv:2406. 08929, 2024.

[16] NICHOL A Q, DHARIWAL P. Improved denoising diffusion probabilistic models[C]//International Conference on Machine Learning. 2021.

[17] ROMBACH R, BLATTMANN A, LORENZ D, et al. High-resolution image synthesis with latent diffusion models[C]//Proceedings of the IEEE/CVF Conference on Computer Vision and Pattern Recognition, 2022.

[18] RONNEBERGER O, FISCHER P, BROX T. U-Net: Convolutional networks for biomedical image segmentation [C]//Medical Image Computing and Computer-Assisted Intervention–

MICCAI 2015.
[19] SALIMANS T, HO J. Progressive distillation for fast sampling of diffusion models[C]//International Conference on Learning Representations, 2022.
[20] SONG J, MENG C, ERMON S. Denoising diffusion implicit models[C]//International Conference on Learning Representations, 2021.
[21] SONG Y. Generative modeling by estimating gradients of the data distribution[DB//OL]. Yang Song's Blog, 2021.
[22] SONG Y, ERMON S. Generative modeling by estimating gradients of the data distribution[J]. Advances in Neural Information Processing Systems, 2019, 32.
[23] SONG Y, ERMON S. Improved techniques for training score-based generative models[J]. Advances in Neural Information Processing Systems, 2020, 33: 12438-12448.
[24] SONG Y, GARG S, SHI J, et al. Sliced score matching: A scalable approach to density and score estimation[C]//Uncertainty in Artificial Intelligence, 2020.
[25] SONG Y, SOHL-DICKSTEIN J, KINGMA D P, et al. Score-based generative modeling through stochastic differential equations[C]//International Conference on Learning Representations, 2021.
[26] SOHL-DICKSTEIN J, WEISS E, MAHESWARANATHAN N, et al. Deep unsupervised learning using nonequilibrium thermodynamics[C]//International Conference on Machine Learning, 2015.
[27] VINCENT P. A connection between score matching and denoising autoencoders[J]. Neural computation, 2011, 23(7):1661-1674.
[28] WELLING M, TEH Y W. Bayesian learning via stochastic gradient Langevin dynamics[C]//Proceedings of the 28th International Conference on Machine Learning (ICML-11), 2011.
[29] WENG L. What are diffusion models?[J/OL]. Lil' Log, 2021.

第 7 章

生成模型应用实战

在上文中，我们介绍了 4 种针对图像数据的基础生成模型：VAE、GAN、NF 模型及 DM，它们的主要目标是估计图像数据的概率分布。在计算机视觉领域中，许多任务或其中的某些步骤可以抽象为生成式建模问题，或者套用生成模型的建模框架来求解，这使生成模型得以广泛应用。本章将系统地梳理生成模型的一些常见应用场景，并通过 4 个容易上手的实战案例，展示这些生成模型在实际任务中的应用情况，同时提供相应的实现代码或具体步骤。通过这些案例分析，我们可以更清晰地认识到，生成模型不仅是理论研究的重要内容，还为视觉任务的创新与实践提供了有效的支持。

7.1 典型应用场景

7.1.1 可控图像生成

可控图像生成（Controllable Image Generation）是计算机视觉领域的一项重要任务，旨在根据用户的指定条件，生成具有特定属性或内容的图像（见图 7-1）。这一任务涵盖多种子任务，包括但不限于文本到图像的生成（根据给定的文本描述生成相应的图像）、艺术风格的转换（将一张图像转换为另一种艺术风格，如油画、水彩等），以及特定属性的编辑（如更改图像中对象的颜色、形状或纹理）等。在文本到图像的生成中，生成模型能够根据给定的文本描述，如“一只黄色的猫在草地上玩耍”，生成相应的图像。在艺术风格的转换方面，生成模型有能力将一张普通的照片转换为具有特定艺术家风格的作品，如模仿梵高的笔触或毕加索的立体主义风格。此外，生成模型还可以用于特定属性的编辑，用户只需简单地指定“将天空变为橙色”，即可更改。

对于很多的可控图像生成任务，我们可以将其抽象化为一种基于条件的生成式建模问题。具体而言，用户所给定的条件可以被抽象为一个编码向量 $\boldsymbol{y}$，随后，我们依据有限的训练数据来估计图像在给定条件下的分布 $p(\boldsymbol{x}|\boldsymbol{y})$。最终，可控图像生成的过程，便是通过恰当的采样策略，从这一学习到的条件分布 $p(\boldsymbol{x}|\boldsymbol{y})$ 中采样。我们之前介绍的 BigGAN、GigaGAN、LDM 等，均致力于实现可控图像生成的目标。借助生成模型，用户可以轻松地探索和实现他们的

创意想法，而无须具备专业的图像设计或绘画技能。这极大地丰富了图像创作的可能性，有望推动创意设计、娱乐产业、广告行业及虚拟现实等领域的创新与发展。

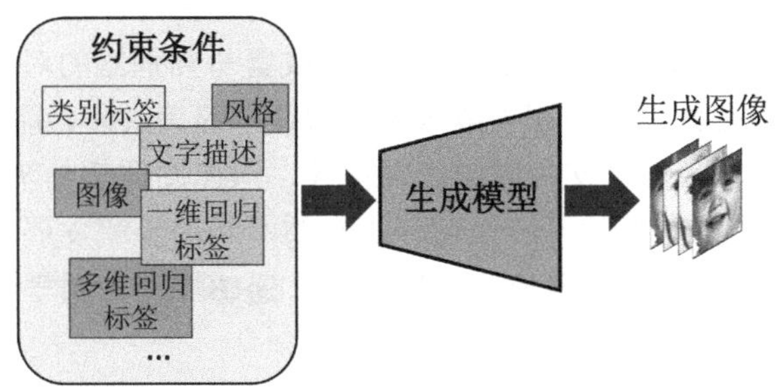

图 7-1 可控图像生成示意图

7.1.2 图像翻译

图像翻译（Image-to-Image Translation）是计算机视觉领域的一个重要研究方向，它专注于探索图像之间的映射关系，旨在将图像从一个域（源域，Source Domain，记为$\mathcal{X}$）转换到另一个域（目标域，Target Domain，记为$\mathcal{Y}$），同时尽量保留原始图像的内容信息（见图 7-2）。这项技术具有广泛的应用场景，它可以将白天的图像转换为夜晚的图像，将黑白照片转换为彩色照片，还可以实现不同艺术风格之间的迁移等。图像翻译的核心挑战在于如何捕捉源图像和目标图像之间的复杂映射关系，以实现高质量的图像转换效果。

根据是否提供一对一的训练样本对，图像翻译一般可以分为两种情况：**配对数据**（Paired Data）和**非配对数据**（Unpaired Data）。对于配对数据，如 Pix2Pix、BicycleGAN 及 DMT 等，它们要求在训练集中提供一一对应的数据对，并通过监督学习来训练模型。而对于非配对数据，如 CycleGAN（详见 4.4.10 节）与 UNIT 等，它们无须提供一一对应的数据对，就能够从多个独立的数据集中自动发现域之间的关联，从而学习出映射函数。

生成模型在图像翻译领域发挥着举足轻重的作用，无论是配对数据还是非配对数据，都极大地推动了图像翻译的进步与发展。

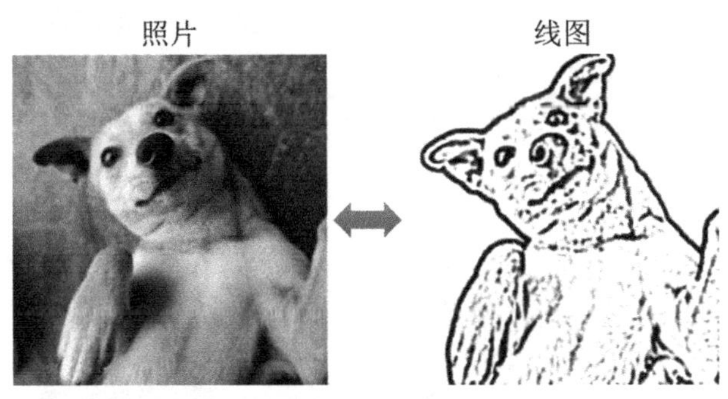

图 7-2 图像翻译示意图（将照片转换为线图）

7.1.3 图像超分辨率

图像超分辨率是一种图像处理任务，旨在将低分辨率图像转换为高分辨率图像，从而增强图像的细节和清晰度（见图 7-3）。

在图像超分辨率领域，生成模型发挥着关键作用，它们通过深入学习和模拟高质量高分辨率图像的生成机制，实现从低分辨率图像到高分辨率图像的转换。其中，SRGAN 作为里程碑式的模型，首次将 GAN 引入该领域，通过生成器与判别器的对抗训练提升了生成图像的质量。而 GigaGAN 则在处理效率和生成效果上取得了显著进步，能够快速实现 4K 图像的超分辨率重建。此外，LDM 虽在文生图中表现优异，但在图像超分辨率上与 GigaGAN 相比仍有一定差距。这些模型共同推动了图像超分辨率的不断进步和发展。当前，基于生成模型的图像超分辨率已广泛应用于视频监控、自动驾驶、遥感探测、医学影像分析及数字娱乐等领域。

图 7-3　图像超分辨率示意图

7.1.4　图像修复

图像修复（Image Inpainting）是指对受到损坏的图像进行修复重建或去除图像中的多余物体的过程（见图 7-5）。图像修复的目标是利用已有的信息来恢复或重建图像中损坏或丢失的部分，保证图像达到最理想的艺术效果。这一技术在许多应用场景中都有广泛的用途，如照片修复、视频修复、医疗成像修复等。

生成模型在图像修复领域发挥着关键作用。传统的图像修复主要基于优化的修复算法，如基于偏微分方程的修复、基于纹理合成的修复等。这些算法在一定程度上可以达到修复的效果，但往往存在效果不佳、计算复杂度高等问题。近年来，随着深度学习的快速发展，基于生成模型的图像修复逐渐展现出其强大的潜力。典型的生成模型包括 PdGAN、RePaint、DiffIR 等，这些生成模型通过学习图像的潜在分布，能够生成逼真的图像内容，从而有效地用于图像修复领域。

图 7-4　图像修复示意图

7.1.5 图像分割

图像分割（Image Segmentation）是计算机视觉和数字图像处理领域的重要研究方向，其目标是将图像划分为若干具有独特性质的区域，并识别出感兴趣的目标（见图 7-6）。具体来说，图像分割根据图像的灰度、颜色、纹理和形状等特征，将图像分割成若干互不交叠的区域，使同一区域内的像素具有相似的特征，而不同区域之间的特征则具有明显的差异性。

在图像分割领域，生成模型也有广泛的应用。典型的生成模型包括 SegAN、SegDiff 及 MedSegDiff 等，这些生成模型的应用，不仅提高了图像分割的准确性和效率，还为计算机视觉领域的发展注入了新动力。它们持续推动着图像分割的进步，为医学诊断、自动驾驶、智能监控等领域提供了更为可靠、高效的图像分析手段。

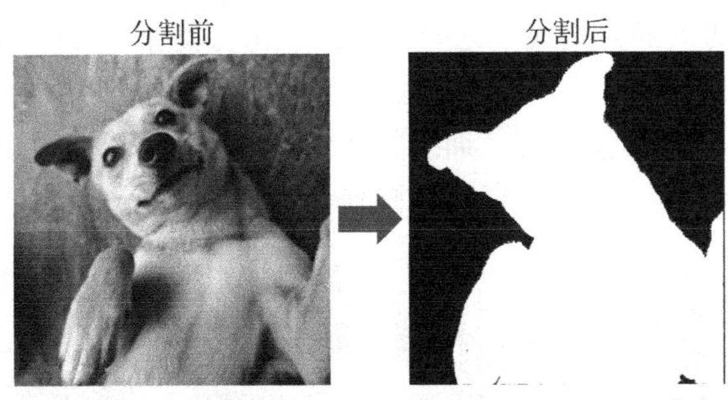

图 7-5 图像分割示意图

7.1.6 图像编辑

图像编辑（Image Manipulation）是指对图像进行各种编辑和转换的过程（见图 7-6），包括但不限于图像的缩放、裁剪、旋转、翻转、添加水印、添加文本、添加倒影、图像遮罩、设置背景色、高斯模糊、像素化等操作。这些操作旨在改变图像的外观、内容或格式，以满足特定的视觉需求或达到特定的视觉效果。

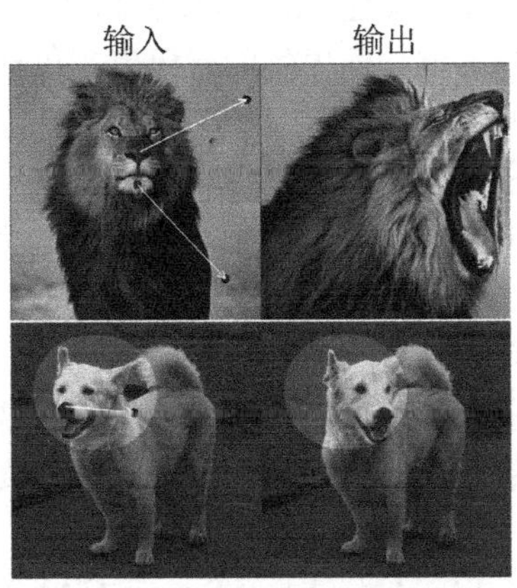

图 7-6 图像编辑示意图

DragGAN 是一种创新的图像编辑工具，它巧妙地融合了 GAN 与直观的拖动操作界面。其独特之处在于，用户仅需通过简单的拖动动作，即可实现对图像中对象的形状、布局、姿态、表情等特征的精确调整，同时保持图像的整体真实性和多样性。DragGAN 的突破性在于它将复杂的图像编辑过程简化为直观的用户交互，极大地提升了图像编辑的效率和灵活性。

7.2 实战案例 1：图像风格迁移

7.2.1 案例介绍

本节将着重探讨一项风格迁移任务，旨在将油画风格的图像转换成逼真的自然风景照片。我们选用的数据集为 Monet2Photo，这是一个专为图像风格迁移任务而设计的数据集。Monet2Photo 数据集由两大部分构成（见图 7-7）：一部分囊括了 1193 幅莫奈的油画作品，另一部分则收录了 7038 张自然风景照片，这些图像是非配对的。为进一步应用，这些图像被细致划分为训练集与测试集。具体而言，训练集包含 1072 幅莫奈的油画作品与 6287 张自然风景照片，而测试集则分别由 121 幅莫奈的油画作品与 751 张自然风景照片组成。

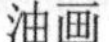

照片

图 7-7　Monet2Photo 数据集的样本示例

事实上，图像风格迁移任务属于图像翻译的范畴，因此，我们采用 4.4.10 节介绍的 CycleGAN 来解决该问题。敬请读者查阅随本书一同提供的代码库，以获取本实验的具体实现代码。在此，我们仅对数据处理、模型架构、训练流程及关键参数进行简明扼要的概述。

在本实验中，我们采用 Monet2Photo 训练集对 CycleGAN 进行训练，并将所有图像统一缩放至 128 像素×128 像素的分辨率。为了增强模型的泛化能力，我们在训练过程中对图像实施了随机的缩放裁剪及水平翻转等数据增强操作。

我们所采用的 CycleGAN 具有如图 7-8 和图 7-9 所示的网络结构。具体而言，图 7-8 展示了两个生成器的结构，它们各自包含 6 个卷积块及 9 个残差块。而图 7-9 则展示了两个判别器的结构，它们均为具备 6 层卷积层的卷积神经网络，并最终通过一个全连接层来输出判别得分。

在训练过程中，我们选择了 LSGAN（Least Square GAN）损失，以取代原先式（4-92）中基于原始 GAN 的对抗损失，旨在获得更优的性能表现。同时，针对式（4-92）中的循环一致性损失与身份损失，我们将它们的超参数分别设定为 $\lambda_1 = 10$ 和 $\lambda_2 = 1$。我们将批量设为 128，训练轮次设为 400，并将初始学习率设为 10^{-4}，且在训练进行到 200 个训练轮次后，采用线性衰减策略将其逐渐降低至 0。此外，我们利用了 4 张 NVIDIA RTX 4090D 显卡来实现并行加速计算。

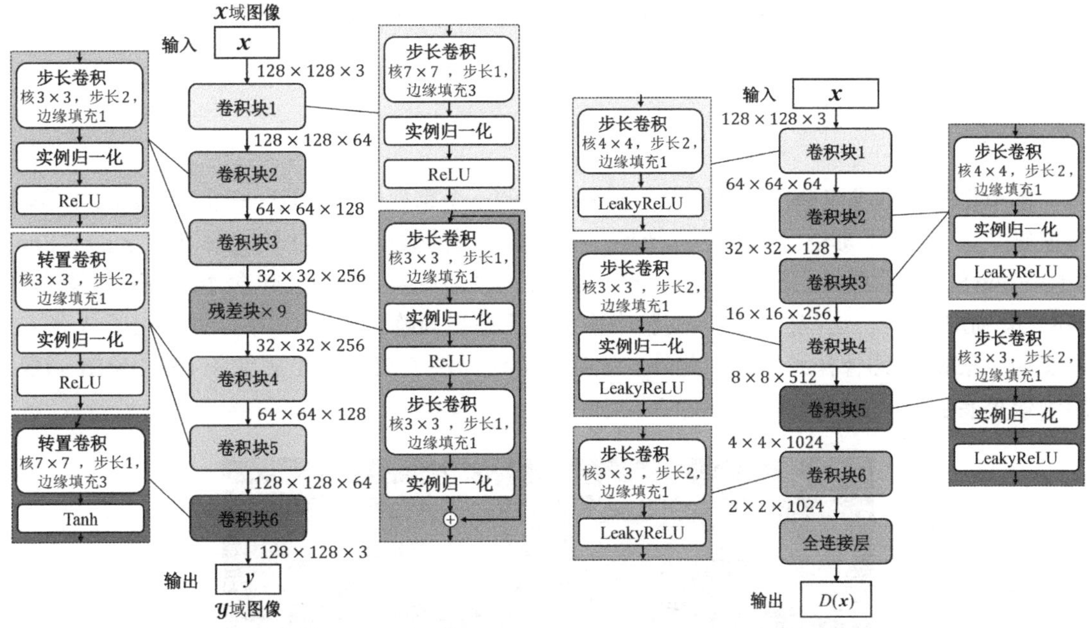

图 7-8　CycleGAN 生成器结构的示意图　　　图 7-9　CycleGAN 判别器结构的示意图

7.2.2　实验效果

我们将实验成果呈现在图 7-10 与图 7-11 中，其中图 7-10 展示了将油画过程为照片的效果，而图 7-11 则展示了将照片迁移为油画的效果。

图 7-10　实验效果示意图（油画迁移为照片）

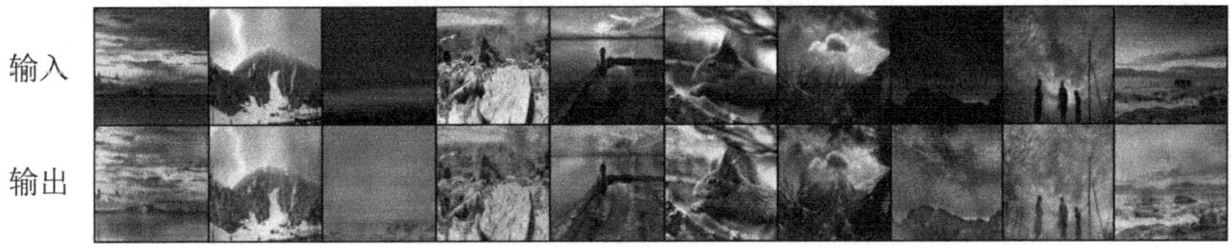

输入

输出

图 7-11　实验效果示意图（照片迁移为油画）

7.3 实战案例 2：医疗影像的模态变换

7.3.1 案例介绍

本节将阐述生成模型在医疗影像分析领域内的一个重要应用场景——实现脑部 CT 影像与核磁共振（MRI）影像之间的相互转换。本实验选用的数据集源自 Kaggle 平台上的 CT and MRI Brain Scans 数据集。该数据集是一个入门级的模态变换数据集，包含 2486 张 CT 影像和 2488 张 MRI 影像，这些样本在本实验中均被用于模型训练。图 7-12 中分别列出了 4 张 CT 影像和 4 张 MRI 影像作为示例。此外，该数据集还提供了 15 张 CT 影像和 15 张 MRI 影像，用于效果展示。

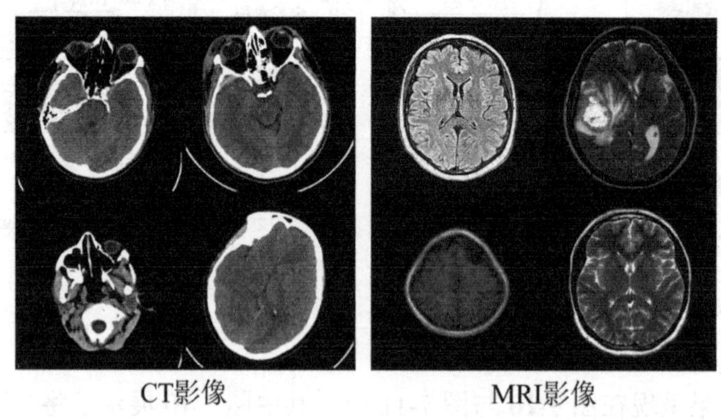

图 7-12 CT and MRI Brain Scans 数据集的样本示例

医疗影像的模态变换任务在本质上属于图像翻译的范畴，其中 CT 影像与 MRI 影像被视为两个不同的图像域。我们的目标是学习并建立这两个图像域之间的映射关系。为此，我们将 7.2 节中采用的 CycleGAN 应用于医疗影像领域。需要特别说明的是，为了便于读者快速掌握，我们在本实验中并未采用最前沿的图像翻译模型。与 7.2 节内容相似，本部分将简要概述数据处理流程、模型结构框架、训练步骤及关键参数设置。敬请读者查阅随本书一同提供的代码库，以获取本实验的具体实现代码。

在该案例中，我们将所有图像统一缩放至 128 像素×128 像素的分辨率。为了增强模型的泛化能力，我们在训练过程中对图像实施了随机的旋转、缩放、裁剪及水平翻转等数据增强操作。另外，我们将循环一致性损失和身份损失的超参数分别设为 $\lambda_1=10$ 和 $\lambda_2=1$。我们还将批量设为 64，训练轮次设为 400，并将初始学习率设为 10^{-4}，且在训练进行到 200 个训练轮次后，采用线性衰减策略将其逐渐降低至 0，其他训练设置与 7.2 节的相同。此外，我们共利用了 2 张 NVIDIA RTX 4090D 显卡进行模型训练。

7.3.2 实验效果

在本案例中，我们将未用于训练的 15 张 CT 影像和 15 张 MRI 影像分别输入训练完毕的模型，以得到变换后的输出。其中，CT 影像变换为 MRI 影像的示意图如图 7-13 所示，MRI 影像变换为 CT 影像的示意图如图 7-14 所示。

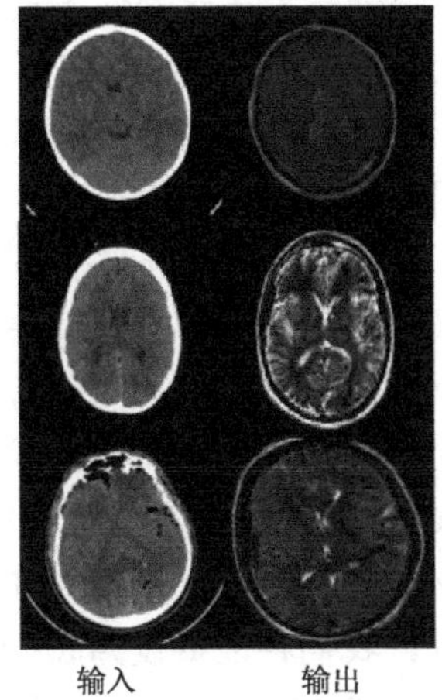

图 7-13　实验效果示意图（CT 影像变换为 MRI 影像）

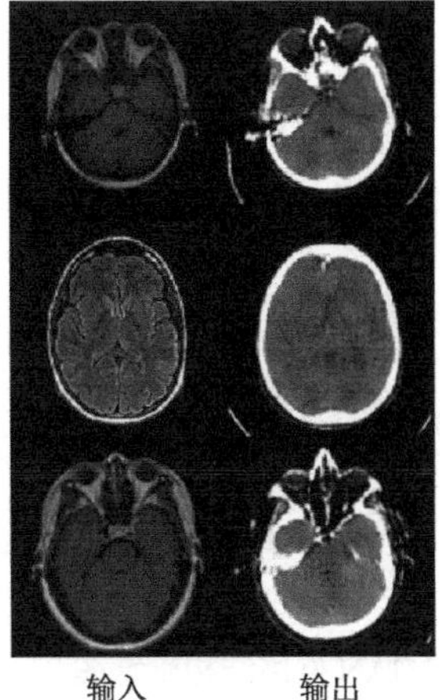

图 7-14　实验效果示意图（MRI 影像变换为 CT 影像）

7.4　实战案例 3：遥感图像的超分辨率重建

7.4.1　案例介绍

OLI2MSI 是一个用于遥感图像超分辨率的多传感器数据集，该数据集由 Landsat8-OLI 与 Sentinel2-MSI 图像组成。其中，OLI 图像作为低分辨率（Low Resolution，LR）图像，MSI 图像则被视为真实的（Ground Truth）高分辨率（High Resolution，HR）图像。OLI 和 MSI 数据的地面采样距离（GSD）分别为 30m 和 10m，这意味着该数据集的放大倍率为 3。如需深入了解 OLI2MSI 数据集的更多细节，请参阅文献[13]。

在图 7-15 中，我们展示了部分 OLI2MSI 数据集中的几组“LR-HR”图像对。第一行是来自 Landsat8-OLI 的 LR 图像（30m 地面采样距离），而第二行则是来自 Sentinel2-MSI 的相应 HR 图像（10m 地面采样距离）。换言之，OLI2MSI 数据集是一个包含成对匹配数据的数据集。整个数据集包含 5225 个可用于训练的“LR-HR”图像对，另有 100 个“LR-HR”图像对可用于测试。

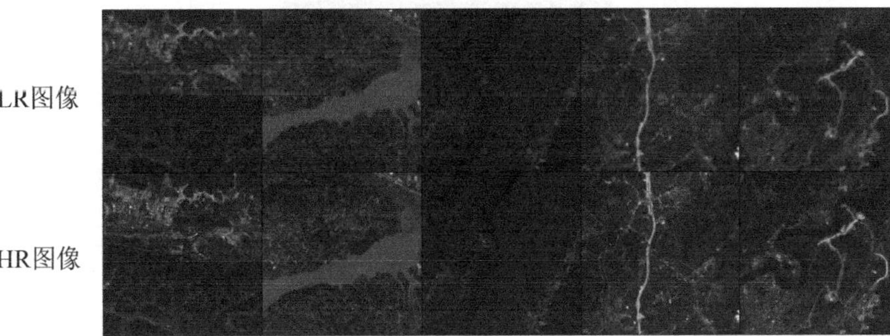

图 7-15　OLI2MSI 数据集的样本示例

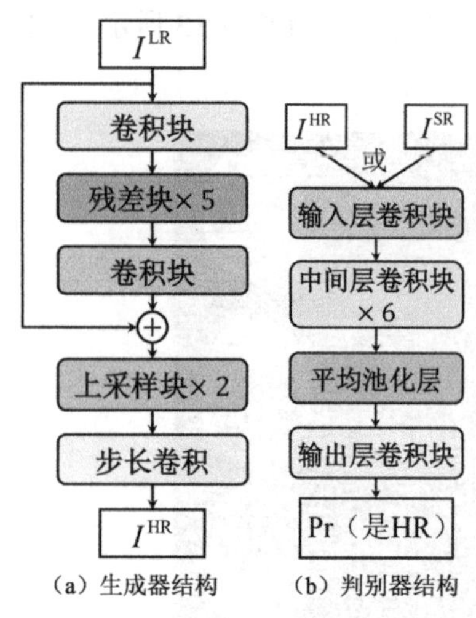

图 7-16　SRGAN 网络结构示意图

在本案例中，我们将 LR 图像缩放至 120 像素×120 像素的分辨率，而 HR 图像则保持 480 像素×480 像素的分辨率。因此，遥感图像超分辨率重建的任务核心在于，将 LR 图像的 120 像素×120 像素的分辨率提升至 480 像素×480 像素的分辨率，实现倍率为 4×的超分辨率重建。

为了完成以上任务，我们采用了在 4.4.10 节中介绍的 SRGAN，以高效地将 LR 图像从低分辨率提升至高分辨率。SRGAN 采用类似 GAN 的结构，包含一个生成器与一个判别器，其具体网络结构如图 7-16 所示。

在计算 SRGAN 的内容损失［见式（4-95）］时，我们采用一个预训练的 VGG16 模型作为特征提取模型。在 SRGAN 的训练中，我们将所有 5225 个“LR-HR”图像对均用于模型训练。另外，我们将批量设为 8，训练轮次设为 20，并将初始学习率设为10^{-3}。此外，我们只利用了 1 张 NVIDIA RTX 4090D 显卡进行模型训练。

有关模型架构、训练参数及流程的详尽信息，请参阅随本书附带的代码库。

7.4.2　实验效果

完成训练后，我们在 100 张测试样本上验证模型的效果。图 7-17 直观地展示了 SRGAN 在 5 个测试样本上所实现的超分辨率重建效果。在图 7-17 中，第一列展示的是原始的 LR 图像，第二列则是对应的真实 HR 图像作为参照。第三列则呈现了 SRGAN 对 LR 图像进行超分辨率重建后的效果。通过对比可以清晰地观察到，SRGAN 所生成的超分辨率图像已经极其接近真实 HR 图像。

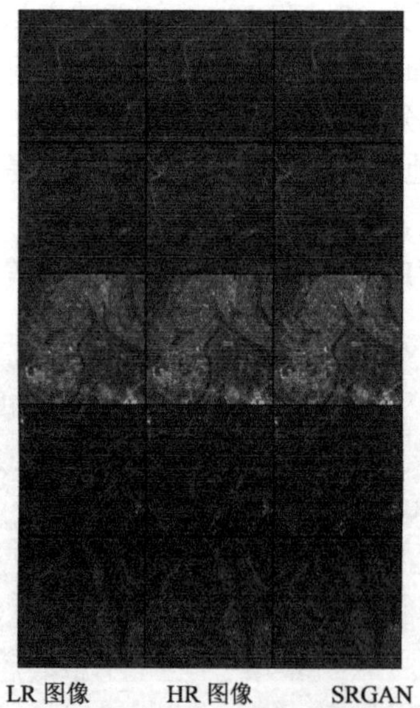

图 7-17　图像超分辨率实验效果示意图

7.5　实战案例 4：Stable Diffusion 文生图

7.5.1　Stable Diffusion 简介

Stable Diffusion 是一款由 CompVis 研究团队开发的深度学习模型，专注于文本到图像的生成任务。这一创新成果得益于与 Stability AI、Runway 两家初创公司的紧密合作，同时得到了 EleutherAI 和 LAION 的大力支持。在“文本生成图像”（Text-to-Image）这一热门应用场景中，Stable Diffusion 展现了非凡的能力：用户只需输入一段简洁的文本提示词（Text Prompt），模型便能迅速生成一张与提示内容高度匹配的精美图像。

Stable Diffusion 在根据文本描述生成图像方面表现出色，并且适用于图像修复、图像扩展、图像超分辨率重建及基于文本指导的图像转换等多种应用场景。作为一款基于 LDM（参见 6.2.6 节）构建的深度生成式人工神经网络，Stable Diffusion 的一个显著特点是其代码与模型权重已经全面向公众开放。这一举措有效地打破了以往诸如 DALL-E 和 Midjourney 等专有文本到图像模型仅限于云服务访问的使用限制，使更多用户能够在具备基础硬件条件（如至少 4GB 显存的 GPU）的情况下，便捷地运行和利用这一模型。

7.5.2　本地部署

我们可以在 Stability AI 的官方网站，以及 Dream Studio、Replicate、Playground AI、Baseten 等平台上，在线体验 Stable Diffusion 的实用功能。此外，用户还可以选择将预训练的 Stable Diffusion 部署在本地环境中，以此来规避网络延迟和生成数量等方面的制约。接下来，我们将介绍一种 Stable Diffusion 本地部署方案——Stable Diffusion 秋叶整合包。

Stable Diffusion 秋叶整合包是由国内开发者秋叶（Bilibili 用户名“秋葉 aaaki”）针对 Stable Diffusion WebUI 开发的一款综合性工具包。该整合包构建了一个与系统环境相隔离的 Python 环境和 Git 工具集，其内部预先安装并配置好了所有必要的第三方依赖项、GitHub 依赖包、预训练模型，以及一系列丰富实用的插件。这样的设计极大地简化了 Stable Diffusion WebUI 的部署流程，用户无须为复杂的安装步骤和依赖管理而烦恼。同时，Stable Diffusion 秋叶整合包全面支持 NVIDIA 全系列显卡，确保了广泛的硬件兼容性。更重要的是，这一整合包完全免费向公众开放，没有任何使用门槛，使更多用户能够轻松地在本地环境中体验 Stable Diffusion WebUI 的强大功能，无须担心网络连接或 Python 环境配置等问题。

接下来，我们将详细介绍 Stable Diffusion 秋叶整合包的部署流程及简易使用指南。首先，请访问“秋葉 aaaki”的 Bilibili 官方主页，以便获取最新版本的整合包资源（本指南以 V4.9.1 版本为例进行说明）。如图 7-18 所示，该资源包内含三项关键组件：一个命名为“controlnet”的文件夹、一个压缩文件“sd-webui-aki-v4.9.1.7z”，以及一个可执行程序“启

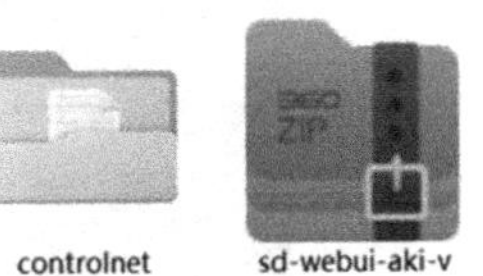

图 7-18　Stable Diffusion 秋叶整合包

动器运行依赖-dotnet-6.0.11.exe”。

接下来，执行“启动器运行依赖-dotnet-6.0.11.exe”程序，以便安装所有必需的依赖项。随后，解压“sd-webui-aki-v4.9.1.7z”压缩包，生成一个名为“sd-webui-aki-v4.9.1”的文件夹。接着，将位于“./controlnet/模型”路径下的checkpoint文件复制到“./sd-webui-aki-v4.9.1/models/ControlNet”目录内。最后，在“./sd-webui-aki-v4.9.1”文件夹下运行“绘世-启动器.exe”，其界面如图7-19所示。单击界面右下角的“一键启动”按钮，并耐心等待几分钟，就能顺利启动Stable Diffusion Web UI了。

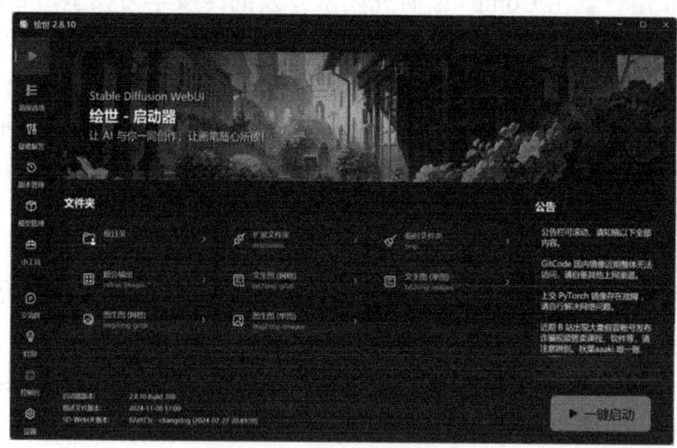

图 7-19　绘世-启动器界面

图7-20展示了Stable Diffusion的用户界面。用户只需在提示词输入框中键入相应的英文描述，如“1 dog, eating”，随后单击界面右侧的“生成”按钮，系统便会根据输入自动生成与之匹配的图像。以输入“1 dog, eating”为例，生成的图像如图7-21所示，清晰展现了Stable Diffusion依据提示词精准创建图像的能力。值得注意的是，提示词的设计在生成模型领域内占据着举足轻重的地位，是一个值得深入探索的研究方向，但我们不对此进行展开。

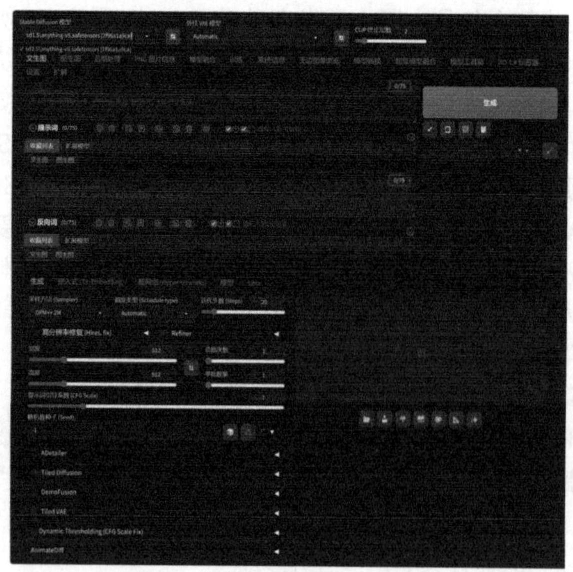

图 7-20　Stable Diffusion 的用户界面

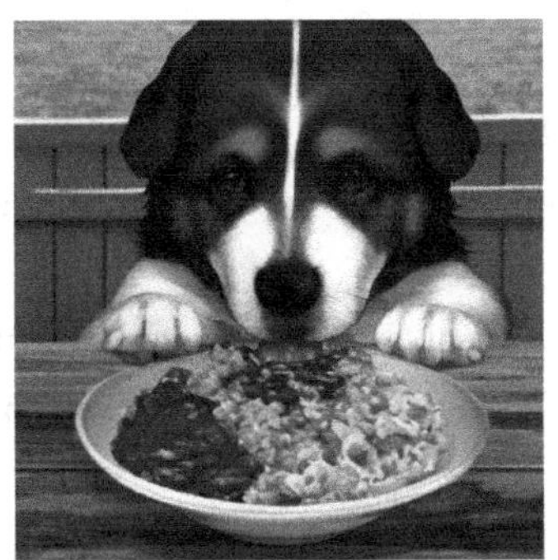

图 7-21　Stable Diffusion 文生图效果

值得特别强调的是，尽管预训练的大模型，如 Stable Diffusion，展现了惊人的能力与灵活性，能够高效地完成包括图像生成在内的多种复杂任务，为创意表达和技术应用开辟了广阔天地，但我们必须明确并严格遵守道德与法律的边界。这些强大的技术工具应当被用于促进正面的、合法的及有益于社会的目的，而非任何形式的非法活动。

因此，在使用此类模型时，用户需要时刻保持警觉，确保自己的行为符合法律法规及伦理规范，尊重知识产权，避免生成或传播侵犯他人隐私、版权或构成其他违法内容的图像。技术的力量应当成为推动社会进步与创新的正能量，而非助长不法行为的工具。

7.6　参考文献

[1] AMIT T, SHAHARBANY T, NACHMANI E, et al. SegDiff: Image segmentation with diffusion probabilistic models [J]. arXiv preprint arXiv:2112.00390, 2021.

[2] KANG M, ZHU J Y, ZHANG R, et al. Scaling up GANs for text-to-image synthesis[C]//Proceedings of the IEEE/CVF Conference on Computer Vision and Pattern Recognition, 2023.

[3] LEDIG C, THEIS L, HUSZÁR F, et al. Photo-realistic single image super-resolution using a generative adversarial network[C]//Proceedings of the IEEE Conference on Computer Vision and Pattern Recognition, 2017.

[4] LIU M Y, BREUEL T, KAUTZ J. Unsupervised image-to-image translation networks[J]. Advances in Neural Information Processing Systems, 2017, 30.

[5] LIU H, WAN Z, HUANG W, et al. Pd-GAN: Probabilistic diverse GAN for image inpainting[C]//Proceedings of the IEEE/CVF Conference on Computer Vision and Pattern Recognition, 2021.

[6] LUGMAYR A, DANELLJAN M, ROMERO A, et al. Repaint: Inpainting using denoising diffusion probabilistic models[C]//Proceedings of the IEEE/CVF Conference on Computer Vision and Pattern Recognition, 2022.

[7] MAO X, LI Q, XIE H, et al. Least squares generative adversarial networks[C]//Proceedings of the IEEE International Conference on Computer Vision, 2017.

[8] MURPHY K P. Probabilistic machine learning: Advanced topics[M]. Cambridge: MIT Press,

2023.

[9] NETZER Y, WANG T, COATES A, et al. Reading digits in natural images with unsupervised feature learning[C]//NIPS Workshop on Deep Learning and Unsupervised Feature Learning, 2011.

[10] ISOLA P, ZHU J Y, ZHOU T, et al. Image-to-image translation with conditional adversarial networks[C]//Proceedings of the IEEE Conference on Computer Vision and Pattern Recognition, 2017.

[11] ROMBACH R, BLATTMANN A, LORENZ D, et al. High-resolution image synthesis with latent diffusion models[C]//Proceedings of the IEEE/CVF Conference on Computer Vision and Pattern Recognition, 2022.

[12] PAN X, TEWARI A, LEIMKÜHLER T, et al. Drag your GAN: Interactive point-based manipulation on the generative image manifold[C]//ACM SIGGRAPH 2023 Conference Proceedings, 2023.

[13] WANG J, GAO K, ZHANG Z, et al. Multisensor Remote Sensing Imagery Super-Resolution with Conditional GAN [J]. Journal of Remote Sensing, 2021.

[14] WU J, FU R, FANG H, et al. MedSegDiff: Medical image segmentation with diffusion probabilistic model[C]//Medical Imaging with Deep Learning, 2024.

[15] XIA B, ZHANG Y, WANG S, et al. Diffir: Efficient diffusion model for image restoration[C]//Proceedings of the IEEE/CVF International Conference on Computer Vision, 2023.

[16] XIA M, ZHOU Y, YI R, et al. A diffusion model translator for efficient image-to-image translation[J]. IEEE Transactions on Pattern Analysis and Machine Intelligence, 2024, 46(12): 10272-10283.

[17] XUE Y, XU T, ZHANG H, et al. SegAN: Adversarial network with multi-scale L1 loss for medical image segmentation [J]. Neuroinformatics, 2018, 16: 383-392.

[18] ZHU J Y, PARK T, ISOLA P, et al. Unpaired image-to-image translation using cycle-consistent adversarial networks [C]//Proceedings of the IEEE International Conference on Computer Vision, 2017.

[19] ZHU J Y, ZHANG R, PATHAK D, et al. Toward multimodal image-to-image translation[J]. Advances in Neural Information Processing Systems, 2017, 30.

反侵权盗版声明